ORACLE

원리부터 실무까지

실전

오라클

ORACLE Backup & Recovery

백업과 복구

서진수 지음

생능출판사
Life & Power Press

머 / 리 / 말

안녕하세요!

제가 처음 오라클을 겪었던 경험을 잠시 말씀 드리겠습니다.

2001년 어느 겨울, 신입사원 시절 — 오라클과의 인연이 처음 시작될 때 — 있었던 일입니다.

당시에는 오라클을 거의 모를 때인데 관리하던 사이트에 장애가 생겨서 담당자가 저라는 이유로 그 회사에 외근을 갔습니다. 평소에도 오라클에 대해서 무척 두려웠는데 역시나 두려움이 장애라는 현실로 다가왔습니다.

오라클을 모르는 상태로 얼떨결에 장애가 발생한 IDC로 들어가 장애 난 서버에서 저는 한참 동안 어떻게 해야 할지 몰라 헤매고 있었고 사이트 담당자는 저희 회사에 전화해서 제가 듣고 있는대도 막 화내고(욕을 포함한 -.-;;)….

저희 회사 사수는 저하고 통화하면서 무조건 해결하고 들어오라고 불호령 내리고……. 정말 진퇴양난이었습니다. 회사 그만두고 도망이라도 가고 싶었습니다. 이 마음 아시죠?

그렇게 작업하다가 밤이 점점 늦어졌고 오후부터 새벽까지 한참의 시간 동안 헤매다가 결국 선배한테 새벽에 긴급 도움을 요청했고 선배는 불과 몇 분 만에 제가 몇 시간 동안 못했던 문제를 아주 간단히 해결하고 돌아갔습니다.

그날 그렇게 장애가 해결되고 난 후에도 저는 IDC에서 나오지 못하고 서버를 붙잡고 울었던 기억이 있습니다. 선배가 단 몇 분만에 해결하는 문제를 아주 오랜 시간 동안(거의 7시간 정도였던 것으로 기억합니다) 해결 못 한 제 자신에 너무 화가 나서였습니다. 그 후로 이를 악물고 공부하고 또 공부했었던 기억이 아직도 머리 속에 생생히 남아 있습니다.

아마도 많은 분들께서 오라클 백업 복구를 공부하고 싶어서 서점에 가서 Oracle 관련 책을 찾아보셨겠지만, 막상 가보면 SQL 책이나 튜닝 책은 아주 많은데 백업 복구에 대해 쓰여진 책은 거의 없는 것이 현실입니다.

오라클 백업 및 복구라는 것은 장애가 발생해서 DB가 정지되었을 때 다시 숨을 쉴 수 있도록, 다시 달릴 수 있게 살려주는 아주 중요한 기술인데 정작 그것에 관련된 내용의 책은 거의 찾아 볼 수 없다는 것이 너무 안타까웠습니다.

P R E F A C E

아직도 실무에서 DB가 장애가 나서 예전의 저처럼 정말 힘들게 오라클을 배우면서 관리하시는 DBA들이 많이 있을텐데, 비싼 수강료를 내고 교육기관에 가서 수업을 듣지 않으면 배울 수 없고, 또 요즘은 비싼 돈을 내고도 백업과 복구에 관한 기술은 배울 수 없는 현실이 너무 안타까워서, 아직도 누군가는 백업 복구 기술이 없어서 출근해서 DB서버에 장애만 안 생기길 기도하는 심정으로 있을 거고, 아직도 누군가는 DB에 장애가 생겨서 밤새워 IDC에서 힘들게 시행착오 겪으면서 복구를 하고 있을 것 같아서 그분들께 조금이라도 도움이 되는 책을 쓰자 라는 마음으로 부족하기 그지 없는 제가 감히 이 책을 쓰게 되었습니다.

그러나 저는 그저 선배님들께서 터득하신 실무기술들을 배우고 사용하는 정도밖에 — 그것도 전부가 아닌 아주 조금 알고 있는 — 안 되는 사람이며 이 책의 내용도 저의 창작물보다는 선배님들의 노하우를 제가 감히 책으로 정리한 것이라 생각됩니다.

실력도 없는 제가 이렇게 무모한 도전을 하게 된 이유는 딱 한가지입니다.

이 책이 예전의 저처럼 — 어쩌면 지금도 — 복구를 하기 위해 누군가의 도움이 간절히 필요한 때에 있는 엔지니어들에게 작은 도움이라도 되었으면하는 그 마음 뿐입니다.

다행인 것은 이 책의 많은 내용들이 현장에서 충분히 검증되었고 지금도 많은 엔지니어들이 이 방법들을 사용하고 있다는 것입니다. 다만 이 책에서는 그냥 이유도 모르고 쓰고 있던 기술들에 대해서 조금 더 주석을 달았다는 것 정도인 것 같습니다. 저 스스로도 이 책을 쓰기 위해 지난 작업일지를 뒤지면서 어떻게 하면 살아 있는 내용을 전할 수 있을까라고 고민도 많이 했고 예전에는 복구만 되면 대충 넘어 갔던 부분들을 원리까지 알기 위해서 한번 더 고민해보고 또 테스트해보면서 많은 도움과 도전이 되었던 것 같습니다.

이 책의 예제들은 제가 실무에서 일하면서 아직까지 만나고 있는 백업 및 복구 장애현상들을 약간 변경해서 실 예로 사용하였습니다. 이 말은 이 책에 있는 실습을 하면서 만나는 에러를 실무를 하면서 고스란히 만난다는 것을 의미합니다. 그만큼 배워서 현업에서 바로 사용할 수 있는 내용을 전해 드리고자 노력했습니다. 그리고 실습을 못해 보시는 분들을 위해서 복구하는 전 과정을 다 적었습니다. 어떤 분들께서는 뭐 이런걸 다 해서 지면 낭비하느냐 라고 할 수 있겠지만 최대한 자세하게 설명하기 위해서이니 양해 부탁 드립니다.

또한 부족함이 많은 것도 인정하고 읽어보신 여러분들의 채찍질도 가감 없이 감사히 받겠습니다.

오라클 책이 윈도 기반으로 많이 되어 있어서 이 책은 리눅스 기반으로 모든 예제들이 작성되어 있습니다. 현업에서는 유닉스 기반의 OS를 정말 많이 사용하는데 가장 비슷하고 여러분들이 쉽게 접할 수 있는 것이 리눅스이기 때문입니다.

또한 이 책의 또 다른 자랑거리는 백업과 복구의 원리를 심도 있게 다루었다는 것입니다.

우린 흔히 명령어 외우는 건 잘 하는데 그 명령어가 어떻게 그렇게 되는지와 왜 그렇게 복구가 되는지는 잘 알지 못하고 사용하는 경우가 많습니다. 그러다 보니까 장애 상황이 약간만 바뀌어도 명령어를 사용하지 못하는 경우가 종종 있습니다. 이 책은 최대한 명령의 원리와 실무 예제들을 통해 여러분들의 응용력까지 향상시켜 드리고 싶었습니다.

솔개의 꿈이란 영상이 있습니다. 포털 사이트에서 검색하시면 쉽게 보실 수 있을 것입니다.

그 영상에 보면 조류 중에서 솔개가 약 70년까지 살 수 있는 아주 장수하는 새라고 소개하면서 그 삶의 과정을 보여줍니다.

내용 중에서 중요한 부분을 요약하면 솔개가 40살이 되면 죽을 건지 아니면 다시 더 살 것인지를 결정해야 하는 시기가 된다고 합니다. 발톱은 무디어져서 사냥을 효과적으로 할 수 없게 되고, 부리도 너무 자라서 가슴을 향해 구부러져서 효과적으로 고기를 뜯을 수 없게 된다고 합니다. 이 시기가 되면 솔개는 선택을 해야 합니다. 당연히 더 살기를 원할 것 같지만 그렇게 더 살기 위해서는 큰 댓가를 치러야 합니다. 솔개가 다시 남은 시간을 더 살기 위해서는 낡고 구부러져버린 기존의 부리를 전부 바위에 부딪혀서 깨어 부숴서 새 부리가 돋아나게 해야 하고 기존의 털을 전부 뽑아야 새 털이 나며 발톱도 전부 뽑아야 새 발톱이 난다고 합니다. 이렇게 고통스러운 시간이 약 6개월 정도 소요되고 이 기간을 잘 이겨낸 솔개는 완전히 새로운 모습으로 남은 30년을 더 멋지게 살아간다고 합니다. 이 기간이 두려워 도전하지 않고 노력하지 않은 솔개는 약 40년을 살고 그냥 죽어가는 것입니다.

우리의 모습도 이 솔개와 비슷한 부분이 많은 것 같습니다.

어느 정도 내가 하는 일을 하다 보면 적당하게 경력도 쌓이고 요령도 생기게 되

P R E F A C E

어 창의성도 떨어지고 노력도 안 하게 되는 상태가 되어 늘 습관적으로 하는 일만 반복적으로 하고 있는 그런 삶을 살 때가 있죠? '내가 경력 몇 년 차인데…….' 라고 자랑하면서 말이죠. 차라리 초보였다면 긴장하고 더 노력하고 열심히 할 텐데 내 경력을 자랑하는 때부터가 우리 삶의 위기가 아닐까라고 어떤 유명하신 분이 말씀하신 것을 본 적이 있습니다.

마치 솔개의 발톱이 낡고 부리가 구부러진 것처럼 우리의 삶이 무능력해 질 때 우리도 솔개처럼 중요한 결정을 해야 하는 때인 것 같습니다. 살다 보면 어떤 일을 하든지 이런 중요한 순간이 여러 번 있고 또 그 결정에 따른 노력도 열심히 해야 하는 것 같습니다.

누구든지 더 나은 삶과 더 나은 미래를 바라지만 그 미래를 위해서 노력하고 두려움과 고통을 이겨내는 노력은 아무나 할 수 있는 것이 아닌 것 같습니다.

그래서 스스로의 노력으로 성공한 사람들이 박수를 받아야 한다고 생각합니다. 누가 뭐라 해도 자신의 꿈과 뜻과 힘을 믿으면서 묵묵히 자신의 미래를 바라보면서 자신의 선택이 맞는다는 것을 증명하고 계신 분들은 진정 박수를 받아야 한다고 생각합니다. 지금 이 책을 보시는 이유도 더 나은 내일을 만들기 위함이라고 생각되며 그 노력에 진심으로 박수를 보내드립니다. 마치 새로 돋아나는 솔개의 부리와 발톱과 날개가 솔개에게 새로운 무기가 되어 주듯이 감히 바라기는 아무쪼록 이 작은 책 한 권이 여러분들에게 큰 힘이 되어 줄 수 있었으면 정말 좋겠습니다. 부족한 내용도 너무 많이 보이지만 이 책에서 다루지 못한 대용량과 RAC 관련된 백업 복구 기술은 보다 잘 정리해서 다시 찾아 뵙도록 하겠습니다.

감사합니다.

서진수 드림

차 / 례

PART 01 | Oracle Administration

ORACLE ADMINISTRATION

PART 01

Oracle Administration

CHAPTER

CHAPTER 01

오라클 구조 배우기

1.1 SELECT 문장이 실행되는 원리

1.2 DML(update) 문장이 실행되는 원리

01 CHAPTER 오라클 구조 배우기

이 장에서는 가장 기본이면서도 가장 중요한 오라클 구조를 select 문장과 update 문장이 수행되는 과정을 통해서 배우도록 하겠습니다.

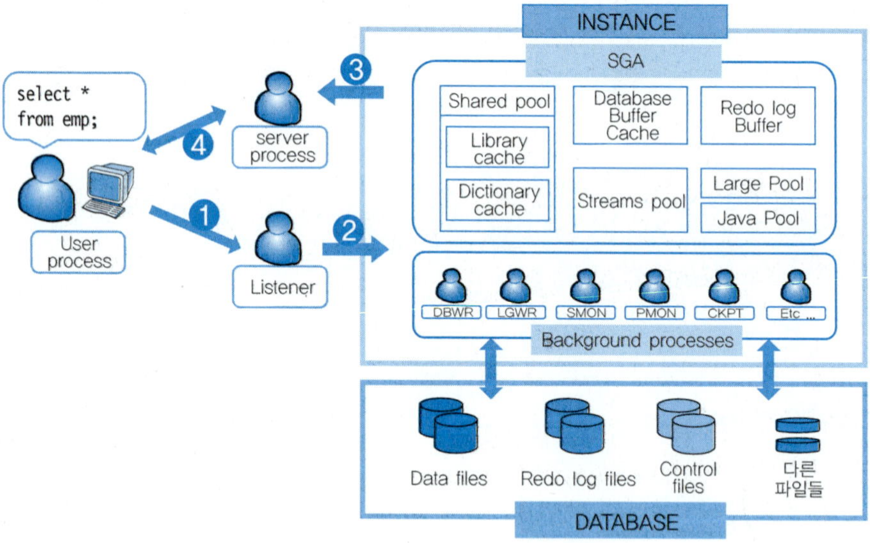

[그림 1-1] 오라클 서버의 전체 구조

오라클의 구조를 설명하기 전에 우리가 오라클 또는 데이터베이스를 왜 사용하는지부터 알아야 합니다.

데이터베이스를 사용하는 목적은 대량의 데이터를 관리하기 위함입니다. 여기서 데이터를 관리한다는 것은 데이터를 입력하고, 저장된 데이터를 변경하고, 수정하고 또 필요할 때 빨리 찾아오는 역할을 한다는 의미입니다.

이런 작업들을 나 혼자서 하는 것이 아니라 서버이기 때문에 동시에 수천 명, 수만 명이 같은 작업을 하게 될 수도 있을 것입니다. 그래서 오라클은 이런 모든 작업들을 문제없이 처리하기 위해서 복잡한 구조를 가지게 되었고 알고 있어야 할 내용 또한 무척 많은 것입니다.

오라클 구조를 처음 보면 대부분 그 복잡함과 새로운 용어들 때문에 많이 어려워하게 됩니다. 그러나 영어공부를 하기 위해 알파벳과 단어를 외우는 것이 기본이고 수학공부를 하기 위해서 숫자공부와 구구단을 외우는 건 당연하듯이 오라클 공부를 하기 위해서 오라클 구조와 용어들을 반드시 알고 있어야 합니다.

그럼 지금부터 앞에서 본 [그림 1-1] 오라클 서버의 전체 구조에 대해서 먼저 살펴보고 세부적인 사항을 하나씩 보도록 하겠습니다.

사용자가 홍길동이라는 사람의 이름(name), 주소(address), 연락처(tel), 생년월일(birth)을 알고 싶다라고 가정해 보겠습니다. 그럼 아래처럼 SQL을 작성할 것입니다.

```
SQL> select  name, address, tel, birth
  2  from  member
  3  where  name = '홍길동' ;
```

이렇게 사용자가 SQL을 작성하면 이 SQL은 서버로 전달되고 — 데이터는 서버에 있으니까요 — 서버에서 수행되어져서 그 결과를 사용자에게 가져오게 됩니다.

마치 식당에서 테이블에 앉아 주문하면 서빙하는 종업원이 주문서를 받아서 주방에 주고 주방에서 음식이 만들어져서 나오는 것과 동일한 원리입니다.

즉 내가 음식을 주문하면 (select 쿼리를 작성하면) 그 주문이 서빙하는 종업원을 통해 (유저 프로세스와 서버 프로세스) 주방(메모리, 디스크)으로 들어가서 음식이 만들어져서 (쿼리가 수행된 후 원하는 데이터를 만들어서) 다시 나에게 오게 되는 것이죠. 조금은 복잡한 것 같지만 오라클은 우리 일상생활에 있는 것들을 컴퓨터로 옮겨 놓았기에 그 원리들이 모두 일상생활에 다 녹아 있습니다. 앞으로 많이 보게 될 것입니다.

여기서는 쿼리가 수행되는 주방에 해당하는 oracle server에 대해서 살펴보도록 하겠습니다. 우리가 쿼리를 수행하면 서버 쪽에서는 서버 프로세스가 그 쿼리를 수행해서 결과를 우리에게 돌려주게 됩니다.

이 서버 프로세스는 메모리와 디스크를 적절하게 이용해서 우리가 원하는 답을 빨리 만들어서 돌려주는 것이 존재하는 이유입니다.

전체적으로 정리하면 우선 Oracle Server는 크게 메모리에 해당되는 Instance와 디스크 부분인 Database 부분으로 나뉘게 됩니다. ([그림 1-1]을 참고하세요) 그리고 instance 부분은 다시 SGA(System Global Area) 부분과 Background Process들로 다시 나뉘게 됩니다.

그리고 또 다시 SGA 부분은 필수적인 Shared Pool, Database Buffer Cache, Redo Log Buffer와 선택적인 Large Pool, Java Pool, Streams Pool (이건 10g 이상 버전에만 있어요)로 나뉘게 됩니다. 갑자기 내용이 복잡해지는 듯한데 위에서 언급한 구조는 대략적인 구조이고 이제부터 하나씩 분해해서 자세히 살펴보도록 하겠습니다.

실제로 select 문장이 수행되는 원리와 DML 문장이 수행되는 원리를 자세히 살펴본 후에 뒷부분에서 각 구성요소들을 더 집중적으로 보도록 하겠습니다.

1.1 Select 문장이 실행되는 과정

이번 절에는 select 문장을 수행하는 과정을 자세히 살펴보면서 인스턴스와 각종 파일들이 어떻게 사용되는지 자세히 살펴보도록 하겠습니다. ([그림 1-1]을 참조하면서 보세요)

사용자가 `select * from emp where empno = 10 ;` 이라는 SQL 문장을 실행할 경우로 가정하겠습니다.

Select 쿼리가 수행되는 순서를 요약하면 아래와 같습니다.

1. 사용자 PC의 User Process가 사용자가 실행한 SQL 문장을 가지고 서버로 찾아갑니다. 이때 클라이언트 PC에 오라클 클라이언트 프로그램이 설치되어 있어야 하고 tnsnames.ora 파일을 참고해서 찾아갑니다. 즉 client PC에 적절한 설정이 미리 되어 있어야 합니다. 여러분들께서 메모장에 Select 문장을 치고 수행하면 수행이 안 되죠? 그 이유는 메모장이 user process 기능을 못하기 때문입니다.

2. 만약 이 user Process가 DB 서버에 최초로 접속하는 것이라면 DB 서버의 Listener라는 프로그램을 찾아가서 user process가 찾고자 하는 DB 명을 물어보고 접속을 요청하게 됩니다. 그럼 listener는 listener.ora라는 파일을 참고해서 접속 요청을 확인하고 적절하면 접속을 허용하게 됩니다. 만약 최초 접속이 아니라면 Server Process에게 바로 요청을 하게 됩니다.

3. DB 서버의 Listener가 접속 요청을 확인한 후 적절한 요청이라면 oracle server에 요청하여 Server Process를 요청하게 됩니다.(Dedicated server / Shared Server 모드에 따라 다르지만 여기선 Dedicated Server로 가정하겠습니다.) 이렇게 만들어진 Server process는 User Process의 쿼리를 받아서 인스턴스에 접속해서 해당 쿼리를 수행해서 결과를 만들어서 User Process에게 전달하고 우리가 결과를 볼 수 있게 됩니다.

여기서 중요한 건 사용자가 PC에서 쿼리를 실행하게 되면 이 쿼리를 수행하는 것은 Server 쪽의 Server Process라는 점과 Server Process에게 쿼리를 전달해 주는 역할을 하는 것이 User Process라는 것입니다.

자 그럼 이번에는 위에서 간략하게 살펴본 Server Process가 쿼리를 받았을 경우 어떤 과정으로 수행하는지를 자세히 살펴보도록 하겠습니다. 그림으로 먼저 살펴보겠습니다

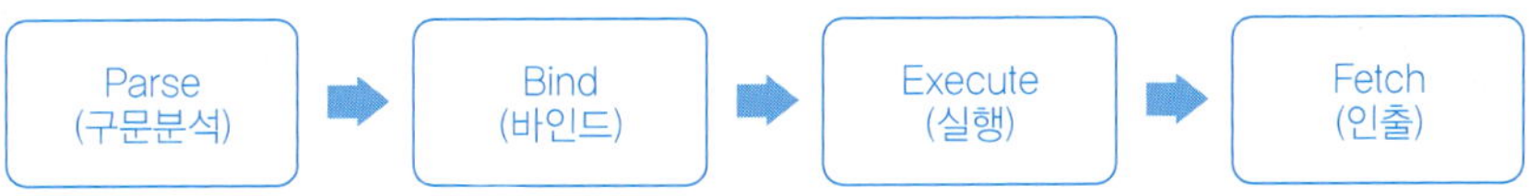

[그림 1-2] Select 문장이 수행되는 과정

위 그림을 참고로 해서 설명을 하겠습니다.

1. Server Process가 User Process에게 select 문장을 받으면 문법검사를 하게 됩니다. 문법이 틀린 명령이 오면 수행할 수 없잖아요. 그 후에 Server Process는 이 Select 문장을 실행하기 위한 실행 계획이 필요한데 이 실행계획을 Shared Pool 안에 있는 Library Cache를 뒤져서 찾게 됩니다. 이 과정을 Soft Parse라고도 하고 커서 공유라고도 합니다.
   만약 Soft Parse가 실패하면 Server Process는 실행계획을 만들기 위해 Optimizer(옵티마이저)에게 부탁해서 실행계획을 생성해 달라고 합니다. 옵티마이저가 실행계획을 세우는 단계를 Hard Parse라고 부르고 오라클 입장에서는 이 Hard Parse가 아주 힘든 작업이기 때문에 최대한 Hard Parse를 하는 횟수를 줄여야 합니다.
   정리하면 server process는 주어진 쿼리를 수행해서 결과물을 만들어 주는 것이 가장

큰 존재목표입니다.

그래서 그 쿼리를 빨리 수행해야 하는데 문제는 쿼리를 수행하려면 마치 우리가 모르는 길을 찾아갈 때 내비게이션을 보든 물어서 가든 계획을 세워야 하는 것처럼 실행계획이란 것이 있어야 합니다.

그 실행계획을 찾는 단계가 parse란 단계이고 parse 단계는 앞에서 본 것처럼 soft parse와 hard parse 2종류가 있습니다.

다른 예로 쉽게 다시 설명해 보겠습니다.

여러분들이 갑자기 서울에서 부산을 가야 할 상황이라고 가정하겠습니다.

갑자기 이런 상황이 된다면 여러분들은 일단 먼저 생각해보겠죠?

예전 기억 속에 부산을 다녀온 기억이 있는지……. 그래야 가는 길을 알 수 있으니까요.

내가 서울에서 부산을 가려면 가는 길을 알고 있어야 하잖아요.

예전의 기억을 떠올려서 부산에 가는 방법을 찾는 이 과정이 Soft Parse라고 하는 부분입니다. 여기서 기억나면 그대로 다녀오면 되죠?

그런데 아무리 생각해봐도 기억이 안 난다면 여러분들은 그 길을 알고 있는 사람에게 길을 물어봐야겠죠? 그럼 그 사람이 한참 동안 설명해 줄 겁니다. 이 부분이 Hard Parse라고 하는 부분입니다. 당연히 Soft Parse가 Hard Parse보다 빠르겠죠?

만약 Hard Parse를 할 때 여러분들이 A라는 사람한테 물어봤는데 서울에서 부산을 가는데 20시간이 걸리는 길을 알려줬다라고 가정해 보겠습니다. 여러분들은 부산을 한번도 안 가봤기 때문에 그 길이 맞는지 틀리는지 모르죠? 그래서 그냥 그 길이 맞겠거니 하면서 열심히 달려서 다녀왔습니다. 그런데 며칠 뒤에 B라는 사람이 서울에서 부산까지 새로 고속도로가 났는데 그 길 따라가면 4시간밖에 안 걸린다고 하면서 다른 길을 알려줬습니다. 처음 길을 가르쳐준 A는 새로 생긴 고속도로를 몰랐기에 예전 방법으로 20시간 걸리는 길을 실행계획으로 알려준거고 B라는 사람은 새로 생긴 고속도로를 알기 때문에 4시간밖에 안 걸리는 길을 알려준 것입니다. 이처럼 실행계획에 따라 실제 쿼리를 수행하는 속도가 얼마나 달라질 수 있는 지 알겠죠? 결과는 둘 다 동일하지만 수행하는 시간이 실행계획에 따라 아주 달라질 수 있다는 것입니다. 이처럼 쿼리가 수행되어 결과가 나오려면 실행계획이 있어야 하고 이 실행계획을 찾는 과정이 parse라는 과정입니다.

SGA 내부에 있는 구성요소 중에서 Shared Pool이 지금 말한 Parse라는 과정에서 사용되는 장소입니다. Dictionary Cache 는 parse 단계에서도 사용되지만 DB 운영 중에 DDL이나 DCL을 수행하여 dictionary를 업데이트할 때도 사용이 됩니다. 이렇게 Soft Parse나 Hard Parse를 통해 서버 프로세스는 적절한 실행계획을 찾게 됩니다.

2. Bind란 단계는 포털 사이트에 로그인을 하는 SQL이라고 가정하고 설명하겠습니다. 만약 전국에서 1천 명의 사용자가 로그인을 시도했다고 가정해보죠. 그렇다면 1000개의 select 문이 수행되어서 아이디와 암호를 찾게 되겠죠? 그런데 가만히 생각해보면 1천 개의 SQL 문장에서 ID와 암호 부분만 다르고 나머지 부분들은 1천 개의 SQL이 전부 다 같을 거예

요. 이런 상황에서 힘든 하드 파싱을 1천 번 한다는 것은 참 어리석겠죠?
그래서 힘든 하드 파싱은 1번만 하고 나머지 999번은 다른 값인 ID와 비밀번호만 대입해서 실행을 하는 겁니다. 이 과정을 Bind라 하고 사용자의 ID와 비밀번호를 받는 변수들을 Bind 변수라고 부릅니다.

3. Execute란 단계는 서버 프로세스가 Parse 과정에서 찾은 실행계획을 실행하는 과정을 말합니다. 휴가를 가기 전에 우린 열심히 휴가 계획을 세우죠? 이 단계가 parse란 단계입니다. 그리고 열심히 계획을 세웠으면 떠나야죠. 실행해야 한다는 것입니다.
여기서 중요한 점이 한 가지 있습니다. 우리가 수행하는 모든 SQL은 해당 테이블이 모두 메모리에 존재해야 한다는 것입니다. 더 정확하게 말하면, 예를 들어 A 사용자가 select * from emp; 를 수행했고, B 사용자가 Select * from dept; 라는 쿼리를 수행했다면 A 사용자의 emp 테이블과 B 사용자의 dept 테이블이 모두 SGA 안에 있는 Database Buffer Cache에 존재해야 한다는 것입니다. 만약 여기에 없다면 서버 프로세스가 하드디스크의 해당 데이터 파일에 가서 그 테이블을 찾아서 SGA 안에 DB Buffer Cache로 가져와야 합니다. Select 문장에서는 이 과정 — 사용자가 필요한 테이블을 Data file에서 DB Buffer Cache로 가져오는 과정 — 을 Execute(실행) 과정이라고 부르고 오라클 성능에서 아주 중요한 역할을 하는 과정입니다. 이 과정은 서버 프로세스가 해당 데이터가 들어있는 데이터 파일을 찾아가서 해당 블록을 복사를 해서 메모리의 DB Buffer Cache로 가져오는 단계로 성능에 아주 중요한 역할을 합니다.
지금까지의 내용을 신발매장의 예를 이용하여 그림으로 설명하겠습니다.

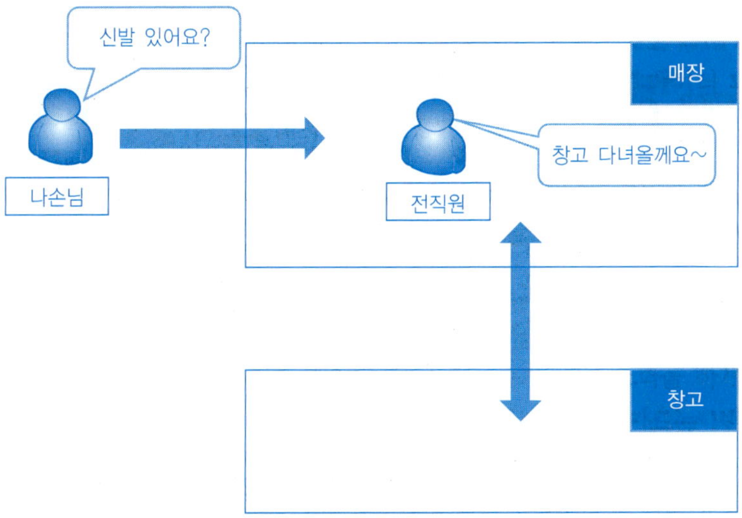

[그림 1-3] 실행 과정

앞의 그림에서 백화점 신발매장이 DB Buffer Cache이고 창고가 Data file입니다.
나손님이 오셔서 전직원씨에게 사이즈가 260mm인 XX신발 있어요? 라고 질문합니다.
그럼 전직원씨는 우선 먼저 매장에 그 신발이 있는지 찾아본 뒤에 그 신발이 있으면 나손님은 아주 빠르게 원하는 신발을 사 갈 수 있을 겁니다. 그런데 만약 매장에 신발이 없고 창고에 있다면 전직원씨는 나손님에게 잠시 기다려 달라고 하고 창고에 가서 해당 신발을 찾아서 가져오겠죠? 그런데 만약 창고 정리가 잘 안되어 있어서 신발 찾는데 시간이 너무 많이 걸려서 1시간이 걸렸다 라면 매장에 있던 나손님은 아마도 기다리다 지쳐서 가버릴지도 모릅니다.
만약 창고에 신발이 1,000 켤레가 있었는데 그 중에 어떤 신발이 나손님이 원하는 신발인지 모른다면 전부 다 확인해 봐야겠죠? 당연히 시간은 엄청나게 오래 걸릴 것입니다. 하지만 1,000 켤레의 신발 중에 나손님이 원하는 신발이 어떤 것인지 안다면 그것만 골라서 가져오면 되겠죠? 그렇게 되면 속도가 많이 빨라지는 것은 당연합니다. 그래서 1,000 켤레의 신발 중 어떤 신발이 나손님이 원하는 신발인지 알려주는 오라클 객체가 여러분들도 잘 아는 index라는 것입니다. Index를 잘 만들어 놓으면 SQL 문장이 빨라집니다. 반면에 Select를 수행했는데 한참 동안 모래시계만 보이는 이런 경우도 종종 있을 것입니다. 하드 디스크의 데이터 파일에 수많은 블록들이 있는데 그 많은 블록 중에서 서버 프로세스가 원하는 블록을 찾아서 DB Buffer Cache로 가져오는 실행 과정이 쿼리를 수행할 때 얼마나 중요한지 알죠? Execute 단계는 느린 데이터 파일에서 빠른 메모리로 블록을 복사해서 가지고 오는 단계이기 때문에 병목현상이 많이 생기는 과정이기도 합니다.

4. Fetch 과정이란 execute 과정에서 DB Buffer Cache로 가져온 블록에서 원하는 데이터만 사용자에게 전달해 주는 과정입니다. 이해를 돕기 위해 아래 그림을 보겠습니다.

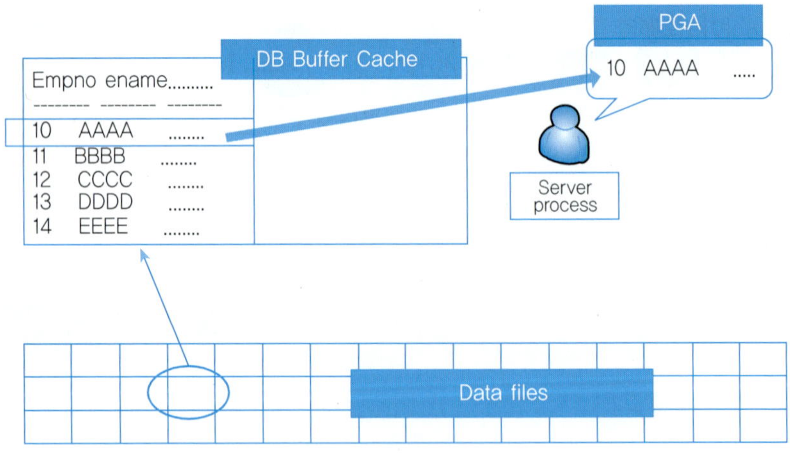

[그림 1-4] Fetch (인출) 단계

쿼리를 다시 보겠습니다.

```
SQL> select  *  from emp  where empno = 10 ;
```

실행 과정에서 DB Buffer Cache에 empno=10이 들어가 있는 블록을 Data file에서 찾아서 가져다 놨습니다. 그런데 데이터 파일의 블록 크기는 기본이 8Kbyte(10g 기준)입니다. 편의상 8K를 8000Byte로 하겠습니다. 그렇다면 그 블록 하나에 한글 데이터가 최대 4000 글자가 들어갈 수 있겠죠? 앞의 그림처럼 해당 블록을 데이터 파일에서 찾아서 DB Buffer cache로 가져 왔지만 그 블록에 여러 개의 데이터가 들어 있다는 게 문제죠. 꼭 기억하세요. 오라클은 데이터를 저장하고 가져오고 할 때 최소 단위가 블록 단위입니다. 그래서 DB Buffer Cache에 있는 블록에서 사용자가 원하는 empno=10인 데이터만 빼서 Server Process의 PGA라는 공간으로 가져와서 사용자에게 돌려주는 과정이 Fetch라는 과정입니다. 만약 사용자가 정렬을 한다든지 empno=10을 만족하는 조건이 여러 개가 있다면 PGA 안에서 작업을 더 수행하고 그 과정이 전부 끝나면 사용자는 최종 결과를 보게 됩니다.

여기까지 Select 문이 수행되는 과정을 통해 간단하지만 오라클이 작동하는 원리들을 하나씩, 중요한 부분들을 살펴보았습니다.

그럼 다음으로 update 문장이 어떻게 수행되는지 살펴보도록 하겠습니다.

1.2 Update 문장이 실행되는 과정

아래 그림을 먼저 보겠습니다.

[그림 1-5] DML 문장 수행 과정

DML 문장은 Select 문장과 달리 fetch 과정이 없고 Execute 과정에서 종료가 됩니다. 그러나 execute 과정이 select 문장과 조금 다릅니다.

1. SQL이 수행되면 먼저 파싱을 수행합니다. 그리고 해당 블록을 찾아서 DB Buffer Cache로 가지고 옵니다. 여기까지는 동일합니다.

```
SQL> update  emp
  2   set name = '일지매'
  3   name = '홍길동' ;
```

위 쿼리를 수행했다고 가정하고 진행하겠습니다.
당연히 execute 과정이 끝나면 해당 홍길동이 DB Buffer Cache로 올라와 있겠죠?
그 다음 단계부터 설명하도록 하겠습니다.

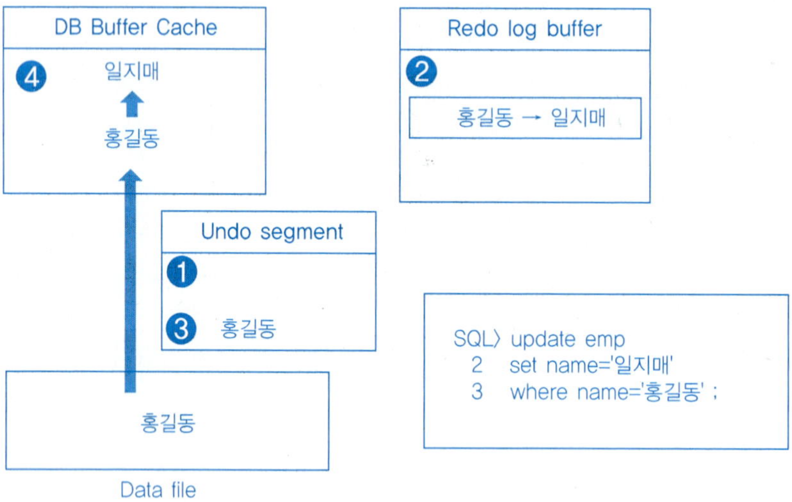

[그림 1-6] Update 문장 처리 과정

위 [그림 1-6]을 통해서 update 문장이 어떻게 수행되는지 살펴보겠습니다.

1. 사용자가 update 쿼리를 실행합니다.
   그러면 서버 프로세스가 우선 가장 먼저 사용 가능한 undo segment부터 확보하게 됩니다.

2. 변경을 유발하는 내용을 리두 벡터를 생성해서 리두 로그 버퍼에 저장해 둡니다.

3. 그 다음으로 1번 과정에서 확보한 undo segment에 변경 전 이미지(여기선 홍길동)를 기

록을 합니다.

4. DB Buffer Cache에 변경된 내용을 적용합니다.

여기서 사용자가 commit을 수행하지 않더라도 DB Buffer Cache의 내용은 변경이 된다는 것을 알 수 있습니다

이 상태에서(A 사용자가 홍길동을 일지매로 업데이트 수행하고 commit 안 한 상태) B 사용자가 홍길동 자료를 select 했다면 어떤 일이 생길까요?

이럴 때엔 DB Buffer Cache에 CR operation이라는 과정이 발생해서 B 사용자는 여전히 변경되기 전의 자료인 홍길동을 보게 됩니다. 이는 오라클에서 굉장히 중요한 읽기 일관성을 구현하는 부분으로 뒤에 Undo tablespace 관련 내용을 할 때 자세히 다루겠습니다.

그리고 당연한 이야기이지만 A 사용자가 홍길동을 일지매로 업데이트를 수행했기 때문에 A 사용자가 트랜잭션을 끝마치지 않으면 다른 사용자는 홍길동 데이터에 DML을 수행할 수 없습니다. A 사용자가 Lock이라는 것을 홍길동에 설정하기 때문입니다. A 사용자는 홍길동 데이터에 대해서 Row Level Lock과 table Level lock을 설정하게 됩니다. 그래서 다른 사용자가 홍길동 데이터에 대해 변경하지 못하게 우선권을 획득하게 되는 것이죠.

여기까지 SGA 안에 있는 Shared Pool과 Database Buffer Cache, Redo log buffer의 역할을 select와 update의 예를 들어서 살펴보았습니다.

지금까지 했던 것을 간단하게 정리를 해 보겠습니다.

우리가 쿼리를 수행하면 user process가 그 쿼리를 받아서 server Process를 찾아가서 전달하게 되고 그 쿼리를 받은 server process는 SGA 안의 Shared Pool의 library cache나 dictionary Cache를 사용하여 soft parse나 hard parse해서 실행계획을 찾게 됩니다.

그 후에 서버 프로세스는 그 실행계획대로 데이터를 데이터베이스 버퍼캐시에 적재시키게 되고 그곳에서 원하는 데이터만 찾아내서 PGA로 패치한 후 추가작업이 필요하면 — 예를 들어 정렬 — 하고 그 결과를 사용자에게 돌려주는 것입니다. 간단하지만 아주 중요한 원리들이므로 반드시 기억하길 바랍니다.

CHAPTER 02

Oracle SGA(System Global Area)

02 CHAPTER Oracle SGA(System Global Area)

SGA란 instance의 구성요소이며 여러 서버 프로세스들이 query를 수행하기 위해 공유해서 사용하는 공간입니다. 필수적인 요소인 Shared Pool, Database Buffer Cache, Redo log buffer와 선택적인 요소인 Large Pool과 Java Pool, Streams Pool(10g 이상)로 구성이 되어 있습니다.

2.1 Shared pool

이곳은 이미 앞에서 살펴본 바와 같이 parse 단계에서 주로 사용되는 메모리 구성요소입니다. 내부적으로 Library cache와 dictionary cache(Row cache라고도 합니다)로 나누어져 있습니다.

Library cache는 soft parse 할 때 사용되는 공간으로 이미 수행되었던 SQL 문장이나 PL/SQL 문장의 parse code와 해당 SQL / PLSQL 분장, 실행계획 등이 저장되어 있고 LRU 알고리즘으로 관리됩니다.

LRU 알고리즘이란 Least Recently Used의 약자로 어떤 공간(예를 들어, shared pool)에 들어갈 수 있는 양이 정해져 있는데 초과해서 들어가야 할 경우 가장 최근에 사용한 것을 남겨두고 가장 사용 안 된 것을 버리는 알고리즘을 말합니다.

여러분이 가게 사장인데 새로 물건을 사 와서 진열대에 진열해야 한다고 가정해보겠습니다. 그런데 진열대에는 이미 물건이 다 올라가서 더 공간이 없어 기존에 진열된 물건을 빼고 그 자리에 넣어야 한다면 보통은 당연히 손님이 최근까지 찾았던 물건은 두고 가장 찾지 않았던, 즉 사용되지 않았던 물건을 빼겠죠? 이것이 LRU 알고리즘이라는 것입니다.

Dictionary Cache에는 구문분석이나 옵티마이저가 실행계획을 세울 때 사용되는 주요 dictionary들이 저장되어 있습니다. 이곳 역시 LRU 알고리즘으로 관리됩니다.

Shared pool의 크기는 shared_pool_size라는 파라미터로 설정할 수 있으며 library cache나 dictionary cache의 크기는 각각 따로 관리할 수 없습니다. 이 shared_pool_size는 동적 파라미터라서 DB를 종료하지 않아도 아래와 같이 사이즈를 변경시킬 수 있습니다. (이 기능은 오라클 9i 버전부터 가능합니다.)

```
SQL> alter system set shared_pool_size = 100 M ;
```

여기서 주의사항은 메모리 할당 단위입니다. 오라클에서는 그래뉼(granule)이라는 단위로 메모리를 할당하고 해제하게 됩니다.

SGA의 총 크기는 SGA_MAX_SIZE라는 파라미터에 의해 제한되는데 이 파라미터의 크기가 1G보다 작거나 같으면 1Granule=4M이고 1G 초과이면 1Granule=16M가 됩니다. 9i에서는 SGA_MAX_SIZE 사이즈가 128M를 기준으로 그래뉼 크기가 결정이 됩니다.

아래 내용을 보면서 이해를 해 보도록 하겠습니다. 먼저 현재 SGA_MAX_SIZE의 값부터 확인해 보겠습니다.

```
SQL> show  parameter  sga_max_size ;

NAME                           TYPE        VALUE
------------------------------ ---------- ---------------------------
sga_max_size                   big integer  160M

shared pool의 크기를 확인해 보겠습니다.

SQL> show parameter shared_pool_size;

NAME                            TYPE         VALUE
------------------------------ ---------- ---------------------------
shared_pool_size               big integer    0
```

```
DB Buffer Cache의 크기를 확인해 보겠습니다.

SQL> show parameter db_cache_size;

NAME                          TYPE        VALUE
---------------------------- ---------- ---------------------------
db_cache_size                 big integer  0
```

위 내용에서 shared pool과 db buffer cache의 크기가 0으로 나오는 것은 오라클 10g의 신기능인 ASMM이라는 것 때문입니다. 그래서 이번에는 특정한 값을 주도록 하겠습니다.

예를 들어, shared_pool_size가 현재 0인데 10M를 주도록 하겠습니다. 그렇게 되면 그래뉼 단위 때문에 실제 할당되는 값은 10M가 아닌 4의 배수 12M로 할당이 될 것입니다.

```
SQL> alter system set shared_pool_size=10m;
System altered.

SQL> show parameter shared_pool_size;
NAME                          TYPE           VALUE
---------------------------- -------------- ---------------------------
shared_pool_size              big integer    12M
```

앞에서 말했던 것처럼 현재 SGA_MAX_SIZE가 160M로 1G 미만이기에 1 granule이 4M로 계산되어서 할당이 된 것입니다. 이번에는 크기를 줄여보겠습니다.

```
SQL> alter system set shared_pool_size=9M;
System altered.

SQL> show parameter shared_pool_size;
NAME                          TYPE           VALUE
---------------------------- -------------- ---------------------------
shared_pool_size           big integer    12M    <-9M로 변경했지만 여전히 12M 임

SQL> alter system set shared_pool_size=8M ; <- 4의 배수인 8M로 변경시킴
```

```
System altered.

SQL> show parameter shared_pool_size;
NAME                         TYPE           VALUE
---------------------------- -------------- ---------------------------
shared_pool_size             big integer    8M   <- 이번에는 8M로 변경된 것이 확
인됨.
```

그럼 여기서 조금 어려운 부분을 보도록 하겠습니다. 실제로 Library Cache와 Dictionary cache에 어떤 내용이 들어가 있는지 메모리 덤프를 수행해서 실제 내용을 보도록 하겠습니다.

1) Library cache dump 내용을 dump로 직접 확인하기

아래 작업을 하기 전에 $ORACLE_BASE/admin/SID/udump/*.trc 파일들을 지우던지 아니면 다른 곳으로 옮긴 후 아래 작업을 하는것이 덤프파일을 찾기 편할 것입니다. 또는 접속한 세션을 아래와 같은 방법으로 찾은 후 작업하여도 됩니다.

```
# 현재 접속 중인 세션 ID와 program ID 찾기

SQL> set line 200
SQL> col username for a10
SQL> col program for a30
SQL> select s.sid, p.pid,p.spid, s.username, s.machine, s.terminal, s.program
  2    from v$process p, v$session s
  3    where p.addr=s.paddr;

SID  PID   SPID   USERNAME      MACHINE          TERMINAL       PROGRAM
---- ----- ------ ------------- ---------------- -------------- ------------
170    2   13600   testdb          UNKNOWN       oracle@testdb     (PMON)
169    3   13602   testdb          UNKNOWN       oracle@testdb     (PSPO)
168    4   13604   testdb          UNKNOWN       oracle@testdb     (MMAN)
167    5   13606   testdb          UNKNOWN       oracle@testdb     (DBWO)
166    6   13608   testdb          UNKNOWN       oracle@testdb     (LGWR)
165    7   13610   testdb          UNKNOWN       oracle@testdb     (CKPT)
```

```
164   8   13612   testdb          UNKNOWN   oracle@testdb      (SMON)
163   9   13614   testdb          UNKNOWN   oracle@testdb      (RECO)
162   10  13616   testdb          UNKNOWN   oracle@testdb      (CJQ0)
161   11  13618   testdb          UNKNOWN   oracle@testdb      (MMON)
160   12  13620   testdb          UNKNOWN   oracle@testdb      (MMNL)
139   15  18997   testdb          UNKNOWN   oracle@testdb      (q001)
156   16  13628   testdb          UNKNOWN   oracle@testdb      (ARC0)
155   17  13630   testdb          UNKNOWN   oracle@testdb      (ARC1)
151   18  13632   testdb          UNKNOWN   oracle@testdb      (QMNC)
149   19  13640   testdb          UNKNOWN   oracle@testdb      (q000)
143   21  18904   SYS    testdb   pts/1   sqlplus@testdb   (TNS V1-V3)
140   22  19020   testdb          UNKNOWN   oracle@testdb      (q003)

18 rows selected.
```

위에서 143번 음영처리된 18904번이 현재 접속한 세션의 번호입니다.

```
SQL> !

[oracle@localhost ~]$ sqlplus / as sysdba;
SQL*Plus: Release 10.2.0.1.0 - Production on Thu Mar 4 18:51:46 2010
Copyright (c) 1982, 2005, Oracle.  All rights reserved.
Connected to:
Oracle Database 10g Enterprise Edition Release 10.2.0.1.0 - Production
With the Partitioning, OLAP and Data Mining options

SQL> oradebug  setmypid;
Statement processed.
SQL> oradebug  dump  library_cache  10 ;
Statement processed.

여기까지 하면 $ORACLE_BASE/admin/sid/udump 디렉토리에 trace 파일이 생성됩니다.
SQL> !
[oracle@testdb ~]$ cd /home/oracle/admin/testdb/udump/
[oracle@testdb udump]$ ls
afiedt.buf              testdb_ora_13898.trc  testdb_ora_14052.trc
testdb_ora_18904.trc   <- 위에서 찾은 세션의 번호로 파일이 만들어 집니다.
testdb_ora_13834.trc    testdb_ora_13962.trc    testdb_ora_14182.trc
testdb_ora_14246.trc
```

```
[oracle@testdb udump]$ vi /home/oracle/admin/testdb/udump/testdb_ora_18904.trc
Oracle Database 10g Enterprise Edition Release 10.2.0.1.0 - Production
With the Partitioning, OLAP and Data Mining options
ORACLE_HOME = /home/oracle/product/10g
System name:  Linux
Node name:    localhost.localdomain
Release:      2.6.9-34.EL
Version:      #1 Fri Feb 24 16:44:51 EST 2006
Machine:      i686
Instance name: testdb
Redo thread mounted by this instance: 1
Oracle process number: 16
Unix process pid: 3576, image: oracle@localhost.localdomain (TNS V1-V3)

*** SERVICE NAME:(SYS$USERS) 2010-03-04 18:51:56.018
*** SESSION ID:(159.7) 2010-03-04 18:51:56.018
Permanent space allocated for Load Locks
LATCH:0  TOTAL SPACE: 4092
FREELIST CHUNK COUNT:93  OBJECT SIZE:44
Permanent space allocated for KGL pins
LATCH:0  TOTAL SPACE: 28812
FREELIST CHUNK COUNT:127  OBJECT SIZE:84
Permanent space allocated for KGL locks
LATCH:0  TOTAL SPACE: 73008
FREELIST CHUNK COUNT:278  OBJECT SIZE:104
Permanent space allocated for KGL S handles
LATCH:0  TOTAL SPACE: 353288
FREELIST CHUNK COUNT:0  OBJECT SIZE:316
Permanent space allocated for KGL M handles
LATCH:0  TOTAL SPACE: 614400
FREELIST CHUNK COUNT:0  OBJECT SIZE:512
Permanent space allocated for KGL L handles
LATCH:0  TOTAL SPACE: 146688
FREELIST CHUNK COUNT:0  OBJECT SIZE:768
Permanent space allocated for KGL A handles
LATCH:0  TOTAL SPACE: 101200
FREELIST CHUNK COUNT:0  OBJECT SIZE:200
Permanent space allocated for KGL objects
LATCH:0  TOTAL SPACE: 91896
```

```
FREELIST CHUNK COUNT:0  OBJECT SIZE:84
Permanent space allocated for KGL handle dependents
LATCH:0  TOTAL SPACE: 33024
FREELIST CHUNK COUNT:242  OBJECT SIZE:12
LIBRARY CACHE HASH TABLE: size=131072 count=2633
Buckets with more than 20 objects:
NONE
Hash Chain Size     Number of Buckets
----------------- -------------------------
              0                128466
              1                  2579
              2                    27
              3                     0
              4                     0
              5                     0
              6                     0
              7                     0
              8                     0
              9                     0
             10                     0
             11                     0
             12                     0
             13                     0
             14                     0
             15                     0
             16                     0
             17                     0
             18                     0
             19                     0
             20                     0
             20                     0
BUCKET 84:
  LIBRARY OBJECT HANDLE: handle=299a9738 mutex=0x299a97ec(0)
  name=table_4_9_115f_0_0_0
  hash=037217e511a06ffd341b90a655700054 timestamp=03-04-2010 18:43:03
  namespace=CRSR flags=RON/KGHP/TIM/KEP/PNO/SML/DBN/[12010044]
  kkkk-dddd-llll=0001-0001-0001 lock=N pin=0 latch#=1 hpc=0002 hlc=0002
  lwt=0x299a9794[0x299a9794,0x299a9794] ltm=0x299a979c[0x299a979c,0x299a979c]
  pwt=0x299a9778[0x299a9778,0x299a9778] ptm=0x299a9780[0x299a9780,0x299a9780]
```

```
 ref=0x299a97b4[0x299a97b4,0x299a97b4] lnd=0x299a97c0[0x299a90c8,0x299aa780]
  DEPENDENCY REFERENCES:
  reference latch flags
  --------- ----- -------------------
   270fce74     0 [60]
  LOCK OWNERS:
      lock      user  session count mode flags
  -------- -------- -------- ----- ---- ------------------------
  27b56d24 29f0d954 29f0d954     1 N    [00]
  LIBRARY OBJECT: object=270fd598
  type=CRSR flags=EXS[0001] pflags=[0000] status=VALD load=0
  CHILDREN: size=16
  child#    table reference   handle
  ------ -------- --------- --------
       0 270fd524  270fd1d8 299a95f4
  DATA BLOCKS:
  data#     heap  pointer    status pins change whr
  ----- -------- -------- --------- ---- ------ ---
      0 299a96c8 270fd630 I/P/A/-/-    0 NONE   00
BUCKET 84 total object count=1
..............................이하 생략합니다.
```

내용이 알아보기도 어렵고 복잡하지만 정리하면 Library Cache에는 서버프로세스가 최근에 수행했었던 SQL 문장의 실행계획을 보관하는 장소입니다. Soft parse를 위한 공간이며 soft parse가 많이 될수록 SQL 문장의 속도가 향상됩니다.

2) Dictionary cache 내용을 dump로 직접 확인하기

```
[oracle@localhost ~]$ sqlplus / as sysdba;
SQL*Plus: Release 10.2.0.1.0 - Production on Thu Mar 4 18:53:01 2010
Copyright (c) 1982, 2005, Oracle.  All rights reserved.
Connected to:
Oracle Database 10g Enterprise Edition Release 10.2.0.1.0 - Production
With the Partitioning, OLAP and Data Mining options
```

```
# 현재 접속 중인 세션 ID와 program ID 찾기

SQL> set line 200
SQL> col username for a10
SQL> col program for a30
SQL> select s.sid, p.pid, p.spid, s.username, s.machine, s.terminal, s.program
  2   from v$process p, v$session s
  3   where p.addr=s.paddr;

SID  PID  SPID   USERNAME      MACHINE          TERMINAL       PROGRAM
---- ----- ------ ------------- ---------------- -------------- ------------
170    2  13600   testdb        UNKNOWN       oracle@testdb     (PMON)
169    3  13602   testdb        UNKNOWN       oracle@testdb     (PSP0)
168    4  13604   testdb        UNKNOWN       oracle@testdb     (MMAN)
167    5  13606   testdb        UNKNOWN       oracle@testdb     (DBW0)
166    6  13608   testdb        UNKNOWN       oracle@testdb     (LGWR)
165    7  13610   testdb        UNKNOWN       oracle@testdb     (CKPT)
164    8  13612   testdb        UNKNOWN       oracle@testdb     (SMON)
163    9  13614   testdb        UNKNOWN       oracle@testdb     (RECO)
162   10  13616   testdb        UNKNOWN       oracle@testdb     (CJQ0)
161   11  13618   testdb        UNKNOWN       oracle@testdb     (MMON)
160   12  13620   testdb        UNKNOWN       oracle@testdb     (MMNL)
139   15  18997   testdb        UNKNOWN       oracle@testdb     (q001)
156   16  13628   testdb        UNKNOWN       oracle@testdb     (ARC0)
155   17  13630   testdb        UNKNOWN       oracle@testdb     (ARC1)
151   18  13632   testdb        UNKNOWN       oracle@testdb     (QMNC)
149   19  13640   testdb        UNKNOWN       oracle@testdb     (q000)
143   21  3582   SYS    testdb      pts/1    sqlplus@testdb    (TNS V1-V3)
140   22  19020   testdb        UNKNOWN       oracle@testdb     (q003)

18 rows selected.
```

위에서 143번 음영 처리된 3582번이 현재 접속한 세션의 번호입니다. 이 번호로 trace 파일을 찾아갑니다.

```
SQL> oradebug setmypid;
Statement processed.
SQL> oradebug dump row_cache 10;
Statement processed.
```

여기까지 하면 $ORACLE_BASE/admin/sid/udump 디렉토리에 trace 파일이 생성됩니다.

```
home/oracle/admin/testdb/udump/testdb_ora_3582.trc
Oracle Database 10g Enterprise Edition Release 10.2.0.1.0 - Production
With the Partitioning, OLAP and Data Mining options
ORACLE_HOME = /home/oracle/product/10g
System name:  Linux
Node name:    localhost.localdomain
Release:      2.6.9-34.EL
Version:      #1 Fri Feb 24 16:44:51 EST 2006
Machine:      i686
Instance name: testdb
Redo thread mounted by this instance: 1
Oracle process number: 16
Unix process pid: 3582, image: oracle@localhost.localdomain (TNS V1-V3)

*** 2010-03-04 18:53:19.093
*** SERVICE NAME:(SYS$USERS) 2010-03-04 18:53:19.092
*** SESSION ID:(159.9) 2010-03-04 18:53:19.092
ROW CACHE HASH TABLE: cid=0 ht=0x284b4074 size=32
Buckets with more than 20 objects:
NONE
Hash Chain Size     Number of Buckets
---------------------  --------------------------
              0                     26
              1                      6
              2                      0
              3                      0
              4                      0
              5                      0
              6                      0
              7                      0
              8                      0
              9                      0
             10                      0
             11                      0
             12                      0
             13                      0
```

```
            14                  0
            15                  0
            16                  0
            17                  0
            18                  0
            19                  0
            20                  0
            20                  0
BUCKET 3:
  row cache parent object: address=0x29b0ae94 cid=0(dc_tablespaces)
  hash=a6decc2 typ=9 transaction=(nil) flags=00000002
  own=0x29b0af00[0x29b0af00,0x29b0af00] wat=0x29b0af08[0x29b0af08,0x29b0af08] mode=N
  status=VALID/-/-/-/-/-/-/-/-
  data=
  00000003 45540004 0000504d 00000000 00000000 00000000 00000000 00000000
  00000000 00000000 00000000 00002000 7ffffffd 00000080 00000080 00000000
  00000101 00000001 00000080 00000000 00000000 00000000 00000000 00001c4c
  00000000 00000080 00000001 00000002 00000000 00000000 00000000
  BUCKET 3 total object count=1
BUCKET 5:
  row cache parent object: address=0x29b4a718 cid=0(dc_tablespaces)
  hash=5fed2a24 typ=9 transaction=(nil) flags=00000002
  own=0x29b4a784[0x29b4a784,0x29b4a784] wat=0x29b4a78c[0x29b4a78c,0x29b4a78c] mode=N
  status=VALID/-/-/-/-/-/-/-/-
  data=
  00000000 59530006 4d455453 00000000 00000000 00000000 00000000 00000000
  00000000 00000000 00000000 00002000 7ffffffd 00000008 00000080 00000000
  00000001 00000001 00000008 00000000 00000000 00000000 00000000 00000004
  00000001 00000008 00000001 00000001 00000000 00000000 00000000
  BUCKET 5 total object count=1
……………………이하 생략합니다.
```

여기도 내용이 많이 복잡한데 정리하면 Dictionary Cache(다른 말로 Row Cache라고도 합니다)에는 SQL을 수행하면서 필요한 딕셔너리들이 존재하는 공간입니다.

2.2 DB Buffer Cache

DB Buffer Cache는 수행되는 쿼리들이 필요한 실제 데이터를 보관하고 작업을 수행하는 공간입니다. 즉 모든 사용자가 수행하는 테이블 및 각종 오브젝트들은 이곳에 있어야 하며 만약 이곳에 존재하지 않는다면 서버 프로세스가 하드디스크의 데이터 파일에서 해당 데이터가 들어있는 블록을 찾아서 복사해오게 됩니다.

이런 방식으로 운영하는 이유는 속도 때문입니다. 오라클은 서버이기 때문에 한 명의 사용자가 아닌 많은 사용자들이 동시에 접속해서 데이터도 입력하고 내용도 업데이트 하고, 지우기도 하는 등의 작업이 진행됩니다. 따라서 속도가 느린 데이터 파일에서 직접 작업하면 속도가 너무 느리기 때문에 속도가 빠른 메모리영역에서 작업을 하고 수시로 하드디스크의 데이터 파일로 저장하는 구조를 가지게 된 것입니다.

이 방식은 오라클 뿐만 아니라 컴퓨터를 사용하는 모든 작업들이 공통적으로 사용하는 방법이기도 합니다.

DB Buffer cache의 크기는 DB_CACHE_SIZE로 결정되며 이 크기 역시 동적 파라미터입니다. 즉 SQL> alter system set db_cache_size = 72M ; 이렇게 즉시 바꿀 수 있다는 말입니다.

또한 이곳 역시 LRU 알고리즘으로 관리되어 가장 최근까지 사용된 테이블들이 저장되고 오랫동안 사용되지 않은 테이블은 버려지게 됩니다.

더 자세한 사항은 뒷부분의 백그라운드 프로세스 DBWR 부분에서 보겠습니다. 그럼 이곳에 어떤 내용이 들어가 있는지 직접 dump를 수행하여 내용의 일부를 보도록 하겠습니다.

1) DB Buffer cache 내용을 dump로 직접 확인하기

```
[oracle@localhost ~]$ sqlplus / as sysdba;
SQL*Plus: Release 10.2.0.1.0 - Production on Thu Mar 4 18:51:46 2010
Copyright (c) 1982, 2005, Oracle.  All rights reserved.
Connected to:
Oracle Database 10g Enterprise Edition Release 10.2.0.1.0 - Production
With the Partitioning, OLAP and Data Mining options
```

```
# 현재 접속 중인 세션 ID와 program ID 찾기

SQL> set line 200
SQL> col username for a10
SQL> col program for a30
SQL> select s.sid, p.pid, p.spid, s.username, s.machine, s.terminal,
s.program
2    from v$process p, v$session s
3    where p.addr=s.paddr;

SID   PID   SPID    USERNAME       MACHINE          TERMINAL         PROGRAM
---- ----- ------ ------------- ---------------- -------------- ------------
170    2   13600     testdb        UNKNOWN        oracle@testdb    (PMON)
169    3   13602     testdb        UNKNOWN        oracle@testdb    (PSP0)
168    4   13604     testdb        UNKNOWN        oracle@testdb    (MMAN)
167    5   13606     testdb        UNKNOWN        oracle@testdb    (DBW0)
166    6   13608     testdb        UNKNOWN        oracle@testdb    (LGWR)
165    7   13610     testdb        UNKNOWN        oracle@testdb    (CKPT)
164    8   13612     testdb        UNKNOWN        oracle@testdb    (SMON)
163    9   13614     testdb        UNKNOWN        oracle@testdb    (RECO)
162   10   13616     testdb        UNKNOWN        oracle@testdb    (CJQ0)
161   11   13618     testdb        UNKNOWN        oracle@testdb    (MMON)
160   12   13620     testdb        UNKNOWN        oracle@testdb    (MMNL)
139   15   18997     testdb        UNKNOWN        oracle@testdb    (q001)
156   16   13628     testdb        UNKNOWN        oracle@testdb    (ARC0)
155   17   13630     testdb        UNKNOWN        oracle@testdb    (ARC1)
151   18   13632     testdb        UNKNOWN        oracle@testdb    (QMNC)
149   19   13640     testdb        UNKNOWN        oracle@testdb    (q000)
143   21   3536    SYS   testdb     pts/1    sqlplus@testdb       (TNS V1-V3)
140   22   19020     testdb        UNKNOWN        oracle@testdb    (q003)

18 rows selected.
```

위에서 143번 음영처리된 3536번이 현재 접속한 세션의 번호입니다.

```
SQL> oradebug setmypid;
Statement processed.
SQL> oradebug dump buffers 1 ;
Statement processed.
```

```
[oracle@localhost ~]$vi /home/oracle/admin/testdb/udump/testdb_ora_3536.trc
Oracle Database 10g Enterprise Edition Release 10.2.0.1.0 - Production
With the Partitioning, OLAP and Data Mining options
ORACLE_HOME = /home/oracle/product/10g
System name:  Linux
Node name:    localhost.localdomain
Release:      2.6.9-34.EL
Version:      #1 Fri Feb 24 16:44:51 EST 2006
Machine:      i686
Instance name: testdb
Redo thread mounted by this instance: 1
Oracle process number: 16
Unix process pid: 3536, image: oracle@localhost.localdomain (TNS V1-V3)

*** 2010-03-04 18:47:32.865
*** SERVICE NAME:(SYS$USERS) 2010-03-04 18:47:32.865
*** SESSION ID:(159.5) 2010-03-04 18:47:32.865
Dump of buffer cache at level 1 for tsn=2147483647, rdba=0
BH (0x24be8f7c) file#: 1 rdba: 0x0040b894 (1/47252) class: 1 ba: 0x2488a000
  set: 3 blksize: 8192 bsi: 0 set-flg: 2 pwbcnt: 0
  dbwrid: 0 obj: 181 objn: 183 tsn: 0 afn: 1
  hash: [290c0868,290c0868] lru: [24be9080,24be8f20]
  ckptq: [NULL] fileq: [NULL] objq: [24be8f74,24be90d4]
  st: XCURRENT md: NULL tch: 1
  flags:
  LRBA: [0x0.0.0] HSCN: [0xffff.ffffffff] HSUB: [65535]
BH (0x267ee98c) file#: 1 rdba: 0x004096b0 (1/38576) class: 1 ba: 0x26590000
  set: 3 blksize: 8192 bsi: 0 set-flg: 2 pwbcnt: 0
  dbwrid: 0 obj: 18 objn: 18 tsn: 0 afn: 1
  hash: [290c0878,290c0878] lru: [267eea90,267ee930]
  ckptq: [NULL] fileq: [NULL] objq: [267ee984,267eeb94]
  st: XCURRENT md: NULL tch: 2
  flags:
  LRBA: [0x0.0.0] HSCN: [0xffff.ffffffff] HSUB: [65535]
BH (0x24ff423c) file#: 1 rdba: 0x0040ca6f (1/51823) class: 1 ba: 0x24e92000
  set: 3 blksize: 8192 bsi: 0 set-flg: 2 pwbcnt: 0
st: XCURRENT md: NULL tch: 2
  flags:
  LRBA: [0x0.0.0] HSCN: [0xffff.ffffffff] HSUB: [65535]
```

```
BH (0x25beb49c) file#: 1 rdba: 0x004020fb (1/8443) class: 1 ba: 0x258f6000
  set: 3 blksize: 8192 bsi: 0 set-flg: 2 pwbcnt: 0
  dbwrid: 0 obj: 181 objn: 183 tsn: 0 afn: 1
  hash: [290c08e8,290c08e8] lru: [25beb5a0,25beb440]
  ckptq: [NULL] fileq: [NULL] objq: [25beb494,25beb5f4]
  st: XCURRENT md: NULL tch: 1
  flags:
  LRBA: [0x0.0.0] HSCN: [0xffff.ffffffff] HSUB: [65535]
............................이하 생략합니다.
```

2.3 Redo log buffer

Redo log buffer에는 데이터베이스에 변경되는 모든 사항들이 다 기록됩니다. 나중에 장애가 날 경우에 여기 기록되어 있는 내용을 보고 복구를 하기 위함입니다.

만약 DML이나 DDL이 발생하게 되면 각 서버 프로세스들이 Redo log buffer에 해당 변경 내용을 먼저 기록한 후에 후속 작업을 진행하게 됩니다. 그리고 LGWR 이라는 백그라운드 프로세스가 특정 상황이 되면 해당 내용을 redo log file에 기록하게 됩니다. 자세한 사항은 뒤에 나오는 백그라운드 프로세스 과정의 LGWR 장에서 배웁니다.

리두 로그 버퍼 안에 기록되는 내용을 redo entries라고 말하고 redo entries 안에는 향후 혹시 모를 장애발생을 대비해서 복구할 내용들이 저장되어 있습니다.

이곳의 크기는 LOG_BUFFER이라는 파라미터에 의해 결정이 됩니다. 그리고 이 파라미터는 정적 파라미터라서 변경 후 DB를 재시작해야만 적용이 됩니다. 리두 로그 파일 하나를 덤프를 수행해서 실제 안에 내용을 살펴보도록 하겠습니다.

1) Redo log file의 내용을 dump로 직접 확인하기

```
[oracle@localhost ~]$ sqlplus  / as sysdba;
SQL*Plus: Release 10.2.0.1.0 - Production on Thu Mar 4 19:51:53 2010
Copyright (c) 1982, 2005, Oracle.  All rights reserved.
```

```
Connected to:
Oracle Database 10g Enterprise Edition Release 10.2.0.1.0 - Production
With the Partitioning, OLAP and Data Mining options

# 현재 접속 중인 세션 ID와 program ID 찾기

SQL> set line 200
SQL> col username for a10
SQL> col program for a30
SQL> select s.sid, p.pid, p.spid, s.username, s.machine, s.terminal,
s.program
2    from v$process p, v$session s
3    where p.addr=s.paddr;

SID  PID   SPID   USERNAME      MACHINE          TERMINAL        PROGRAM
---- ----- ------ ------------- ---------------- --------------  ------------
170    2  13600   testdb        UNKNOWN          oracle@testdb    (PMON)
169    3  13602   testdb        UNKNOWN          oracle@testdb    (PSP0)
168    4  13604   testdb        UNKNOWN          oracle@testdb    (MMAN)
167    5   13606  testdb        UNKNOWN          oracle@testdb    (DBW0)
166    6   13608  testdb        UNKNOWN          oracle@testdb    (LGWR)
165    7   13610  testdb        UNKNOWN          oracle@testdb    (CKPT)
164    8   13612  testdb        UNKNOWN          oracle@testdb    (SMON)
163    9   13614  testdb        UNKNOWN          oracle@testdb    (RECO)
162   10   13616  testdb        UNKNOWN          oracle@testdb    (CJQ0)
161   11   13618  testdb        UNKNOWN          oracle@testdb    (MMON)
160   12   13620  testdb        UNKNOWN          oracle@testdb    (MMNL)
139   15   18997  testdb        UNKNOWN          oracle@testdb    (q001)
156   16   13628  testdb        UNKNOWN          oracle@testdb    (ARC0)
155   17   13630  testdb        UNKNOWN          oracle@testdb    (ARC1)
151   18   13632  testdb        UNKNOWN          oracle@testdb    (QMNC)
149   19   13640  testdb        UNKNOWN          oracle@testdb    (q000)
143   21   13685  SYS     testdb    pts/1      sqlplus@testdb   (TNS V1-V3)
140   22   19020  testdb        UNKNOWN          oracle@testdb    (q003)

18 rows selected.
```

위에서 143번 음영처리된 13685번이 현재 접속한 세션의 번호입니다.

```
SQL> alter system dump logfile '/home/oracle/oradata/testdb/redo01.log';
System altered.
```

여기까지 하면 $ORACLE_BASE/admin/sid/udump 아래 trace 파일이 생성됩니다.

```
[oracle@localhost udump]$ vi testdb_ora_13685.trc

*** SERVICE NAME:(SYS$USERS) 2010-03-04 19:52:01.796
*** SESSION ID:(159.11) 2010-03-04 19:52:01.796

DUMP OF REDO FROM FILE '/home/oracle/oradata/testdb/redo01.log'
 Opcodes *.*
 RBAs: 0x000000.00000000.0000 thru 0xffffffff.ffffffff.ffff
 SCNs: scn: 0x0000.00000000 thru scn: 0xffff.ffffffff
 Times: creation thru eternity
 FILE HEADER:
        Compatibility Vsn = 169869568=0xa200100
        Db ID=2493399399=0x949e4167, Db Name='TESTDB'
        Activation ID=2493391463=0x949e2267
        Control Seq=469=0x1d5, File size=102400=0x19000
        File Number=1, Blksiz=512, File Type=2 LOG
 descrip:"Thread 0001, Seq# 0000000005, SCN 0x000000087797-0xffffffffffff"
 thread: 1 nab: 0xffffffff seq: 0x00000005 hws: 0x8 eot: 1 dis: 0
 resetlogs count: 0x2a52d3ea scn: 0x0000.0006ce7b (446075)
 resetlogs terminal rcv count: 0x0 scn: 0x0000.00000000
 prev resetlogs count: 0x2184ef74 scn: 0x0000.00000001 (1)
 prev resetlogs terminal rcv count: 0x0 scn: 0x0000.00000000
 Low  scn: 0x0000.00087797 (554903) 02/05/2010 01:07:55
 Next scn: 0xffff.ffffffff 01/01/1988 00:00:00
 Enabled scn: 0x0000.0006ce7b (446075) 02/04/2010 10:01:14
 Thread closed scn: 0x0000.00087ffb (557051) 02/05/2010 01:48:19
 Disk cksum: 0x5b3b Calc cksum: 0x5b3b
 Terminal recovery stop scn: 0x0000.00000000
 Terminal recovery  01/01/1988 00:00:00
 Most recent redo scn: 0x0000.00000000
 Largest LWN: 0 blocks
 End-of-redo stream : No
```

```
 Unprotected mode
 Miscellaneous flags: 0x0
 Thread internal enable indicator: thr: 0, seq: 0 scn: 0x0000.00000000

REDO RECORD - Thread:1 RBA: 0x000005.00000002.0010 LEN: 0x0070 VLD: 0x05
SCN: 0x0000.00087799 SUBSCN:  1 02/05/2010 01:07:55
CHANGE #1 MEDIA RECOVERY MARKER SCN:0x0000.00000000 SEQ:  0 OP:17.3
Crash Recovery at scn:  0x0000.00087796

REDO RECORD - Thread:1 RBA: 0x000005.00000003.0010 LEN: 0x0074 VLD: 0x05
SCN: 0x0000.0008779b SUBSCN:  1 02/05/2010 01:07:56
CHANGE #1 TYP:0 CLS: 1 AFN:1 DBA:0x0040006a OBJ:15 SCN:0x0000.0008264f SEQ:
1 OP:4.1
Block cleanout record, scn:  0x0000.0008779b ver: 0x01 opt: 0x01, entries
follow...
  itli: 1  flg: 2  scn: 0x0000.00082650
……………………………………이하 생략합니다.
```

여기까지 오라클 메모리 부분인 SGA의 중요한 3가지 구성요소(Shared Pool, DB Buffer Cache, Redo log Buffer)들을 간략하게 살펴보았습니다.

그리고 Background Process 부분도 필수적인 것과 Optional 부분으로 나뉘어 각각 맡은 일들을 묵묵히 수행하게 됩니다. 백그라운드 프로세스는 3장에서 자세하게 다루도록 하겠습니다.

Database 부분은 하드디스크의 파일들을 의미하는 것으로 하드디스크상의 많은 파일 중에서 Datafiles, Redo log files, Control files을 oracle에서는 특별히 Database라고 부릅니다.

아주 중요한 내용들이 담겨 있어서 굉장히 조심하여야 하는 파일들입니다.

이 database 부분은 4장부터 자세하게 배우겠습니다.

오라클의 구조가 이렇게 복잡한 이유는 오라클을 공부하기 힘들게 하려고 그러는 것이 아니라 모두 각각의 고유한 기능과 목적이 있기 때문에 그렇습니다. 마치 회사에 여러 부서가 있고 그 각각의 부서들이 각각의 임무가 있는 것과 같은 원리인 거죠. 회사가 잘 되려면 각각의 부서들이 모두 자기의 일을 잘해내야겠죠?

사람의 몸도 여러 가지 신체 부위가 있고, 각각의 신체부위가 맡은 일을 잘 해야 몸이 건강하듯이 오라클도 마찬가지입니다.

그렇기 때문에 오라클을 잘 하려면 각각의 부분들이 어떤 일을 하는지 정확하게 파악하고 있어야 합니다. 의사가 사람의 신체를 잘 알아야 사람을 잘 고치는 것과 마찬가지인 것 같습니다. 만약 사람의 인체 구조를 모르는 사람이 의사가 되어 수술을 한다면……. 큰 사고 나겠죠? 그래서 의사가 되기 위해 대학부터 거의 10년이란 시간동안 공부를 하는 것입니다. 오라클도 회사의 목숨과도 같은 데이터를 책임지고 관리하는 것이기 때문에 열심히 공부하여 꼭 오라클 구조를 잘 알고 있어야 합니다. 오라클을 모르는 DBA가 회사의 데이터를 만진다는 것은 잘못되면 그 회사를 죽일 수도 있는 아주 위험한 일이라는 걸 꼭 명심하길 바랍니다.

여기까지 SGA를 간략하게 살펴보았고 지금부터 백그라운드 프로세스를 살펴보겠습니다.

CHAPTER 03

Oracle Backgroud Processes

03
CHAPTER

Oracle Backgroud Processes

오라클 백그라운드 프로세스는 인스턴스와 데이터베이스 사이에서 오라클을 운영하는데 필요한 작업들을 보이지 않게 수행해주는 중요한 프로세스들입니다.

그래서 백그라운드 프로세스는 필수적인 것과 선택적인 것으로 나뉘게 되고 필수적인 백그라운드 프로세스에 문제가 생길 경우 oracle이 shutdown abort되어 버리게 됩니다. 아래의 그림이 오라클 백그라운드 프로세스의 일부를 캡쳐한 화면입니다.

```
oracle@localhost:~
[oracle@localhost ~]$
[oracle@localhost ~]$
[oracle@localhost ~]$ watch -n 1 'ps -ef | grep oracle'
Every 1.0s: ps -ef | grep oracle                          Thu Feb  4 13:56:59 2010

oracle    6990     1  0 10:05 ?        00:00:02 ora_pmon_testdb
oracle    6992     1  0 10:05 ?        00:00:02 ora_psp0_testdb
oracle    6994     1  0 10:05 ?        00:00:01 ora_mman_testdb
oracle    6996     1  0 10:05 ?        00:00:08 ora_dbw0_testdb
oracle    6998     1  0 10:05 ?        00:00:12 ora_lgwr_testdb
oracle    7000     1  0 10:05 ?        00:00:15 ora_ckpt_testdb
oracle    7002     1  0 10:05 ?        00:00:07 ora_smon_testdb
oracle    7004     1  0 10:05 ?        00:00:00 ora_reco_testdb
oracle    7006     1  0 10:05 ?        00:00:03 ora_cjq0_testdb
oracle    7008     1  0 10:05 ?        00:00:06 ora_mmon_testdb
oracle    7010     1  0 10:05 ?        00:00:04 ora_mmnl_testdb
oracle    7012     1  0 10:05 ?        00:00:00 ora_d000_testdb
oracle    7014     1  0 10:05 ?        00:00:00 ora_s000_testdb
```

[그림 3-1] 오라클 백그라운드 프로세스

3.1 DBWR(Database Writer) / DBWn

1) DBWR의 역할 및 원리

DBWR이 하는 역할은 Database Buffer Cache에 있는 저장되어야 하는 내용을 데이터 파일로 저장하는 역할을 하게 됩니다. Oracle에서 모든 변경 작업들은 DB Buffer Cache에서 진행되기 때문에 변경 후 파일로 내려쓰지 않으면 모든 데이터가 손실됩니다. 그때 저장해 주는 역할을 하는 것이 지금 보는 DBWR입니다.

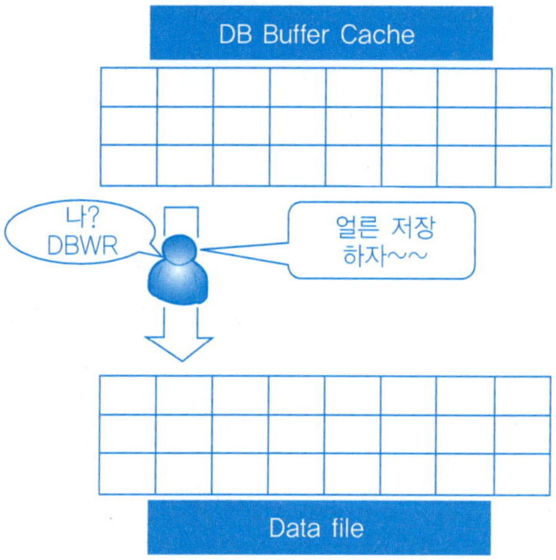

1. Checkpoint 신호가 발생했을 때
2. Dirty Buffer가 임계값을 지났을 때
3. Time out이 발생했을 때
4. RAC Ping이 발생했을 때
5. Tablespace가 Read only 상태로 변경될 때
6. Tablespace가 offline 될 때
7. Tablespace가 begin backup 상태가 될 때
8. Drop table이나 Truncate table 될 때

[그림 3-2] DBWR

DBWR 백그라운드 프로세스는 기본적으로 DBW0 하나가 작동을 하지만 I/O가 많이 추가로 더 필요할 경우 여러 개(DBW1 ~ DBW9)를 동시에 사용하여 성능을 향상시킬 수 있습니다.

```
oracle@localhost:~
SQL> SQL>
SQL>
SQL> show parameter processes

NAME                                 TYPE        VALUE
------------------------------------ ----------- ------------------------------
aq_tm_processes                      integer     0
db_writer_processes                  integer     1
gcs_server_processes                 integer     0
job_queue_processes                  integer     10
log_archive_max_processes            integer     2
processes                            integer     150
SQL>
```

[그림 3-3] DBWR 개수 지정하기

위 그림에서 db_writer_processes의 값을 parameter file을 이용하여 조정하면 됩니다. 단, 단일 프로세서의 시스템에서는 사용되지 못합니다.

또 DB Buffer Cache는 SGA에 존재하기 때문에 동시에 여러 개의 서버 프로세스가 엑세스를 할 경우가 종종 생기게 됩니다. 그러다 보면 어떤 블록에 A 사용자의 서버 프로세스가 데이터를 쓰고 있는 중에 B 사용자의 서버 프로세스가 동시에 쓴다든지 저장되지 않은 블록을 덮어써 버린다든지 하는 사고가 생길 수 있습니다. 그래서 oracle에서는 DB Buffer Cache 내부의 블록을 아래 설명처럼 3가지 상태로 관리해서 이런 사고를 막고 좀더 효율적인 메모리 관리를 하게 됩니다. Database Buffer Cache Block의 3가지 상태를 살펴보겠습니다.

첫째, Free Buffer가 있습니다.
이 상태는 사용이 안 되었을 경우(Unused)와 사용이 되었더라도 변경사항이 데이터 파일에 저장이 되어서 덮어써도 상관없을 경우를 의미합니다. 서버 프로세스가 데이터 파일에서 DB Buffer Cache로 데이터를 가져오려면 반드시 Free Buffer를 필요한 만큼 확보해야 합니다. 이 블록에 서버 프로세스가 데이터를 쓸 경우 Pinned나 dirty 버퍼로 상태가 변경이 됩니다.

둘째, Dirty Buffer가 있습니다.
이 상태는 어떤 서버 프로세스가 데이터를 변경한 후 저장이 되지 않아서 절대로 덮어쓰면 안 되는 버퍼를 의미합니다. 서버 프로세스들이 데이터 파일에서 블록을 버퍼캐시로 적재할 때 free 버퍼가 없고 dirty 버퍼가 많을 경우 DBWR에게 이 dirty Buffer를 데이터 파일에 내려쓰라고 요청하고 다 내려쓰면 dirty 버퍼는 free 버퍼로 상태가 변경됩니다.

셋째, Pinned Buffer가 있습니다.
이 상태는 서버 프로세스가 현재 사용 중인 블록을 의미합니다.

위에서 살펴본 3가지 상태를 아래처럼 별도의 리스트를 만들어서 관리하고 있습니다.

2) LRU List / LRUW List

마치 호텔에서 비어있는 방과 사용 중인 방을 리스트로 관리하듯이 오라클도 이런 버퍼들의 상태를 관리하기 위해 LRU(Least Recently Used) List를 만들어서 사용합니다.

오라클은 이 LRU List를 스캔의 효율성을 위해 LRU 리스트와 LRUW 리스트로 나누고 또 각각 세부적으로 메인 리스트와 보조 리스트로 별도로 나누어서 관리를 하고 있습니다.

〈LRU List〉

- 메인 리스트: 사용된 버퍼들의 리스트. Hot 영역과 Cold 영역으로 나눕니다
- 보조 리스트: 미사용된 버퍼들이나, DBWR에 의해 기록된 버퍼들의 리스트(Free list)

〈LRUW List(Dirty list 라고도 합니다)〉

- 메인 리스트: 변경된 버퍼들의 리스트
- 보조 리스트: 현재 DBWR에 의해 기록 중인 버퍼들의 리스트

만약 서버 프로세스가 데이터 파일에서 데이터를 DB Buffer Cache로 가져와야 할 경우가 생기게 된다면 서버 프로세스는 우선 LRU 리스트의 보조 리스트에서 free 버퍼를 찾게 됩니다. 그러나 보조 리스트의 버퍼가 모두 사용된 경우에는, 메인 리스트의 cold 영역에서 free 버퍼를 다시 찾게 됩니다. 이렇게 free Buffer를 찾다가 특정 개수만큼 찾았는데 free Buffer를 못찾게 되면 Scan을 멈추고 DBWR에게 Dirty Buffer를 내려쓰라고 요청을 하게 되는 것입니다. 그럼 Dirty Buffer가 Free Buffer로 바뀌게 되어 LRU List의 보조 리스트에 추가가 되는 것입니다. 인스턴스가 최초로 구동된 때는 모든 버퍼들은 LRU List의 보조 리스트에서 관리됩니다.

3.2 LGWR(Log Writer)

1) LGWR의 작동 원리

LGWR은 Redo log buffer에 있는 내용을 Redo log file로 저장해 줍니다.

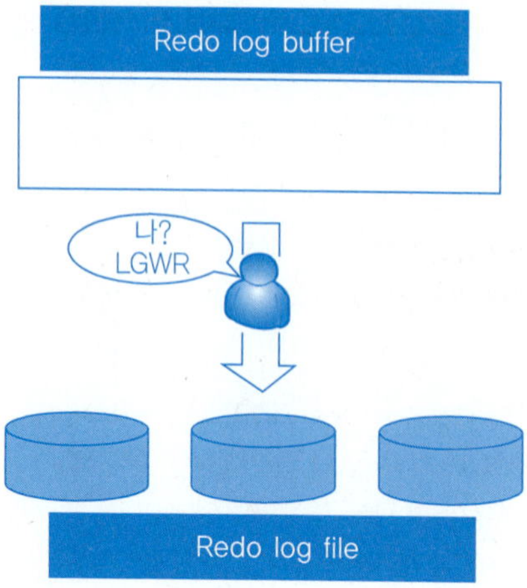

〈LGWR이 내려쓰는 경우〉

1. Commit이 발생했을 때
2. 1/3이 찼을 때
3. 변경량이 1M가 되었을 때
4. 3초마다
5. DBWR이 내려쓰기 전에

[그림 3-4] LGWR

리두 로그 파일에 내려쓰는 이유는 리두 로그 버퍼도 메모리이므로 서버가 꺼지면 내용이 다 날아갈 수 있기 때문에 안전하게 하드디스크의 리두 로그 파일로 저장을 하는 것입니다.

앞에서도 살펴봤듯이 오라클은 데이터가 변경되는 경우(DDL이나 DML 수행 시) 항상 Redo log buffer에 먼저 쓰고 DB Buffer Cache에 쓰게 됩니다. 그리고 많이 오해를 하는 것 중 하나가 commit을 수행하면 디스크로 데이터를 내려쓴다 라고 하는 것인데 사실 commit을 수행하면 저장을 하긴 하지만 데이터를 저장하는 것이 아니라 redo log를 저장하는 것입니다.

DB Buffer Cache를 내려쓰는 것이 Redo log buffer를 내려쓰는 것보다 시간이 더 많이 걸리기 때문이죠. 그렇다면 어떻게 데이터를 저장하지 않고 redo log만 저장했는데 장애가 발생했을 때 데이터를 완전히 살릴 수 있는지는 뒷부분에 redo log 부분을 할 때 다시 언급하겠습니다.

2) SCN의 의미와 원리 및 내용

Commit이 발생하게 되면 LGWR의 해당 트랜잭션은 고유한 번호를 부여받아서 함께 관리됩니다. 마치 학생이 학교에 입학하면 고유한 학번을 받는 것과 같습니다. 이렇게 commit할 때 생성되는 번호를 오라클은 System Commit Number

(SCN)이라고 부릅니다. 그리고 오라클은 SCN 번호를 가지고 트랜잭션을 관리하면서 장애 발생 시 복구도 하게 됩니다. 그만큼 중요한 번호이며 Commit이 발생할 때마다 모든 트랜잭션에 연속적으로 증가되는 고유한 SCN 번호가 부여가 됩니다. 그리고 SCN값은 DB를 다시 생성하지 않는 한 0으로 돌아가지 않습니다.

SCN은 크게 SCN base(4bytes)+SCN Wrap(2bytes)로 구성되어 있고 초당 16,000회를 발생시켜도 약 500년 이상 사용할 수 있을 정도입니다. 현재까지 발생한 번호는 아래 그림처럼 v$sysstat를 조회하면 알 수 있습니다.

```
oracle@localhost:~
SQL>
SQL> set line 200
SQL> col name for a30
SQL>  select * from v$sysstat  where name='calls to kcmgas';

STATISTIC# NAME                                CLASS      VALUE    STAT_ID
---------- ------------------------------ ---------- ---------- ----------
       130 calls to kcmgas                       128      22387 4072914524

SQL> commit;

Commit complete.

SQL> select * from v$sysstat  where name='calls to kcmgas';

STATISTIC# NAME                                CLASS      VALUE    STAT_ID
---------- ------------------------------ ---------- ---------- ----------
       130 calls to kcmgas                       128      22389 4072914524

SQL>
```

[그림 3-5] SCN 조회하기

SCN은 Sequence에서 발생시키는 것이 아니라 steve adams가 개발한 "kcmgas" 라는 function으로 구현이 됩니다. 그리고 발생된 내역에 대한 시간 정보 등의 자세한 사항은 smon_scn_time 테이블을 조회하면 자세히 알 수 있습니다. 또한 다음에 발생될 SCN에 대한 자세한 정보는 DML 수행 후 v$transactoin을 조회하면 볼 수 있습니다.

SCN은 아래처럼 여러 곳에 기록됩니다.

1. Control file header – checkpoint 발생 시
   – Resetlogs 발생 시
   – incomplete recovery 수행 시

2. Data blocks(cache Layer) – Block Cleanout 시 마지막 scn을 각 블록에 기록합니다.

3. Data blocks(ITL entries) – Data block의 transaction Layer 안에 있는 ITL(Interested Transaction List) entries에 commit된 SCN 정보를 기록하고 있습니다. (delayed block cleanout)

4. Datafile Headers – 모든 데이터 파일 헤더에 아래의 경우에 SCN을 기록합니다
   - 마지막 checkpoint 발생 시
   - begin backup 수행 시
   - 복구가 되었다면 사용된 마지막 scn을 기록합니다.

5. redo records / log buffer
   - commit이 수행되면 commit record에 scn을 포함하여 저장하게 됩니다

6. 그 외 rollback segment(undo segment)와 tablespace Headers에도 기록됩니다.

SCN의 또 다른 이름으로 System Change Number도 있습니다. 이것은 datafile, redo log file, control file간의 동기화 정보를 맞추기 위해 사용됩니다. 이 SCN은 scn_base (4bytes) + scn_wrap (2bytes) + scn_sequence (1byte) 로 구성되어 있고 sequence는 동일한 scn 블록을 여러 개의 서버 프로세스가 동시에 변경할 경우에 이를 구분하기 위해서 사용하게 됩니다. 이 SCN은 Data block Header, Redo records, SegmentHeader에 기록이 됩니다.

이처럼 commit을 하면 DB Buffer Cache에서 데이터를 안 내려쓰고 redo log를 내려쓰는 것이 시간도 더 빠르다고 해서 이것을 다른 말로 Fast Commit이라고도 합니다. 원래 더 정확하게 말하면 commit이 완벽하게 수행되려면 data Block에 걸려있던 Lock까지 해제가 되어야 하지만(이 과정을 block cleanout 이라고 부릅니다) 시간이 많이 걸려서 오라클은 delayed 블록 클린아웃이나 커밋 클린아웃 같은 여러 가지 기법을 동원해서 커밋을 최대한 빨리 수행하고 데이터를 안전하게 지키려고 하는 것입니다.

꼭 기억해야 할 점은 commit을 하면 LGWR이 Redo log buffer에 있는 내용을 Redo log file에 내려쓴다는 사실입니다.

3.3 PMON(Process Monitor)

PMON은 이름 그대로 프로세스들을 모니터링하고 있다가 문제가 발생할 경우 해

결해 주는 역할을 하게 됩니다. PMON이 어떤 일을 하는지 아래와 같은 상황을 가정해 보겠습니다.

사용자 A가 노트북에서 SQL*PLUS 프로그램을 통해서 서버로 접속을 합니다.(User Process) 그렇게 되면 앞에서 배웠듯이 서버 쪽엔 Server Process가 생성되겠죠? 이 Server Process는 혼자만 사용하는 메모리인 PGA도 할당받고 CPU도 사용할 수 있게 되는 등의 준비를 마치고 User Process가 부탁하는 쿼리를 수행하려 할 것입니다.

만약 User Process가 '홍길동'을 '일지매'로 업데이트 하는 쿼리를 부탁했다면 Server Process는 분명히 Parse해서 실행계획을 찾고 Execute 단계에서 DB Buffer Cache에 '홍길동'이 있는지 검사한 후 없으면 데이터 파일에서 홍길동이 있는 블록을 찾아서 DB Buffer Cache로 복사해 올 겁니다. 그리고 Redo log buffer에 변경사항을 기록하고 Undo segment에 내용을 기록하고 DB Buffer Cache에서 해당 데이터를 변경하겠죠? 당연히 해당 데이터는 다른 사람들이 변경 못하게 Lock이 설정이 될 것입니다. 그리고 Server Process는 트랜잭션을 끝내는 명령이 올 때까지 이 데이터를 아무도 변경 못 하게 지킬 것입니다.

그런데 문제는 사용자 A의 노트북이 갑자기 재부팅이 되어 버렸다고 가정해보죠. 그럼 켜서 다시 DB 서버에 접속을 하게 되더라도 SID와 Serial No가 다르기 때문에 다른 사용자가 되어 이전에 있던 server process와 만나지 못하게 됩니다. 결국 이전의 Server Process는 고아가 되어 버리는 거죠. 그래서 홍길동을 일지매로 바꾸라고 요청한 사용자 A의 user process에서 트랜잭션을 끝내는 명령어가 오기만을 기다리고 있게 됩니다. 그러나 영원히 오지 않겠죠. 이런 상황이 되면 홍길동 데이터는 아무도 변경할 수 없는 상황이 되어 버립니다.

이런 상황이 되면 PMON이 작동해서 해당 Server Process를 강제로 Kill시키고 해당 Server Process가 수행했던 작업 중 commit 완료된 내용은 저장해주고 Commit 안 된 작업은 전부 Rollback시키게 됩니다. 그리고 사용 중이던 자원들(CPU, 메모리 등)을 전부 반환시키고 데이터에 설정되어 있던 Lock도 전부 해제하게 됩니다. 그 후 다른 사용자가 홍길동 자료를 다른 것으로 변경시킬 수 있게 되는 것이죠.

PMON은 Server Process가 비정상으로 종료될 경우 그 후속처리를 해 주는 백그라운드 프로세스입니다.

3.4 SMON(System Monitor)

SMON은 오라클 서버가 운영 도중에 비정상적으로 종료되었을 경우(이런 경우를 Instance Crash라고 부릅니다) 다시 오라클 서버를 startup시키면서 정리 안 되었던 내용을 수정해 주는 역할을 담당합니다.

예를 들어, 100명의 사용자가 서버에서 업데이트를 수행하고 있었는데 갑자기 정전이 되어서 서버가 강제 종료 되었습니다. 그럼 그 사용자 중에서 어떤 사람은 데이터를 commit 했을 수도 있고 어떤 사람은 Rollback 했을 수도 있는데 그 작업들이 다 완료되지 못하고 저장되지 못한 상태로 오라클이 종료가 되어 버렸다면 DB가 Open 되기 전에 저장할 건 저장하고 취소할 건 취소해야겠죠? DB가 Open 되기 전에 그 작업을 총 지휘해서 수행해 주는 백그라운드 프로세스가 SMON이고 그 과정을 Instance Recovery라고 부릅니다. Instance Reocvery 과정을 아래 그림을 통해서 좀 더 살펴보도록 하겠습니다.

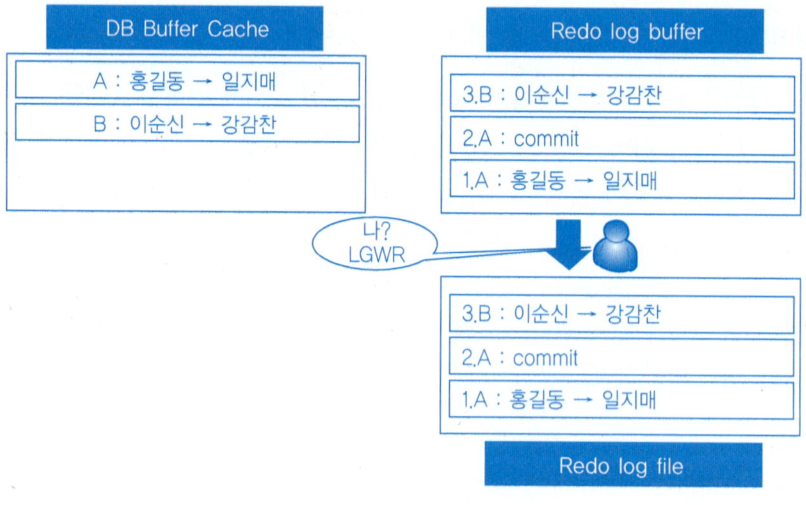

[그림 3-6] 정상 작업 수행 상태

〈작업순서〉

1. 사용자 A가 홍길동을 일지매로 변경
2. 사용자 A가 commit 수행해서 변경내용이 Redo log file에 기록됨
3. 사용자 B가 이순신을 강감찬으로 변경
4. 사용자 B는 commit을 안 했지만 Redo log Buffer의 변경내용이 1M가 되어 리두 로그 파

일에 기록됨

5. Shutdown abort ;

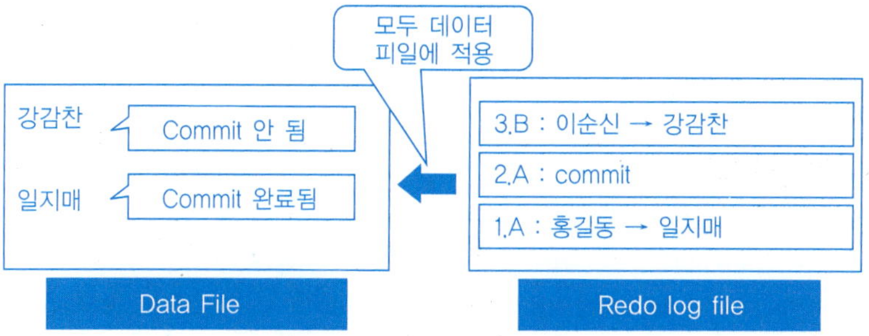

[그림 3-7] Instance recovery 단계

<작업 순서>

1. Startup되면서 마운트에서 오픈 단계로 넘어가면 우선 Redo log file에 있던 모든 내용을 데이터 파일에 전부 적용시킵니다(이 과정을 Roll Forward라고 부릅니다).
2. DB를 오픈시킵니다.
3. 그리고 Undo Segment를 확인해서 commit 안 된 데이터는 취소시킵니다(이 과정을 roll backward라고 합니다).

또한 SMON은 더 이상 사용하지 않는 임시 세그먼트를 정리해주고 사용가능한 extent들을 병합합니다. 고장 및 인스턴스 복구 시 파일 읽기 오류나 오프라인 오류로 사용 불능 트랜잭션을 건너뛰면 테이블 스페이스 또는 파일을 온라인으로 설정할 때 사용불능이었던 트랜잭션을 복구하기도 합니다.

3.5 CKPT(Checkpoint process)

Ckpt process는 DBWR에게 checkpoint signal을 발생시킵니다. 그리고 data file 헤더와 control file에 checkpoint 정보를 기록해 줍니다

Checkpoint가 발생하게 되면 DB Buffer Cache의 내용 중 저장되지 않은 블록을 DBWR이 데이터 파일로 저장을 해 주고 redo log buffer의 내용 중 redo log file로 저장 안 된 것을 LGWR이 저장해 줍니다.

〈checkpoint가 발생하는 경우〉

1. Log switch가 발생할 경우
2. DBA가 수동으로 발생시키는 경우(alter system checkpoint)

1) checkpoint 수행 단계

1. 인스턴스 상태 엔큐 획득 – 체크포인트 수행시 DB가 오픈임을 확인합니다.
2. 현재 체크포인트 정보 캡쳐 – 현재 체크포인트 시간, 활성 스레드 정보, 체크포인트를 실행하는 현재 스레드, 복구시에 필요한 리두 로그 주소(RBA) 정보 세팅.
3. 더티 버퍼 확인 – DB Buffer Cache에서 dirty buffer를 스캔하여 찾고 Marking해 둡니다. 이 부분이 8버전부터는 체크포인트 큐를 사용하게 되어 큐의 내용만 기록하면 됩니다. DBWR은 더 이상 DB 캐시 전체를 스캔하지 않아도 큐의 내용만 보면 dirty buffer를 알 수 있게 되었습니다.
4. 내려쓰기 – 이 단계에서 DBWR은 3단계에서 확인된 더티 버퍼를 내려씁니다. 그리고 CKPT 프로세스는 이 과정이 끝날 때까지 계속 완료 여부를 확인하게 됩니다
5. Data file과 control file header 업데이트 – 4번까지 완료되면 2번 단계에서 확인한 checkpoint SCN 정보를 CKPT가 업데이트하고 완료합니다.

Oracle은 데이터 파일을 업데이트하기 전에 일관성을 위해서 파일 헤더를 먼저 검사합니다. 그리고 검증된 파일은 현재의 체크포인트 정보로 업데이트됩니다. 만약 문제가 되는 파일이 생기면 DBWR이 offline으로 상태를 변경하게 됩니다.

이상으로 Oracle 백그라운드 프로세스들을 살펴보았습니다. 여기서 살펴본 내용들을 꼭 숙지하고 있어야 하며 여기서 살펴본 백그라운드 프로세스들에 장애가 발생하면 DB 서버가 비정상적으로 shutdown된다는 사실도 꼭 기억하세요.

CHAPTER 04

Oracle Startup / Shutdown

4.1 Oracle Startup 과정

4.2 Parameter file

실무 실습 1. Parameter file 생성 및 관리하기

실무 실습 2. pfile, spfile 만들기

실무 실습 3. Startup / shutdown 실습하기

04 CHAPTER Oracle Startup / Shutdown

이번 장에서는 오라클을 시작하는 과정과 그 과정에서 어떤 일이 일어나는지를 자세하게 살펴보겠습니다.

```
oracle@localhost:~
[oracle@localhost ~]$
[oracle@localhost ~]$
[oracle@localhost ~]$ sqlplus / as sysdba

SQL*Plus: Release 10.2.0.1.0 - Production on Fri Feb 5 01
:07:46 2010

Copyright (c) 1982, 2005, Oracle.  All rights reserved.

Connected to an idle instance.

SQL> startup
ORACLE instance started.

Total System Global Area  167772160 bytes
Fixed Size                  1218316 bytes
Variable Size              88082676 bytes
Database Buffers           75497472 bytes
Redo Buffers                2973696 bytes
Database mounted.
Database opened.
SQL>
SQL>
SQL>
```

[그림 4-1] 인스턴스 시작

위 [그림 4-1]은 우리가 아주 자연스럽게 사용하는 oracle을 시작하는 화면입니다. 이제 저 그림을 하나씩 나누어서 자세하게 살펴보도록 하겠습니다.

4.1 Oracle Startup 과정

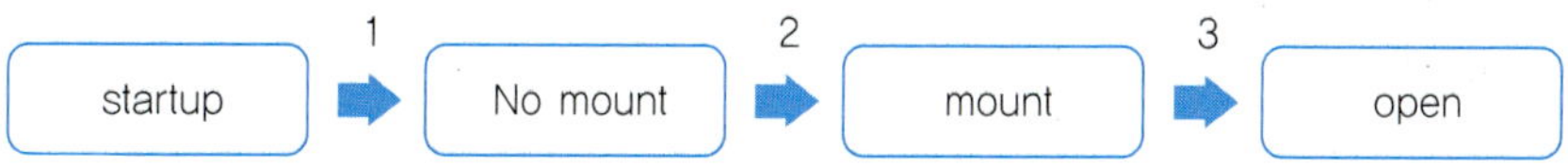

[그림 4-2] 오라클 시작 단계

우선 오라클이 시작되는 단계는 총 3단계로 구성이 됩니다. 가장 먼저 startup을 치면 오라클은 위 그림에서 1번 단계를 지나 no mount라는 단계로 진행됩니다. 여기에서 parameter file이 반드시 필요하고 parameter file을 읽고 난 후 그 값을 가지고 인스턴스를 생성하게 됩니다. 앞에서 배운 대로 인스턴스는 SGA 영역과 백그라운드 프로세스들로 구성이 됩니다.

No mount 단계로 가기 위해서는 반드시 파라미터 파일이 필요합니다. 이 파라미터 파일은 인스턴스를 집으로 비유를 하면 집을 짓기 위한 설계도같은 역할을 하게 됩니다. 목수가 설계도를 보고 집을 짓듯이 오라클 서버 프로세스는 파라미터 파일을 보고 SGA를 적절하게 생성하고 백그라운드 프로세스를 수행시키게 됩니다.

No mount 단계가 완료되면 2번 단계를 지나 **mount** 라는 단계로 가게 됩니다. Mount 단계는 DB의 이상유무를 점검하기 위해 준비하는 단계로 no mount 단계에서 mount 단계로 진행되려면 위 [그림 4-2]의 2번 과정에서 반드시 control file을 읽어야만 합니다. Control file은 뒷부분에서 자세하게 살펴보도록 하겠습니다.

Mount 단계가 완료되면 위 [그림 4-2]의 3번 과정을 지나서 **open** 이라는 단계로 진행하게 됩니다. Mount 단계에서 open 단계로 진행하려면 반드시 data file과 redo log file이 있어야만 합니다. 3번 과정에서 control file의 정보와 데이터 파일의 헤더내용을 확인해서 이상이 있으면 instance Recovery 과정이 자동으로 수행되어 복구가 진행되고 만약 심각한 장애가 발생해서 instance recovery가 불가능하면 DB는 mount 단계에서 중단됩니다.

4.2 Parameter file

no mount 단계로 가기 위해 필요한 parameter file에 대해 살펴보겠습니다. Parameter file은 pfile과 spfile 두 가지가 있습니다. pfile은 오라클 8i까지 기본으로 사용되었던 파라미터 파일입니다. 일반 텍스트 파일이라서 OS 에디터(Vi 에디터나 메모장 등)으로 내용이 수정 가능합니다. 기본 이름은 initSID.ora입니다.(예 : inittestdb.ora / DB SID가 testdb라고 가정합니다)

반면 spfile은 9i부터 등장한 파라미터 파일인데 바이너리 파일이라서 사람이 수정을 할 수 없습니다. 서버 프로세스가 그 내용을 수정하게 되고 DBA는 서버 프로세스에게 적절한 SQL을 수행하여 변경시켜야 합니다. 이 파라미터 파일은 자동 튜닝기능을 지원하기 때문에 매우 유용하기는 하지만 사용상의 불편함이 있어서 오라클 11g가 출시된 지금도 pfile을 많이 사용하고 있습니다. 기본 경로는 pfile과 같으며 기본 이름은 spfileSID.ora입니다.(예: spfiletestdb.ora)

이 파라미터 파일은 오라클이 시작될 때 서버 프로세스가 무조건 읽어야 하는 파일이므로 반드시 특정한 경로에 존재해야 합니다. 그곳이 $ORACLE_HOME/dbs라는 디렉토리입니다. 서버 프로세스는 startup할 때 파라미터 파일에 대한 언급이 없으면 기본적으로 이 디렉토리에 가서 파라미터 파일을 찾아서 읽고 인스턴스를 생성하게 됩니다. **주의사항은 만약 이 디렉토리 아래에 pfile과 spfile이 동시에 존재한다면 spfile만 사용하게 됩니다.**

아래 실습에 parameter file이 없는 상태에서 pfile을 어떻게 생성하고 pfile로부터 spfile 생성하기와 Spfile로부터 pfile을 어떻게 생성하는지가 있으니 안보고도 할 수 있을 정도로 꼭 연습하기 바랍니다.

실무 실습 ❶ Parameter file 생성 및 관리하기

```
[oracle@localhost ~]$ sqlplus / as sysdba
SQL*Plus: Release 10.2.0.1.0 - Production on Fri Feb 5 01:31:47 2010
Copyright (c) 1982, 2005, Oracle.  All rights reserved.
Connected to:
Oracle Database 10g Enterprise Edition Release 10.2.0.1.0 - Production
```

```
With the Partitioning, OLAP and Data Mining options

SQL> shutdown immediate.
Database closed.
Database dismounted.
ORACLE instance shut down.
SQL> !
[oracle@localhost ~]$ cd /home/oracle/product/10g/dbs/
```

step 1. 현재 파라미터 파일 확인하기 – spfile만 있는 것이 아래에 확인됩니다.

```
[oracle@localhost dbs]$ ls
hc_testdb.dat  init.ora  initdw.ora  lkTESTDB  orapwtestdb  spfiletestdb.ora
```

step 2. 이미 만들어져 있는 원본 pfile 찾기

```
[oracle@localhost dbs]$ ls /home/oracle/admin/testdb/pfile/
init.ora.1420101053   <- 원본 pfile입니다. 숫자는 모든 서버마다 다릅니다.
```

step 3. 원본 pfile을 복사해 오기

```
[oracle@localhost dbs]$ cp /home/oracle/admin/testdb/pfile/init.ora.1420101053
inittestdb.ora
[oracle@localhost dbs]$ ls
hc_testdb.dat  init.ora  initdw.ora  inittestdb.ora  lkTESTDB  orapwtestdb
spfiletestdb.ora
```

step 4. pfile을 사용하기 위해 spfile 삭제

```
[oracle@localhost dbs]$ rm -f spfiletestdb.ora
[oracle@localhost dbs]$ ls
hc_testdb.dat  init.ora  initdw.ora  inittestdb.ora  lkTESTDB  orapwtestdb
```

step 5. test

```
[oracle@localhost dbs]$ exit
Exit

SQL> startup
ORACLE instance started.
```

```
Total System Global Area  167772160 bytes
Fixed Size                  1218316 bytes
Variable Size              62916852 bytes
Database Buffers          100663296 bytesRedo Buffers                    2973696
bytes
Database mounted.
Database opened. <- 잘 되는 것을 확인할 수 있습니다.
```

** 참고로 현재 spfile을 사용했는지 pfile을 사용했는지 알고 싶으면

```
SQL> show parameter spfile;
NAME                          TYPE      VALUE
---------------------------- --------- -------------------------------------
spfile                        string

SQL> show parameter pfile;
NAME                          TYPE      VALUE
---------------------------- --------- -------------------------------------
spfile                        string
```

위 쿼리의 value 부분이 값이 없으면 pfile이고, 있으면 spfile입니다.

```
SQL> show parameter spfile;

NAME      TYPE      VALUE
-------- --------- ---------------------------------------------------------
spfile    string    /home/oracle/product/10g/dbs/spfiletestdb.ora

SQL> show parameter pfile;

NAME      TYPE      VALUE
-------- --------- ---------------------------------------------------------
spfile    string    /home/oracle/product/10g/dbs/spfiletestdb.ora
```

실무 실습 ❷ pfile, spfile 만들기

```
SQL> !ls  /home/oracle/product/10g/dbs/
hc_testdb.dat  init.ora  initdw.ora  inittestdb.ora  lkTESTDB  orapwtestdb

SQL> create  spfile  from pfile; <- pfile로부터 spfile 생성시키는 명령어입니다.
File created.

SQL> !ls  /home/oracle/product/10g/dbs/
hc_testdb.dat  init.ora  initdw.ora  inittestdb.ora  lkTESTDB  orapwtestdb
spfiletestdb.ora

SQL> !rm -fr /home/oracle/product/10g/dbs/inittestdb.ora <- pfile 삭제합니다.

SQL> !ls  /home/oracle/product/10g/dbs/
hc_testdb.dat  init.ora  initdw.ora  lkTESTDB  orapwtestdb  spfiletestdb.ora

SQL> create pfile from spfile;  <-spfile로부터 pfile을 다시 생성합니다.
File created.

SQL> !ls  /home/oracle/product/10g/dbs/
hc_testdb.dat  init.ora  initdw.ora  inittestdb.ora  lkTESTDB  orapwtestdb
spfiletestdb.ora

SQL> !rm  -f  /home/oracle/product/10g/dbs/spfiletestdb.ora

SQL> !ls  /home/oracle/product/10g/dbs/
hc_testdb.dat  init.ora  initdw.ora  inittestdb.ora  lkTESTDB  orapwtestdb
```

실무 실습 ❸ Startup / shutdown 실습하기

```
[oracle@localhost ~]$ sqlplus  /  as  sysdba
SQL*Plus: Release 10.2.0.4.0 - Production on Wed Feb 24 08:16:06 2010
Copyright (c) 1982, 2007, Oracle.  All Rights Reserved.
```

```
Connected to:
Oracle Database 10g Enterprise Edition Release 10.2.0.4.0 - Production
With the Partitioning, OLAP, Data Mining and Real Application Testing
options

SQL> shutdown immediate;
Database closed.
Database dismounted.
ORACLE instance shut down.

SQL> startup nomount;
ORACLE instance started.

Total System Global Area  285212672 bytes
Fixed Size                  1267068 bytes
Variable Size              92277380 bytes
Database Buffers          188743680 bytes
Redo Buffers                2924544 bytes

SQL> select status from v$instance;
STATUS
------------------------
STARTED

SQL> alter database mount;
Database altered.

SQL> select status from v$instance;
STATUS
------------------------
MOUNTED

SQL> alter database open;
Database altered.

SQL> select status from v$instance;
STATUS
------------------------
OPEN
```

```
SQL> shutdown mount;
SP2-0717: illegal SHUTDOWN option

SQL> shutdown nomount;
SP2-0717: illegal SHUTDOWN option

SQL> shutdown mount immediate;
SP2-0717: illegal SHUTDOWN option

SQL> shutdown nomount immediate;
SP2-0717: illegal SHUTDOWN option

SQL> shutdown immediate;
Database closed.
Database dismounted.
ORACLE instance shut down.
```

CHAPTER 05

Control file

05 CHAPTER Control file

Control file은 오라클 서버에서 oracle을 운영하는 데 필요한 굉장히 중요한 정보를 저장하고 있는 바이너리 파일입니다.

그래서 오라클은 이 파일의 내용을 사용자나 DBA가 직접 편집을 못하게 하고 서버 프로세스를 통해서만 수정 및 관리를 할 수 있게 제한을 해 두었습니다. 만약 DBA나 사용자가 control file 안의 내용을 수정하거나 삭제 또는 추가하고 싶으면 DDL 문장 등을 수행하면 됩니다.

이 control file은 DB가 생성될 때 만들어지며 DBA가 별도의 작업을 통해 다시 생성할 수도 있습니다. 자세한 관리 방법은 뒤에서 살펴보기로 하고 여기서는 control file 안에 과연 어떤 내용이 들어있는지부터 살펴보고 그것들을 어떻게 관리하는지 차례대로 살펴보도록 하겠습니다.

5.1 Version별 control file의 내용 자세히 들여다보기

1) Oracle 7 Version

1. 데이터베이스에 대한 정보를 저장합니다. 활성화되어 사용 중인 데이터 파일과 리두 로그 파일, 스레드 등에 정보를 저장하고 있습니다.

2. 리두 로그 관련 정보를 저장합니다. 리두 스레드 정보(OPS 아니면 스레드는 1로 되어 있을 것입니다.) 전용인지 아니면 공용인지 여부와 각 로그 그룹과 LGWR이 현재 기록 중인 (Current) 로그 그룹도 저장하고 있습니다.

3. 로그 그룹의 각 로그 멤버에 관한 정보를 저장합니다. 각 로그 파일의 크기, 완전한 경로의 이름, 로그 시퀀스 번호, 각 로그 파일별로 최대/최소 SCN 값, 각 로그 파일이 속한

스레드 정보 등을 저장하고 있습니다.

4. 데이터 파일에 대한 정보를 가지고 있습니다. 각 데이터 파일 내의 oracle block 크기를 저장하고 있고, 각 데이터 파일을 읽고 쓸 수 있는지 , 온/오프라인 상태, 복구가 필요한지 등과 각 데이터 파일별로 최종 저장된 SCN 번호를 기록하고 있습니다. 이 부분이 나중에 복구할 때 중요하게 사용되는 부분입니다.

5. 로그 히스토리 정보를 저장하고 있습니다.

2) Oracle 8 Version

오라클 8 버전에서는 컨트롤 파일이 17가지의 부분으로 나누어져 있습니다. 앞에서 설명한 7 버전의 5가지 항목에 12가지 내용이 추가됩니다. 그 중에서 중요한 내용만 살펴보도록 하겠습니다.

1. 체크포인트 진행 정보를 저장하고 있습니다.
2. 테이블 스페이스 정보를 저장하고 있습니다. 각 테이블 스페이스별로 이름과 경로 , 복구가 진행된 테이블 스페이스라면 복구에 사용된 SCN 번호의 처음과 끝을 저장하고 있습니다.
3. 오프라인 정보를 저장하고 있습니다. 테이블 스페이스가 오프라인되었거나 읽기 전용일 경우 온라인으로 만들 경우와 쓰기가 가능하게 하는 정보들이 저장되어 있습니다.
4. 아카이브 로그 관련 정보를 포함하고 있습니다.
5. 백업셋 관련 정보를 보관합니다. 이 부분은 RMAN 관련 정보입니다.
6. RMAN으로 백업 받을 경우 발견된 백업셋 데이터 손상 내역과 백업 copy 손상 내역을 저장하고 있습니다.
7. RMAN 사용시 백업셋을 삭제할 경우 삭제 정보를 가지고 있습니다.

3) Oracle 9i Version

1. Database Entry – DB 이름, DB 생성 시간, Resetlogs SCN, checkpoint SCN, Redo log Thread 정보, 아카이브 정보 등이 저장되어 있습니다.
2. Checkpoint Progress Record – 체크포인트 관련 정보가 들어 있습니다.
3. Extended Database Entry – controlfile 자동 백업 등의 추가적인 정보가 들어 있습니다.

4. Redo Thread Records – Redo log Thread 관련 정보가 들어 있습니다. OPS나 RAC가 아니면 Redo log Thread 정보는 한 개만 있습니다.

5. Log file records – 각 리두 로그 그룹별로 시퀀스 번호와 SCN 번호 등의 정보가 들어 있습니다.

6. Data file records – 각 데이터 파일별로 파일 이름, checkpoint SCN, stop SCN, hot backup 상태, 오프라인 상태 등이 저장되어 있습니다.

7. Temp file records – 각 temporary file 관련 상태가 기록되어 있습니다.

8. Tablespace Records – 각 tablespace 이름과 링크된 데이터 파일 정보, PITR(Point In Time Recovery) 관련 정보들이 저장되어 있습니다.

9. RMAN CONFIGURATION RECORDS

10. LOG FILE HISTORY RECORDS

11. OFFLINE RANGE RECORDS

12. ARCHIVED LOG RECORDS

13. BACKUP SET RECORDS

14. BACKUP PIECE RECORDS

15. BACKUP DATAFILE RECORDS

16. BACKUP LOG RECORDS

17. DATAFILE COPY RECORDS

18. BACKUP DATAFILE CORRUPTION RECORDS

19. DATAFILE COPY CORRUPTION RECORDS

20. DELETION RECORDS

21. PROXY COPY RECORDS

22. INCARNATION RECORDS

〈Oracle 9i 버전의 control file 내용 확인하기〉

** 먼저 trace를 수행하면 $ORACLE_BASE/admin/SID/udump/ 아래에 .trc 파일로 생성이 됩니다. 이 디렉토리에는 이미 많은 trace 파일이 있을 것이므로 지금 이 파일과 섞여버리면 찾기 힘들기 때문에 기존 트레이스 파일을 이동시킨 후 아래 작업을 따라 하세요.

```
[oracle@localhost oracle]$ sqlplus /nolog
SQL*Plus: Release 9.2.0.4.0 - Production on Tue Mar 2 17:07:49 2010 ❶
Copyright (c) 1982, 2002, Oracle Corporation.  All rights reserved.
SQL> conn / as sysdba;
Connected.
SQL> alter session set events 'immediate trace name control level 3' ;
Session altered.

SQL> oradebug setmypid;
Statement processed.

SQL> oradebug  dump  controlf 3;
Statement processed.
SQL> !
[oracle@localhost oracle]$ cd /home/oracle/admin/testdb/udump/
[oracle@localhost udump]$ ls
testdb_ora_1545.trc

[oracle@localhost udump]$ vi testdb_ora_1545.trc

/home/oracle/admin/testdb/udump/testdb_ora_1545.trc
Oracle9i Enterprise Edition Release 9.2.0.4.0 - Production
With the Partitioning, OLAP and Oracle Data Mining options
JServer Release 9.2.0.4.0 - Production
ORACLE_HOME = /home/oracle/product/9.2
System name:  Linux
Node name:    localhost.localdomain
Release:      2.4.21-37.ELsmp
Version:      #1 SMP Wed Sep 7 13:28:55 EDT 2005
Machine:      i686
```

❶ 9.2.04 버전

```
Instance name: testdb
Redo thread mounted by this instance: 1
Oracle process number: 13
Unix process pid: 1545, image: oracle@localhost.localdomain (TNS V1-V3)

*** SESSION ID:(11.11) 2010-03-02 17:08:01.325
DUMP OF CONTROL FILES, Seq # 248 = 0xf8
 FILE HEADER:
     Software vsn=153092096=0x9200000, Compatibility Vsn=134217728=0x8000000
     Db ID=2488538787=0x945416a3, Db Name='TESTDB'
     Activation ID=0=0x0
     Control Seq=248=0xf8, File size=246=0xf6
     File Number=0, Blksiz=8192, File Type=1 CONTROL

***************************************************************************
DATABASE  ENTRY ❷
***************************************************************************

 (blkno = 0x1, size = 192, max = 1, in-use = 1, last-recid= 0)
 DF Version: creation=0x9200000 compatible=0x8000000, Date  12/10/2009 03:50:59
 DB Name "TESTDB" ❸
 Database flags = 0x00404000 ❹
 Controlfile Creation Timestamp  12/10/2009 03:50:59 ❺
 Incmplt recovery scn: 0x0000.00000000 ❻
 Resetlogs scn: 0x0000.0002ab78 Resetlogs Timestamp  12/10/2009 03:51:00 ❼

 Prior resetlogs scn: 0x0000.00000001 Prior resetlogs Timestamp  12/06/2003
12:50:40 ❽
 Redo Version: creation=0x9200000 compatable=0x9200000
 #Data files = 10, #Online files = 10
 Database checkpoint: Thread=1 scn: 0x0000.0003ecdb ❾
 Threads: #Enabled=1, #Open=1, Head=1, Tail=1
 enabled  threads:  01000000 00000000 00000000 00000000 00000000 00000000
  00000000 00000000
 Max log members = 5, Max data members = 1
 Arch list: Head=0, Tail=0, Force scn: 0x0000.0002ab78 scn: 0x0000.00000000

 Controlfile Checkpointed at scn:  0x0000.0003ecdb 03/02/2010 17:05:15 ❿
 thread:0 rba:(0x0.0.0)
```

❷ DB 전체의 내용을 요약해 둔 파트임
❸ DB 이름
❹ DB 상태를 나타내는 기호로 kcc3.c에 정의되어 있다.
❺ 컨트롤 파일이 생성된 시간
❻ 불완전복구가 수행되었을 경우 적용된 마지막 SCN을 기록함. 일단 DB가 OPEN되면 초기화 됨.
❼ resetlogs로 DB를 시작할 경우 사용될 SCN을 기록함. DB가 open되는 시점에 데이터 파일 헤더 내용과 리두로그 파일헤더내용과 비교됨.
❽ 이전 resetlogs 내역
❾ DB 전체의 체크포인트번호 기록, v$datafile에서 조회가능함
❿ 매 checkpoint 마다 업데이트되고 항상 데이터베이스 scn보다 크거나 같다. DB 장애 복구시에 이 부분과 데이터 파일정보를 비교하게된다.

```
 enabled  threads:  00000000 00000000 00000000 00000000 00000000 00000000
  00000000 00000000

***************************************************************************
CHECKPOINT PROGRESS RECORDS
***************************************************************************

 (blkno = 0x4, size = 104, max = 1, in-use = 1, last-recid= 0)
THREAD #1 - status:0x2 flags:0x0 dirty:95  ⓫
low cache rba:(0x3.3.0) on disk rba:(0x3.223.0)  ⓬
on disk scn: 0x0000.0003eeb2 03/02/2010 17:07:37
resetlogs scn: 0x0000.0002ab78 12/10/2009 03:51:00
heartbeat: 712621053 mount id: 2495905857  ⓭
MTTR statistics status: 3
Init time: Avg: 13688888, Times measured: 3
File open time: Avg: 6506, Times measured: 19
Log block read time: Avg: 32, Times measured: 8193
Data block handling time: Avg: 23295, Times measured: 73

***************************************************************************
EXTENDED DATABASE ENTRY
***************************************************************************

 (blkno = 0x7a, size = 276, max = 1, in-use = 1, last-recid= 0)
Control AutoBackup date(dd/mm/yyyy)=10/12/2009
Next AutoBackup sequence= 0

***************************************************************************
REDO THREAD RECORDS
***************************************************************************

 (blkno = 0x4, size = 104, max = 1, in-use = 1, last-recid= 0)
THREAD #1 - status:0xf thread links forward:0 back:0
 #logs:3 first:1 last:3 current:2 last used seq#:0x3
 enabled at scn: 0x0000.0002ab78 12/10/2009 03:51:00
 disabled at scn: 0x0000.00000000 01/01/1988 00:00:00
 opened at 03/02/2010 17:05:15 by instance testdb
Checkpointed at scn:  0x0000.0003ecdb 03/02/2010 17:05:15  ⓮
 thread:1 rba:(0x3.2.10)
```

⓫ dirty는 checkpoint queue의 길이를 의미한다. 0은 큐가 비었다는 뜻이다.

⓬ low cache rba : 복구가 시작될 때 필요한 Redo Block Address의 시작부분을 의미함. 이 필드를 보고 여기를 찾아가서 복구를 시작하게 됨. On disk rba : 가장 마지막의 Redo Block Address를 의미함.

⓭ Heartbeat는 오라클 8버전에 소개된 기능으로 CKPT 백그라운드 프로세스가 3초에 1번씩 incremental checkpoint SCN 번호만을 여기에 기록한다.

⓮ 현재 SCN번호를 기록

```
 enabled  threads:  01000000 00000000 00000000 00000000 00000000 00000000
  00000000 00000000
 log history:

***************************************************************************
LOG FILE RECORDS
***************************************************************************
 (blkno = 0x5, size = 72, max = 50, in-use = 3, last-recid= 3)
LOG FILE #1:
  (name #3) /home/oracle/oradata/testdb/redo01.log
 Thread 1 redo log links: forward: 2 backward: 0
 siz: 0x32000 seq: 0x00000002 hws: 0x4 bsz: 512 nab: 0x4f84 flg: 0x0 dup: 1
 Archive links: fwrd: 0 back: 0 Prev scn: 0x0000.0002ab78  ⑮
 Low scn: 0x0000.000335fa 12/10/2009 06:30:48
 Next scn: 0x0000.0003ecda 03/02/2010 17:05:15
LOG FILE #2:
  (name #2) /home/oracle/oradata/testdb/redo02.log
 Thread 1 redo log links: forward: 3 backward: 1
 siz:  0x32000  seq:  0x00000003  hws:  0x2  bsz:  512  nab:  0xffffffff  flg:  0x8
dup: 1
 Archive links: fwrd: 0 back: 0 Prev scn: 0x0000.000335fa
 Low scn: 0x0000.0003ecda 03/02/2010 17:05:15
 Next scn: 0xffff.ffffffff 01/01/1988 00:00:00  ⑯
LOG FILE #3:
  (name #1) /home/oracle/oradata/testdb/redo03.log
 Thread 1 redo log links: forward: 0 backward: 2
 siz: 0x32000 seq: 0x00000001 hws: 0x8 bsz: 512 nab: 0x31fff flg: 0x0 dup: 1
 Archive links: fwrd: 0 back: 0 Prev scn: 0x0000.00000000
 Low scn: 0x0000.0002ab78 12/10/2009 03:51:00
 Next scn: 0x0000.000335fa 12/10/2009 06:30:48

***************************************************************************
DATA FILE RECORDS
***************************************************************************
 (blkno = 0x6, size = 180, max = 100, in-use = 10, last-recid= 2)
DATA FILE #1:
  (name #8) /home/oracle/oradata/testdb/system01.dbf
creation size=0 block size=8192 status=0xe head=8 tail=8 dup=1
 tablespace 0, index=6 krfil=1 prev_file=0
```

⑮ 이전 SCN번호. 여기선 3번그룹 LOW scn임.

⑯ 0xffff.ffffffff는 무한대라는 의미로 Current라는 의미임.

```
 unrecoverable scn: 0x0000.00000000 01/01/1988 00:00:00
 Checkpoint cnt:25 scn: 0x0000.0003ecdb ⑰ 03/02/2010 17:05:15
 Stop scn: 0xffff.ffffffff ⑱ 12/10/2009 09:27:05
 Creation Checkpointed at scn:  0x0000.00000005 12/06/2003 12:50:52
 thread:0 rba:(0x0.0.0)
 enabled  threads:  00000000 00000000 00000000 00000000 00000000 00000000
  00000000 00000000
 Offline scn: 0x0000.0002ab77 ⑲ prev_range: 0
 Online Checkpointed at scn:  0x0000.0002ab78 12/10/2009 03:51:00
 thread:1 rba:(0x1.2.0)
 enabled  threads:  01000000 00000000 00000000 00000000 00000000 00000000
  00000000 00000000
 Hot Backup end marker scn: 0x0000.00000000
 aux_file is NOT DEFINED

DATA FILE #2:
  (name #6) /home/oracle/oradata/testdb/undotbs01.dbf
creation size=0 block size=8192 status=0xe head=6 tail=6 dup=1
 tablespace 1, index=8 krfil=2 prev_file=0
 unrecoverable scn: 0x0000.00000000 01/01/1988 00:00:00
 Checkpoint cnt:11 scn: 0x0000.0003ecdb 03/02/2010 17:05:15
 Stop scn: 0xffff.ffffffff 12/10/2009 09:27:05
 Creation Checkpointed at scn:  0x0000.0002aa24 12/06/2003 13:46:13
 thread:0 rba:(0x0.0.0)
 enabled  threads:  00000000 00000000 00000000 00000000 00000000 00000000
  00000000 00000000
 Offline scn: 0x0000.0002ab77 prev_range: 0
 Online Checkpointed at scn:  0x0000.0002ab78 12/10/2009 03:51:00
 thread:1 rba:(0x1.2.0)
 enabled  threads:  01000000 00000000 00000000 00000000 00000000 00000000
  00000000 00000000
 Hot Backup end marker scn: 0x0000.00000000
 aux_file is NOT DEFINED

DATA FILE #3:
  (name #13) /home/oracle/oradata/testdb/cwmlite01.dbf
creation size=0 block size=8192 status=0xe head=13 tail=13 dup=1
 tablespace 3, index=1 krfil=3 prev_file=0
 unrecoverable scn: 0x0000.00000000 01/01/1988 00:00:00
```

⑰ 현재까지 저장된 SCN

⑱ 현재 작업 중이라는 의미. 정상 종료되면 checkpoint scn과 같게 설정되고 이게 같아야 파일이 이상 없다고 판단함.

⑲ 테이블 스페이스나 파일이 offline 되게 되면 해당 작업의 마지막 scn을 여기에 기록함.

```
 Checkpoint cnt:24 scn: 0x0000.0003ecdb 03/02/2010 17:05:15
 Stop scn: 0xffff.ffffffff 12/10/2009 09:27:05
 Creation Checkpointed at scn:  0x0000.000017d4 12/06/2003 12:51:18
 thread:0 rba:(0x0.0.0)
 enabled  threads:  00000000 00000000 00000000 00000000 00000000 00000000
  00000000 00000000
 Offline scn: 0x0000.0002ab77 prev_range: 0
 Online Checkpointed at scn:  0x0000.0002ab78 12/10/2009 03:51:00
 thread:1 rba:(0x1.2.0)
 enabled  threads:  01000000 00000000 00000000 00000000 00000000 00000000
  00000000 00000000
 Hot Backup end marker scn: 0x0000.00000000
 aux_file is NOT DEFINED

DATA FILE #4:
  (name #12) /home/oracle/oradata/testdb/drsys01.dbf
creation size=0 block size=8192 status=0xe head=12 tail=12 dup=1
 tablespace 4, index=2 krfil=4 prev_file=0
 unrecoverable scn: 0x0000.00000000 01/01/1988 00:00:00
 Checkpoint cnt:24 scn: 0x0000.0003ecdb 03/02/2010 17:05:15
 Stop scn: 0xffff.ffffffff 12/10/2009 09:27:05
 Creation Checkpointed at scn:  0x0000.000017e6 12/06/2003 12:51:19
 thread:0 rba:(0x0.0.0)
 enabled  threads:  00000000 00000000 00000000 00000000 00000000 00000000
  00000000 00000000
 Offline scn: 0x0000.0002ab77 prev_range: 0
 Online Checkpointed at scn:  0x0000.0002ab78 12/10/2009 03:51:00
 thread:1 rba:(0x1.2.0)
 enabled  threads:  01000000 00000000 00000000 00000000 00000000 00000000
  00000000 00000000
 Hot Backup end marker scn: 0x0000.00000000
 aux_file is NOT DEFINED

DATA FILE #5:
  (name #11) /home/oracle/oradata/testdb/example01.dbf
creation size=0 block size=8192 status=0xe head=11 tail=11 dup=1
 tablespace 5, index=3 krfil=5 prev_file=0
 unrecoverable scn: 0x0000.00000000 01/01/1988 00:00:00
 Checkpoint cnt:24 scn: 0x0000.0003ecdb 03/02/2010 17:05:15
```

```
 Stop scn: 0xffff.ffffffff 12/10/2009 09:27:05
 Creation Checkpointed at scn:  0x0000.000017f9 12/06/2003 12:51:21
 thread:0 rba:(0x0.0.0)
 enabled  threads:  00000000 00000000 00000000 00000000 00000000 00000000
  00000000 00000000
 Offline scn: 0x0000.0002ab77 prev_range: 0
 Online Checkpointed at scn:  0x0000.0002ab78 12/10/2009 03:51:00
 thread:1 rba:(0x1.2.0)
 enabled  threads:  01000000 00000000 00000000 00000000 00000000 00000000
  00000000 00000000
 Hot Backup end marker scn: 0x0000.00000000
 aux_file is NOT DEFINED

DATA FILE #6:
  (name #10) /home/oracle/oradata/testdb/indx01.dbf
creation size=0 block size=8192 status=0xe head=10 tail=10 dup=1
 tablespace 6, index=4 krfil=6 prev_file=0
 unrecoverable scn: 0x0000.00000000 01/01/1988 00:00:00
 Checkpoint cnt:24 scn: 0x0000.0003ecdb 03/02/2010 17:05:15
 Stop scn: 0xffff.ffffffff 12/10/2009 09:27:05
 Creation Checkpointed at scn:  0x0000.0000180c 12/06/2003 12:51:24
 thread:0 rba:(0x0.0.0)
 enabled  threads:  00000000 00000000 00000000 00000000 00000000 00000000
  00000000 00000000
 Offline scn: 0x0000.0002ab77 prev_range: 0
 Online Checkpointed at scn:  0x0000.0002ab78 12/10/2009 03:51:00
 thread:1 rba:(0x1.2.0)
 enabled  threads:  01000000 00000000 00000000 00000000 00000000 00000000
  00000000 00000000
 Hot Backup end marker scn: 0x0000.00000000
 aux_file is NOT DEFINED

DATA FILE #7:
  (name #9) /home/oracle/oradata/testdb/odm01.dbf
creation size=0 block size=8192 status=0xe head=9 tail=9 dup=1
 tablespace 7, index=5 krfil=7 prev_file=0
 unrecoverable scn: 0x0000.00000000 01/01/1988 00:00:00
 Checkpoint cnt:24 scn: 0x0000.0003ecdb 03/02/2010 17:05:15
 Stop scn: 0xffff.ffffffff 12/10/2009 09:27:05
```

```
 Creation Checkpointed at scn:  0x0000.00001821 12/06/2003 12:51:25
 thread:0 rba:(0x0.0.0)
 enabled  threads:  00000000 00000000 00000000 00000000 00000000 00000000
  00000000 00000000
 Offline scn: 0x0000.0002ab77 prev_range: 0
 Online Checkpointed at scn:  0x0000.0002ab78 12/10/2009 03:51:00
 thread:1 rba:(0x1.2.0)
 enabled  threads:  01000000 00000000 00000000 00000000 00000000 00000000
  00000000 00000000
 Hot Backup end marker scn: 0x0000.00000000
 aux_file is NOT DEFINED

DATA FILE #8:
  (name #7) /home/oracle/oradata/testdb/tools01.dbf
creation size=0 block size=8192 status=0xe head=7 tail=7 dup=1
 tablespace 8, index=7 krfil=8 prev_file=0
 unrecoverable scn: 0x0000.00000000 01/01/1988 00:00:00
 Checkpoint cnt:24 scn: 0x0000.0003ecdb 03/02/2010 17:05:15
 Stop scn: 0xffff.ffffffff 12/10/2009 09:27:05
 Creation Checkpointed at scn:  0x0000.00001834 12/06/2003 12:51:26
 thread:0 rba:(0x0.0.0)
 enabled  threads:  00000000 00000000 00000000 00000000 00000000 00000000
  00000000 00000000
 Offline scn: 0x0000.0002ab77 prev_range: 0
 Online Checkpointed at scn:  0x0000.0002ab78 12/10/2009 03:51:00
 thread:1 rba:(0x1.2.0)
 enabled  threads:  01000000 00000000 00000000 00000000 00000000 00000000
  00000000 00000000
 Hot Backup end marker scn: 0x0000.00000000
 aux_file is NOT DEFINED

DATA FILE #9:
  (name #5) /home/oracle/oradata/testdb/users01.dbf
creation size=0 block size=8192 status=0xe head=5 tail=5 dup=1
 tablespace 9, index=9 krfil=9 prev_file=0
 unrecoverable scn: 0x0000.00000000 01/01/1988 00:00:00
 Checkpoint cnt:24 scn: 0x0000.0003ecdb 03/02/2010 17:05:15
 Stop scn: 0xffff.ffffffff 12/10/2009 09:27:05
 Creation Checkpointed at scn:  0x0000.00001847 12/06/2003 12:51:27
```

```
 thread:0 rba:(0x0.0.0)
 enabled  threads:  00000000 00000000 00000000 00000000 00000000 00000000
  00000000 00000000
 Offline scn: 0x0000.0002ab77 prev_range: 0
 Online Checkpointed at scn:  0x0000.0002ab78 12/10/2009 03:51:00
 thread:1 rba:(0x1.2.0)
 enabled  threads:  01000000 00000000 00000000 00000000 00000000 00000000
  00000000 00000000
 Hot Backup end marker scn: 0x0000.00000000
 aux_file is NOT DEFINED

DATA FILE #10:
  (name #4) /home/oracle/oradata/testdb/xdb01.dbf
creation size=0 block size=8192 status=0xe head=4 tail=4 dup=1
 tablespace 10, index=10 krfil=10 prev_file=0
 unrecoverable scn: 0x0000.00000000 01/01/1988 00:00:00
 Checkpoint cnt:24 scn: 0x0000.0003ecdb 03/02/2010 17:05:15
 Stop scn: 0xffff.ffffffff 12/10/2009 09:27:05
 Creation Checkpointed at scn:  0x0000.0000185a 12/06/2003 12:51:28
 thread:0 rba:(0x0.0.0)
 enabled  threads:  00000000 00000000 00000000 00000000 00000000 00000000
  00000000 00000000
 Offline scn: 0x0000.0002ab77 prev_range: 0
 Online Checkpointed at scn:  0x0000.0002ab78 12/10/2009 03:51:00
 thread:1 rba:(0x1.2.0)
 enabled  threads:  01000000 00000000 00000000 00000000 00000000 00000000
  00000000 00000000
 Hot Backup end marker scn: 0x0000.00000000
 aux_file is NOT DEFINED

***************************************************************************
TEMP FILE RECORDS
***************************************************************************
 (blkno = 0x21, size = 56, max = 100, in-use = 1, last-recid= 1)
TEMP FILE #1: External File #201
  (name #14) /home/oracle/oradata/testdb/temp01.dbf
creation size=5120 block size=8192 status=0xe head=14 tail=14 dup=1
 tablespace 2, index=11 krfil=1 prev_file=0
 unrecoverable scn: 0x0000.00000000 01/01/1988 00:00:00
```

```
***************************************************************************
TABLESPACE RECORDS
***************************************************************************
 (blkno = 0x20, size = 68, max = 100, in-use = 11, last-recid= 1)
TABLESPACE #3 CWMLITE: recno=1
 First datafile link=3  Tablespace Flag=0
 Tablespace PITR mode start scn: 0x0000.00000000 01/01/1988 00:00:00
 Tablespace PITR last completion scn: 0x0000.00000000 01/01/1988 00:00:00
TABLESPACE #4 DRSYS: recno=2
 First datafile link=4  Tablespace Flag=0
 Tablespace PITR mode start scn: 0x0000.00000000 01/01/1988 00:00:00
 Tablespace PITR last completion scn: 0x0000.00000000 01/01/1988 00:00:00
TABLESPACE #5 EXAMPLE: recno=3
 First datafile link=5  Tablespace Flag=0
 Tablespace PITR mode start scn: 0x0000.00000000 01/01/1988 00:00:00
 Tablespace PITR last completion scn: 0x0000.00000000 01/01/1988 00:00:00
TABLESPACE #6 INDX: recno=4
 First datafile link=6  Tablespace Flag=0
 Tablespace PITR mode start scn: 0x0000.00000000 01/01/1988 00:00:00
 Tablespace PITR last completion scn: 0x0000.00000000 01/01/1988 00:00:00
TABLESPACE #7 ODM: recno=5
 First datafile link=7  Tablespace Flag=0
 Tablespace PITR mode start scn: 0x0000.00000000 01/01/1988 00:00:00
 Tablespace PITR last completion scn: 0x0000.00000000 01/01/1988 00:00:00
TABLESPACE #0 SYSTEM: recno=6
 First datafile link=1  Tablespace Flag=0
 Tablespace PITR mode start scn: 0x0000.00000000 01/01/1988 00:00:00
 Tablespace PITR last completion scn: 0x0000.00000000 01/01/1988 00:00:00
TABLESPACE #8 TOOLS: recno=7
 First datafile link=8  Tablespace Flag=0
 Tablespace PITR mode start scn: 0x0000.00000000 01/01/1988 00:00:00
 Tablespace PITR last completion scn: 0x0000.00000000 01/01/1988 00:00:00
TABLESPACE #1 UNDOTBS1: recno=8
 First datafile link=2  Tablespace Flag=0
 Tablespace PITR mode start scn: 0x0000.00000000 01/01/1988 00:00:00
 Tablespace PITR last completion scn: 0x0000.00000000 01/01/1988 00:00:00
TABLESPACE #9 USERS: recno=9
 First datafile link=9  Tablespace Flag=0
 Tablespace PITR mode start scn: 0x0000.00000000 01/01/1988 00:00:00
```

```
 Tablespace PITR last completion scn: 0x0000.00000000 01/01/1988 00:00:00
TABLESPACE #10 XDB: recno=10
 First datafile link=10  Tablespace Flag=0
 Tablespace PITR mode start scn: 0x0000.00000000 01/01/1988 00:00:00
 Tablespace PITR last completion scn: 0x0000.00000000 01/01/1988 00:00:00
TABLESPACE #2 TEMP: recno=11
 First datafile link=1  Tablespace Flag=1
 Tablespace PITR mode start scn: 0x0000.00000000 01/01/1988 00:00:00
 Tablespace PITR last completion scn: 0x0000.00000000 01/01/1988 00:00:00

***************************************************************************
RMAN CONFIGURATION RECORDS
***************************************************************************
 (blkno = 0x22, size = 1108, max = 50, in-use = 0, last-recid= 0)

***************************************************************************
LOG FILE HISTORY RECORDS
***************************************************************************
 (blkno = 0x29, size = 36, max = 226, in-use = 2, last-recid= 2)
Earliest record:
 RECID #1 Recno 1 Record timestamp  12/10/09 06:30:48 Thread=1 Seq#=1 Link-
Recid=0
  Low scn: 0x0000.0002ab78 12/10/09 03:51:00 Next scn: 0x0000.000335fa
Latest record:
 RECID #2 Recno 2 Record timestamp  03/02/10 17:05:15 Thread=1 Seq#=2 Link-
Recid=1
  Low scn: 0x0000.000335fa 12/10/09 06:30:48 Next scn: 0x0000.0003ecda

***************************************************************************
OFFLINE RANGE RECORDS
***************************************************************************
 (blkno = 0x2a, size = 56, max = 145, in-use = 0, last-recid= 0)

***************************************************************************
ARCHIVED LOG RECORDS
***************************************************************************
 (blkno = 0x2b, size = 584, max = 13, in-use = 0, last-recid= 0)
```

```
***************************************************************************
BACKUP SET RECORDS
***************************************************************************
 (blkno = 0x2c, size = 40, max = 204, in-use = 0, last-recid= 0)

***************************************************************************
BACKUP PIECE RECORDS
***************************************************************************
 (blkno = 0x2d, size = 736, max = 210, in-use = 0, last-recid= 0)

***************************************************************************
BACKUP DATAFILE RECORDS
***************************************************************************
 (blkno = 0x40, size = 116, max = 211, in-use = 0, last-recid= 0)

***************************************************************************
BACKUP LOG RECORDS
***************************************************************************
 (blkno = 0x43, size = 76, max = 107, in-use = 0, last-recid= 0)

***************************************************************************
DATAFILE COPY RECORDS
***************************************************************************
 (blkno = 0x44, size = 660, max = 210, in-use = 0, last-recid= 0)

***************************************************************************
BACKUP DATAFILE CORRUPTION RECORDS
***************************************************************************
 (blkno = 0x55, size = 44, max = 185, in-use = 0, last-recid= 0)

***************************************************************************
DATAFILE COPY CORRUPTION RECORDS
***************************************************************************
 (blkno = 0x56, size = 40, max = 204, in-use = 0, last-recid= 0)

***************************************************************************
DELETION RECORDS
***************************************************************************
 (blkno = 0x57, size = 20, max = 408, in-use = 0, last-recid= 0)
```

```
***************************************************************************
PROXY COPY RECORDS
***************************************************************************
 (blkno = 0x58, size = 852, max = 306, in-use = 0, last-recid= 0)

***************************************************************************
INCARNATION RECORDS
***************************************************************************
 (blkno = 0x7b, size = 56, max = 145, in-use = 1, last-recid= 1)
Earliest record:
 RECID #1 Recno 1 Record timestamp
  Resetlogs scn and time scn: 0x0000.0002ab78 12/10/09 03:51:00
  Previous Resetlogs scn and time scn: 0x0000.00000001 12/06/03 12:50:40
Latest record:
 RECID #1 Recno 1 Record timestamp
  Resetlogs scn and time scn: 0x0000.0002ab78 12/10/09 03:51:00
  Previous Resetlogs scn and time scn: 0x0000.00000001 12/06/03 12:50:40
*** END OF DUMP ***
*** 2010-03-02 17:08:12.909
DUMP OF CONTROL FILES, Seq # 248 = 0xf8
 FILE HEADER:
     Software vsn=153092096=0x9200000, Compatibility Vsn=134217728=0x8000000
     Db ID=2488538787=0x945416a3, Db Name='TESTDB'
     Activation ID=0=0x0
     Control Seq=248=0xf8, File size=246=0xf6
     File Number=0, Blksiz=8192, File Type=1 CONTROL
```

4) Oracle 10g R2 버전 control file 내용 요약

1. DATABASE ENTRY
2. CHECKPOINT PROGRESS RECORDS
3. EXTENDED DATABASE ENTRY
4. REDO THREAD RECORDS
5. LOG FILE RECORDS
6. DATA FILE RECORDS

7. TEMP FILE RECORDS

8. TABLESPACE RECORDS

9. RMAN CONFIGURATION RECORDS

10. FLASHBACK LOGFILE RECORDS

11. THREAD INSTANCE MAPPING RECORDS

12. MTTR RECORDS

13. STANDBY DATABASE MAP RECORDS

14. RESTORE POINT RECORDS

15. LOG FILE HISTORY RECORDS

16. OFFLINE RANGE RECORDS

17. ARCHIVED LOG RECORDS

18. BACKUP SET RECORDS

19. BACKUP PIECE RECORDS

20. BACKUP DATAFILE RECORDS

21. BACKUP LOG RECORDS

22. DATAFILE COPY RECORDS

23. BACKUP DATAFILE CORRUPTION RECORDS

24. DATAFILE COPY CORRUPTION RECORDS

25. DELETION RECORDS

26. PROXY COPY RECORDS

27. INCARNATION RECORDS

28. RMAN STATUS RECORDS

29. DATAFILE HISTORY RECORDS

30. NORMAL RESTORE POINT RECORDS

Oracle 10g R2 버전의 control file 내용 확인하기

** 먼저 trace를 수행하면 $ORACLE_BASE/admin/SID/udump/ 아래에 .trc 파일로 생성이 됩니다. 이 디렉토리에는 이미 많은 trace 파일이 있을 것이므로 지금 이 파일과 섞여버리면 찾기 힘들기 때문에 기존 트레이스 파일을 이동시킨 후 아래 작업을 따라하세요.

```
[oracle@localhost ~]$ sqlplus / as sysdba;

SQL*Plus: Release 10.2.0.4.0 - Production on Wed Feb 24 09:09:02 2010
Copyright (c) 1982, 2007, Oracle.  All Rights Reserved.

Connected to:
Oracle Database 10g Enterprise Edition Release 10.2.0.4.0 - Production
With the Partitioning, OLAP, Data Mining and Real Application Testing
options

SQL> oradebug setmypid;
Statement processed.
SQL> oradebug dump controlf 3;
Statement processed.

여기까지 하면 trace file이 만들어집니다.

[oracle@localhost udump]$ pwd
/home/oracle/admin/testdb/udump
 [oracle@localhost udump]$ ls
testdb_ora_20278.trc
[oracle@localhost udump]$ vi testdb_ora_20278.trc

/home/oracle/admin/testdb/udump/testdb_ora_20278.trc
Oracle Database 10g Enterprise Edition Release 10.2.0.4.0 - Production
With the Partitioning, OLAP, Data Mining and Real Application Testing
options
ORACLE_HOME = /home/oracle/product/10g
System name:  Linux
Node name:    localhost.localdomain
```

```
Release:       2.6.18-164.el5
Version:       #1 SMP Thu Sep 3 03:33:56 EDT 2009
Machine:       i686
Instance name: testdb
Redo thread mounted by this instance: 1
Oracle process number: 15
Unix process pid: 20278, image: oracle@localhost.localdomain (TNS V1-V3)

*** 2010-02-24 09:09:28.880
*** ACTION NAME:() 2010-02-24 09:09:28.879
*** MODULE NAME:(sqlplus@localhost.localdomain (TNS V1-V3)) 2010-02-24
09:09:28.879
*** SERVICE NAME:(SYS$USERS) 2010-02-24 09:09:28.879
*** SESSION ID:(159.5) 2010-02-24 09:09:28.879
DUMP OF CONTROL FILES, Seq # 414 = 0x19e
 V10 STYLE FILE HEADER:
     Compatibility Vsn = 169870080=0xa200300
     Db ID=2495087664=0x94b80430, Db Name='TESTDB'
     Activation ID=0=0x0
     Control Seq=414=0x19e, File size=430=0x1ae
     File Number=0, Blksiz=16384, File Type=1 CONTROL

***************************************************************************
DATABASE ENTRY
***************************************************************************
 (size = 316, compat size = 316, section max = 1, section in-use = 1,
  last-recid= 0, old-recno = 0, last-recno = 0)
 (extent = 1, blkno = 1, numrecs = 1)
 02/23/2010 22:58:56
 DB Name "TESTDB"
 Database flags = 0x00404000 0x00001000
 Controlfile Creation Timestamp  02/23/2010 22:58:57
 Incmplt recovery scn: 0x0000.00000000
 Resetlogs scn: 0x0000.000716f7 Resetlogs Timestamp  02/23/2010 22:59:00
 Prior resetlogs scn: 0x0000.00000001 Prior resetlogs Timestamp  02/17/2008
01:50:35
 Redo Version: compatible=0xa200300
 #Data files = 5, #Online files = 5
 Database checkpoint: Thread=1 scn: 0x0000.0007cc55
```

```
Threads: #Enabled=1, #Open=1, Head=1, Tail=1
enabled  threads:  01000000 00000000 00000000 00000000 00000000 00000000
 00000000 00000000 00000000 00000000 00000000 00000000 00000000 00000000
 00000000 00000000 00000000 00000000 00000000 00000000 00000000 00000000

Max log members = 3, Max data members = 1
Arch list: Head=0, Tail=0, Force scn: 0x0000.000716f7scn: 0x0000.000716f7
Activation ID: 2495094064
Controlfile Checkpointed at scn:  0x0000.0007cc8a 02/24/2010 08:33:13
thread:0 rba:(0x0.0.0)
enabled  threads:  00000000 00000000 00000000 00000000 00000000 00000000
 00000000 00000000 00000000 00000000 00000000 00000000 00000000 00000000
 00000000 00000000 00000000 00000000 00000000 00000000 00000000 00000000

***************************************************************************
CHECKPOINT PROGRESS RECORDS
***************************************************************************
 (size = 8180, compat size = 8180, section max = 11, section in-use = 0,
  last-recid= 0, old-recno = 0, last-recno = 0)
 (extent = 1, blkno = 2, numrecs = 11)
THREAD #1 - status:0x2 flags:0x0 dirty:6
low cache rba:(0x3.4208.0) on disk rba:(0x3.4244.0)
on disk scn: 0x0000.0007d32a 02/24/2010 09:08:18
resetlogs scn: 0x0000.000716f7 02/23/2010 22:59:00
heartbeat: 711813776 mount id: 2495170754
THREAD #2 - status:0x0 flags:0x0 dirty:0
low cache rba:(0x0.0.0) on disk rba:(0x0.0.0)
on disk scn: 0x0000.00000000 01/01/1988 00:00:00
resetlogs scn: 0x0000.00000000 01/01/1988 00:00:00
heartbeat: 0 mount id: 0
THREAD #3 - status:0x0 flags:0x0 dirty:0
low cache rba:(0x0.0.0) on disk rba:(0x0.0.0)
on disk scn: 0x0000.00000000 01/01/1988 00:00:00
resetlogs scn: 0x0000.00000000 01/01/1988 00:00:00
heartbeat: 0 mount id: 0
THREAD #4 - status:0x0 flags:0x0 dirty:0
low cache rba:(0x0.0.0) on disk rba:(0x0.0.0)
on disk scn: 0x0000.00000000 01/01/1988 00:00:00
resetlogs scn: 0x0000.00000000 01/01/1988 00:00:00
```

```
heartbeat: 0 mount id: 0
THREAD #5 - status:0x0 flags:0x0 dirty:0
low cache rba:(0x0.0.0) on disk rba:(0x0.0.0)
on disk scn: 0x0000.00000000 01/01/1988 00:00:00
resetlogs scn: 0x0000.00000000 01/01/1988 00:00:00
heartbeat: 0 mount id: 0
THREAD #6 - status:0x0 flags:0x0 dirty:0
low cache rba:(0x0.0.0) on disk rba:(0x0.0.0)
on disk scn: 0x0000.00000000 01/01/1988 00:00:00
resetlogs scn: 0x0000.00000000 01/01/1988 00:00:00
heartbeat: 0 mount id: 0
THREAD #7 - status:0x0 flags:0x0 dirty:0
low cache rba:(0x0.0.0) on disk rba:(0x0.0.0)
on disk scn: 0x0000.00000000 01/01/1988 00:00:00
resetlogs scn: 0x0000.00000000 01/01/1988 00:00:00
heartbeat: 0 mount id: 0
THREAD #8 - status:0x0 flags:0x0 dirty:0
low cache rba:(0x0.0.0) on disk rba:(0x0.0.0)
on disk scn: 0x0000.00000000 01/01/1988 00:00:00
resetlogs scn: 0x0000.00000000 01/01/1988 00:00:00
heartbeat: 0 mount id: 0

***************************************************************************
EXTENDED DATABASE ENTRY
***************************************************************************
 (size = 276, compat size = 276, section max = 1, section in-use = 1,
  last-recid= 0, old-recno = 0, last-recno = 0)
 (extent = 1, blkno = 137, numrecs = 1)
Control AutoBackup date(dd/mm/yyyy)=23/ 2/2010
Next AutoBackup sequence= 0
Database recovery target inc#:2, Last open inc#:2
flg:0x0, flag:0x0
Change tracking state=0, file index=0, checkpoint count=0
Flashback log count=0, block count=0
Oldest guarantee restore point=0
Highest thread enable/disable scn: 0x0000.00000000
Number of Open thread with finite next SCN in last log: 0
Number of half-enabled redo threads: 0
```

```
***************************************************************************
REDO THREAD RECORDS
***************************************************************************
 (size = 256, compat size = 256, section max = 8, section in-use = 1,
  last-recid= 0, old-recno = 0, last-recno = 0)
 (extent = 1, blkno = 9, numrecs = 8)
THREAD #1 - status:0xf thread links forward:0 back:0
 #logs:3 first:1 last:3 current:3 last used seq#:0x3
 enabled at scn: 0x0000.000716f7 02/23/2010 22:59:00
 disabled at scn: 0x0000.00000000 01/01/1988 00:00:00
 opened at 02/24/2010 08:33:12 by instance testdb
Checkpointed at scn:  0x0000.0007cc55 02/24/2010 08:33:12
 thread:1 rba:(0x3.205f.10)
 enabled  threads:  01000000 00000000 00000000 00000000 00000000 00000000
  00000000 00000000 00000000 00000000 00000000 00000000 00000000 00000000
  00000000 00000000 00000000 00000000 00000000 00000000 00000000 00000000

 log history: 2
 restore point keep sequence: 0

***************************************************************************
LOG FILE RECORDS
***************************************************************************
 (size = 72, compat size = 72, section max = 16, section in-use = 3,
  last-recid= 3, old-recno = 0, last-recno = 0)
 (extent = 1, blkno = 10, numrecs = 16)
LOG FILE #1:
  (name #3) /home/oracle/oradata/testdb/redo01.log
 Thread 1 redo log links: forward: 2 backward: 0
 siz: 0x19000 seq: 0x00000001 hws: 0xa bsz: 512 nab: 0x186d9 flg: 0x0 dup: 1
 Archive links: fwrd: 0 back: 0 Prev scn: 0x0000.00000000
 Low scn: 0x0000.000716f7 02/23/2010 22:59:00
 Next scn: 0x0000.000785c0 02/23/2010 23:01:02
LOG FILE #2:
  (name #2) /home/oracle/oradata/testdb/redo02.log
 Thread 1 redo log links: forward: 3 backward: 1
 siz: 0x19000 seq: 0x00000002 hws: 0x7 bsz: 512 nab: 0x18ef9 flg: 0x0 dup: 1
 Archive links: fwrd: 0 back: 0 Prev scn: 0x0000.000716f7
 Low scn: 0x0000.000785c0 02/23/2010 23:01:02
```

```
 Next scn: 0x0000.0007ad9f 02/24/2010 02:01:36
LOG FILE #3:
  (name #1) /home/oracle/oradata/testdb/redo03.log
 Thread 1 redo log links: forward: 0 backward: 2
 siz: 0x19000 seq: 0x00000003 hws: 0x7 bsz: 512 nab: 0xffffffff flg: 0x8
dup: 1
 Archive links: fwrd: 0 back: 0 Prev scn: 0x0000.000785c0
 Low scn: 0x0000.0007ad9f 02/24/2010 02:01:36
 Next scn: 0xffff.ffffffff 01/01/1988 00:00:00

***************************************************************************
DATA FILE RECORDS
***************************************************************************
 (size = 428, compat size = 428, section max = 100, section in-use = 5,
  last-recid= 8, old-recno = 0, last-recno = 0)
 (extent = 1, blkno = 11, numrecs = 100)
DATA FILE #1:
  (name #7) /home/oracle/oradata/testdb/system01.dbf
creation size=0 block size=8192 status=0xe head=7 tail=7 dup=1
 tablespace 0, index=1 krfil=1 prev_file=0
 unrecoverable scn: 0x0000.00000000 01/01/1988 00:00:00
 Checkpoint cnt:55 scn: 0x0000.0007cc55 02/24/2010 08:33:12
 Stop scn: 0xffff.ffffffff 02/24/2010 08:30:07
 Creation Checkpointed at scn:  0x0000.00000007 02/17/2008 01:50:54
 thread:0 rba:(0x0.0.0)
 enabled  threads:  00000000 00000000 00000000 00000000 00000000 00000000
  00000000 00000000 00000000 00000000 00000000 00000000 00000000 00000000
  00000000 00000000 00000000 00000000 00000000 00000000 00000000 00000000
  00000000 00000000 00000000 00000000 00000000 00000000 00000000 00000000
Offline scn: 0x0000.000716f6 prev_range: 0
 Online Checkpointed at scn:  0x0000.000716f7 02/23/2010 22:59:00
 thread:1 rba:(0x1.2.0)
 enabled  threads:  01000000 00000000 00000000 00000000 00000000 00000000
  00000000 00000000 00000000 00000000 00000000 00000000 00000000 00000000
  00000000 00000000 00000000 00000000 00000000 00000000 00000000 00000000
Hot Backup end marker scn: 0x0000.00000000
 aux_file is NOT DEFINED

DATA FILE #2:
```

```
  (name #6) /home/oracle/oradata/testdb/undotbs01.dbf
creation size=0 block size=8192 status=0xe head=6 tail=6 dup=1
 tablespace 1, index=2 krfil=2 prev_file=0
 unrecoverable scn: 0x0000.00000000 01/01/1988 00:00:00
 Checkpoint cnt:17 scn: 0x0000.0007cc55 02/24/2010 08:33:12
 Stop scn: 0xffff.ffffffff 02/24/2010 08:30:07
 Creation Checkpointed at scn:  0x0000.00070e7a 02/17/2008 02:29:41
 thread:0 rba:(0x0.0.0)
 enabled  threads:  00000000 00000000 00000000 00000000 00000000 00000000
  00000000 00000000 00000000 00000000 00000000 00000000 00000000 00000000
  00000000 00000000 00000000 00000000 00000000 00000000 00000000 00000000
  00000000 00000000 00000000 00000000 00000000 00000000 00000000 00000000
 Offline scn: 0x0000.000716f6 prev_range: 0
 Online Checkpointed at scn:  0x0000.000716f7 02/23/2010 22:59:00
 thread:1 rba:(0x1.2.0)
 enabled  threads:  01000000 00000000 00000000 00000000 00000000 00000000
  00000000 00000000 00000000 00000000 00000000 00000000 00000000 00000000
00000000 00000000 00000000 00000000 00000000 00000000
 Hot Backup end marker scn: 0x0000.00000000
 aux_file is NOT DEFINED

DATA FILE #3:
  (name #5) /home/oracle/oradata/testdb/sysaux01.dbf
creation size=0 block size=8192 status=0xe head=5 tail=5 dup=1
 tablespace 2, index=3 krfil=3 prev_file=0
 unrecoverable scn: 0x0000.00000000 01/01/1988 00:00:00
 Checkpoint cnt:55 scn: 0x0000.0007cc55 02/24/2010 08:33:12
 Stop scn: 0xffff.ffffffff 02/24/2010 08:30:07
 Creation Checkpointed at scn:  0x0000.00001a15 02/17/2008 01:51:10
 thread:0 rba:(0x0.0.0)
 enabled  threads:  00000000 00000000 00000000 00000000 00000000 00000000
  00000000 00000000 00000000 00000000 00000000 00000000 00000000 00000000
  00000000 00000000 00000000 00000000 00000000 00000000 00000000 00000000
  00000000 00000000 00000000 00000000 00000000 00000000 00000000 00000000
   Offline scn: 0x0000.000716f6 prev_range: 0
 Online Checkpointed at scn:  0x0000.000716f7 02/23/2010 22:59:00
 thread:1 rba:(0x1.2.0)
 enabled  threads:  01000000 00000000 00000000 00000000 00000000 00000000
    00000000 00000000 00000000 00000000 00000000 00000000 00000000 00000000
```

```
  00000000 00000000 00000000 00000000 00000000 00000000 00000000 00000000
  00000000 00000000 00000000 00000000 00000000 00000000 00000000 00000000
  00000000 00000000 00000000 00000000 00000000 00000000
 Hot Backup end marker scn: 0x0000.00000000
 aux_file is NOT DEFINED

DATA FILE #4:
  (name #4) /home/oracle/oradata/testdb/users01.dbf
creation size=0 block size=8192 status=0xe head=4 tail=4 dup=1
 tablespace 4, index=4 krfil=4 prev_file=0
 unrecoverable scn: 0x0000.00000000 01/01/1988 00:00:00
 Checkpoint cnt:54 scn: 0x0000.0007cc55 02/24/2010 08:33:12
 Stop scn: 0xffff.ffffffff 02/24/2010 08:30:07
 Creation Checkpointed at scn:  0x0000.00002a01 02/17/2008 01:51:16
 thread:0 rba:(0x0.0.0)
 enabled  threads:  00000000 00000000 00000000 00000000 00000000 00000000
  00000000 00000000 00000000 00000000 00000000 00000000 00000000 00000000
  00000000 00000000 00000000 00000000 00000000 00000000 00000000 00000000

 Offline scn: 0x0000.000716f6 prev_range: 0
 Online Checkpointed at scn:  0x0000.000716f7 02/23/2010 22:59:00
 thread:1 rba:(0x1.2.0)
 enabled  threads:  01000000 00000000 00000000 00000000 00000000 00000000
  00000000 00000000 00000000 00000000 00000000 00000000 00000000 00000000
  00000000 00000000 00000000 00000000 00000000 00000000 00000000 00000000
  00000000 00000000 00000000 00000000 00000000 00000000 00000000 00000000
   Hot Backup end marker scn: 0x0000.00000000
 aux_file is NOT DEFINED

DATA FILE #5:
  (name #9) /home/oracle/oradata/testdb/example01.dbf
creation size=12800 block size=8192 status=0xe head=9 tail=9 dup=1
 tablespace 6, index=6 krfil=5 prev_file=0
 unrecoverable scn: 0x0000.00000000 01/01/1988 00:00:00
 Checkpoint cnt:13 scn: 0x0000.0007cc55 02/24/2010 08:33:12
 Stop scn: 0xffff.ffffffff 02/24/2010 08:30:07
 Creation Checkpointed at scn:  0x0000.00076fe5 02/23/2010 23:00:01
 thread:1 rba:(0x1.63f2.10)
 enabled  threads:  01000000 00000000 00000000 00000000 00000000 00000000
```

```
  00000000 00000000 00000000 00000000 00000000 00000000 00000000 00000000
  00000000 00000000 00000000 00000000 00000000 00000000 00000000 00000000
  00000000 00000000 00000000 00000000 00000000 00000000 00000000 00000000
  00000000 00000000 00000000 00000000 00000000 00000000 00000000 00000000
Offline scn: 0x0000.00000000 prev_range: 0
 Online Checkpointed at scn:  0x0000.00000000
 thread:0 rba:(0x0.0.0)
 enabled  threads:  00000000 00000000 00000000 00000000 00000000 00000000
  00000000 00000000 00000000 00000000 00000000 00000000 00000000 00000000
  00000000 00000000 00000000 00000000 00000000 00000000 00000000 00000000
  00000000 00000000 00000000 00000000 00000000 00000000 00000000 00000000
  00000000 00000000 00000000 00000000 00000000 00000000 00000000 00000000
Hot Backup end marker scn: 0x0000.00000000
 aux_file is NOT DEFINED

***************************************************************************
TEMP FILE RECORDS
***************************************************************************
 (size = 56, compat size = 56, section max = 100, section in-use = 1,
  last-recid= 1, old-recno = 0, last-recno = 0)
 (extent = 1, blkno = 89, numrecs = 100)
TEMP FILE #1: External File #201
  (name #8) /home/oracle/oradata/testdb/temp01.dbf
creation size=2560 block size=8192 status=0x1e head=8 tail=8 dup=1
 tablespace 3, index=5 krfil=1 prev_file=0
 unrecoverable scn: 0x0000.00071748 02/23/2010 22:59:24

***************************************************************************
TABLESPACE RECORDS
***************************************************************************
 (size = 68, compat size = 68, section max = 100, section in-use = 6,
  last-recid= 2, old-recno = 0, last-recno = 0)
 (extent = 1, blkno = 88, numrecs = 100)
TABLESPACE #0 SYSTEM: recno=1
 First datafile link=1  Tablespace Flag=0
 Tablespace PITR mode start scn: 0x0000.00000000 01/01/1988 00:00:00
 Tablespace PITR last completion scn: 0x0000.00000000 01/01/1988 00:00:00
TABLESPACE #1 UNDOTBS1: recno=2
 First datafile link=2  Tablespace Flag=0
```

```
 Tablespace PITR mode start scn: 0x0000.00000000 01/01/1988 00:00:00
 Tablespace PITR last completion scn: 0x0000.00000000 01/01/1988 00:00:00
TABLESPACE #2 SYSAUX: recno=3
 First datafile link=3  Tablespace Flag=0
 Tablespace PITR mode start scn: 0x0000.00000000 01/01/1988 00:00:00
 Tablespace PITR last completion scn: 0x0000.00000000 01/01/1988 00:00:00
TABLESPACE #4 USERS: recno=4
 First datafile link=4  Tablespace Flag=0
 Tablespace PITR mode start scn: 0x0000.00000000 01/01/1988 00:00:00
 Tablespace PITR last completion scn: 0x0000.00000000 01/01/1988 00:00:00
TABLESPACE #3 TEMP: recno=5
 First datafile link=1  Tablespace Flag=1
 Tablespace PITR mode start scn: 0x0000.00000000 01/01/1988 00:00:00
 Tablespace PITR last completion scn: 0x0000.00000000 01/01/1988 00:00:00
TABLESPACE #6 EXAMPLE: recno=6
 First datafile link=5  Tablespace Flag=0
 Tablespace PITR mode start scn: 0x0000.00000000 01/01/1988 00:00:00
 Tablespace PITR last completion scn: 0x0000.00000000 01/01/1988 00:00:00

***************************************************************************
RMAN CONFIGURATION RECORDS
***************************************************************************
 (size = 1108, compat size = 1108, section max = 50, section in-use = 0,
  last-recid= 0, old-recno = 0, last-recno = 0)
 (extent = 1, blkno = 90, numrecs = 50)

***************************************************************************
FLASHBACK LOGFILE RECORDS
***************************************************************************
 (size = 84, compat size = 84, section max = 2048, section in-use = 0,
  last-recid= 0, old-recno = 0, last-recno = 0)
 (extent = 1, blkno = 139, numrecs = 2048)

***************************************************************************
THREAD INSTANCE MAPPING RECORDS
***************************************************************************
 (size = 80, compat size = 80, section max = 8, section in-use = 8,
  last-recid= 0, old-recno = 0, last-recno = 0)
 (extent = 1, blkno = 156, numrecs = 8)
```

```
testdb recno=1
UNNAMED_INSTANCE_2 recno=2
UNNAMED_INSTANCE_3 recno=3
UNNAMED_INSTANCE_4 recno=4
UNNAMED_INSTANCE_5 recno=5
UNNAMED_INSTANCE_6 recno=6
UNNAMED_INSTANCE_7 recno=7
UNNAMED_INSTANCE_8 recno=8

***************************************************************************
MTTR RECORDS
***************************************************************************
 (size = 100, compat size = 100, section max = 8, section in-use = 1,
  last-recid= 0, old-recno = 0, last-recno = 0)
 (extent = 1, blkno = 157, numrecs = 8)
MTTR record for thread 1
MTTR statistics status: 1
Init time: Avg: 8330000 us, Times measured: 4
File open time: Avg: 4216 us, Times measured: 11
Log block read time: Avg: 20 us, Times measured: 65536
Data block read/claim time: Avg: 170 us, Times measured: 1000
Data block write time: Avg: 390 us
1000 change vector apply time: Avg: 0 us, Times measured: 1
Ratio Information:
# of log blocks measured: 50730
# of data blocks measured: 3158
# of change vectors measured: 130149

***************************************************************************
STANDBY DATABASE MAP RECORDS
***************************************************************************
 (size = 400, compat size = 400, section max = 10, section in-use = 10,
  last-recid= 0, old-recno = 0, last-recno = 0)
 (extent = 1, blkno = 160, numrecs = 10)

***************************************************************************
RESTORE POINT RECORDS
***************************************************************************
 (size = 212, compat size = 212, section max = 2048, section in-use = 0,
```

```
 last-recid= 0, old-recno = 0, last-recno = 0)
 (extent = 1, blkno = 161, numrecs = 2048)

***************************************************************************
LOG FILE HISTORY RECORDS
***************************************************************************
 (size = 56, compat size = 56, section max = 292, section in-use = 2,
  last-recid= 2, old-recno = 1, last-recno = 2)
 (extent = 1, blkno = 94, numrecs = 292)
Earliest record:
 RECID #1 Recno 1 Record timestamp  02/23/10 23:01:02 Thread=1 Seq#=1 Link-
Recid=0 kccic-Recid=2
  Low scn: 0x0000.000716f7 02/23/10 22:59:00 Next scn: 0x0000.000785c0
Latest record:
 RECID #2 Recno 2 Record timestamp  02/24/10 02:01:37 Thread=1 Seq#=2 Link-
Recid=1 kccic-Recid=2
  Low scn: 0x0000.000785c0 02/23/10 23:01:02 Next scn: 0x0000.0007ad9f

***************************************************************************
OFFLINE RANGE RECORDS
***************************************************************************
 (size = 200, compat size = 200, section max = 163, section in-use = 0,
  last-recid= 0, old-recno = 0, last-recno = 0)
 (extent = 1, blkno = 95, numrecs = 163)

***************************************************************************
ARCHIVED LOG RECORDS
***************************************************************************
 (size = 584, compat size = 584, section max = 28, section in-use = 0,
  last-recid= 0, old-recno = 0, last-recno = 0)
 (extent = 1, blkno = 97, numrecs = 28)

***************************************************************************
BACKUP SET RECORDS
***************************************************************************
 (size = 40, compat size = 40, section max = 409, section in-use = 0,
  last-recid= 0, old-recno = 0, last-recno = 0)
 (extent = 1, blkno = 98, numrecs = 409)
```

```
***************************************************************************
BACKUP PIECE RECORDS
***************************************************************************
 (size = 736, compat size = 736, section max = 200, section in-use = 0,
  last-recid= 0, old-recno = 0, last-recno = 0)
 (extent = 1, blkno = 99, numrecs = 200)

***************************************************************************
BACKUP DATAFILE RECORDS
***************************************************************************
 (size = 116, compat size = 116, section max = 282, section in-use = 0,
  last-recid= 0, old-recno = 0, last-recno = 0)
 (extent = 1, blkno = 108, numrecs = 282)

***************************************************************************
BACKUP LOG RECORDS
***************************************************************************
 (size = 76, compat size = 76, section max = 215, section in-use = 0,
  last-recid= 0, old-recno = 0, last-recno = 0)
 (extent = 1, blkno = 110, numrecs = 215)

***************************************************************************
DATAFILE COPY RECORDS
***************************************************************************
 (size = 660, compat size = 660, section max = 223, section in-use = 1,
  last-recid= 1, old-recno = 1, last-recno = 1)
 (extent = 1, blkno = 111, numrecs = 223)
Earliest record:
 RECID #1 Recno 1 Record timestamp  02/23/10 22:59:36
  File=5 (5) database id=3975561771 block size=8192
  Flags: <deleted> <scanned>
  Filename:
  Creation checkpointed at scn: 0x0000.00071aac 02/17/08 02:30:57
  File header checkpointed at scn: 0x0000.00075328 02/17/08 02:33:16
  Resetlogs scn and time scn: 0x0000.00000001 02/17/08 01:50:35
  Recovery Fuzzy scn and time scn: 0x0000.00000000 01/01/88 00:00:00
  Absolute Fuzzy scn: 0x0000.00000000
  Newly-marked media corrupt blocks 0  Total media corrupt blocks 0
  Total logically corrupt blocks 0  Block images written to backup 12800
```

```
  Low Offline Range Recid 0
  Tag:
  Copy does not have keep options.
Latest record:
 RECID #1 Recno 1 Record timestamp  02/23/10 22:59:36
  File=5 (5) database id=3975561771 block size=8192
  Flags: <deleted> <scanned>
  Filename:
  Creation checkpointed at scn: 0x0000.00071aac 02/17/08 02:30:57
  File header checkpointed at scn: 0x0000.00075328 02/17/08 02:33:16
  Resetlogs scn and time scn: 0x0000.00000001 02/17/08 01:50:35
  Recovery Fuzzy scn and time scn: 0x0000.00000000 01/01/88 00:00:00
  Absolute Fuzzy scn: 0x0000.00000000
  Newly-marked media corrupt blocks 0  Total media corrupt blocks 0
  Total logically corrupt blocks 0  Block images written to backup 12800
  Low Offline Range Recid 0
  Tag:
  Copy does not have keep options.

***************************************************************************
BACKUP DATAFILE CORRUPTION RECORDS
***************************************************************************
 (size = 44, compat size = 44, section max = 371, section in-use = 0,
  last-recid= 0, old-recno = 0, last-recno = 0)
 (extent = 1, blkno = 120, numrecs = 371)

***************************************************************************
DATAFILE COPY CORRUPTION RECORDS
***************************************************************************
 (size = 40, compat size = 40, section max = 409, section in-use = 0,
  last-recid= 0, old-recno = 0, last-recno = 0)
 (extent = 1, blkno = 121, numrecs = 409)

***************************************************************************
DELETION RECORDS
***************************************************************************
 (size = 20, compat size = 20, section max = 818, section in-use = 1,
  last-recid= 1, old-recno = 1, last-recno = 1)
 (extent = 1, blkno = 122, numrecs = 818)
```

```
Earliest record:
 RECID #1 Recno 1 Record timestamp  02/23/10 22:59:42
  Object type=16  Object recid=1  Object timestamp= 02/23/10 22:59:36
Latest record:
 RECID #1 Recno 1 Record timestamp  02/23/10 22:59:42
  Object type=16  Object recid=1  Object timestamp= 02/23/10 22:59:36

***************************************************************************
PROXY COPY RECORDS
***************************************************************************
 (size = 852, compat size = 852, section max = 249, section in-use = 0,
  last-recid= 0, old-recno = 0, last-recno = 0)
 (extent = 1, blkno = 123, numrecs = 249)

***************************************************************************
INCARNATION RECORDS
***************************************************************************
 (size = 56, compat size = 56, section max = 292, section in-use = 2,
  last-recid= 2, old-recno = 1, last-recno = 2)
 (extent = 1, blkno = 138, numrecs = 292)
Earliest record:
 RECID #1 Recno 1 Record timestamp
  Resetlogs scn and time scn: 0x0000.00000001 02/17/08 01:50:35
  Previous Resetlogs scn and time scn: 0x0000.00000000 01/01/88 00:00:00
 Incarnation (parent inc#, flag)=(0, 0)
Latest record:
 RECID #2 Recno 2 Record timestamp
  Resetlogs scn and time scn: 0x0000.000716f7 02/23/10 22:59:00
  Previous Resetlogs scn and time scn: 0x0000.00000001 02/17/08 01:50:35
 Incarnation (parent inc#, flag)=(1, 2)

***************************************************************************
RMAN STATUS RECORDS
***************************************************************************
 (size = 116, compat size = 116, section max = 141, section in-use = 0,
  last-recid= 0, old-recno = 0, last-recno = 0)
 (extent = 1, blkno = 155, numrecs = 141)
```

```
***************************************************************************
DATAFILE HISTORY RECORDS
***************************************************************************
 (size = 568, compat size = 568, section max = 57, section in-use = 0,
  last-recid= 0, old-recno = 0, last-recno = 0)
 (extent = 1, blkno = 158, numrecs = 57)

***************************************************************************
NORMAL RESTORE POINT RECORDS
***************************************************************************
 (size = 212, compat size = 212, section max = 2083, section in-use = 0,
  last-recid= 0, old-recno = 0, last-recno = 0)
 (extent = 1, blkno = 188, numrecs = 2083)
*** END OF DUMP ***
*** 2010-02-24 09:09:49.033
DUMP OF CONTROL FILES, Seq # 414 = 0x19e
 V10 STYLE FILE HEADER:
      Compatibility Vsn = 169870080=0xa200300
      Db ID=2495087664=0x94b80430, Db Name='TESTDB'
      Activation ID=0=0x0
      Control Seq=414=0x19e, File size=430=0x1ae
      File Number=0, Blksiz=16384, File Type=1 CONTROL
```

위에서 살펴본 대로 control file의 내용이 버전별로 다르며 또 정보가 아주 많이 들어가 있는 것이 확인이 됩니다. 그 복잡한 정보들이 평상시에는 오라클 운영하는 데 사용이 되고 DB에 장애가 발생하면 복구하는 것에도 사용이 되는 것입니다.

여기까지 컨트롤 파일의 내용을 확인했습니다. 컨트롤 파일은 사람으로 비교하면 두뇌에 해당되는 아주 중요한 파일입니다. 사람이 사고가 나서 신체부위가 다 멀쩡해도 뇌를 다치면 뇌사 판정을 받고 심하면 죽게 되듯이 오라클도 데이터 파일과 리두 로그 파일이 멀쩡해도 컨트롤 파일에 장애가 나면 DB가 중단되게 됩니다.

따라서 이 컨트롤 파일이 고장 나지 않게 평소에 지키는 것이 무척 중요합니다. 오라클을 처음 설치하면 control file이 다중화가 되어 있지 않아서 위험한 상태이므로 반드시 여러 경로에 분산시켜 주길 바랍니다.

아래의 실무 실습으로 control file을 관리하는 방법을 익히겠습니다.

실무 실습 ❹ control file 관리하기 (Pfile을 이용할 경우)

그림 이제부터는 컨트롤 파일을 다중화하는 실습을 통해 어떻게 컨트롤 파일을 지켜내는지 알아보도록 하겠습니다.

우선 그림으로 개념부터 살펴보도록 하겠습니다.

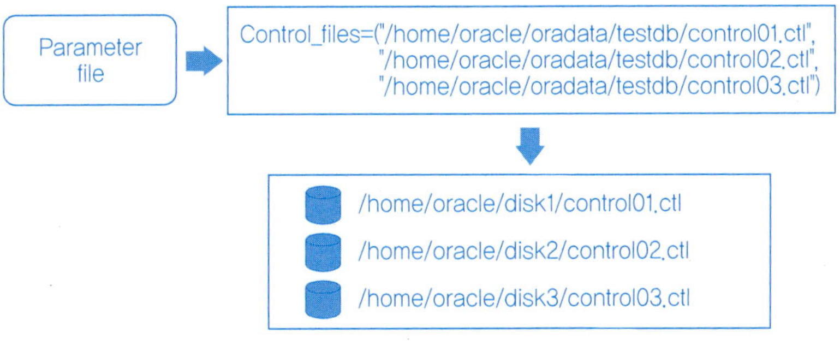

[그림 5-1] Control file 위치

위 그림을 이해하는 것이 아주 중요합니다. 컨트롤 파일의 위치는 파라미터 파일에 저장되어 있습니다.

우리가 startup 명령을 하면 서버 프로세스는 parameter 파일을 읽고 인스턴스를 생성하고 백그라운드 프로세스를 시작한 후 마운트 단계로 가기 위해 컨트롤 파일을 찾게 됩니다. 이때 parameter 파일에 있는 컨트롤 파일의 정보를 보고 컨트롤 파일의 위치를 알게 되고 파라미터 파일에 적혀있는 그곳으로 컨트롤 파일을 찾게 되는 것입니다.

꼭 기억해야 하는 사실은 파라미터 파일에 있는 대로 실제 컨트롤 파일이 존재해야 한다는 것입니다.

아래 실습은 컨트롤 파일을 다중화하는 실습이므로 반드시 익혀두어야 합니다.

실습 원리: startup 명령어가 수행되는 과정을 다시 살펴보겠습니다.

```
Startup ----→ Parameter file ----→ control file ----→ data / redo log file

[oracle@localhost ~]$ sqlplus / as sysdba;
SQL*Plus: Release 10.2.0.4.0 - Production on Wed Feb 24 11:11:11 2010
Copyright (c) 1982, 2007, Oracle.  All Rights Reserved.
Connected to:
Oracle Database 10g Enterprise Edition Release 10.2.0.4.0 - Production
With the Partitioning, OLAP, Data Mining and Real Application Testing
options

SQL> select status from v$instance;

STATUS
------------------------
OPEN

SQL> select name from v$controlfile;  ⑳

NAME
-----------------------------------------------------------------------------
/home/oracle/oradata/testdb/control01.ctl
/home/oracle/oradata/testdb/control02.ctl
/home/oracle/oradata/testdb/control03.ctl

SQL> shutdown immediate;
Database closed.
Database dismounted.
ORACLE instance shut down.

SQL> !
[oracle@localhost ~]$ mkdir  /home/oracle/disk1
[oracle@localhost ~]$ mkdir  /home/oracle/disk2
[oracle@localhost ~]$ mkdir  /home/oracle/disk3
[oracle@localhost ~]$ mkdir  /home/oracle/disk4
[oracle@localhost ~]$ mkdir  /home/oracle/disk5
```

⑳ 현재 사용 중인 컨트롤 파일 내역 확인하기

```
[oracle@localhost ~]$ vi /home/oracle/product/10g/dbs/inittestdb.ora
.........................
```

변경 전

```
#############################################
# File Configuration
#############################################
control_files=("/home/oracle/oradata/testdb/control01.ctl",
 "/home/oracle/oradata/testdb/control02.ctl",
 "/home/oracle/oradata/testdb/control03.ctl")
```

변경 후

```
#############################################
# File Configuration
#############################################
control_files=("/home/oracle/oradata/testdb/control01.ctl",
 "/home/oracle/oradata/testdb/control02.ctl" )
: wq!
```

```
[oracle@localhost ~]$ exit
exit

SQL> startup
ORACLE instance started.

Total System Global Area  285212672 bytes
Fixed Size                  1267068 bytes
Variable Size              92277380 bytes
Database Buffers          188743680 bytes
Redo Buffers                2924544 bytes
Database mounted.
Database opened.

SQL> select name from v$controlfile;
NAME
--------------------------------------------------------------------------------
/home/oracle/oradata/testdb/control01.ctl
/home/oracle/oradata/testdb/control02.ctl

SQL> !ls /home/oracle/oradata/testdb/*.ctl
```

```
/home/oracle/oradata/testdb/control01.ctl
/home/oracle/oradata/testdb/control02.ctl
/home/oracle/oradata/testdb/control03.ctl   ㉑
```

㉑ 이 파일은 더 이상 사용 못 하는 컨트롤 파일입니다.

위에서 /home/oracle/oradata/testdb/control03.ctl 파일이 더 이상 사용할 수 없는 control file인 이유를 이해하는 것이 매우 중요합니다.

Control file은 mount 단계 이후부터 데이터베이스에 변경되는 아주 중요한 내용들이 실시간으로 기록이 됩니다. 이 내용은 변경이 생길 때마다 서버 프로세스나 여러 백그라운드 프로세스들이 parameter file에 있는 control file의 위치를 보고 기록하게 됩니다. 그런데 위의 예에서처럼 parameter file에는 control01.ctl , control02.ctl만 있다고 되어있으면 서버 프로세스나 백그라운드 프로세스들이 control file에 내용을 기록할 때 control01.ctl, control02.ctl에만 기록하고 parameter file에 없는 control03.ctl에는 변경사항을 기록하지 않게 됩니다. 즉 control03.ctl은 parameter file에 기록되지 않았기 때문에 사용되지 않는 control flie이 되어 기존 control01.ctl과 control02.ctl과 내용이 다르게 되는 것입니다. 이런 이유로 control03.ctl은 파일은 존재하지만 더 이상 사용할 수 없는 control file이 된 것입니다. 만약 이런 상황에서 control03.ctl을 사용하게 된다면 기존 control01.ctl, control02.ctl과 내용이 다르다는 version error를 발생시키고 mount 상태가 되지 못합니다.

실무 실습 ❺ Control file 관리하기(Spfile을 사용할 경우)

```
SQL> create spfile  from pfile;
File created.

SQL> !ls /home/oracle/product/10g/dbs/
hc_testdb.dat  init.ora  initdw.ora  inittestdb.ora  lkTESTDB  orapwtestdb
spfiletestdb.ora

SQL> !rm -fr /home/oracle/product/10g/dbs/inittestdb.ora
SQL>  !ls /home/oracle/product/10g/dbs/
hc_testdb.dat  init.ora  initdw.ora  lkTESTDB  orapwtestdb  spfiletestdb.ora
```

```
SQL> shutdown immediate;
Database closed.
Database dismounted.
ORACLE instance shut down.

SQL> startup
ORACLE instance started.

Total System Global Area  285212672 bytes
Fixed Size                  1267068 bytes
Variable Size              92277380 bytes
Database Buffers          188743680 bytes
Redo Buffers                2924544 bytes
Database mounted.
Database opened.

SQL> show parameter spfile;
NAME          TYPE            VALUE
------------- -------------  ----------------------------------------
spfile        string          /home/oracle/product/10g/dbs/spfiletestdb.ora

SQL> alter system set control_files='/home/oracle/oradata/testdb/control01.ctl'
scope=spfiles;
SQL> shutdown immediate;
Database closed.
Database dismounted.
ORACLE instance shut down.

SQL> startup
ORACLE instance started.
Total System Global Area  285212672 bytes
Fixed Size                  1267068 bytes
Variable Size              92277380 bytes
Database Buffers          188743680 bytes
Redo Buffers                2924544 bytes
Database mounted.
Database opened.

SQL> select name from v$controlfile;
```

```
NAME
--------------------------------------------------------------------------------
/home/oracle/oradata/testdb/control01.ctl

SQL> !ls /home/oracle/oradata/testdb/*.ctl
/home/oracle/oradata/testdb/control01.ctl
/home/oracle/oradata/testdb/control02.ctl  ㉒
/home/oracle/oradata/testdb/control03.ctl  ㉓
```

㉒ 못 쓰는 컨트롤 파일입니다
㉓ 못 쓰는 컨트롤 파일입니다

연습 문제 ❶ control file 다중화하기

pfile을 사용하여 control file의 위치를 아래와 같이
/home/oracle/disk1/control01.ctl,
/home/oracle/disk2/control02.ctl,
/home/oracle/disk3/control03.ctl로 구성하고

spfile을 이용하여 /home/oracle/disk3/control01.ctl ,
/home/oracle/disk4/control02.ctl ,
/home/oracle/disk5/control03.ctl
이 되도록 구성하세요.

이번 장에서는 control file에 어떤 내용이 들어 있고 어떻게 사용되는지 그리고 어떻게 관리해야 하는지를 살펴보았습니다. 사람의 두뇌에 해당하는 아주 중요한 파일이므로 꼭 잘 관리하길 바랍니다.

CHAPTER 06

Redo Log File

06 CHAPTER
Redo Log File

6.1 Redo log file의 개념 잡기

Redo log file은 Redo log buffer에 기록된 내용을 기록해 두는 파일입니다. Redo log buffer는 RAM이라서 전원이 꺼지면 모든 데이터가 휘발성으로 사라지기 때문에 오라클은 Redo log buffer의 내용을 앞에서 3장의 LGWR에서 살펴본 대로 여러 조건에 맞을 때 하드디스크의 파일로 안전하게 저장을 하는 것입니다. Redo log file은 일종의 보험과 비슷한 성격인 것 같습니다. 장애가 생겼을 때 Redo log file의 내용을 보고 복구를 하게 됩니다. 따라서 이 Redo log file 관리를 잘못하게 되면 DB에 장애가 나도 데이터를 복구할 수 없게 되므로 반드시 이번 장에서 Redo log file의 개념과 특징, 운영 및 구성 방법 등을 완벽하게 숙지하기 바랍니다. 새로운 용어와 어려운 개념들이 많이 등장하니까 한 번 읽어서 이해 안 되면 천천히 몇 번이고 읽어서라도 꼭 여러분들 것으로 소화를 시켜야 합니다.

다음 그림을 먼저 보도록 하겠습니다.

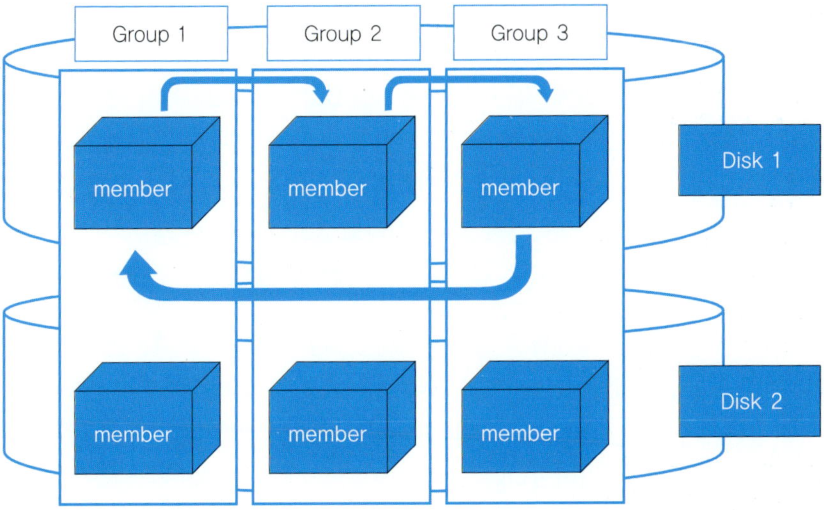

[그림 6-1] Redo log 구성도

Redo log file은 여러 가지 특징을 가지고 있습니다. 주요 특징을 정리해서 살펴보도록 하겠습니다.

Redo log buffer에서 여러 가지 조건(1/3차든지, commit 수행되든지, 1M되든지 등등)이 발생하게 되면 LGWR이 Redo log Buffer에 있는 내용을 Redo log file에 내려쓰고 내려쓴 내용은 Redo log buffer에서 지우게 됩니다.

리두 로그 파일은 그룹과 멤버라는 개념으로 다중화되는데 오라클 6 버전에서는 그룹이란 개념이 없어서 리두 로그 파일에 장애가 생기면 데이터가 손상되었고 DB에 심각한 장애가 발생했습니다. 그래서 오라클 7 버전 이후부터는 그룹이란 개념이 등장해서 지금 11g까지 쭉 이어져 오고 있습니다.

위 그림을 보면 그룹이 3개가 있고 각각의 그룹에는 member가 2개씩 존재하는 것을 알 수 있습니다. 같은 그룹일 경우 member들은 같은 내용을 담고 있어서 만약 하나의 member가 삭제되든지 장애가 발생해도 다른 member가 하나 더 존재하기 때문에 데이터는 안전하게 지켜질 수 있는 것입니다.

사람도 공부하면서 노트에 필기하다가 그 페이지가 다 되면 다음 페이지로 넘어가듯이 오라클에서도 LGWR이 Redo log buffer의 내용을 노트에 해당하는 1번 리두 로그 파일 그룹에 내려쓰다가 해당 파일이 가득차게 되면 다음 그룹으로 자동으로 넘어가게 됩니다. 이 과정을 오라클에서는 log switch 라고 부르고 log switch가 발생하게 되면 checkpoint 신호가 발생되게 됩니다. 그렇게 되면 DBWR이 해당 로그 파일에 있는 내용 중 DB Buffer Cache에서 데이터 파일로 저장되지 못한 변경사항들을 내려쓰게 됩니다. 그리고 이때 CKPT 백그라운드 프로세스가 이 정보들을 데이터 파일과 컨트롤 파일에 반영을 시키게 됩니다. 그리고 2번 그룹도 다 차게 되면 역시 같은 원리로 3번 그룹으로 넘어가게 되고 log switch가 발생하게 됩니다. 계속 같은 원리로 작동되어 Redo log file은 순환해서 사용하게 되는 것입니다.

여기서 log switch가 일어나는 그룹의 순서는 오라클이 라운드로빈 방식으로 알아서 결정하게 됩니다. 즉 반드시 1번 그룹 다음에 2번 그룹이고 그 다음에 3번 그룹이 아닐 수도 있다는 의미입니다.

참고로 오라클에서 최소 그룹 수는 2개이며 그룹당 최소 멤버 수는 1개이지만 실제 운영상에서는 최소 3개의 그룹과 멤버도 최소 그룹당 2개 이상은 있어야 안정적으로 오라클을 운영할 수 있습니다. 내용이 좀 복잡하지만 반드시 원리를 이해하여야 합니다.

같은 그룹 안의 멤버는 다른 멤버와 크기와 가지고 있는 내용이 동일합니다. LGWR은 리두 로그 파일의 그룹에 멤버가 여러 개일 경우 병렬로 동시에 같은 내용을 기록하게 됩니다. 그러나 만약 같은 디스크에 있으면 직렬로 기록하게 됩니다. 직렬이란 하나 기록하고 끝나면 하나 기록한다는 의미입니다.

그런데 만약 병렬쓰기 도중에 로그 파일이 삭제되었다든지 블록에 문제가 생겼다든지 해서 문제가 발생할 경우에는 LGWR은 각 오픈 로그 멤버의 상태를 조사해서 어떤 파일이 에러가 발생되는지 알아냅니다. 그리고 그 장애 난 멤버는 control file 안에서 STALE라는 상태로 기록이 됩니다. 그리고 LGWR은 백그라운드 trace file에 ORA-00346 에러를 기록하게 됩니다. STALE라는 상태는 해당 로그 파일이 문제가 있다는 것을 의미합니다. 만약 LGWR이 하나의 로그 파일에서 4개 이상의 에러를 만나게 되면 로그 파일을 닫고 더 이상 그 파일에 내용을 기록하지 않게 됩니다. 만약 LGWR이 어떤 로그 파일에도 내용을 기록할 수 없다면 ORA-00340 에러를 발생시키고 shutdown abort로 강제 종료되고 startup 이 되지 않습니다.

6.2 Redo log file 관리방법 익히기

명령어부터 먼저 정리하겠습니다.

1. 신규 그룹 생성하기(여기서는 신규 그룹을 4번으로 하겠습니다)
```
SQL> alter database add logfile group  4
2  '/home/oracle/oradata/testdb/redo04_a.log'  size  5M ;
```

2. Member 추가하기
```
SQL> alter database add logfile member
 2  '/home/oracle/oradata/testdb/redo04_b.log'  to group 4 ;
```

3. member 삭제하기
```
SQL> alter database drop logfile member
 2   '/home/oracle/oradata/testdb/redo04_b.log' ;
```

4. 그룹 삭제하기
```
SQL> alter database drop logfile group 4 ;
```

5. 강제로 log switch 발생시키기
```
SQL> alter system switch logfile ;
```

6. 강제로 checkpoint 발생시키기
```
SQ> alter system checkpoint ;
```

여기서 위의 3번과 4번 과정을 수행해도 실제로 해당 파일은 지워지지 않습니다. 3번과 4번 명령어는 단지 control file 안에 있는 해당 그룹과 멤버의 정보만 지울 뿐 실제 파일은 지우지 못합니다. 따라서 위 명령어들을 수행하고 난 뒤 반드시 DBA가 직접 OS 명령어로 해당 파일을 지워야 합니다. 이때 다른 그룹이나 멤버를 지우지 않도록 각별히 조심해야 합니다.

그리고 redo log file의 상태를 나타내는 것이 CURRENT / ACTIVE / INACTIVE 이렇게 3가지가 있습니다. 만약 DBA가 어떤 필요에 의해서 redo log file을 삭제하고 싶다면 반드시 INACTIVE 상태로 만들고 위 3번과 4번의 명령어로 삭제를 수행해야 합니다. 여기서 주의사항은 Redo Log를 삭제할 때 절대 OS 명령어로 먼저 삭제하면 안 된다는 것입니다.

그럼 이 3가지 상태가 어떤 의미인지 그림을 통해 살펴보도록 하겠습니다.

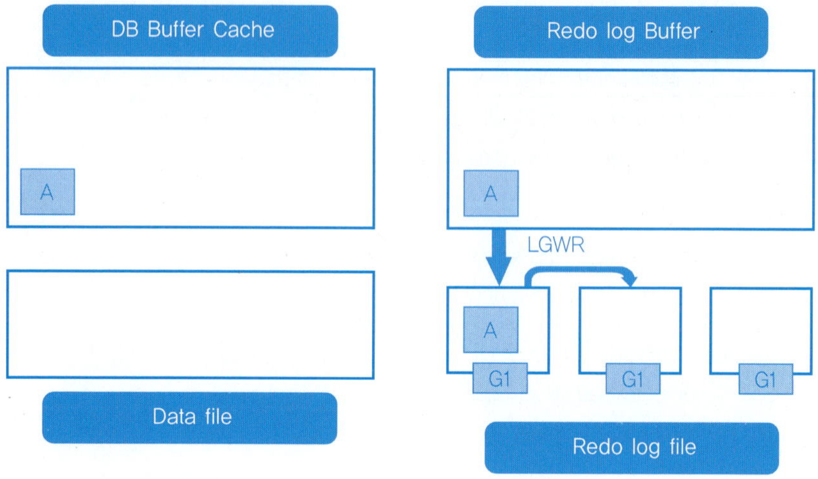

[그림 6-2] Redo log 상태

위 그림에서 만약 scott 사용자가 A라는 데이터를 입력했다고 가정하고 설명해보겠습니다. A를 입력하면 Redo log buffer에 먼저 기록되고 DB Buffer Cache에 반영된다는 것 기억나죠? 그리고 A 사용자가 commit을 수행하면 LGWR이 리두로그 파일에 A를 SCN과 함께 저장합니다.

그리고 log switch가 발생한다고 가정하겠습니다. 그러면 checkpoint 신호가 발생하게 되고 DBWR이 DB Buffer Cache에 있던 A라는 내용을 data file로 저장합니다.

Redo log의 상태 중 Current란 LGWR이 현재 내려쓰고 있는 로그 파일을 의미합니다. 위 그림에서는 G1이 되겠지요. 그렇게 운영되다가 log switch가 발생하면 LGWR은 G2에 내용을 내려쓰게 되고 그렇게 되면 Current가 G2로 변경됩니다.

그리고 G1 그룹은 Current였다가 Active가 되는데 Active란 리두 로그 파일에 있는 내용(여기에서는 A)이 아직 데이터 파일에 저장이 되지 못한 상태를 의미하며 이 파일에 장애가 나면 나중에 장애가 났을 때 복구를 못하기 때문에 절대 삭제를 못하게 합니다. 그러다가 A가 데이터 파일에 다 저장되면 그때 상태가 INACTIVE가 되는 것입니다. INACTIVE 상태라면 해당 로그 그룹에 있는 데이터가 DB Buffer Cache에서 전부 데이터 파일로 다 저장되었다는 것을 의미하기 때문에 redo log file을 지울 수 있습니다. 여기서 삭제란 Oracle에서 Redo log 관리 명령어로 삭제함을 의미합니다. 삭제가 필요할 경우 반드시 oracle 명령어로 삭제해야 합니다.

정리하면 Redo log file의 상태는 현재 사용 중임을 의미하는 Current와 사용 중은 아니지만 아직 변경내용이 데이터 파일에 저장이 안된 Active, 그리고 변경내용이 다 저장되었다는 Inactive로 나눌 수 있고 오직 inactive 상태일 때만 삭제할 수 있습니다. 만약 어떤 redo log 그룹을 삭제하고 싶다면 우선 해당 그룹의 상태가 Inactive인지 확인 후 만약 Current 상태였다면 먼저 Active 상태로 변경하고(alter system switch logfile ;) 그 후에 Active 상태를 Inactive 상태로 변경하여(alter system checkpoint ;) 삭제하여야만 합니다.

실무 실습 ❻ Redo log file 관리하기

```
[oracle@localhost ~]$ sqlplus / as sysdba;
SQL*Plus: Release 10.2.0.4.0 - Production on Wed Feb 24 14:22:22 2010
Copyright (c) 1982, 2007, Oracle.  All Rights Reserved.
Connected to:
Oracle Database 10g Enterprise Edition Release 10.2.0.4.0 - Production
With the Partitioning, OLAP, Data Mining and Real Application Testing
options

## 단계 1: 현재 상태 확인하기

SQL> set line 200
SQL> col a.group# for 999
SQL> col member for a50

SQL> select  a.group# , a.member, b.bytes/1024/1024 MB , b.archived ,
b.status
  2  from  v$logfile a , v$log b
  3  where  a.group#=b.group#
```

```
4  order by  1,2 ;

GROUP# MEMBER                                          MB  ARCHIV  STATUS
------ ------------------------------------------ --- ------- --------
     1 /home/oracle/oradata/testdb/redo01.log           50    NO    CURRENT
     2 /home/oracle/oradata/testdb/redo02.log           50    NO    INACTIVE
     3 /home/oracle/oradata/testdb/redo03.log           50    NO    INACTIVE
```

단계 2: 신규 그룹(4번 그룹) / 멤버 추가하기

```
SQL> alter database add logfile group 4
  2  '/home/oracle/oradata/testdb/redo04_a.log'  size  10M;
Database altered.

SQL> select a.group#, a.member, b.bytes/1024/1024 MB, b.archived, b.status
  2  from v$logfile a , v$log b
  3  where a.group#=b.group#
  4  order by 1,2 ;

GROUP# MEMBER                                          MB  ARCHIV  STATUS
------ ------------------------------------------ --- ------- --------
     1 /home/oracle/oradata/testdb/redo01.log           50  NO      CURRENT
     2 /home/oracle/oradata/testdb/redo02.log           50  NO      INACTIVE
     3 /home/oracle/oradata/testdb/redo03.log           50  NO      INACTIVE
     4 /home/oracle/oradata/testdb/redo04_a.log         10  YES     UNUSED

SQL> alter database add logfile member
  2  '/home/oracle/oradata/testdb/redo04_b.log' to group 4 ;
Database altered.

SQL> select a.group#, a.member, b.bytes/1024/1024 MB, b.archived, b.status
  2  from v$logfile a , v$log b
  3  where a.group#=b.group#
  4  order by 1,2 ;

GROUP# MEMBER                                          MB  ARCHIV  STATUS
------ ------------------------------------------ --- ------- --------
     1 /home/oracle/oradata/testdb/redo01.log           50    NO    CURRENT
     2 /home/oracle/oradata/testdb/redo02.log           50    NO    INACTIVE
```

```
      3  /home/oracle/oradata/testdb/redo03.log          50   NO    INACTIVE
      4  /home/oracle/oradata/testdb/redo04_a.log        10   YES   UNUSED
      4  /home/oracle/oradata/testdb/redo04_b.log        10   YES   UNUSED

SQL> alter system switch logfile;
System altered.

SQL> select a.group#, a.member, b.bytes/1024/1024 MB, b.archived, b.status
  2  from v$logfile a , v$log b
  3  where a.group#=b.group#
  4  order by 1,2 ;

GROUP#  MEMBER                                           MB  ARCHIV   STATUS
------  ------------------------------------------   ----  -------  --------
     1  /home/oracle/oradata/testdb/redo01.log          50   NO        ACTIVE
     2  /home/oracle/oradata/testdb/redo02.log          50   NO      INACTIVE
     3  /home/oracle/oradata/testdb/redo03.log          50   NO      INACTIVE
     4  /home/oracle/oradata/testdb/redo04_a.log        10   NO       CURRENT
     4  /home/oracle/oradata/testdb/redo04_b.log        10   NO       CURRENT
```

단계 3: 기존 멤버 삭제 / 그룹 삭제하기 – 여기선 4번 그룹을 삭제하려 합니다.

```
SQL> select a.group# , a.member , b.bytes/1024/1024 MB , b.archived , b.status
  2  from v$logfile a , v$log b
  3  where a.group#=b.group#
  4  order by 1,2 ;

GROUP#  MEMBER                                          MB  ARCHIV    STATUS
------  ------------------------------------------   ---  -------  --------
     1  /home/oracle/oradata/testdb/redo01.log          50   NO        ACTIVE
     2  /home/oracle/oradata/testdb/redo02.log          50   NO      INACTIVE
     3  /home/oracle/oradata/testdb/redo03.log          50   NO      INACTIVE
     4  /home/oracle/oradata/testdb/redo04_a.log        10   NO       CURRENT
     4  /home/oracle/oradata/testdb/redo04_b.log        10   NO       CURRENT

SQL> alter system switch logfile;
System altered.

SQL> select  a.group#, a.member, b.bytes/1024/1024 MB, b.archived, b.status
```

```
  2  from  v$logfile a , v$log b
  3  where  a.group#=b.group#
  4  order by 1,2 ;

GROUP#  MEMBER                                      MB   ARCHIV   STATUS
------  ------------------------------------------  ---  -------  --------
     1  /home/oracle/oradata/testdb/redo01.log       50    NO       ACTIVE
     2  /home/oracle/oradata/testdb/redo02.log       50    NO      CURRENT
     3  /home/oracle/oradata/testdb/redo03.log       50    NO     INACTIVE
     4  /home/oracle/oradata/testdb/redo04_a.log     10    NO       ACTIVE
     4  /home/oracle/oradata/testdb/redo04_b.log     10    NO       ACTIVE

SQL> alter system checkpoint;

System altered.

SQL>  select a.group#,a.member,b.bytes/1024/1024 MB, b.archived, b.status
  2   from v$logfile a , v$log b
  3   where a.group#=b.group#
  4   order by 1,2 ;

GROUP#  MEMBER                                      MB   ARCHIV   STATUS
------  ------------------------------------------  ---  -------  --------
     1  /home/oracle/oradata/testdb/redo01.log       50    NO     INACTIVE
     2  /home/oracle/oradata/testdb/redo02.log       50    NO      CURRENT
     3  /home/oracle/oradata/testdb/redo03.log       50    NO     INACTIVE
     4  /home/oracle/oradata/testdb/redo04_a.log     10    NO     INACTIVE
     4  /home/oracle/oradata/testdb/redo04_b.log     10    NO     INACTIVE

SQL> alter database drop logfile member '/home/oracle/oradata/testdb/redo04_b.log';

Database altered.

SQL> !ls /home/oracle/oradata/testdb/redo04_b.log
/home/oracle/oradata/testdb/redo04_b.log  ❶

SQL> !rm -fr /home/oracle/oradata/testdb/redo04_b.log  ❷

SQL> !ls /home/oracle/oradata/testdb/redo04_b.log
```

❶ 위에서 삭제했지만 여전히 파일이 남아 있음.
❷ 수동으로 삭제해 줘야 함.

```
ls: /home/oracle/oradata/testdb/redo04_b.log: No such file or directory

SQL> select a.group#, a.member, b.bytes/1024/1024 MB, b.archived, b.status
  2   from v$logfile a , v$log b
  3   where a.group#=b.group#
  4   order by 1,2 ;

GROUP#  MEMBER                                       MB   ARCHIV  STATUS
------  -------------------------------------------  ---  ------- --------
     1  /home/oracle/oradata/testdb/redo01.log        50     NO   INACTIVE
     2  /home/oracle/oradata/testdb/redo02.log        50     NO    CURRENT
     3  /home/oracle/oradata/testdb/redo03.log        50     NO   INACTIVE
     4  /home/oracle/oradata/testdb/redo04_a.log      10     NO   INACTIVE

SQL> alter database drop logfile member '/home/oracle/oradata/testdb/redo04_a.log';
alter database drop logfile member '/home/oracle/oradata/testdb/redo04_a.log'
*
ERROR at line 1:
ORA-00361: cannot remove last log member /home/oracle/oradata/testdb/redo04_a.log for
group 4 ❸
SQL> alter database drop logfile group 4;
Database altered.

SQL> select a.group#, a.member, b.bytes/1024/1024 MB, b.archived, b.status
  2   from v$logfile a , v$log b
  3   where a.group#=b.group#
  4   order by 1,2 ;

GROUP#  MEMBER                                       MB   ARCHIV  STATUS
------  -------------------------------------------  ---  ------- --------
     1  /home/oracle/oradata/testdb/redo01.log        50     NO   INACTIVE
     2  /home/oracle/oradata/testdb/redo02.log        50     NO    CURRENT
     3  /home/oracle/oradata/testdb/redo03.log        50     NO   INACTIVE

SQL> !ls /home/oracle/oradata/testdb/redo04_a.log
/home/oracle/oradata/testdb/redo04_a.log ❹

SQL> !rm-fr /home/oracle/oradata/testdb/redo04_a.log ❺
```

❸ 그룹에 member가 1개일 경우 member는 삭제가 안되며 그룹을 지워야 합니다.

❹ 지웠지만 여전히 파일이 남아 있음.
❺ 수동으로 삭제 해 줌

```
SQL> !ls /home/oracle/oradata/testdb/redo04_a.log
ls: /home/oracle/oradata/testdb/redo04_a.log: No such file or directory
```

연습 문제 ❷ Redo log file 관리 I

모든 redo log file을 /home/oracle/disk1/로 이동하세요.
방법은 기존 로그를 전부 지우고 위 경로에 새로 만들면 됩니다.
그룹번호는 1, 2, 3으로 3개의 그룹을 만들고 각 멤버는 1개씩, 크기는 각 5M입니다.

연습 문제 ❸ Redo log file 관리 II

/home/oracle/disk1/redo01_a.log, redo02_a.log, redo03_a.log
/home/oracle/disk2/redo01_b.log, redo02_b.log, redo03_b.log
가 되도록 변경해 보세요.

연습 문제 ❹ Control file과 Redo log file 관리하기

/home/oracle/disk3/control01.ctl, redo01_a.log, redo02_a.log, redo03_a.log
/home/oracle/disk4/control02.ctl, redo01_b.log, redo02_b.log, redo03_b.log
/home/oracle/disk5/control03.ctl, redo01_c.log, redo02_c.log, redo03_c.log

위와 같이 되도록 만들어 보세요.

6.3 Redo log flie의 내용을 dump로 직접 확인해 보기

여기까지 redo log file의 내용을 전체적으로 살펴보았고 이젠 redo log file 안에 어떤 내용이 들어가는지 살펴보도록 하겠습니다.

```
[oracle@localhost ~]$ sqlplus / as sysdba;

SQL*Plus: Release 10.2.0.4.0 - Production on Wed Feb 24 13:53:03 2010

Copyright (c) 1982, 2007, Oracle.  All Rights Reserved.


Connected to:
Oracle Database 10g Enterprise Edition Release 10.2.0.4.0 - Production
With the Partitioning, OLAP, Data Mining and Real Application Testing
options

SQL> alter session set events 'immediate trace name REDOHDR level 10';

Session altered.

SQL> oradebug setmypid;
Statement processed.
SQL>
SQL> oradebug dump redohdr 10;
Statement processed.

SQL>!
[oracle@localhost ~]$ cd  /home/oracle/admin/testdb/udump/
[oracle@localhost udump]$ ls
testdb_ora_21970.trc  ❻
[oracle@localhost udump]$ vi testdb_ora_21970.trc

/home/oracle/admin/testdb/udump/testdb_ora_21970.trc
Oracle Database 10g Enterprise Edition Release 10.2.0.4.0 - Production
With the Partitioning, OLAP, Data Mining and Real Application Testing options
ORACLE_HOME = /home/oracle/product/10g
System name:  Linux
Node name:    localhost.localdomain
Release:      2.6.18-164.el5
Version:      #1 SMP Thu Sep 3 03:33:56 EDT 2009
```

❻ 덤프 파일이 생성되었습니다.

```
Machine:      i686
Instance name: testdb
Redo thread mounted by this instance: 1
Oracle process number: 15
Unix process pid: 21970, image: oracle@localhost.localdomain (TNS V1-V3)

*** ACTION NAME:() 2010-02-24 13:53:10.888
*** MODULE NAME:(sqlplus@localhost.localdomain (TNS V1-V3)) 2010-02-24 13:53:10.888
*** SERVICE NAME:(SYS$USERS) 2010-02-24 13:53:10.888
*** SESSION ID:(159.5) 2010-02-24 13:53:10.888
DUMP OF LOG FILES: 3 logs in database
LOG FILE #1:
  (name #3) /home/oracle/oradata/testdb/redo01.log
 Thread 1 redo log links: forward: 2 backward: 0
 siz: 0x19000 seq: 0x00000001 hws: 0xe bsz: 512 nab: 0x186d9 flg: 0x0 dup: 1
 Archive links: fwrd: 0 back: 0 Prev scn: 0x0000.00000000
 Low scn: 0x0000.000716f7 02/23/2010 22:59:00
 Next scn: 0x0000.000785c0 02/23/2010 23:01:02
 FILE HEADER:
     Compatibility Vsn = 169870080=0xa200300
     Db ID=2495087664=0x94b80430, Db Name='TESTDB'
     Activation ID=2495094064=0x94b81d30
     Control Seq=443=0x1bb, File size=102400=0x19000
     File Number=1, Blksiz=512, File Type=2 LOG
 descrip:"Thread 0001, Seq# 0000000001, SCN 0x0000000716f7-0x0000000785c0"
 thread: 1 nab: 0x186d9 seq: 0x00000001 hws: 0xe eot: 0 dis: 0
 reset logs count: 0x2a6c96b4 scn: 0x0000.000716f7
 Low scn: 0x0000.000716f7 02/23/2010 22:59:00
 Next scn: 0x0000.000785c0 02/23/2010 23:01:02
 Enabled scn: 0x0000.000716f7 02/23/2010 22:59:00
 Thread closed scn: 0x0000.00077ea5 02/23/2010 23:00:40
 Disk cksum: 0x19bb Calc cksum: 0x19bb
 Terminal Recovery Stop scn: 0x0000.00000000
 Terminal Recovery Stamp  01/01/1988 00:00:00
 Most recent redo scn: 0x0000.00000000
 Largest LWN: 4635 blocks
 Miscellaneous flags: 0x0
 Thread internal enable indicator: thr: 0, seq: 0 scn: 0x0000.00000000
LOG FILE #2:
```

```
 (name #2) /home/oracle/oradata/testdb/redo02.log
Thread 1 redo log links: forward: 3 backward: 1
siz: 0x19000 seq: 0x00000002 hws: 0xb bsz: 512 nab: 0x18ef9 flg: 0x0 dup: 1
Archive links: fwrd: 0 back: 0 Prev scn: 0x0000.000716f7
Low scn: 0x0000.000785c0 02/23/2010 23:01:02
Next scn: 0x0000.0007ad9f 02/24/2010 02:01:36
FILE HEADER:
    Compatibility Vsn = 169870080=0xa200300
    Db ID=2495087664=0x94b80430, Db Name='TESTDB'
    Activation ID=2495094064=0x94b81d30
    Control Seq=443=0x1bb, File size=102400=0x19000
    File Number=2, Blksiz=512, File Type=2 LOG
descrip:"Thread 0001, Seq# 0000000002, SCN 0x0000000785c0-0x00000007ad9f"
thread: 1 nab: 0x18ef9 seq: 0x00000002 hws: 0xb eot: 0 dis: 0
reset logs count: 0x2a6c96b4 scn: 0x0000.000716f7
Low scn: 0x0000.000785c0 02/23/2010 23:01:02
Next scn: 0x0000.0007ad9f 02/24/2010 02:01:36
Enabled scn: 0x0000.000716f7 02/23/2010 22:59:00
Thread closed scn: 0x0000.00079ae1 02/23/2010 23:01:28
Disk cksum: 0x2e8 Calc cksum: 0x2e8
Terminal Recovery Stop scn: 0x0000.00000000
Terminal Recovery Stamp  01/01/1988 00:00:00
Most recent redo scn: 0x0000.00000000
Largest LWN: 3374 blocks
Miscellaneous flags: 0x0
Thread internal enable indicator: thr: 0, seq: 0 scn: 0x0000.00000000

LOG FILE #3:
 (name #1) /home/oracle/oradata/testdb/redo03.log
Thread 1 redo log links: forward: 0 backward: 2
siz: 0x19000 seq: 0x00000003 hws: 0x13 bsz: 512 nab: 0xffffffff flg: 0x8 dup: 1
Archive links: fwrd: 0 back: 0 Prev scn: 0x0000.000785c0
Low scn: 0x0000.0007ad9f 02/24/2010 02:01:36
Next scn: 0xffff.ffffffff 01/01/1988 00:00:00
FILE HEADER:
    Compatibility Vsn = 169870080=0xa200300
    Db ID=2495087664=0x94b80430, Db Name='TESTDB'
    Activation ID=2495094064=0x94b81d30
    Control Seq=443=0x1bb, File size=102400=0x19000
```

```
    File Number=3, Blksiz=512, File Type=2 LOG
descrip:"Thread 0001, Seq# 0000000003, SCN 0x00000007ad9f-0xffffffffffff"
thread: 1 nab: 0xffffffff seq: 0x00000003 hws: 0x13 eot: 1 dis: 0
reset logs count: 0x2a6c96b4 scn: 0x0000.000716f7
Low scn: 0x0000.0007ad9f 02/24/2010 02:01:36
Next scn: 0xffff.ffffffff 01/01/1988 00:00:00
Enabled scn: 0x0000.000716f7 02/23/2010 22:59:00
Thread closed scn: 0x0000.0007e435 02/24/2010 12:06:01
Disk cksum: 0xbeef Calc cksum: 0xbeef
Terminal Recovery Stop scn: 0x0000.00000000
Terminal Recovery Stamp  01/01/1988 00:00:00
Most recent redo scn: 0x0000.00000000
Largest LWN: 0 blocks
Miscellaneous flags: 0x0
Thread internal enable indicator: thr: 0, seq: 0 scn: 0x0000.00000000
```

같은 서버에서 로그 스위치 발생 후 다시 덤프를 수행해서 비교해보겠습니다.

```
/home/oracle/admin/testdb/udump/testdb_ora_22066.trc
Oracle Database 10g Enterprise Edition Release 10.2.0.4.0 - Production
With the Partitioning, OLAP, Data Mining and Real Application Testing options
ORACLE_HOME = /home/oracle/product/10g
System name:  Linux
Node name:    localhost.localdomain
Release:      2.6.18-164.el5
Version:      #1 SMP Thu Sep 3 03:33:56 EDT 2009
Machine:      i686
Instance name: testdb
Redo thread mounted by this instance: 1
Oracle process number: 15
Unix process pid: 22066, image: oracle@localhost.localdomain (TNS V1-V3)

*** ACTION NAME:() 2010-02-24 14:02:14.157
*** MODULE NAME:(sqlplus@localhost.localdomain (TNS V1-V3)) 2010-02-24 14:02:14.157
*** SERVICE NAME:(SYS$USERS) 2010-02-24 14:02:14.157
*** SESSION ID:(159.7) 2010-02-24 14:02:14.157
DUMP OF LOG FILES: 3 logs in database

LOG FILE #1:
```

```
  (name #3) /home/oracle/oradata/testdb/redo01.log
 Thread 1 redo log links: forward: 2 backward: 0
 siz: 0x19000 seq: 0x00000004 hws: 0x1 bsz: 512 nab: 0xffffffff flg: 0x8 dup: 1
 Archive links: fwrd: 0 back: 0 Prev scn: 0x0000.0007ad9f
 Low scn: 0x0000.0007edfc 02/24/2010 14:01:16
 Next scn: 0xffff.ffffffff 01/01/1988 00:00:00
 FILE HEADER:
     Compatibility Vsn = 169870080=0xa200300
     Db ID=2495087664=0x94b80430, Db Name='TESTDB'
     Activation ID=2495094064=0x94b81d30
     Control Seq=447=0x1bf, File size=102400=0x19000
     File Number=1, Blksiz=512, File Type=2 LOG
 descrip:"Thread 0001, Seq# 0000000004, SCN 0x00000007edfc-0xffffffffffff"
 thread: 1 nab: 0xffffffff seq: 0x00000004 hws: 0x1 eot: 1 dis: 0
 reset logs count: 0x2a6c96b4 scn: 0x0000.000716f7
 Low scn: 0x0000.0007edfc 02/24/2010 14:01:16
 Next scn: 0xffff.ffffffff 01/01/1988 00:00:00
 Enabled scn: 0x0000.000716f7 02/23/2010 22:59:00
 Thread closed scn: 0x0000.0007edfc 02/24/2010 14:01:16
 Disk cksum: 0x7ba5 Calc cksum: 0x7ba5
 Terminal Recovery Stop scn: 0x0000.00000000
 Terminal Recovery Stamp  01/01/1988 00:00:00
 Most recent redo scn: 0x0000.00000000
 Largest LWN: 0 blocks
 Miscellaneous flags: 0x0
 Thread internal enable indicator: thr: 0, seq: 0 scn: 0x0000.00000000
LOG FILE #2:
  (name #2) /home/oracle/oradata/testdb/redo02.log
 Thread 1 redo log links: forward: 3 backward: 1
 siz: 0x19000 seq: 0x00000002 hws: 0xb bsz: 512 nab: 0x18ef9 flg: 0x0 dup: 1
 Archive links: fwrd: 0 back: 0 Prev scn: 0x0000.000716f7
 Low scn: 0x0000.000785c0 02/23/2010 23:01:02
 Next scn: 0x0000.0007ad9f 02/24/2010 02:01:36
 FILE HEADER:
     Compatibility Vsn = 169870080=0xa200300
     Db ID=2495087664=0x94b80430, Db Name='TESTDB'
     Activation ID=2495094064=0x94b81d30
     Control Seq=443=0x1bb, File size=102400=0x19000
     File Number=2, Blksiz=512, File Type=2 LOG
```

```
descrip:"Thread 0001, Seq# 0000000002, SCN 0x0000000785c0-0x00000007ad9f"
thread: 1 nab: 0x18ef9 seq: 0x00000002 hws: 0xb eot: 0 dis: 0
reset logs count: 0x2a6c96b4 scn: 0x0000.000716f7
Low scn: 0x0000.000785c0 02/23/2010 23:01:02
Next scn: 0x0000.0007ad9f 02/24/2010 02:01:36
Enabled scn: 0x0000.000716f7 02/23/2010 22:59:00
Thread closed scn: 0x0000.00079ae1 02/23/2010 23:01:28
Disk cksum: 0x2e8 Calc cksum: 0x2e8
Terminal Recovery Stop scn: 0x0000.00000000
Terminal Recovery Stamp  01/01/1988 00:00:00
Most recent redo scn: 0x0000.00000000
Largest LWN: 3374 blocks
Miscellaneous flags: 0x0
Thread internal enable indicator: thr: 0, seq: 0 scn: 0x0000.00000000
LOG FILE #3:
 (name #1) /home/oracle/oradata/testdb/redo03.log
Thread 1 redo log links: forward: 0 backward: 2
siz: 0x19000 seq: 0x00000003 hws: 0x14 bsz: 512 nab: 0x67f3 flg: 0x0 dup: 1
Archive links: fwrd: 0 back: 0 Prev scn: 0x0000.000785c0
Low scn: 0x0000.0007ad9f 02/24/2010 02:01:36
Next scn: 0x0000.0007edfc 02/24/2010 14:01:16
FILE HEADER:
    Compatibility Vsn = 169870080=0xa200300
    Db ID=2495087664=0x94b80430, Db Name='TESTDB'
    Activation ID=2495094064=0x94b81d30
    Control Seq=447=0x1bf, File size=102400=0x19000
    File Number=3, Blksiz=512, File Type=2 LOG
descrip:"Thread 0001, Seq# 0000000003, SCN 0x00000007ad9f-0x00000007edfc"
thread: 1 nab: 0x67f3 seq: 0x00000003 hws: 0x14 eot: 0 dis: 0
reset logs count: 0x2a6c96b4 scn: 0x0000.000716f7
Low scn: 0x0000.0007ad9f 02/24/2010 02:01:36
Next scn: 0x0000.0007edfc 02/24/2010 14:01:16
Enabled scn: 0x0000.000716f7 02/23/2010 22:59:00
Thread closed scn: 0x0000.0007e435 02/24/2010 12:06:01
Disk cksum: 0x8f09 Calc cksum: 0x8f09
Terminal Recovery Stop scn: 0x0000.00000000
Terminal Recovery Stamp  01/01/1988 00:00:00
Most recent redo scn: 0x0000.00000000
Largest LWN: 1874 blocks
```

```
 Miscellaneous flags: 0x0
 Thread internal enable indicator: thr: 0, seq: 0 scn: 0x0000.00000000
*** 2010-02-24 14:02:30.567
DUMP OF LOG FILES: 3 logs in database
LOG FILE #1:
  (name #3) /home/oracle/oradata/testdb/redo01.log
 Thread 1 redo log links: forward: 2 backward: 0
 siz: 0x19000 seq: 0x00000004 hws: 0x1 bsz: 512 nab: 0xffffffff flg: 0x8 dup: 1
 Archive links: fwrd: 0 back: 0 Prev scn: 0x0000.0007ad9f
 Low scn: 0x0000.0007edfc 02/24/2010 14:01:16
 Next scn: 0xffff.ffffffff 01/01/1988 00:00:00
 FILE HEADER:
     Compatibility Vsn = 169870080=0xa200300
     Db ID=2495087664=0x94b80430, Db Name='TESTDB'
     Activation ID=2495094064=0x94b81d30
     Control Seq=447=0x1bf, File size=102400=0x19000
     File Number=1, Blksiz=512, File Type=2 LOG
 descrip:"Thread 0001, Seq# 0000000004, SCN 0x00000007edfc-0xffffffffffff"
 thread: 1 nab: 0xffffffff seq: 0x00000004 hws: 0x1 eot: 1 dis: 0
 reset logs count: 0x2a6c96b4 scn: 0x0000.000716f7
 Low scn: 0x0000.0007edfc 02/24/2010 14:01:16
 Next scn: 0xffff.ffffffff 01/01/1988 00:00:00
 Enabled scn: 0x0000.000716f7 02/23/2010 22:59:00
 Thread closed scn: 0x0000.0007edfc 02/24/2010 14:01:16
 Disk cksum: 0x7ba5 Calc cksum: 0x7ba5
 Terminal Recovery Stop scn: 0x0000.00000000
 Terminal Recovery Stamp  01/01/1988 00:00:00
 Most recent redo scn: 0x0000.00000000
 Largest LWN: 0 blocks
 Miscellaneous flags: 0x0
 Thread internal enable indicator: thr: 0, seq: 0 scn: 0x0000.00000000
LOG FILE #2:
  (name #2) /home/oracle/oradata/testdb/redo02.log
 Thread 1 redo log links: forward: 3 backward: 1
 siz: 0x19000 seq: 0x00000002 hws: 0xb bsz: 512 nab: 0x18ef9 flg: 0x0 dup: 1
 Archive links: fwrd: 0 back: 0 Prev scn: 0x0000.000716f7
 Low scn: 0x0000.000785c0 02/23/2010 23:01:02
 Next scn: 0x0000.0007ad9f 02/24/2010 02:01:36
 FILE HEADER:
```

```
    Compatibility Vsn = 169870080=0xa200300
    Db ID=2495087664=0x94b80430, Db Name='TESTDB'
    Activation ID=2495094064=0x94b81d30
    Control Seq=443=0x1bb, File size=102400=0x19000
    File Number=2, Blksiz=512, File Type=2 LOG
descrip:"Thread 0001, Seq# 0000000002, SCN 0x0000000785c0-0x00000007ad9f"
thread: 1 nab: 0x18ef9 seq: 0x00000002 hws: 0xb eot: 0 dis: 0
reset logs count: 0x2a6c96b4 scn: 0x0000.000716f7
Low scn: 0x0000.000785c0 02/23/2010 23:01:02
Next scn: 0x0000.0007ad9f 02/24/2010 02:01:36
Enabled scn: 0x0000.000716f7 02/23/2010 22:59:00
Thread closed scn: 0x0000.00079ae1 02/23/2010 23:01:28
Disk cksum: 0x2e8 Calc cksum: 0x2e8
Terminal Recovery Stop scn: 0x0000.00000000
Terminal Recovery Stamp  01/01/1988 00:00:00
Most recent redo scn: 0x0000.00000000
Largest LWN: 3374 blocks
Miscellaneous flags: 0x0
Thread internal enable indicator: thr: 0, seq: 0 scn: 0x0000.00000000
LOG FILE #3:
  (name #1) /home/oracle/oradata/testdb/redo03.log
 Thread 1 redo log links: forward: 0 backward: 2
 siz: 0x19000 seq: 0x00000003 hws: 0x14 bsz: 512 nab: 0x67f3 flg: 0x0 dup: 1
 Archive links: fwrd: 0 back: 0 Prev scn: 0x0000.000785c0
 Low scn: 0x0000.0007ad9f 02/24/2010 02:01:36
 Next scn: 0x0000.0007edfc 02/24/2010 14:01:16
 FILE HEADER:
    Compatibility Vsn = 169870080=0xa200300
    Db ID=2495087664=0x94b80430, Db Name='TESTDB'
    Activation ID=2495094064=0x94b81d30
    Control Seq=447=0x1bf, File size=102400=0x19000
    File Number=3, Blksiz=512, File Type=2 LOG
 descrip:"Thread 0001, Seq# 0000000003, SCN 0x00000007ad9f-0x00000007edfc"
 thread: 1 nab: 0x67f3 seq: 0x00000003 hws: 0x14 eot: 0 dis: 0
 reset logs count: 0x2a6c96b4 scn: 0x0000.000716f7
 Low scn: 0x0000.0007ad9f 02/24/2010 02:01:36
 Next scn: 0x0000.0007edfc 02/24/2010 14:01:16
 Enabled scn: 0x0000.000716f7 02/23/2010 22:59:00
 Thread closed scn: 0x0000.0007e435 02/24/2010 12:06:01
```

```
Disk cksum: 0x8f09 Calc cksum: 0x8f09
Terminal Recovery Stop scn: 0x0000.00000000
Terminal Recovery Stamp  01/01/1988 00:00:00
Most recent redo scn: 0x0000.00000000
Largest LWN: 1874 blocks
Miscellaneous flags: 0x0
Thread internal enable indicator: thr: 0, seq: 0 scn: 0x0000.00000000
```

로그 스위치가 일어나면서 많은 내용이 변경되었음을 확인할 수 있습니다. 내용이 좀 많이 복잡하죠? 여기서 우리가 기억해야 할 건 로그 스위치가 발생하면 LGWR이 로그 파일에 많은 내용을 변경시키고 나중에 복구할 때 이 정보들을 이용해서 복구를 수행한다는 것입니다.

CHAPTER 07

Tablespace와 Data file

07
CHAPTER

Tablespace와 Data file

7.1 개념 잡기

오라클은 데이터를 저장할 때 논리적으로는 테이블 스페이스에 저장하고 물리적으로는 데이터 파일에 저장합니다. 용어가 생소해서 이해하기 힘든 부분이 있지만 다른 예를 들어 쉽게 설명을 해 보겠습니다.

테이블 스페이스는 메모리에 생성되는 가상의 공간입니다. 그리고 데이터 파일은 하드디스크에 생성되어서 데이터를 안전하게 저장시켜 줍니다. 즉 오라클은 메모리인 테이블 스페이스에 필요한 테이블을 적재시켜 놓고 작업을 한 후 안전하게 하드디스크의 데이터 파일에 저장을 하게 되는 것입니다. 테이블 스페이스에는 테이블들이 모여서 관리되고 있습니다.

아래 컴퓨터 매장 그림으로 이 원리를 설명해보겠습니다.

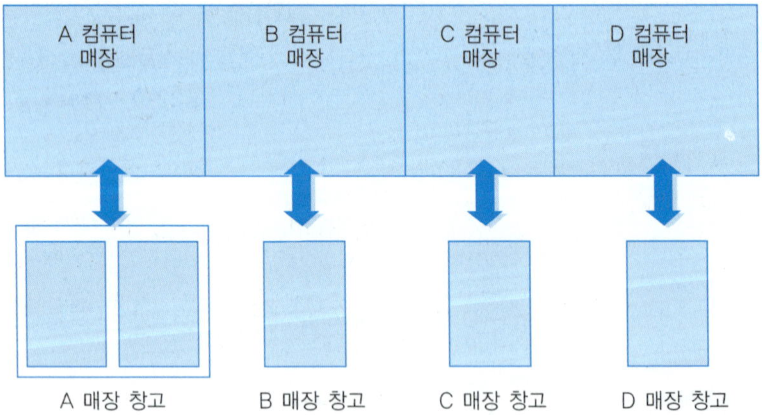

[그림 7-1] 테이블 스페이스와 데이터 파일의 관계

위 그림에서 컴퓨터 매장이 테이블 스페이스이고 창고가 데이터 파일입니다. 예를 들어 손님이 A 컴퓨터 매장에 와서 '사운드카드 있어요?' 라고 select를 수행합니다. 그럼 매장 직원이 우선 매장 안에 그 사운드 카드가 있는지 찾아보겠죠? 그래서 찾으면 그냥 팔면 속도도 빠르고 금방 판매할 수 있지만 만약 매장에 없을 경우에는 손님에게 잠깐 기다리라고 하고 창고로 열심히 달려가서 창고를 뒤지겠죠? 그래서 물건을 가져와서 손님에게 줄 것입니다. 오라클 또한 비슷한 원리로 수행됩니다.

사용자가 SQL을 수행하면 해당 테이블은 반드시 테이블 스페이스에 존재해야 합니다. 만약 존재하지 않으면 서버 프로세스가 창고인 데이터 파일에 가서 해당 테이블이 들어 있는 블록을 테이블 스페이스로 가져와서 사용자가 원하는 데이터를 꺼내서 전달해 줘야 하는 것입니다.

만약에 매장이 무한정 크면 창고는 필요 없겠죠? 모든 물건을 매장에 다 가져다 두고 그 자리에서 팔면 되니까요. 그러나 현실적으로 매장의 임대료가 너무 비싸서 그럴 수 없으니까 많이 팔리는 물건만 매장에 두고 나머지들은 비교적 임대료가 저렴한 창고에 두게 됩니다. 그러다가 손님이 찾는 물건이 매장에 없을 경우에만 창고로 와서 찾아가는 거죠. 오라클도 메모리에 매장처럼 만드는 것이 테이블 스페이스이며 이 테이블 스페이스가 일반적으로 클수록 수행 속도가 빨라지게 됩니다. 그러나 메모리가 비싼 자원이므로 무한정 크게 할 수 없어서 많이 사용하는 테이블만 메모리에 두고 작업하고 많이 안 쓰는 테이블은 창고인 데이터 파일에 저장해 두고 필요할 때마다 호출해서 사용하게 되는 것입니다.

일반적으로는 매장이 클수록(테이블 스페이스가 클수록) 손님이 물건을 빨리 사갈 것입니다. 만약 매장에 없는 물건을 찾는 손님이 있어서 매장에서 기다리게 하고 직원이 창고에 갔는데 창고 정리가 잘 안 되어 있어서 물건 찾는데 1시간이나 걸렸다면 손님은 떠나고 없겠죠? 그래서 어떤 물건이 어디에 있는지 목록을 적어서 관리하면서 손님이 원하는 물건을 최대한 빨리 찾아주기 위해 노력을 하게 됩니다. 그때 필요한 오브젝트가 인덱스라는 거죠. 예를 들어 그래픽카드는 1번 창고의 2번 선반 왼쪽에서 2번째 박스, 사운드카드는 2번 창고의 5번째 선반 오른쪽에서 5번째 박스……. 이런 식으로 정리해 두었다가 손님이 찾게 되면 그 목록을 보고 즉시 찾아서 손님에게 전해주는 역할을 인덱스가 하게 되는 것입니다.

장사가 끝나면(shutdown하면) 매장을 정리해서 옮길 물건은 창고로 옮기고(DB

캐시에 있는 데이터를 파일로 저장하고) 매장 문을 닫게 됩니다.

만약 매장에 물건이 많으면 위 그림의 A 매장처럼 매장은 1개이지만 창고를 여러 개 만들 수 있겠죠? 오라클 용어로 바꾸게 되면 테이블 스페이스는 1개이지만 데이터 파일은 여러 개가 될 수 있다는 말입니다. DBA는 필요할 경우 테이블 스페이스를 생성하고 데이터 파일을 설정하고 또 운영 중에 데이터 파일이 가득 차면 데이터 파일의 용량을 증가시키거나 데이터 파일 자체를 추가한다든지 하는 작업들을 할 수 있어야 합니다. 자세한 사항은 뒤에서 실습으로 익히도록 하겠습니다.

7.2 테이블 스페이스의 종류 및 특징

테이블 스페이스는 몇 가지 종류가 있고 각 종류별로 역할이 다르게 있습니다.

1) SYSTEM tablespace

System tablespace에는 데이터 딕셔너리가 저장되어 있습니다. 따라서 이 테이블 스페이스가 손상될 경우 오라클 서버가 시작이 안 되므로 아주 조심해야 합니다.

2) Sysaux tablespace

이 테이블 스페이스는 오라클 10g 버전부터 새로 등장한 테이블 스페이스입니다. 이곳에는 주로 오라클 서버의 성능 튜닝을 위한 데이터들이 저장되어 있습니다. 10g에 새로 등장한 자동 튜닝 기능들(AWR , ADDM , ASH 등)이 이곳의 정보를 사용하게 됩니다. 이 테이블 스페이스 역시 사람이 생성하거나 삭제하면 안 됩니다.

3) Undo tablespace

사용자가 DML을 수행할 경우 원본 데이터(undo data)들을 저장해 두는 특별한 테이블 스페이스입니다. 이 테이블 스페이스는 사용자가 생성할 수 있고 관리할 수 있습니다.
Undo라는 용어는 오라클 8i 버전까지는 rollback이라는 용어로 사용되었습니다.

(1) Undo tablespace의 특징

1. 오라클 서버 프로세스는 이 테이블 스페이스에 undo segment를 생성하고 기본적으로 각 트랜잭션별로 undo segment를 할당해서 undo data를 관리하며 사용자는 관여할 수 없습니다.
2. Undo tablespace는 인스턴스당 여러 개가 동시에 존재할 수 있지만 사용되어지는 것은 한 번에 1개 뿐입니다.
3. 관리 방법은 자동 모드와 수동 모드가 있으며 9i 버전부터는 Automatic Undo Management 방법을 권장하고 있습니다. (이를 AUM이라고도 합니다)

(2) Undo Tablespace의 사용 목적

1. Transaction Rollback – 사용자가 rollback이라는 명령어를 수행할 경우에 사용됩니다.
2. Read Consistency(읽기 일관성) – CR 작업을 통해 트랜잭션이 끝나지 않은 데이터는 원래 데이터를 보여줍니다.
   여기서 CR 작업이 어떻게 이루어지는지 원리를 살펴보도록 하겠습니다.

〈사용자 A 작업〉

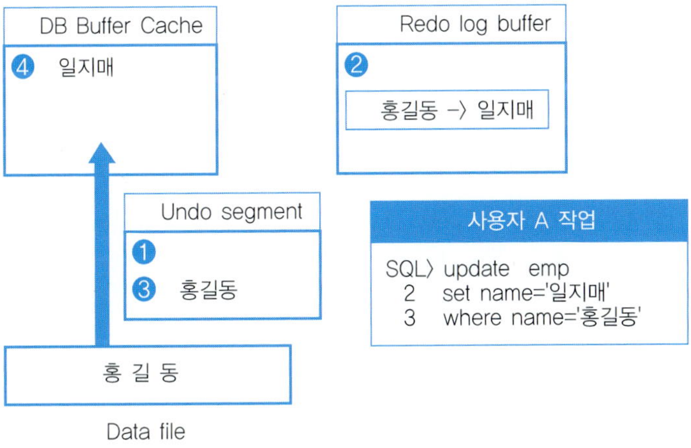

[그림 7-2] 일반적인 update 작업

앞의 그림에서 사용자 A가 홍길동을 일지매로 업데이트하고 DB Buffer Cache에 일지매 블록에 Lock이 설정되어서 아무도 내용을 볼 수 없는 상황입니다. 원본 data(Undo data)는 undo segment에 있는 상태입니다.

〈CR 작업〉

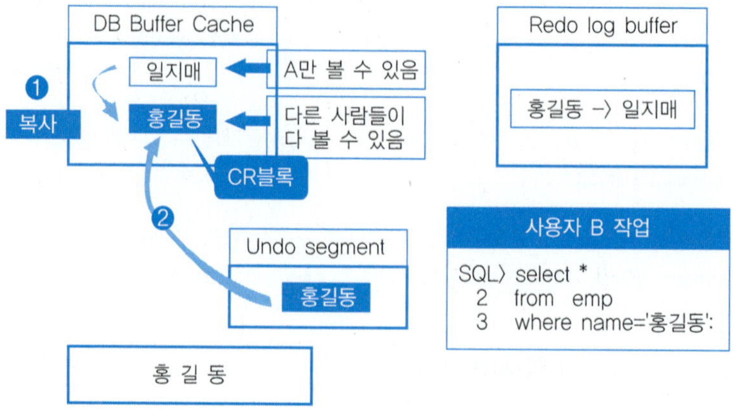

[그림 7-3] CR 작업

이 상황에서 사용자 B가 select * from emp where name='홍길동' ; 이라는 SQL을 수행하면 위 그림에서 1번 과정의 A가 작업 중인 블록을 복사해서 2번 과정의 undo segment에 들어 있던 undo data '홍길동'을 가져와서 CR 블록에 덮어 쓰게 됩니다. 그 후 A 사용자 외의 사용자들이 '홍길동' data를 찾게 되면 CR 블록을 보여 주게 되는 것입니다.

3. Transaction Recovery(Instance Recovery라고도 합니다)

앞에서 백그라운드 프로세스 중에 SMON 설명할 때 언급되었던 것처럼 운영 중이던 DB 서버가 비정상적으로 종료가 되었을 때 Roll Forward와 Roll Backward 작업을 수행해서 Dirty Database를 Clean Database로 만들어 주는 과정에서 undo data가 사용됩니다.

(3) undo tablespace 관리 방법

1. 현재 상태 파악하기

```
SQL> set line 200
SQL> col name for a10
```

```
SQL> show parameter undo;

NAME                                 TYPE              VALUE
------------------------------------ ----------------- ---------------------
undo_management                      string             AUTO
undo_retention                       integer            900
undo_tablespace                      string             UNDOTBS1
```

2. 신규 undo tablespace 생성하기

```
SQL> create  undo tablespace undo01
  2  datafile '/home/oracle/oradata/testdb/undo01.dbf' size 10M
  3  autoextend  on;

Tablespace created.

SQL> col  tablespace_name for a10
SQL> col file_name for a50
SQL> select tablespace_name, bytes/1024/1024 MB , file_name from
dba_data_files;

TABLESPACE      MB        FILE_NAME
------------ --------  ---------------------------------------------
USERS            5        /home/oracle/oradata/testdb/users01.dbf
SYSAUX         250        /home/oracle/oradata/testdb/sysaux01.dbf
UNDOTBS1        30        /home/oracle/oradata/testdb/undotbs01.dbf
SYSTEM         480        /home/oracle/oradata/testdb/system01.dbf
EXAMPLE        100        /home/oracle/oradata/testdb/example01.dbf
UNDO01          10        /home/oracle/oradata/testdb/undo01.dbf

6 rows selected.
```

3. Undo tablespace 변경하기 (UNDOTBS1 -> UNDO01)

```
SQL> show parameter undo;
NAME                                 TYPE           VALUE
------------------------------------ -------------- -----------------------
undo_management                      string         AUTO
undo_retention                       integer        900
```

```
undo_tablespace                     string              UNDOTBS1

SQL> alter system set undo_tablespace=undo01; ❶
System altered. ❷

SQL> show parameter undo;
NAME                                TYPE                VALUE
----------------------------- -------------- -----------------------
undo_management                     string              AUTO
undo_retention                     integer              900
undo_tablespace                     string              UNDO01
```

❶ 재부팅 없이 즉시 변경 가능.
❷ 이 작업 후 반드시 파라미터 파일의 내용도 변경하여야 재부팅 시 장애가 없습니다.

(4) 각 세션별로 사용 중인 undo segment 확인하기

```
SQL> select s.sid, s.serial#, s.username, r.name "ROLLBACK SEG"
  2  from v$session s, v$transaction t, v$rollname r
  3  where s.taddr=t.addr
4  and t.xidusn = r.usn ;

SID     SERIAL#    USERNAME        ROLLBACK SEG
------ --------  --------------  -----------------------
 144        48      SYS             _SYSSMU3$
 145        90      SCOTT           _SYSSMU7$
```

위 결과에서 알 수 있듯이 세션별로 하나의 undo segment를 할당하는 것을 알 수 있다.

(5) Undo segment 할당되는 원리

Undo tablespace의 독특한 특징 중 하나는 데이터 파일이 증가만 되고 줄어들지가 않는다는 점입니다. 그 이유를 알아보겠습니다.

위 그림은 Undo tablespace 안에 undo segment 4개가 할당되어 각각 A,B,C,D에 의해 사용되어지고 있는 상태를 나타냅니다. 이 상황에서 E 사용자가 신규로 접속해서 DML을 수행할 경우 E server Process는 가장 먼저 Undo segment 를 확보하게 되는데 무조건 신규 Undo segment를 할당받는게 아니라 기존에 만들어져 있던 세그먼트 중에서 트랜잭션이 완료된 것이 있는지 없는지를 먼저 확인한 후 만약 A가 그 시점에 Commit을 수행하여 트랜잭션이 끝났다면 A가 쓰고 있던 undo segment를 덮어쓰게 됩니다. 즉 아래와 같은 그림이 되는 것이죠.

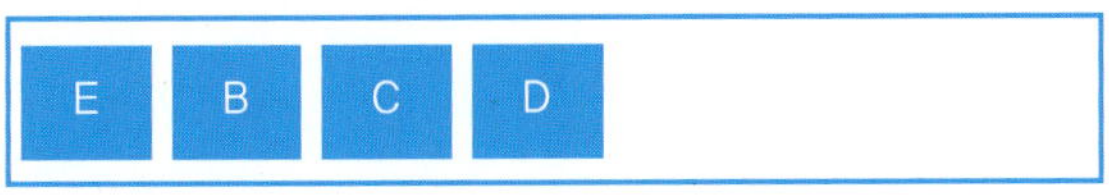

그런데 만약 지금 이 시점에서 F 사용자가 접속해서 DML을 수행하려 할 때 위의 모든 사용자가 트랜잭션을 완료하지 않았다면, 즉 아무도 commit나 rollback 을 수행하지 않았다면 아래 그림처럼 새로운 undo segment를 하나 더 생성해서 기록하게 됩니다.

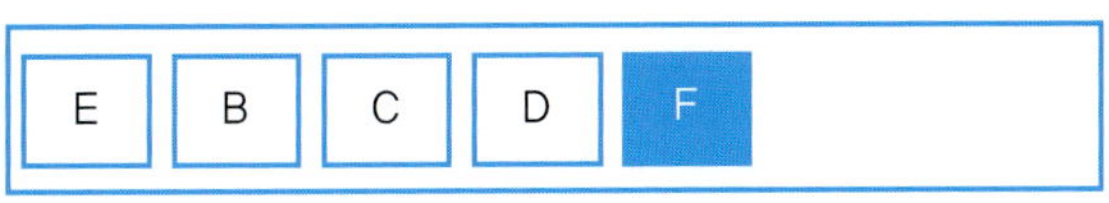

이렇게 undo segment가 데이터 파일의 저장공간이 허용하는 범위까지 늘어나다가 만약 데이터 파일에 더 공간이 없게 되면 하나의 세그먼트에 2개 세션 이상의 undo data를 함께 기록하게 됩니다. 그러다가 그 조차도 공간이 없으면 해당 트랜잭션은 에러가 나게 됩니다.

만약 평소에는 undo segment를 2개(1M라고 가정하겠습니다) 정도만 쓰는 상황이었는데 회원가입이라는 특별한 기간에 undo data가 급속하게 많아서 일시적으로 사용량이 10G가 되었다고 가정하겠습니다. 그리고 회원 가입이 끝나면 다시 사용량은 평소와 같이 1M 밖에 안 된다 해도 undo tablespace는 일단 10G로 늘어난 파일은 크기를 줄일 수 없습니다.

왜냐하면 commit을 수행해도 해당 undo segment 안에 undo data는 지워지지 않고 남아 있기 때문입니다. Commit을 수행하면 다른 서버 프로세스가 덮어 쓸 수 있게 해주는 것일 뿐 undo segment 안의 자료를 delete하는 것은 아닙니다. 이럴 경우에는 다른 작은 크기의 undo tablespace를 신규로 만들고 undo tablespace를 신규 undo tablespace로 변경시킨 후 기존 undo tablespace를 삭제해 주어야 합니다. 이 내용이 앞의 (3) undo tablespace 관리방법에 있습니다.

(6) Undo 관련 parameter

- Undo_retention : commit 수행 후에도 해당 undo segment 내의 데이터를 다른 서버프로세스가 덮어쓰지 못하도록 막아주는 시간입니다. 이 부분이 문제가 생기면 오라클은 ORA-01555. Snapshot too old.라는 에러를 발생시키게 됩니다.

4) temporary tablespace

임시자료를 저장하는 테이블 스페이스로 DB가 재시작되면 들어 있던 내용은 모두 사라지므로 절대로 오래 보관되어야 하는 일반 데이터들을 저장하면 안됩니다. 일반적으로는 정렬작업 등을 수행할 경우 PGA 공간이 부족하면 이곳을 이용하여 정렬작업 등을 하게 됩니다. 그리고 export/import 등의 작업 시에도 사용됩니다.

임시 테이블 스페이스는 하나의 인스턴스에 여러 개 만들 수 있으므로 성능 향상을 위해 각 사용자별로 하나씩 각각 할당해 주는 것이 좋으며 특히 정렬작업이 크게 일어나는 작업 전에 임시 테이블 스페이스를 크게 만들어주고 작업하는 것이 성능향상에 좋습니다. 이 부분(각 사용자별로 하나씩 할당해 주는 것)은 뒷부분의 사용자관리 부분에서 자세하게 보도록 하겠습니다.

temporary tablespace 관리하기

```
< 기존 temporary tablespace 조회하기 >
 ============================================

SYS>set line 200
SYS>col tablespace_name for a10
SYS>col file_name for a50
SYS>select file_id,tablespace_name,bytes/1024/1024 MB, file_name
  2  from dba_temp_files;
```

```
FILE_ID    TABLESPACE       MB     FILE_NAME
--------  ---------------  ------  ----------------------------------------
       2    TEMP             10     /home/oracle/oradata/testdb/temp01.dbf


< 신규 temporary tablespace 생성하기 >
=====================================

SYS>create temporary tablespace temp2
 2  tempfile '/home/oracle/oradata/testdb/temp02.dbf' size 10M;
Tablespace created.

< default temporary tablespace로 변경하기 >
=================================

SYS>set line 200
SYS>col property_name for a30
SYS>col property_value for a10
SYS>col descriptoin for a50

SQL> select * from  database_properties
2>   where property_name like 'DEFAULT%' ;

PROPERTY_NAME                PROPERTY_V  DESCRIPTION
--------------------------  -----------  ------------------------------------
DEFAULT_TEMP_TABLESPACE       TEMP        Name of default temporary tablespace
DEFAULT_PERMANENT_TABLESPACE  USERS       Name of default permanent tablespace
DEFAULT_TBS_TYPE              SMALLFILE   Default tablespace type

< temporary tablespace 삭제하기 >
===========================================
SYS>drop tablespace temp;
drop tablespace temp
*
ERROR at line 1:
ORA-12906: cannot drop default temporary tablespace  ❶

SYS>create temporary tablespace temp2
```

❶ default temporary tablespace는 삭제 안 됨

```
  2  tempfile '/home/oracle/oradata/testdb/temp02.dbf' size 10M;

Tablespace created.

SYS>alter database default temporary tablespace temp2;  ❷
Database altered.
SYS>drop tablespace temp;  ❸
Tablespace dropped.
```

❷ 다른 임시 테이블 스페이스 생성 후 default로 변경
❸ 이제 삭제됨.

5) 일반 테이블 스페이스

사용자가 필요에 의해서 만드는 테이블 스페이스입니다. 사용자의 뜻대로 얼마든지 만들 수 있고 또 필요 없을 때는 얼마든지 삭제할 수 있는 테이블 스페이스입니다.

실무 실습 ❼ 일반 테이블 스페이스 생성 및 조회하기

```
SQL> create tablespace haksa
  2   datafile '/home/oracle/oradata/testdb/haksa01.dbf' size 1M
  3   segment  space  management auto;  ❹
     Tablespace created.

SQL> select tablespace_name, status, contents, extent_management,
  2   segment_space_management
  3   from dba_tablespaces;

TABLESPACE   STATUS    CONTENTS    EXTENT_MANAGEMENT    SEGMENT_SPAC
-----------  --------  ----------  -------------------  -----------------
SYSTEM       ONLINE    PERMANENT   LOCAL                MANUAL
UNDOTBS1     ONLINE    UNDO        LOCAL                MANUAL
SYSAUX       ONLINE    PERMANENT   LOCAL                AUTO
TEMP         ONLINE    TEMPORARY   LOCAL                MANUAL
USERS        ONLINE    PERMANENT   LOCAL                AUTO
EXAMPLE      ONLINE    PERMANENT   LOCAL                AUTO
UNDO01       ONLINE    UNDO        LOCAL                MANUAL
```

❹ 10g에서는 안 해줘도 기본값입니다.

```
HAKSA         ONLINE        PERMANENT      LOCAL                 AUTO

8 rows selected.

SQL> select tablespace_name, bytes/1024/1024 MB , file_name
2  from dba_data_files ;

TABLESPACE     MB            FILE_NAME
----------- --------     ---------------------------------------------
USERS              5       /home/oracle/oradata/testdb/users01.dbf
SYSAUX           250       /home/oracle/oradata/testdb/sysaux01.dbf
UNDOTBS1          30       /home/oracle/oradata/testdb/undotbs01.dbf
SYSTEM           480       /home/oracle/oradata/testdb/system01.dbf
EXAMPLE          100       /home/oracle/oradata/testdb/example01.dbf
UNDO01            10       /home/oracle/oradata/testdb/undo01.dbf
HAKSA              1       /home/oracle/oradata/testdb/haksa01.dbf

7 rows selected.
```

실무 실습 8 각 데이터 파일의 실제 사용량 확인하는 방법

```
SQL> set line 200 ;
SQL> col file# for 999 ;
SQL> col ts_name for a10 ;
SQL> col total_blocks for 9999999 ;
SQL> col used_blocks for 9999999
SQL> col pct_used for a10
SQL> select distinct d.file_id          file#,
  2   d.tablespace_name                 ts_name,
  3   d.bytes /1024 / 1024              MB,
  4   d.bytes / 8192                    total_blocks,
  5   sum(e.blocks)                     used_blocks,
  6   to_char( nvl( round( sum(e.blocks)/(d.bytes/8192), 4),0) *100,'09.99') || ' %' pct_used
  7   from   dba_extents  e, dba_data_files  d
  8   where  d.file_id = e.file_id(+)
  9   group by  d.file_id , d.tablespace_name , d.bytes
 10   order by 1,2 ;
```

```
FILE#  TS_NAME      MB     TOTAL_BLOCKS     USED_BLOCKS  PCT_USED
-----  --------  -------  ---------------  ------------  ---------
    1  SYSTEM       490         62720         61456       97.98%
    2  UNDOTBS1      30          3840           568       14.79%
    3  SYSAUX       250         32000         31800       99.38%
    4  USERS          5           640           384       60.00%
    5  EXAMPLE      100         12800          8728       68.19%
    6  UNDO01        10          1280          1120       87.50%
    7  HAKSA          1          1280                     00.00%
```

실무 실습 ❾ 테이블 스페이스 용량 관리하기

```
SQL> col tablespace_name for a10

SQL> col file_name for a50

SQL> select tablespace_name,bytes/1024/1024 MB, file_name from dba_data_files;

TABLESPACE      MB       FILE_NAME
------------- -------- ----------------------------------------
USERS               5   /home/oracle/oradata/testdb/users01.dbf
SYSAUX            250   /home/oracle/oradata/testdb/sysaux01.dbf
UNDOTBS1           30   /home/oracle/oradata/testdb/undotbs01.dbf
SYSTEM            490   /home/oracle/oradata/testdb/system01.dbf
EXAMPLE           100   /home/oracle/oradata/testdb/example01.dbf
UNDO01             10   /home/oracle/oradata/testdb/undo01.dbf
HAKSA               1   /home/oracle/oradata/testdb/haksa01.dbf
7 rows selected.

## haksa 테이블 스페이스에 iphak 테이블을 만들고 일부러 가득 차게 해서 장애를 만들겠습니다.

SYS>create table scott.iphak (studno number) tablespace haksa;
Table created.

SYS>begin
```

```
  2  for i in 1..50000 loop
  3    insert into scott.iphak values (i);
  4  end loop;
  5  commit;
  6  end;
  7  /
PL/SQL procedure successfully completed.

SYS>/
begin
*
ERROR at line 1:
ORA-01653: unable to extend table SCOTT.IPHAK by 8 in tablespace HAKSA  ⑤
ORA-06512: at line 3
```

⑤ 용량부족으로 에러발생됨

이런 상황에서 DBA가 조치할 수 있는 방법은 2가지입니다.
하나는 데이터 파일을 크게 늘려주는 것이고 - 이 방법도 자동 증가와 수동 증가로 나뉩니다
또 하나는 데이터 파일을 하나 더 추가해 주는 것입니다.

여기서는 데이터 파일을 수동으로 추가해 주는 것부터 한 가지씩 해 보겠습니다.

1. 수동으로 테이블 스페이스에 데이터 파일 추가하는 방법

```
SQL> alter tablespace haksa
  2  add datafile '/home/oracle/oradata/testdb/haksa02.dbf' size 20M ;  ⑥

Tablespace altered.

SQL> select tablespace_name, bytes/1024/1024 MB , file_name from
dba_data_files;

TABLESPACE        MB        FILE_NAME
--------------  --------  ---------------------------------------------
USERS                5     /home/oracle/oradata/testdb/users01.dbf
SYSAUX             250     /home/oracle/oradata/testdb/sysaux01.dbf
UNDOTBS1            30     /home/oracle/oradata/testdb/undotbs01.dbf
SYSTEM             490     /home/oracle/oradata/testdb/system01.dbf
EXAMPLE            100     /home/oracle/oradata/testdb/example01.dbf
```

⑥ data file 추가하기

```
UNDO01            10      /home/oracle/oradata/testdb/undo01.dbf
HAKSA              1      /home/oracle/oradata/testdb/haksa01.dbf
HAKSA             20      /home/oracle/oradata/testdb/haksa02.dbf

8 rows selected.
```

2. 데이터 파일 크기 수동 증가시키기

❼ 데이터 파일 증가하기

```
SQL> alter database datafile '/home/oracle/oradata/testdb/haksa01.dbf' resize 20M;  ❼
Database altered.
```

3. 데이터 파일 크기 자동 증가시키기

❽ 자동으로 용량이 늘어나게 설정했습니다.

```
SQL> alter database datafile '/home/oracle/oradata/testdb/haksa01.dbf' autoextend on ;
Database altered.  ❽
```

이렇게 할 경우 데이터 파일은 자동으로 증가하게 되며 그 크기는 만약 오라클이 32비트용일 경우엔 최대 파일 1개의 크기는 16GB까지 가능하며 오라클이 64비트용일 경우엔 최대 크기가 32GB까지 가능하게 됩니다.

❾ 용량이 증가됨

```
SQL> select tablespace_name, bytes/1024/1024 MB, file_name from dba_data_files;

TABLESPACE        MB      FILE_NAME
-------------- --------- ---------------------------------------------
USERS              5      /home/oracle/oradata/testdb/users01.dbf
SYSAUX           250      /home/oracle/oradata/testdb/sysaux01.dbf
UNDOTBS1          30      /home/oracle/oradata/testdb/undotbs01.dbf
SYSTEM           490      /home/oracle/oradata/testdb/system01.dbf
EXAMPLE          100      /home/oracle/oradata/testdb/example01.dbf
UNDO01            10      /home/oracle/oradata/testdb/undo01.dbf
HAKSA             20      /home/oracle/oradata/testdb/haksa01.dbf  ❾
HAKSA             20      /home/oracle/oradata/testdb/haksa02.dbf

8 rows selected.
```

4. 각 데이터 파일들의 autoextend 유무 확인하기

```
SYS>set line 200
SYS>col tablespace_name for a10
SYS>col file_name for a50
SYS>select tablespace_name,bytes/1024/1024 MB, file_name, autoextensible
```

```
"Auto", online_status
  2  from dba_data_files;

TABLESPACE  MB     FILE_NAME                                  Aut    ONLINE_
--------  -----  ------------------------------------------- ------  -------
EXAMPLE    100   /home/oracle/oradata/testdb/example01.dbf    YES    ONLINE
USERS        5   /home/oracle/oradata/testdb/users01.dbf      YES    ONLINE
SYSAUX     250   /home/oracle/oradata/testdb/sysaux01.dbf     YES    ONLINE
UNDOTBS1    35   /home/oracle/oradata/testdb/undotbs01.dbf    YES    ONLINE
SYSTEM     480   /home/oracle/oradata/testdb/system01.dbf     YES    SYSTEM
HAKSA        1   /home/oracle/oradata/testdb/haksa01.dbf      NO     ONLINE

SYS>alter database datafile '/home/oracle/oradata/testdb/haksa01.dbf'
autoextend on;
Database altered.

SYS>select tablespace_name,bytes/1024/1024 MB, file_name,autoextensible
"Auto", online_status
  2  from dba_data_files;

TABLESPACE    MB   FILE_NAME                                   Aut  ONLINE_
----------  -----  ------------------------------------------ ------ -------
EXAMPLE      100    /home/oracle/oradata/testdb/example01.dbf  YES   ONLINE
USERS          5    /home/oracle/oradata/testdb/users01.dbf    YES   ONLINE
SYSAUX       250    /home/oracle/oradata/testdb/sysaux01.dbf   YES   ONLINE
UNDOTBS1      35    /home/oracle/oradata/testdb/undotbs01.dbf  YES   ONLINE
SYSTEM       480    /home/oracle/oradata/testdb/system01.dbf   YES   SYSTEM
HAKSA          1    /home/oracle/oradata/testdb/haksa01.dbf    YES   ONLINE

6 rows selected.
```

5. autoextend 되는지 테스트하기

```
SYS>begin
  2  for i in 1..50000 loop
  3    insert into scott.iphak values (i);
  4  end loop;
  5  commit;
  6  end;
  7  /
```

```
PL/SQL procedure successfully completed.

SYS>select tablespace_name,bytes/1024/1024 MB, file_name,autoextensible
"Auto", online_status
  2 from dba_data_files;

TABLESPACE    MB  FILE_NAME                                    Aut   ONLINE_
---------- ----- -------------------------------------------- ----- -------
EXAMPLE      100  /home/oracle/oradata/testdb/example01.dbf    YES   ONLINE
USERS          5  /home/oracle/oradata/testdb/users01.dbf      YES   ONLINE
SYSAUX       250  /home/oracle/oradata/testdb/sysaux01.dbf     YES   ONLINE
UNDOTBS1      35  /home/oracle/oradata/testdb/undotbs01.dbf    YES   ONLINE
SYSTEM       480  /home/oracle/oradata/testdb/system01.dbf     YES   SYSTEM
HAKSA       2.54  /home/oracle/oradata/testdb/haksa01.dbf      YES   ONLINE

6 rows selected.
```

실무 실습 ⑩ Tablespace Offline

테이블 스페이스를 offline 한다는 것은 사용자가 더 이상 해당 테이블 스페이스에 접근을 못 한다는 의미가 됩니다. 즉 해당 테이블 스페이스만 shutdown시키는 것과 같은 의미입니다. 테이블 스페이스를 offline으로 하는 방법은 3가지가 있습니다.

첫째, 가장 일반적으로 수행하는 normal 모드입니다.

이것은 테이블 스페이스에 아무런 문제가 없을 때 정상적으로 수행하는 방법입니다.

```
SQL> alter tablespace haksa offline;
Database altered.
```

두 번째 방법은 temporary 모드입니다.

이 방법은 현재 offline시키고자 하는 테이블 스페이스의 데이터 파일에 하나라도 이상이 생기게 되면 offline normal이 수행되지 못합니다. 이럴 때 쓰는 것이 offline temporary입니다.

세 번째 방법은 immediate 모드입니다.

이 방법은 반드시 archivelog mode일 경우에만 사용하여야 합니다. 이 옵션은 데이터 파일에 장애가 나서 데이터를 내려쓰지 못하는 상황에서 테이블 스페이스를 offline 해야 할 경우에 사용합니다. 나중에 해당 테이블 스페이스를 online 할 때 복구를 하라고 메시지가 나옵니다.
테이블 스페이스를 offline 할 수도 있으나 특정 데이터 파일만 offline 할 수도 있습니다.

```
SQL> alter database datafile '/home/oracle/oradata/testdb/haksa01.dbf' offline ;
```

이 명령어는 DB가 archive log mode일 경우에 사용가능합니다.
만약 DB가 no archive log mode라면

```
SQL> alter database datafile '/home/oracle/oradata/testdb/haksa01.dbf' offline drop;
```

를 수행해서 데이터 파일을 offline 시킬 수 있습니다.

어떤 데이터 파일이 offline인지는 아래와 같이 v$datafile을 조회하면 알 수 있습니다

```
SQL> col name for a50
SQL> select file# , name , status from v$datafile;

    FILE# NAME                                             STATUS
--------- ------------------------------------------------ ----------
        1 /home/oracle/disk3/system01.dbf                  SYSTEM
        2 /home/oracle/oradata/testdb/undotbs01.dbf        ONLINE
        3 /home/oracle/oradata/testdb/sysaux01.dbf         ONLINE
        4 /home/oracle/oradata/testdb/users01.dbf          ONLINE
        5 /home/oracle/oradata/testdb/example01.dbf        ONLINE
        6 /home/oracle/oradata/testdb/undo01.dbf           ONLINE
        7 /home/oracle/oradata/testdb/haksa01.dbf          ONLINE
        8 /home/oracle/oradata/testdb/haksa02.dbf          ONLINE

8 rows selected.

SQL> alter database datafile '/home/oracle/oradata/testdb/haksa02.dbf' offline drop;

Database altered.
```

```
SQL> select file# , name , status from v$datafile;

  FILE#     NAME                                            STATUS
---------  ---------------------------------------------  ------------
        1   /home/oracle/disk3/system01.dbf                 SYSTEM
        2   /home/oracle/oradata/testdb/undotbs01.dbf       ONLINE
        3   /home/oracle/oradata/testdb/sysaux01.dbf        ONLINE
        4   /home/oracle/oradata/testdb/users01.dbf         ONLINE
        5   /home/oracle/oradata/testdb/example01.dbf       ONLINE
        6   /home/oracle/oradata/testdb/undo01.dbf          ONLINE
        7   /home/oracle/oradata/testdb/haksa01.dbf         ONLINE
        8   /home/oracle/oradata/testdb/haksa02.dbf        RECOVER

8 rows selected.
```

위에서 보면 8번 파일의 상태가 recover로 되어있는 것을 보게 됩니다. No archive log mode에서 데이터 파일을 강제로 offline 시키면 저렇게 복구가 필요한 상태로 되어버립니다.

```
SQL> alter tablespace example offline;
Tablespace altered.
SQL>  select file# , name , status from v$datafile;

  FILE#    NAME                                             STATUS
-------- ---------------------------------------------    ---------
        1  /home/oracle/disk3/system01.dbf                  SYSTEM
        2  /home/oracle/oradata/testdb/undotbs01.dbf        ONLINE
        3  /home/oracle/oradata/testdb/sysaux01.dbf         ONLINE
        4  /home/oracle/oradata/testdb/users01.dbf          ONLINE
        5  /home/oracle/oradata/testdb/example01.dbf        OFFLINE   ⑩
        6  /home/oracle/oradata/testdb/undo01.dbf           ONLINE
        7  /home/oracle/oradata/testdb/haksa01.dbf          ONLINE
        8  /home/oracle/oradata/testdb/haksa02.dbf         RECOVER

8 rows selected.
```

⑩ offline 되었습니다.

Tablespace를 offline 하게 되면 그 파일들에는 새로운 정보가 저장되지 않습니다. 그래서 offline 한 후에 online을 한다면 반드시 체크포인트를 발생시켜서 데이터 파일간의 동기화 작업을 진행해야 합니다.

아래 내용을 참고로 해서 확인해보겠습니다.

```
SQL> select a.file# , a.ts# , b.name , a.status , a.checkpoint_change#
  2  from v$datafile a, v$tablespace b
  3  where a.ts#=b.ts# ;

     FILE#        TS#        NAME           STATUS        CHECKPOINT_CHANGE#
------------- -------- ---------- ---------------- --------------------
         1          0        SYSTEM         SYSTEM            602171
         2          1        UNDOTBS1       ONLINE            602171
         3          2        SYSAUX         ONLINE            602171
         4          4        USERS          ONLINE            602171
         5          6        EXAMPLE        OFFLINE           604996
         6          7        UNDO01         ONLINE            602171
         7          8        HAKSA          ONLINE            603619
         8          8        HAKSA          RECOVER           603619

8 rows selected.
```

위 내용을 보면 example tablespace가 offline 상태여서 checkpoint_change#(checkpoint scn)이 다른 파일들과 다름을 알 수 있습니다. 이 상태에서 online을 시켜도 아래처럼 scn은 여전히 다른 상태입니다.

```
SQL> alter tablespace example online;

Tablespace altered.

SQL> select a.file# , a.ts# , b.name , a.status , a.checkpoint_change#
  2  from v$datafile a, v$tablespace b
  3  where a.ts#=b.ts# ;

  FILE#      TS#      NAME          STATUS          CHECKPOINT_CHANGE#
---------- ------ --------- ----------- --------------------------
      1        0      SYSTEM        SYSTEM              602171
      2        1      UNDOTBS1      ONLINE              602171
      3        2      SYSAUX        ONLINE              602171
      4        4      USERS         ONLINE              602171
      5        6      EXAMPLE       ONLINE              605549
      6        7      UNDO01        ONLINE              602171
      7        8      HAKSA         ONLINE              603619
```

```
8          8      HAKSA          RECOVER              603619

8 rows selected.
```

이런 상태에서 만약 데이터 파일을 백업받는다면 백업 파일 자체가 문제가 있게 되고 나중에 복구에 문제가 될 수 있습니다. 이럴 경우엔 alter system checkpoint ; 명령어로 수동으로 체크포인트를 발생시키면 모두 동기화가 됩니다. 그 후에 백업을 받아야 합니다.

```
SQL> alter system checkpoint;
System altered.

SQL> alter tablespace haksa offline; ⓫
alter tablespace haksa offline
*
ERROR at line 1:
ORA-01191: file 8 is already offline - cannot do a normal offline
ORA-01110: data file 8: '/home/oracle/oradata/testdb/haksa02.dbf'

SQL> alter tablespace haksa offline temporary;
Tablespace altered.

SQL> recover tablespace haksa;
Media recovery complete.

SQL> alter tablespace haksa online;
Tablespace altered.

SQL> select a.file# , a.ts# , b.name , a.status , a.checkpoint_change#
  2  from v$datafile a, v$tablespace b
  3  where a.ts#=b.ts# ;

  FILE#       TS#       NAME         STATUS          CHECKPOINT_CHANGE#
--------- --------- ----------- ------------- ------------------------
        1         0   SYSTEM       SYSTEM                  605635
        2         1   UNDOTBS1     ONLINE                  605635
        3         2   SYSAUX       ONLINE                  605635
        4         4   USERS        ONLINE                  605635
        5         6   EXAMPLE      ONLINE                  605635
```

⓫ 2개의 데이터 파일 중 1개가 이미 offline이라서 offline normal 안 됨.

```
   6          7        UNDO01        ONLINE              605635
   7          8        HAKSA         ONLINE              605679   ⑫
   8          8        HAKSA         ONLINE              605679   ⑬

8 rows selected.

SQL> alter system checkpoint;
System altered.

SQL> select a.file# , a.ts# , b.name , a.status , a.checkpoint_change#
  2  from v$datafile a, v$tablespace b
  3  where a.ts#=b.ts# ;
 FILE#       TS#        NAME          STATUS         CHECKPOINT_CHANGE#
--------- --------- ----------- ------------- ------------------------
   1          0        SYSTEM        SYSTEM              605699
   2          1        UNDOTBS1      ONLINE              605699
   3          2        SYSAUX        ONLINE              605699
   4          4        USERS         ONLINE              605699
   5          6        EXAMPLE       ONLINE              605699
   6          7        UNDO01        ONLINE              605699
   7          8        HAKSA         ONLINE              605699   ⑭
   8          8        HAKSA         ONLINE              605699   ⑮

8 rows selected.
```

⑫ 복구 완료되었지만 SCN 다름
⑬ 복구 완료되었지만 SCN 다름

⑭ SCN 같게 됨
⑮ SCN 같게 됨

7.3 데이터 파일 이동시키는 작업

특정 디스크에 있는 데이터 파일들의 용량이 점점 증가하여 다른 더 큰 용량의 디스크를 설치한 후 몇 개의 데이터 파일을 신규 디스크로 이동시키는 등의 작업을 할 때나 장애 발생시 복구할 때 사용되는 중요한 방법입니다. 반드시 익혀두고 특히 순서를 주의하여야 합니다.

이 작업을 할 때 반드시 지켜야 하는 철칙이 있는데 그것은 데이터 파일을 사용 중일 때는 절대로 이동시키거나 복사를 하면 안 된다는 것입니다. 이것을 지키지 않고 파일이 사용 중일 때 이동이나 복사를 하게 되면 그 파일은 사용 못하게 되며 심각할 경우 원본 파일조차도 장애가 생길 수 있으므로 꼭 기억하세요.

1) offline 되는 테이블 스페이스의 데이터 파일 이동하기

Offline 기능은 여러 테이블 스페이스 중에서 특정 테이블 스페이스만 종료시키는 기능으로 DB를 종료하지 않고 작업할 수 있으므로 아주 좋은 방법입니다. Offline 했다는 것은 해당 테이블 스페이스만 shutdown 했다는 의미와 동일합니다. 방법은 아래와 같습니다.

```
SQL> alter tablespace haksa offline;
Tablespace altered.

SQL> alter tablespace haksa online;
Tablespace altered.
```

haksa 테이블 스페이스의 데이터 파일을 /home/oracle/disk1/haksa01.dbf , /home/oracle/disk2/haksa02.dbf 로 이동시키겠습니다.

〈순서요약〉

1. 해당 테이블 스페이스 offline <- 반드시 사용 안 하게 만드는 것 잊지 마세요.
2. 데이터 파일을 대상 위치로 복사
3. 컨트롤 파일 내의 해당 데이터 파일 위치 변경
4. 해당 테이블 스페이스 online

```
SQL> alter tablespace haksa offline;
Tablespace altered.

SQL> !cp  /home/oracle/oradata/testdb/haksa01.dbf  /home/oracle/disk1/
SQL> !cp  /home/oracle/oradata/testdb/haksa02.dbf  /home/oracle/disk2/
SQL> select  name  from  v$datafile; ⑯
```

⑯ control file에 기록된 데이터 파일의 위치 확인

```
NAME
---------------------------------------------
/home/oracle/oradata/testdb/system01.dbf
/home/oracle/oradata/testdb/undotbs01.dbf
```

```
/home/oracle/oradata/testdb/sysaux01.dbf
/home/oracle/oradata/testdb/users01.dbf
/home/oracle/oradata/testdb/example01.dbf
/home/oracle/oradata/testdb/undo01.dbf
/home/oracle/oradata/testdb/haksa01.dbf
/home/oracle/oradata/testdb/haksa02.dbf

8 rows selected.

SQL> alter tablespace haksa rename
  2  datafile '/home/oracle/oradata/testdb/haksa01.dbf'  ⑰
  3  to '/home/oracle/disk1/haksa01.dbf';  ⑱
Tablespace altered.

SQL> alter tablespace haksa rename
  2  datafile '/home/oracle/oradata/testdb/haksa02.dbf'  ⑲
  3  to '/home/oracle/disk2/haksa02.dbf';  ⑳
Tablespace altered.

SQL> alter tablespace haksa online;
  Tablespace altered.

SQL> select name from v$datafile;


NAME
-------------------------------------------
/home/oracle/oradata/testdb/system01.dbf
/home/oracle/oradata/testdb/undotbs01.dbf
/home/oracle/oradata/testdb/sysaux01.dbf
/home/oracle/oradata/testdb/users01.dbf
/home/oracle/oradata/testdb/example01.dbf
/home/oracle/oradata/testdb/undo01.dbf
/home/oracle/disk1/haksa01.dbf  ㉑
/home/oracle/disk2/haksa02.dbf  ㉒

8 rows selected.
```

⑰ 원래 있던 경로와 파일명
⑱ 새로 이사간 곳의 경로와 파일명
⑲ 원래 있던 경로와 파일명
⑳ 새로 이사간 곳의 경로와 파일명

㉑ 변경된 것을 확인할 수 있다.
㉒ 변경된 것을 확인할 수 있다.

2) offline 안 되는 테이블 스페이스의 데이터 파일 이동하기

테이블 스페이스를 옮기는 두 번째 방법은 해당 테이블 스페이스가 offline이 안 되는 경우입니다. Offline이 안 되는 테이블 스페이스는 3개가 있는데 system tablespace , undo tablespace, default temporary tablespace가 그것입니다. 이 중에서 default temporary tablespace는 offline 하는 경우는 없기에 제외하고 system tablespace와 undo tablespace를 다른 곳으로 옮기려면 앞에서 말한 대로 데이터 파일을 사용 안 하게 만들어야 하는데 문제는 offline이 안되기 때문에 어쩔 수 없이 DB를 종료하고 작업을 해야 합니다.

〈순서 요약〉

1. DB를 종료한다.
2. 마운트 상태로 시작한다.
3. 데이터 파일을 복사한다.
4. 컨트롤 파일의 내용을 변경한다.
5. DB를 open한다.

여기서는 예제로 system01.dbf 파일을 /home/oracle/disk3/system01.dbf로 이동시켜보겠습니다.

```
SQL> shutdown immediate;
Database closed.
Database dismounted.
ORACLE instance shut down.

SQL> startup mount;
ORACLE instance started.

Total System Global Area  285212672 bytes
Fixed Size                  1267068 bytes
Variable Size              96471684 bytes
Database Buffers          184549376 bytes
```

```
Redo Buffers                2924544 bytes
Database mounted.

SQL> !cp /home/oracle/oradata/testdb/system01.dbf  /home/oracle/disk3/

SQL> select name from v$datafile;
NAME
-----------------------------------------------
/home/oracle/oradata/testdb/system01.dbf  ㉓
/home/oracle/oradata/testdb/undotbs01.dbf
/home/oracle/oradata/testdb/sysaux01.dbf
/home/oracle/oradata/testdb/users01.dbf
/home/oracle/oradata/testdb/example01.dbf
/home/oracle/oradata/testdb/undo01.dbf
/home/oracle/disk1/haksa01.dbf
/home/oracle/disk2/haksa02.dbf

8 rows selected.

SQL> alter database rename
  2  file '/home/oracle/oradata/testdb/system01.dbf'  ㉔
  3  to  '/home/oracle/disk3/system01.dbf';  ㉕
Database altered.

SQL> select name from v$datafile;
NAME
--------------------------------------------
/home/oracle/disk3/system01.dbf  ㉖
/home/oracle/oradata/testdb/undotbs01.dbf
/home/oracle/oradata/testdb/sysaux01.dbf
/home/oracle/oradata/testdb/users01.dbf
/home/oracle/oradata/testdb/example01.dbf
/home/oracle/oradata/testdb/undo01.dbf
/home/oracle/disk1/haksa01.dbf
/home/oracle/disk2/haksa02.dbf

8 rows selected.

SQL> alter database open;
Database altered.
```

㉓ 원래 경로로 남아 있습니다.

㉔ 변경 전 경로와 이름입니다
㉕ 변경 후 경로와 이름입니다.

㉖ 변경이 된 것을 확인할 수 있습니다.

여기서 오해하지 말아야 할 사항은 이 방법은 system과 undo만 옮길 수 있다는 것이 아니라 DB가 마운트 상태이면 모든 데이터 파일 및 리두 로그 파일을 이 방법으로 이동시킬 수 있습니다.

3) Redo log file 이동하기

Redo log file을 이동시키는 방법을 보도록 하겠습니다.

```
## 현재 상태 확인 ##
SQL> col member for a50
SQL> select a.group#, a.member , b.bytes/1024/1024 MB, b.archived , b.status
  2  from v$logfile a , v$log b
  3  where a.group#=b.group#
  4  order by 1,2;

GROUP#   MEMBER                                      MB   ARCHIV   STATUS
-------- ---------------------------------------- ----- -------- --------
   1     /home/oracle/oradata/testdb/redo01.log     50    NO      INACTIVE
   2     /home/oracle/oradata/testdb/redo02.log     50    NO      CURRENT
   3     /home/oracle/oradata/testdb/redo03.log     50    NO      INACTIVE

이 리두 로그 파일들을
/home/oracle/disk4/redo01_a.log, redo02_a.log, redo03_a.log
/home/oracle/disk5/redo01_b.log, redo02_b.log, redo03_b.log로 만들어 보겠습니다.

SQL> select status  from v$instance;  ㉗
STATUS
------------
OPEN  ㉘

SQL> shutdown immediate;
Database closed.
Database dismounted.
ORACLE instance shut down.

SQL> startup mount;
ORACLE instance started.
```

㉗ 현재 인스턴스 상태 확인부터 반드시 하세요
㉘ redo log file을 옮기려면 반드시 마운트상태로 되어야 합니다.

```
Total System Global Area    285212672 bytes
Fixed Size                    1267068 bytes
Variable Size                96471684 bytes
Database Buffers            184549376 bytes
Redo Buffers                  2924544 bytes
Database mounted.
SQL> select member from v$logfile;
MEMBER
----------------------------------------
/home/oracle/oradata/testdb/redo03.log
/home/oracle/oradata/testdb/redo02.log
/home/oracle/oradata/testdb/redo01.log

SQL> !cp /home/oracle/oradata/testdb/redo01.log  /home/oracle/disk4/redo01_a.log  ㉙
SQL> !cp /home/oracle/oradata/testdb/redo02.log  /home/oracle/disk4/redo02_a.log  ㉚
SQL> !cp /home/oracle/oradata/testdb/redo03.log  /home/oracle/disk4/redo03_a.log  ㉛

SQL> alter database rename
  2  file '/home/oracle/oradata/testdb/redo01.log'  ㉜
  3  to '/home/oracle/disk4/redo01_a.log';  ㉝
Database altered.

SQL>  alter database rename
  2  file '/home/oracle/oradata/testdb/redo02.log'  ㉞
  3  to '/home/oracle/disk4/redo02_a.log';  ㉟
Database altered.
SQL> alter database rename
  2  file '/home/oracle/oradata/testdb/redo03.log'  ㊱
  3  to '/home/oracle/disk4/redo03_a.log';  ㊲
Database altered.

SQL> select member from v$logfile;
MEMBER
--------------------------------
/home/oracle/disk4/redo03_a.log
/home/oracle/disk4/redo02_a.log
/home/oracle/disk4/redo01_a.log
```

㉙ 이름을 바꾸면서 복사
㉚ 이름을 바꾸면서 복사
㉛ 이름을 바꾸면서 복사
㉜ 변경 전 위치와 이름
㉝ 변경 후 위치와 이름
㉞ 변경 전 위치와 이름
㉟ 변경 후 위치와 이름
㊱ 변경 전 위치와 이름
㊲ 변경 후 위치와 이름

```
SQL> alter database add logfile member
  2  '/home/oracle/disk5/redo01_b.log' to group 1 ,
  3  '/home/oracle/disk5/redo02_b.log' to group 2 ,
  4  '/home/oracle/disk5/redo03_b.log' to group 3;
Database altered.

SQL> select member from v$logfile;
MEMBER
--------------------------------
/home/oracle/disk4/redo03_a.log
/home/oracle/disk4/redo02_a.log
/home/oracle/disk4/redo01_a.log
/home/oracle/disk5/redo01_b.log
/home/oracle/disk5/redo02_b.log
/home/oracle/disk5/redo03_b.log
6 rows selected.

SQL> alter database open;
Database altered.
```

4) 테이블 스페이스 삭제하기

㊳ 테이블이 하나라도 있으면 그냥 안 지워집니다.

```
SQL> drop tablespace haksa;  ㊳
drop tablespace haksa
*
ERROR at line 1:
ORA-01549: tablespace not empty, use INCLUDING CONTENTS option

SQL> drop tablespace haksa including contents and datafiles;
Tablespace dropped.


SQL> select tablespace_name, bytes/1024/1024 MB , file_name  from
dba_data_files;

TABLESPACE           MB       FILE_NAME
---------------  --------   --------------------------------------------
USERS                 5      /home/oracle/oradata/testdb/users01.dbf
SYSAUX              250      /home/oracle/oradata/testdb/sysaux01.dbf
```

```
UNDOTBS1          30     /home/oracle/oradata/testdb/undotbs01.dbf
SYSTEM           490     /home/oracle/disk3/system01.dbf
EXAMPLE          100     /home/oracle/oradata/testdb/example01.dbf
UNDO01            10     /home/oracle/oradata/testdb/undo01.dbf
```

실무 실습 ⑪ 데이터 파일, 리두 로그 파일, 컨트롤 파일 이동시키기

```
/home/oracle/disk1/control01.ctl, redo01_a.log, redo02_a.log, redo03_a.log
/home/oracle/disk2/control02.ctl, redo01_b.log, redo02_b.log, redo03_b.log
/home/oracle/disk3/control03.ctl, undotbs01.dbf
/home/oracle/disk4/system01.dbf, sysaux01.dbf
/home/oracle/disk5/users01.dbf, example01.dbf
```

여기까지는 잘 따라왔죠?
이 부분까지는 안 보고도 할 수 있을 만큼 눈에, 손에 익어야 하는 작업들이니까 스스로 열심히 예제를 만들어서 익혀두세요.

7.4 심화 과정 – 데이터 파일 헤더 내용 dump로 직접 확인하기

여기서부터는 어려운 이야기를 하려 합니다.
실제로 데이터 파일의 헤더 부분을 덤프를 수행해서 과연 파일 안에 어떤 내용이 있는지 살펴보도록 하겠습니다. 여기에서 보이는 아주 어려운 여러 가지 정보들이 DB를 운영할 때나 장애가 발생했을 때 복구하는 용도로 사용됩니다. 뒷부분의 백업복구 파트에서 자세한 내용은 살펴보도록 하고 여기에서는 전체적인 내용이 어떤지 preview 하겠습니다.

먼저 DB가 Open 상태에서 dump 작업을 하겠습니다.(mount라도 상관없습니다)

```
SQL> select status from v$instance;
```

```
STATUS
----------------------------------
OPEN

SQL> oradebug setmypid;
Statement processed.
SQL> oradebug dump file_hdrs 1;
Statement processed.
SQL>!

[oracle@localhost udump]$ pwd
/home/oracle/admin/testdb/udump
[oracle@localhost udump]$ ls
testdb_ora_24812.trc  ㊴

[oracle@localhost udump]$vi testdb_ora_24812.trc

/home/oracle/admin/testdb/udump/testdb_ora_24812.trc
Oracle Database 10g Enterprise Edition Release 10.2.0.4.0 - Production
With the Partitioning, OLAP, Data Mining and Real Application Testing options
ORACLE_HOME = /home/oracle/product/10g
System name:  Linux
Node name:    localhost.localdomain
Release:      2.6.18-164.el5
Version:      #1 SMP Thu Sep 3 03:33:56 EDT 2009
Machine:      i686
Instance name: testdb
Redo thread mounted by this instance: 1
Oracle process number: 15
Unix process pid: 24812, image: oracle@localhost.localdomain (TNS V1-V3)

*** 2010-02-24 23:21:10.389
*** ACTION NAME:() 2010-02-24 23:21:10.389
*** MODULE NAME:(sqlplus@localhost.localdomain (TNS V1-V3)) 2010-02-24
23:21:10.389
*** SERVICE NAME:(SYS$USERS) 2010-02-24 23:21:10.388
*** SESSION ID:(159.5) 2010-02-24 23:21:10.388
DUMP OF DATA FILES: 8 files in database  ㊵
```

㊴ 이 파일이 데이터 파일 헤더를 추출한 덤프 파일입니다.

㊵ 총 8개의 데이터 파일이 있다는 뜻입니다.

```
DATA FILE #1:
  (name #7) /home/oracle/disk3/system01.dbf
creation size=0 block size=8192 status=0xe head=7 tail=7 dup=1
 tablespace 0, index=1 krfil=1 prev_file=0
 unrecoverable scn: 0x0000.00000000 01/01/1988 00:00:00
 Checkpoint cnt:69 scn: 0x0000.00092bc1 02/24/2010 23:05:12  ㊶
 Stop scn: 0xffff.ffffffff 02/24/2010 22:57:45  ㊷
 Creation Checkpointed at scn:  0x0000.00000007 02/17/2008 01:50:54
 thread:0 rba:(0x0.0.0)
 enabled  threads:  00000000 00000000 00000000 00000000 00000000 00000000
  00000000 00000000 00000000 00000000 00000000 00000000 00000000 00000000
  00000000 00000000 00000000 00000000 00000000 00000000 00000000 00000000

Offline scn: 0x0000.000716f6 prev_range: 0
 Online Checkpointed at scn:  0x0000.000716f7 02/23/2010 22:59:00
 thread:1 rba:(0x1.2.0)
 enabled  threads:  01000000 00000000 00000000 00000000 00000000 00000000
  00000000 00000000 00000000 00000000 00000000 00000000 00000000 00000000
  00000000 00000000 00000000 00000000 00000000 00000000 00000000 00000000
  00000000 00000000 00000000 00000000 00000000 00000000 00000000 00000000

Hot Backup end marker scn: 0x0000.00000000
 aux_file is NOT DEFINED

DATA FILE #2:
  (name #6) /home/oracle/oradata/testdb/undotbs01.dbf
creation size=0 block size=8192 status=0xe head=6 tail=6 dup=1
 tablespace 1, index=2 krfil=2 prev_file=0
 unrecoverable scn: 0x0000.00000000 01/01/1988 00:00:00
 Checkpoint cnt:31 scn: 0x0000.00092bc1 02/24/2010 23:05:12
 Stop scn: 0xffff.ffffffff 02/24/2010 22:57:45
 Creation Checkpointed at scn:  0x0000.00070e7a 02/17/2008 02:29:41
 thread:0 rba:(0x0.0.0)
 enabled  threads:  00000000 00000000 00000000 00000000 00000000 00000000
  00000000 00000000 00000000 00000000 00000000 00000000 00000000 00000000
  00000000 00000000 00000000 00000000 00000000 00000000 00000000 00000000

Offline scn: 0x0000.000716f6 prev_range: 0
 Online Checkpointed at scn:  0x0000.000716f7 02/23/2010 22:59:00
```

㊶ 가장 마지막 checkpoint count와 scn 의 미임

㊷ 현재 open 중이라는 의미임

```
 thread:1 rba:(0x1.2.0)
 enabled  threads:  01000000 00000000 00000000 00000000 00000000 00000000
  00000000 00000000 00000000 00000000 00000000 00000000 00000000 00000000
  00000000 00000000 00000000 00000000 00000000 00000000 00000000 00000000

Hot Backup end marker scn: 0x0000.00000000
 aux_file is NOT DEFINED

DATA FILE #3:
  (name #5) /home/oracle/oradata/testdb/sysaux01.dbf
creation size=0 block size=8192 status=0xe head=5 tail=5 dup=1
 tablespace 2, index=3 krfil=3 prev_file=0
 unrecoverable scn: 0x0000.00000000 01/01/1988 00:00:00
 Checkpoint cnt:69 scn: 0x0000.00092bc1 02/24/2010 23:05:12
 Stop scn: 0xffff.ffffffff 02/24/2010 22:57:45
 Creation Checkpointed at scn:  0x0000.00001a15 02/17/2008 01:51:10
 thread:0 rba:(0x0.0.0)
 enabled  threads:  00000000 00000000 00000000 00000000 00000000 00000000
  00000000 00000000 00000000 00000000 00000000 00000000 00000000 00000000
  00000000 00000000 00000000 00000000 00000000 00000000 00000000 00000000
  00000000 00000000 00000000 00000000 00000000 00000000 00000000 00000000

 Offline scn: 0x0000.000716f6 prev_range: 0
 Online Checkpointed at scn:  0x0000.000716f7 02/23/2010 22:59:00
 thread:1 rba:(0x1.2.0)
 enabled  threads:  01000000 00000000 00000000 00000000 00000000 00000000
  00000000 00000000 00000000 00000000 00000000 00000000 00000000 00000000
  00000000 00000000 00000000 00000000 00000000 00000000 00000000 00000000
  00000000 00000000 00000000 00000000 00000000 00000000 00000000 00000000
  00000000 00000000 00000000 00000000 00000000 00000000 00000000 00000000

 Hot Backup end marker scn: 0x0000.00000000
 aux_file is NOT DEFINED

DATA FILE #4:
  (name #4) /home/oracle/oradata/testdb/users01.dbf
creation size=0 block size=8192 status=0xe head=4 tail=4 dup=1
 tablespace 4, index=4 krfil=4 prev_file=0
 unrecoverable scn: 0x0000.00000000 01/01/1988 00:00:00
```

```
 Checkpoint cnt:68 scn: 0x0000.00092bc1 02/24/2010 23:05:12
 Stop scn: 0xffff.ffffffff 02/24/2010 22:57:45
 Creation Checkpointed at scn:  0x0000.00002a01 02/17/2008 01:51:16
 thread:0 rba:(0x0.0.0)
 enabled  threads:  00000000 00000000 00000000 00000000 00000000 00000000
  00000000 00000000 00000000 00000000 00000000 00000000 00000000 00000000
  00000000 00000000 00000000 00000000 00000000 00000000 00000000 00000000
  00000000 00000000 00000000 00000000 00000000 00000000 00000000 00000000

Offline scn: 0x0000.000716f6 prev_range: 0
 Online Checkpointed at scn:  0x0000.000716f7 02/23/2010 22:59:00
 thread:1 rba:(0x1.2.0)
 enabled  threads:  01000000 00000000 00000000 00000000 00000000 00000000
  00000000 00000000 00000000 00000000 00000000 00000000 00000000 00000000
  00000000 00000000 00000000 00000000 00000000 00000000 00000000 00000000
  00000000 00000000 00000000 00000000 00000000 00000000 00000000 00000000

Hot Backup end marker scn: 0x0000.00000000
 aux_file is NOT DEFINED

DATA FILE #5:
  (name #9) /home/oracle/oradata/testdb/example01.dbf
creation size=12800 block size=8192 status=0xe head=9 tail=9 dup=1
 tablespace 6, index=6 krfil=5 prev_file=0
 unrecoverable scn: 0x0000.00000000 01/01/1988 00:00:00
 Checkpoint cnt:27 scn: 0x0000.00092bc1 02/24/2010 23:05:12
 Stop scn: 0xffff.ffffffff 02/24/2010 22:57:45
 Creation Checkpointed at scn:  0x0000.00076fe5 02/23/2010 23:00:01
 thread:1 rba:(0x1.63f2.10)
 enabled  threads:  01000000 00000000 00000000 00000000 00000000 00000000
  00000000 00000000 00000000 00000000 00000000 00000000 00000000 00000000
  00000000 00000000 00000000 00000000 00000000 00000000 00000000 00000000
  00000000 00000000 00000000 00000000 00000000 00000000 00000000 00000000

 Offline scn: 0x0000.00000000 prev_range: 0
 Online Checkpointed at scn:  0x0000.00000000
 thread:0 rba:(0x0.0.0)
 enabled  threads:  00000000 00000000 00000000 00000000 00000000 00000000
  00000000 00000000 00000000 00000000 00000000 00000000 00000000 00000000
```

```
 00000000 00000000 00000000 00000000 00000000 00000000 00000000 00000000

Hot Backup end marker scn: 0x0000.00000000
 aux_file is NOT DEFINED

DATA FILE #6:
  (name #10) /home/oracle/oradata/testdb/undo01.dbf
creation size=1280 block size=8192 status=0xe head=10 tail=10 dup=1
 tablespace 7, index=7 krfil=6 prev_file=0
 unrecoverable scn: 0x0000.00000000 01/01/1988 00:00:00
 Checkpoint cnt:6 scn: 0x0000.00092bc1 02/24/2010 23:05:12
 Stop scn: 0xffff.ffffffff 02/24/2010 22:57:45
 Creation Checkpointed at scn:  0x0000.0008061f 02/24/2010 19:27:29
 thread:1 rba:(0x6.1987.10)
 enabled  threads:  01000000 00000000 00000000 00000000 00000000 00000000
  00000000 00000000 00000000 00000000 00000000 00000000 00000000 00000000
  00000000 00000000 00000000 00000000 00000000 00000000 00000000 00000000

Offline scn: 0x0000.00000000 prev_range: 0
 Online Checkpointed at scn:  0x0000.00000000
 thread:0 rba:(0x0.0.0)
 enabled  threads:  00000000 00000000 00000000 00000000 00000000 00000000
  00000000 00000000 00000000 00000000 00000000 00000000 00000000 00000000
  00000000 00000000 00000000 00000000 00000000 00000000 00000000 00000000
 Hot Backup end marker scn: 0x0000.00000000
 aux_file is NOT DEFINED

DATA FILE #7: <deleted>
creation size=1280 block size=8192 status=0x880 head=0 tail=0 dup=0
 tablespace 8, index=8 krfil=7 prev_file=65535
 unrecoverable scn: 0x0000.00000000 01/01/1988 00:00:00
 Checkpoint cnt:7 scn: 0x0000.00092934 02/24/2010 22:26:01
 Stop scn: 0x0000.00092934 02/24/2010 22:26:01
 Creation Checkpointed at scn:  0x0000.00080af1 02/24/2010 20:25:31
 thread:1 rba:(0x6.2042.10)
 enabled  threads:  01000000 00000000 00000000 00000000 00000000 00000000
  00000000 00000000 00000000 00000000 00000000 00000000 00000000 00000000
  00000000 00000000 00000000 00000000 00000000 00000000 00000000 00000000
```

```
Offline scn: 0x0000.000928da prev_range: 1
 Online Checkpointed at scn:  0x0000.0009291c 02/24/2010 22:25:50
 thread:1 rba:(0x6.badf.10)
 enabled  threads:  01000000 00000000 00000000 00000000 00000000 00000000
  00000000 00000000 00000000 00000000 00000000 00000000 00000000 00000000
  00000000 00000000 00000000 00000000 00000000 00000000 00000000 00000000

 Hot Backup end marker scn: 0x0000.00000000
 aux_file is NOT DEFINED

DATA FILE #8: <deleted>
creation size=2560 block size=8192 status=0x880 head=0 tail=0 dup=0
 tablespace 8, index=8 krfil=8 prev_file=0
 unrecoverable scn: 0x0000.00000000 01/01/1988 00:00:00
 Checkpoint cnt:7 scn: 0x0000.00092934 02/24/2010 22:26:01
 Stop scn: 0x0000.00092934 02/24/2010 22:26:01
 Creation Checkpointed at scn:  0x0000.000926ed 02/24/2010 22:11:40
 thread:1 rba:(0x6.b88c.10)
 enabled  threads:  01000000 00000000 00000000 00000000 00000000 00000000
  00000000 00000000 00000000 00000000 00000000 00000000 00000000 00000000
  00000000 00000000 00000000 00000000 00000000 00000000 00000000 00000000

Offline scn: 0x0000.000928da prev_range: 2
 Online Checkpointed at scn:  0x0000.0009291c 02/24/2010 22:25:50
 thread:1 rba:(0x6.badf.10)
 enabled  threads:  01000000 00000000 00000000 00000000 00000000 00000000
  00000000 00000000 00000000 00000000 00000000 00000000 00000000 00000000
  00000000 00000000 00000000 00000000 00000000 00000000 00000000 00000000

 Hot Backup end marker scn: 0x0000.00000000
 aux_file is NOT DEFINED
DUMP OF TEMP FILES: 1 files in database

TEMP FILE #1: External File #201
  (name #8) /home/oracle/oradata/testdb/temp01.dbf
creation size=2560 block size=8192 status=0x1e head=8 tail=8 dup=1
 tablespace 3, index=5 krfil=1 prev_file=0
 unrecoverable scn: 0x0000.00071748 02/23/2010 22:59:24
```

또 다른 방법으로 데이터 파일의 내용을 직접 덤프해서 살펴보겠습니다.

```
SQL> alter system dump datafile '/home/oracle/oradata/testdb/system01.dbf'
block 2;

System altered.

SQL> !
[oracle@server100 udump]$ pwd
/home/oracle/admin/testdb/udump
[oracle@server100 udump]$ ls
testdb_ora_8234.trc
[oracle@server100 udump]$ vi testdb_ora_8234.trc

/home/oracle/admin/testdb/udump/testdb_ora_8234.trc
Oracle Database 10g Enterprise Edition Release 10.2.0.1.0 - Production
With the Partitioning, OLAP and Data Mining options
ORACLE_HOME = /home/oracle/product/10g
System name: Linux
Node name:   server100
Release:     2.6.9-34.EL
Version:     #1 Fri Feb 24 16:44:51 EST 2006
Machine:     i686
Instance name: testdb
Redo thread mounted by this instance: 1
Oracle process number: 17
Unix process pid: 8234, image: oracle@server100 (TNS V1-V3)

*** 2010-02-12 06:18:18.567
*** SERVICE NAME:() 2010-02-12 06:18:18.567
*** SESSION ID:(156.4) 2010-02-12 06:18:18.567
Start dump data block from file /home/oracle/oradata/testdb/system01.dbf
minblk 2 maxblk 2
 V10 STYLE FILE HEADER:
     Compatibility Vsn = 169869568=0xa200100
     Db ID=2493405618=0x949e59b2, Db Name='TESTDB'
     Activation ID=0=0x0
     Control Seq=669=0x29d, File size=62720=0xf500
     File Number=1, Blksiz=8192, File Type=3 DATA
```

```
Dump all the blocks in range:
buffer tsn: 0 rdba: 0x00400002 (1/2)
scn: 0x0000.000c054b seq: 0x02 flg: 0x04 tail: 0x054b1d02
frmt: 0x02 chkval: 0xe15d type: 0x1d=KTFB Bitmapped File Space Header
Hex dump of block: st=0, typ_found=1
Dump of memory from 0x0CC1D200 to 0x0CC1F200
CC1D200 0000A21D 00400002 000C054B 04020000  [......@.K.......]
CC1D210 0000E15D 00000001 00000008 0000F500  []..............]
CC1D220 00000009 00000500 003FFFFE 00000007  [..........-.....]
CC1D230 0000F500 00001DED 00000072 00075231  [........r...1R..]
CC1D240 00000000 00000000 00000000 00000000  [................]
CC1D250 0000EF69 00000008 00000000 00000000  [i...............]
CC1D260 00000000 00000000 00000000 00000000  [................]
        Repeat 504 times
CC1F1F0 00000000 00000000 00000000 054B1D02  [..............K.]
File Space Header Block:
Header Control:
RelFno: 1, Unit: 8, Size: 62720, Flag: 9
AutoExtend: YES, Increment: 1280, MaxSize: 4194302
Initial Area: 7, Tail: 62720, First: 7661, Free: 114
Deallocation scn: 479793.0
Header Opcode:
Save: No Pending Op
End dump data block from file /home/oracle/oradata/testdb/system01.dbf
minblk 2 maxblk 2
```

이번에는 데이터 파일이 닫힌 상태(mount)에서 삭제 작업해 보겠습니다.

```
SQL> shutdown immediate;
Database closed.
Database dismounted.
ORACLE instance shut down.
SQL> startup mount;
ORACLE instance started.

Total System Global Area  285212672 bytes
Fixed Size                  1267068 bytes
Variable Size              96471684 bytes
```

```
Database Buffers          184549376 bytes
Redo Buffers                2924544 bytes
Database mounted.
SQL> oradebug  setmypid;
Statement processed.

SQL> oradebug dump file_hdrs 1;
Statement processed.

/home/oracle/admin/testdb/udump/testdb_ora_24932.trc
Oracle Database 10g Enterprise Edition Release 10.2.0.4.0 - Production
With the Partitioning, OLAP, Data Mining and Real Application Testing
options
ORACLE_HOME = /home/oracle/product/10g
System name:  Linux
Node name:    localhost.localdomain
Release:      2.6.18-164.el5
Version:      #1 SMP Thu Sep 3 03:33:56 EDT 2009
Machine:      i686
Instance name: testdb
Redo thread mounted by this instance: 1
Oracle process number: 15
Unix process pid: 24932, image: oracle@localhost.localdomain (TNS V1-V3)

*** 2010-02-24 23:31:56.200
*** ACTION NAME:() 2010-02-24 23:31:56.200
*** MODULE NAME:(sqlplus@localhost.localdomain (TNS V1-V3)) 2010-02-24
23:31:56.200
*** SERVICE NAME:() 2010-02-24 23:31:56.200
*** SESSION ID:(159.3) 2010-02-24 23:31:56.200
DUMP OF DATA FILES: 8 files in database

DATA FILE #1:
  (name #7) /home/oracle/disk3/system01.dbf
creation size=0 block size=8192 status=0xe head=7 tail=7 dup=1
 tablespace 0, index=1 krfil=1 prev_file=0
 unrecoverable scn: 0x0000.00000000 01/01/1988 00:00:00
 Checkpoint cnt:70 scn: 0x0000.0009303a 02/24/2010 23:30:35
 Stop scn: 0x0000.0009303a 02/24/2010 23:30:35  ㊸
```

㊸ 두 scn의 값이 동일합니다.

```
 Creation Checkpointed at scn:  0x0000.00000007 02/17/2008 01:50:54
 thread:0 rba:(0x0.0.0)
 enabled  threads:  00000000 00000000 00000000 00000000 00000000 00000000
  00000000 00000000 00000000 00000000 00000000 00000000 00000000 00000000
  00000000 00000000 00000000 00000000 00000000 00000000 00000000 00000000
  00000000 00000000 00000000 00000000 00000000 00000000 00000000 00000000

 Offline scn: 0x0000.000716f6 prev_range: 0
 Online Checkpointed at scn:  0x0000.000716f7 02/23/2010 22:59:00
 thread:1 rba:(0x1.2.0)
 enabled  threads:  01000000 00000000 00000000 00000000 00000000 00000000
  00000000 00000000 00000000 00000000 00000000 00000000 00000000 00000000
  00000000 00000000 00000000 00000000 00000000 00000000 00000000 00000000

Hot Backup end marker scn: 0x0000.00000000
 aux_file is NOT DEFINED

DATA FILE #2:
  (name #6) /home/oracle/oradata/testdb/undotbs01.dbf
creation size=0 block size=8192 status=0xe head=6 tail=6 dup=1
 tablespace 1, index=2 krfil=2 prev_file=0
 unrecoverable scn: 0x0000.00000000 01/01/1988 00:00:00
 Checkpoint cnt:32 scn: 0x0000.0009303a 02/24/2010 23:30:35
 Stop scn: 0x0000.0009303a 02/24/2010 23:30:35
 Creation Checkpointed at scn:  0x0000.00070e7a 02/17/2008 02:29:41
 thread:0 rba:(0x0.0.0)
 enabled  threads:  00000000 00000000 00000000 00000000 00000000 00000000
  00000000 00000000 00000000 00000000 00000000 00000000 00000000 00000000
  00000000 00000000 00000000 00000000 00000000 00000000 00000000 00000000

Offline scn: 0x0000.000716f6 prev_range: 0
 Online Checkpointed at scn:  0x0000.000716f7 02/23/2010 22:59:00
 thread:1 rba:(0x1.2.0)
 enabled  threads:  01000000 00000000 00000000 00000000 00000000 00000000
  00000000 00000000 00000000 00000000 00000000 00000000 00000000 00000000
  00000000 00000000 00000000 00000000 00000000 00000000 00000000 00000000
  00000000 00000000 00000000 00000000 00000000 00000000 00000000 00000000

 Hot Backup end marker scn: 0x0000.00000000
```

```
 aux_file is NOT DEFINED

DATA FILE #3:
  (name #5) /home/oracle/oradata/testdb/sysaux01.dbf
creation size=0 block size=8192 status=0xe head=5 tail=5 dup=1
 tablespace 2, index=3 krfil=3 prev_file=0
 unrecoverable scn: 0x0000.00000000 01/01/1988 00:00:00
 Checkpoint cnt:70 scn: 0x0000.0009303a 02/24/2010 23:30:35
 Stop scn: 0x0000.0009303a 02/24/2010 23:30:35
 Creation Checkpointed at scn:  0x0000.00001a15 02/17/2008 01:51:10
 thread:0 rba:(0x0.0.0)
 enabled  threads:  00000000 00000000 00000000 00000000 00000000 00000000
  00000000 00000000 00000000 00000000 00000000 00000000 00000000 00000000
  00000000 00000000 00000000 00000000 00000000 00000000 00000000 00000000

 Offline scn: 0x0000.000716f6 prev_range: 0
 Online Checkpointed at scn:  0x0000.000716f7 02/23/2010 22:59:00
 thread:1 rba:(0x1.2.0)
 enabled  threads:  01000000 00000000 00000000 00000000 00000000 00000000
  00000000 00000000 00000000 00000000 00000000 00000000 00000000 00000000

Hot Backup end marker scn: 0x0000.00000000
 aux_file is NOT DEFINED

DATA FILE #4:
  (name #4) /home/oracle/oradata/testdb/users01.dbf
creation size=0 block size=8192 status=0xe head=4 tail=4 dup=1
 tablespace 4, index=4 krfil=4 prev_file=0
 unrecoverable scn: 0x0000.00000000 01/01/1988 00:00:00
 Checkpoint cnt:69 scn: 0x0000.0009303a 02/24/2010 23:30:35
 Stop scn: 0x0000.0009303a 02/24/2010 23:30:35
 Creation Checkpointed at scn:  0x0000.00002a01 02/17/2008 01:51:16
 thread:0 rba:(0x0.0.0)
 enabled  threads:  00000000 00000000 00000000 00000000 00000000 00000000
  00000000 00000000 00000000 00000000 00000000 00000000 00000000 00000000
  00000000 00000000 00000000 00000000 00000000 00000000 00000000 00000000

Offline scn: 0x0000.000716f6 prev_range: 0
 Online Checkpointed at scn:  0x0000.000716f7 02/23/2010 22:59:00
```

```
 thread:1 rba:(0x1.2.0)
 enabled  threads:  01000000 00000000 00000000 00000000 00000000 00000000
  00000000 00000000 00000000 00000000 00000000 00000000 00000000 00000000
  00000000 00000000 00000000 00000000 00000000 00000000 00000000 00000000

Hot Backup end marker scn: 0x0000.00000000
 aux_file is NOT DEFINED

DATA FILE #5:
  (name #9) /home/oracle/oradata/testdb/example01.dbf
creation size=12800 block size=8192 status=0xe head=9 tail=9 dup=1
 tablespace 6, index=6 krfil=5 prev_file=0
 unrecoverable scn: 0x0000.00000000 01/01/1988 00:00:00
 Checkpoint cnt:28 scn: 0x0000.0009303a 02/24/2010 23:30:35
 Stop scn: 0x0000.0009303a 02/24/2010 23:30:35
 Creation Checkpointed at scn:  0x0000.00076fe5 02/23/2010 23:00:01
 thread:1 rba:(0x1.63f2.10)
 enabled  threads:  01000000 00000000 00000000 00000000 00000000 00000000
  00000000 00000000 00000000 00000000 00000000 00000000 00000000 00000000
  00000000 00000000 00000000 00000000 00000000 00000000 00000000 00000000

Offline scn: 0x0000.00000000 prev_range: 0
 Online Checkpointed at scn:  0x0000.00000000
 thread:0 rba:(0x0.0.0)
 enabled  threads:  00000000 00000000 00000000 00000000 00000000 00000000
  00000000 00000000 00000000 00000000 00000000 00000000 00000000 00000000
  00000000 00000000 00000000 00000000 00000000 00000000 00000000 00000000

 Hot Backup end marker scn: 0x0000.00000000
 aux_file is NOT DEFINED

DATA FILE #6:
  (name #10) /home/oracle/oradata/testdb/undo01.dbf
creation size=1280 block size=8192 status=0xe head=10 tail=10 dup=1
 tablespace 7, index=7 krfil=6 prev_file=0
 unrecoverable scn: 0x0000.00000000 01/01/1988 00:00:00
 Checkpoint cnt:7 scn: 0x0000.0009303a 02/24/2010 23:30:35
 Stop scn: 0x0000.0009303a 02/24/2010 23:30:35
 Creation Checkpointed at scn:  0x0000.0008061f 02/24/2010 19:27:29
```

```
 thread:1 rba:(0x6.1987.10)
 enabled  threads:  01000000 00000000 00000000 00000000 00000000 00000000
  00000000 00000000 00000000 00000000 00000000 00000000 00000000 00000000
  00000000 00000000 00000000 00000000 00000000 00000000 00000000 00000000

Offline scn: 0x0000.00000000 prev_range: 0
 Online Checkpointed at scn:  0x0000.00000000
 thread:0 rba:(0x0.0.0)
 enabled  threads:  00000000 00000000 00000000 00000000 00000000 00000000
  00000000 00000000 00000000 00000000 00000000 00000000 00000000 00000000
  00000000 00000000 00000000 00000000 00000000 00000000 00000000 00000000

 Hot Backup end marker scn: 0x0000.00000000
 aux_file is NOT DEFINED

DATA FILE #7: <deleted>
creation size=1280 block size=8192 status=0x880 head=0 tail=0 dup=0
 tablespace 8, index=8 krfil=7 prev_file=65535
 unrecoverable scn: 0x0000.00000000 01/01/1988 00:00:00
 Checkpoint cnt:7 scn: 0x0000.00092934 02/24/2010 22:26:01
 Stop scn: 0x0000.00092934 02/24/2010 22:26:01
 Creation Checkpointed at scn:  0x0000.00080af1 02/24/2010 20:25:31
 thread:1 rba:(0x6.2042.10)
 enabled  threads:  01000000 00000000 00000000 00000000 00000000 00000000
  00000000 00000000 00000000 00000000 00000000 00000000 00000000 00000000
  00000000 00000000 00000000 00000000 00000000 00000000 00000000 00000000

 Offline scn: 0x0000.000928da prev_range: 1
 Online Checkpointed at scn:  0x0000.0009291c 02/24/2010 22:25:50
 thread:1 rba:(0x6.badf.10)
 enabled  threads:  01000000 00000000 00000000 00000000 00000000 00000000
  00000000 00000000 00000000 00000000 00000000 00000000 00000000 00000000
  00000000 00000000 00000000 00000000 00000000 00000000 00000000 00000000

 Hot Backup end marker scn: 0x0000.00000000
 aux_file is NOT DEFINED

DATA FILE #8: <deleted>
creation size=2560 block size=8192 status=0x880 head=0 tail=0 dup=0
```

```
  tablespace 8, index=8 krfil=8 prev_file=0
  unrecoverable scn: 0x0000.00000000 01/01/1988 00:00:00
  Checkpoint cnt:7 scn: 0x0000.00092934 02/24/2010 22:26:01
  Stop scn: 0x0000.00092934 02/24/2010 22:26:01
  Creation Checkpointed at scn:  0x0000.000926ed 02/24/2010 22:11:40
  thread:1 rba:(0x6.b88c.10)
  enabled  threads:  01000000 00000000 00000000 00000000 00000000 00000000
   00000000 00000000 00000000 00000000 00000000 00000000 00000000 00000000
   00000000 00000000 00000000 00000000 00000000 00000000 00000000 00000000
   00000000 00000000 00000000 00000000 00000000 00000000 00000000 00000000
.....................................
  Offline scn: 0x0000.000928da prev_range: 2
  Online Checkpointed at scn:  0x0000.0009291c 02/24/2010 22:25:50
  thread:1 rba:(0x6.badf.10)
  enabled  threads:  01000000 00000000 00000000 00000000 00000000 00000000
   00000000 00000000 00000000 00000000 00000000 00000000 00000000 00000000
   00000000 00000000 00000000 00000000 00000000 00000000 00000000 00000000
0000 00000000 00000000
Hot Backup end marker scn: 0x0000.00000000
 aux_file is NOT DEFINED
DUMP OF TEMP FILES: 1 files in database

TEMP FILE #1: External File #201
  (name #8) /home/oracle/oradata/testdb/temp01.dbf
creation size=2560 block size=8192 status=0x1e head=8 tail=8 dup=1
 tablespace 3, index=5 krfil=1 prev_file=0
 unrecoverable scn: 0x0000.00071748 02/23/2010 22:59:24
```

이상으로 테이블 스페이스와 데이터 파일을 살펴보았습니다.

이번 장에서 배운 테이블 스페이스 생성과 관리는 DB를 관리하면서 아주 기본적인 기능이므로 반드시 매뉴얼을 안 보고 할 수 있도록 외우길 바랍니다.

CHAPTER 08

사용자 관리

08 CHAPTER 사용자 관리

8.1 User와 Schema

오라클을 사용하다 보면 user라는 용어와 Schema라는 용어가 혼용되어서 사용되는 경우가 종종 있습니다. User와 Schema가 뭔지부터 살펴보겠습니다.

User란 말 그대로 사용자를 의미합니다.
우리가 원하는 데이터를 Oralce Server에 접속해서 가져오든(Select), 변경하든(DML), 데이터에 어떤 영향을 주려면 우린 Oracle Server에 접속해서 작업을 해야 합니다. 이때 Oracle Server에 접속하기 위해 사용하는 것이 User인 것입니다.
우리가 oracle Server에 접속하기 위해 conn scott/tiger 할 때 scott이 user인 것이죠.
이것은 다 잘 알고 있죠?

그럼 Schema란 무엇인가 살펴보겠습니다.
Schema란 특정 사용자(User)가 만들어 놓은 모든 Object의 집합을 Schema (스키마)라고 합니다. 즉 scott schema를 예로 든다면 Oracle Server 안에 Scott 계정으로 로그인해서 만들어 놓은 모든 것을 다 모으면 그것을 scott schema라고 하는 것입니다.
예를 들자면 Scott user가 만든 table, index, view, constraint, trigger, dblink, synonum, sequence 등을 다 통틀어서 scott schema라고 하는 것입니다.
원래는 schema와 username은 다른 의미지만 일반적으로는 서로 같이 혼용해서 많이 사용합니다.

8.2 user 생성하기

User 생성을 해야 하는 경우는 공식으로 정해진 것은 없을 듯 합니다.

일반적으로는 새로운 업무가 생성되거나, 예를 들어 기존에 안 하던 새로운 새로운 서비스를 해야 할 경우, 테이블 스페이스를 새로 만들고 그 테이블 스페이스를 사용하는 사용자를 새로 생성하는 경우가 많습니다. 각 서비스별로 새로운 사용자를 생성해서 사용하는 것이 보안적인 측면에서도 더 권장사항이기도 하지만 관리적인 측면을 보면 사용자가 많아서 무조건 좋은 것은 아닐 수도 있습니다. 잘 판단해서 생성하세요.

새로운 사용자를 생성하는 순서를 간단히 요약해 보겠습니다.

1. 사용자를 생성하는 목적을 정확하게 파악하세요.
2. 해당 사용자의 default tablespace를 결정하고 해당 테이블 스페이스를 먼저 생성하세요.
3. 해당 사용자만 사용하는 temporary tablespace를 결정하고 먼저 생성하세요.
4. 사용자를 생성하세요.
5. 적절한 프로파일과 권한, 롤 등을 적용시키세요.

실무 실습 ⑫ 사용자 생성하기

지금부터 새로운 사용자를 생성하겠습니다.
시나리오는 아래와 같습니다.

현재 DB Server에서 운영되고 있는 서비스 외에 신규 서비스로 SMS 서비스를 런칭했습니다. DBA는 Oracle DB서버에 해당 서비스를 할 수 있도록 작업을 해줘야 합니다.
그래서 TS_SMS라는 테이블 스페이스를 생성하고 SMS 관련 테이블은 모두 이곳에 저장하기로 회의하고 해당 테이블 스페이스에 로그인해서 작업할 계정명을 smsuser로, 암호는 smspwd로 하기로 하였습니다. 또한 권한은 일반적인 사용자 권한은 다 주기로 하였고, 임시 테이블 스페이스는 temp_sms로 만들기로 결정했습니다.

즉 개발자들이 Oracle Server에 conn smsuser/smspwd라 하고 접속해서 오브젝트를 만들면 기본적으로 모두 TS_SMS에 저장되게 하고 order by 등 정렬 작업을 할 경우에는 temp_sms에서 정렬이 일어나게끔 설정을 하는 것입니다. DBA는 이렇게 계정을 생성한 후 개발자들에게 계정 정보만 알려주고 관리만 하면 되는 것이죠.

위에서 사용자를 생성하는 요약 순서대로 사용자를 만들겠습니다.

1) smsuser의 default tablespace 생성하기

```
[oracle@rcclient ~]$ sqlplus / as sysdba;
SQL*Plus: Release 10.2.0.4.0 - Production on Wed Apr 21 06:22:52 2010
Copyright (c) 1982, 2007, Oracle.  All Rights Reserved.
Connected to
Oracle Database 10g Enterprise Edition Release 10.2.0.4.0 - Production
With the Partitioning, OLAP, Data Mining and Real Application Testing
options

SYS>set line 200
SYS>col tablespace_name for a10
SYS>col file_name for a50
SYS>select tablespace_name,bytes/1024/1024 MB, file_name
2  from dba_data_files;

TABLESPACE         MB      FILE_NAME
------------- ---------  ---------------------------------------------
USERS            11.25    /home/oracle/oradata/testdb/users01.dbf
SYSAUX             480    /home/oracle/oradata/testdb/sysaux01.dbf
UNDOTBS1            40    /home/oracle/oradata/testdb/undotbs01.dbf
SYSTEM             500    /home/oracle/oradata/testdb/system01.dbf
EXAMPLE            100    /home/oracle/oradata/testdb/example01.dbf

6 rows selected.

SYS>create tablespace ts_sms
```

```
  2  datafile '/home/oracle/oradata/testdb/ts_sms01.dbf' size 10M;

Tablespace created.

SYS>select tablespace_name,bytes/1024/1024 MB, file_name
  2   from dba_data_files;

TABLESPACE          MB        FILE_NAME
-------------  ---------  ------------------------------------------
USERS             11.25    /home/oracle/oradata/testdb/users01.dbf
SYSAUX              480    /home/oracle/oradata/testdb/sysaux01.dbf
UNDOTBS1             40    /home/oracle/oradata/testdb/undotbs01.dbf
SYSTEM              500    /home/oracle/oradata/testdb/system01.dbf
EXAMPLE             100    /home/oracle/oradata/testdb/example01.dbf
TS_SMS               10   /home/oracle/oradata/testdb/ts_sms01.dbf ❶

7 rows selected.
```

❶ 생성되었습니다.

2) Temporary tablespace 생성하기

```
SYS>create temporary tablespace temp_sms
  2  tempfile '/home/oracle/oradata/testdb/temp_sms01.dbf' size 10M;
Tablespace created.
```

3) 사용자를 생성하기

```
SYS>create user smsuser
  2  identified by smspwd ❷
  3  default tablespace ts_sms ❸
  4  temporary tablespace temp_sms ❹
  5  quota unlimited on ts_sms ❺
  6  quota 0m on system; ❻

User created.
```

❷ 암호를 지정하는 부분입니다.
❸ default tablespace를 지정하는 부분입니다.
❹ temporary tablespace를 지정하는 부분입니다.
❺ 할당량을 지정하는데 무제한으로 설정했습니다.
❻ system tablespace를 사용 못하게 설정했습니다.

4) 권한을 설정하기

```
SYS>grant resource , connect  to smsuser;
 Grant succeeded.

SYS>conn smsuser/smspwd; ❼
 Connected.
```

❼ 접속되는 것을 확인합니다.

8.3 사용자 정보 확인하기

1) default tablespace와 temporary tablespace 정보 확인하기

```
SYS>set line 200
SYS>col default_tablespace for a10
SYS>col temporary_tablespace for a10
SYS>select username,default_tablespace "Default TS", temporary_tablespace
"Temp TS"
  2  from dba_users
  3  where username='SMSUSER';

USERNAME             Default TS               Temp TS
-----------          ---------------          --------------
SMSUSER               TS_SMS                  TEMP_SMS
```

8.4 profile 관리하기

Profile은 사용자 계정의 행동에 제약사항을 두기 위해서 사용하는 경우가 대부분입니다. 예를 들어 5분 이상 활동이 없으면 접속을 강제로 종료시킨다든지, 1개월마다 암호를 다른 것으로 바꾸게 강제로 적용한다든지 하는 것들이 대표적인 예입니다. Profile은 세부 파라미터가 어떤 의미가 있는지와 어떻게 만들어서 사용하는지를 배우도록 하겠습니다.

1) Password profile 관련 파라미터

1. Failed_login_attempts : login 시도를 실패할 경우 계정을 잠그는데 여기 설정된 횟수만큼 시도한 후 계정을 잠그게 됩니다.
   예를 들어 failed_login_attemps 3 이렇게 하면 3번 실패하면 4번째부터는 로그인을 못한다는 의미입니다.

2. Password_lock_time : 위 1번에서 계정이 잠기면 여기서 며칠 동안 잠글 것인지 기간을 정하는 파라미터입니다. 단위는 일이고 여기 일수와 무관하게 DBA가 unlock 해서 사용하게 할 수 있습니다.

3. Password_life_time : 동일한 암호를 며칠간 사용하게 할 것인지 설정하는 파라미터입니다. 단위는 일이며 이 기간이 지나도 안 바꾸면 다음 로그인할 때 강제로 바꾸게 프롬프트를 보여줍니다.

4. Password_grace_time : 위 3번 항목에서 만료되어도 이 파라미터에 지정된 값만큼 더 암호를 변경할 기간을 허용하게 됩니다.

5. Password_reuse_time : 동일한 암호를 다시 사용할 수 없도록 설정하는 기간. 즉 암호를 변경하라고 했는데 사용자가 동일한 암호를 다시 사용하려고 할 수 있기에 같은 암호를 다시 쓸 수 없게 만들어야 할 때 사용하는 파라미터입니다.

6. Password_reuse_max : 동일한 암호를 위 5번 설정을 피해 재사용을 할 경우 최대 사용 가능한 횟수를 지정하는 파라미터입니다.

7. Password_verify_function : 암호를 보다 복잡하게 만들기 위해서 특정 함수를 적용시켜 사용자의 암호를 점검합니다. 이 함수는 오라클에서 만들어 둔 기본 함수인 verify_function을 사용할 수 있고 사용자가 별도의 함수를 만들어서 적용할 수도 있습니다. 여기서는 verify_function 함수를 이용할 경우 어떤 조건을 점검하는지 보겠습니다.
   * 암호는 최소한 4글자 이상 되어야 합니다.
   * 암호는 사용자 계정과 달라야 합니다.
   * 암호는 하나의 특수문자나, 알파벳 , 숫자가 포함되어야 합니다.
   * 암호는 이전 암호와 3글자 이상 달라야 합니다.

실무 실습 ⑬ Password 관련 profile 생성하기

– 조건 1: 로그인 시도 3회 실패 시 계정을 5일 동안 사용 못하게 할 것

- 조건 2: 계정의 암호는 15일에 한 번씩 변경하게 할 것
- 조건 3: 동일한 암호는 15일 동안 사용 못하게 할 것

```
SYS>create profile sample_prof limit
 2  failed_login_attempts  3
 3  password_lock_time  5
 4  password_life_time 15
 5  password_reuse_time 15 ;
```

2) Resource profile 관련 파라미터

이 profile을 사용하려면 resource_limit = true 라는 설정이 되어 있어야 합니다. 즉 startup 할 때 사용되는 parameter file에 위 문장을 적어 놓거나 또는 지금 즉시 적용시키고 싶으면 9i 이상 버전일 경우엔 alter system set resource_limit=true; 를 실행하면 됩니다.

1. Cpu_per_session : 하나의 세션이 CPU를 연속적으로 사용할 수 있는 최대 시간을 설정합니다. 무한루프 같은 쿼리가 작동되면 혼자서 CPU를 연속적으로 점유하기 때문에 이 설정을 사용해서 그런 일을 막고자 하는 것입니다. 1/100초 단위입니다.
2. Sessions_per_user : 하나의 사용자 계정으로 몇 명의 사용자가 동시에 접속할 수 있는지를 설정하는 파라미터입니다.
3. Connect_time : 하루동안 DB Server에 접속할 수 있는 총 시간을 설정합니다.
4. Idle_time : 연속적으로 휴면 시간이 여기 값을 넘으면 접속을 해제합니다. 예를 들어 idle_time 5 이렇게 하면 5분 동안 활동이 없는 세션은 강제로 접속이 끊어지게 됩니다.
5. Logical_reads_per_session : 한 session에서 사용 가능한 최대 block 수를 지정합니다.
6. Private_sga : MTS / shared server 일 경우 해당 session의 SGA 사용량을 bytes 단위로 설정합니다.
7. Cpu_per_call : 하나의 call당 cpu를 점유할 수 있는 시간이며 1/100초 단위입니다.
8. Logical_reads_per_call : 하나의 call당 읽을 수 있는 block의 개수를 지정합니다.

실무 실습 ⑭ Resource 관련 profile 만들기

```
SYS>alter system set resource_limit=true;
System altered.
```

- 조건 1: 1명당 연속적으로 CPU를 사용할 수 있는 시간을 10초로 제한할 것.
- 조건 2: 하루 중 8시간만 DB에 접속 가능하게 할 것.
- 조건 3: 10분 동안 사용하지 않으면 강제로 접속을 끊을 것.

```
SYS>create profile re_sample_prof limit
  2  cpu_per_session 1000
  3  connect_time  480
  4  idle_time 10 ;

 Profile created.
```

3) 사용자에게 profile 할당하기

여기에서는 위 2번과 4번에서 만든 profile을 smsuser에게 설정하겠습니다.

1. 현재 모든 사용자가 적용받고 있는 profile 확인하기

```
SYS> set pagesize 50
SYS>select username "사용자명" , profile "적용 프로파일"
  2  from dba_users
  3  where username='SMSUSER' ;

 사용자명              적용 프로파일
-----------          -------------------
 SMSUSER              DEFAULT
```

2. 해당 profile에 어떤 내용이 있는지 확인하기
   - 위에서 만든 sample_prof의 내용을 조회하겠습니다.

```
SYS>set line 200
```

```
SYS>col profile for a13
SYS>col resource_name for a30
SYS>col resource for a10
SYS>col limit for a10
SYS>select * from dba_profiles
  2  where profile='SAMPLE_PROF' ;

PROFILE         RESOURCE_NAME                  RESOURCE     LIMIT
--------------- ------------------------------ ------------ -----------
SAMPLE_PROF     COMPOSITE_LIMIT                KERNEL       DEFAULT
SAMPLE_PROF     SESSIONS_PER_USER              KERNEL       DEFAULT
SAMPLE_PROF     CPU_PER_SESSION                KERNEL       DEFAULT
SAMPLE_PROF     CPU_PER_CALL                   KERNEL       DEFAULT
SAMPLE_PROF     LOGICAL_READS_PER_SESSION      KERNEL       DEFAULT
SAMPLE_PROF     LOGICAL_READS_PER_CALL         KERNEL       DEFAULT
SAMPLE_PROF     IDLE_TIME                      KERNEL       DEFAULT
SAMPLE_PROF     CONNECT_TIME                   KERNEL       DEFAULT
SAMPLE_PROF     PRIVATE_SGA                    KERNEL       DEFAULT
SAMPLE_PROF     FAILED_LOGIN_ATTEMPTS          PASSWORD     3
SAMPLE_PROF     PASSWORD_LIFE_TIME             PASSWORD     15
SAMPLE_PROF     PASSWORD_REUSE_TIME            PASSWORD     15
SAMPLE_PROF     PASSWORD_REUSE_MAX             PASSWORD     DEFAULT
SAMPLE_PROF     PASSWORD_VERIFY_FUNCTION       PASSWORD     DEFAULT
SAMPLE_PROF     PASSWORD_LOCK_TIME             PASSWORD     5
SAMPLE_PROF     PASSWORD_GRACE_TIME            PASSWORD     DEFAULT

16 rows selected.

- 위에서 만든 re_sample_prof의 내용을 조회하겠습니다.
SYS> col profile for a15

SYS> select * from dba_profiles
 2  where profile='RE_SAMPLE_PROF' ;

PROFILE           RESOURCE_NAME                RESOURCE    LIMIT
----------------- ---------------------------- ----------- ------------
RE_SAMPLE_PROF    COMPOSITE_LIMIT              KERNEL      DEFAULT
RE_SAMPLE_PROF    SESSIONS_PER_USER            KERNEL      DEFAULT
RE_SAMPLE_PROF    CPU_PER_SESSION              KERNEL      1000
```

```
RE_SAMPLE_PROF    CPU_PER_CALL                 KERNEL      DEFAULT
RE_SAMPLE_PROF    LOGICAL_READS_PER_SESSION    KERNEL      DEFAULT
RE_SAMPLE_PROF    LOGICAL_READS_PER_CALL       KERNEL      DEFAULT
RE_SAMPLE_PROF    IDLE_TIME                    KERNEL      10
RE_SAMPLE_PROF    CONNECT_TIME                 KERNEL      480
RE_SAMPLE_PROF    PRIVATE_SGA                  KERNEL      DEFAULT
RE_SAMPLE_PROF    FAILED_LOGIN_ATTEMPTS        PASSWORD    DEFAULT
RE_SAMPLE_PROF    PASSWORD_LIFE_TIME           PASSWORD    DEFAULT
RE_SAMPLE_PROF    PASSWORD_REUSE_TIME          PASSWORD    DEFAULT
RE_SAMPLE_PROF    PASSWORD_REUSE_MAX           PASSWORD    DEFAULT
RE_SAMPLE_PROF    PASSWORD_VERIFY_FUNCTION     PASSWORD    DEFAULT
RE_SAMPLE_PROF    PASSWORD_LOCK_TIME           PASSWORD    DEFAULT
RE_SAMPLE_PROF    PASSWORD_GRACE_TIME          PASSWORD    DEFAULT

16 rows selected.
```

3. 사용자에게 profile 적용시키고 확인하기

```
SYS>alter user smsuser profile sample_prof;
User altered.

SYS>alter user smsuser profile re_sample_prof;
User altered.

SYS>select username,profile
  2  from dba_users
  3  where username='SMSUSER';

USERNAME              PROFILE
---------------   ------------------------
SMSUSER               RE_SAMPLE_PROF
```

위 예에서 알 수 있듯이 여러 개의 프로파일을 적용시킬 수 없습니다.
그래서 처음부터 프로파일을 만들 때 원하는 파라미터를 전부 넣고 한꺼번에 만든 후 그것을 적용시켜야 합니다.

4. 사용 안 하는 profile 삭제하기
   - 현재 사용 중인 re_sample_prof 프로파일을 삭제하겠습니다.

```
SYS>drop profile re_sample_prof;
drop profile re_sample_prof
*
ERROR at line 1:
ORA-02382: profile RE_SAMPLE_PROF has users assigned, cannot drop without
CASCADE
```

앞에서 보듯이 현재 사용자에게 할당이 되어 있는 profile은 기본적으로 삭제가 안됩니다. 그러나 cascade 옵션으로 삭제하면 삭제할 수 있습니다. 그렇게 삭제하게 되면 해당 프로파일을 사용하던 사용자는 default profile을 사용하게 됩니다.

```
SYS>drop profile re_sample_prof cascade;
Profile dropped.

SYS>select username, profile
  2  from dba_users
  3  where username='SMSUSER';

USERNAME            PROFILE
--------------      ---------------
SMSUSER             DEFAULT
```

8.5 privilege(권한) 관리하기

Profile은 사용자가 어떤 것들을 못하게 막는 것이 목적이지만 privilege는 사용자에게 어떤 것들을 하게 허락해주는 것을 목적으로 합니다.

일반적으로 OS는 계정을 생성하고 암호만 주면 서버에 접속이 가능하고 적절한 작업도 가능하지만 Oracle은 계정을 생성하고 암호를 설정하고 적절한 권한까지 주어야만 접속도 할 수 있고 작업도 할 수 있습니다.

Privilege는 크게 system 관련 privilege와 object 관련 privilege로 나뉩니다.

1) System 관련 주요 privilege

대 분 류	privilege	설 명
index	Create any index	소유자에 상관없이 모든 테이블에 인덱스를 생성할 수 있는 권한
	Drop any index	소유자에 상관없이 모든 인덱스를 삭제할 수 있는 권한
	Alter any index	소유자에 상관없이 모든 인덱스를 수정할 수 있는 권한
table	Create table	자신의 테이블을 생성할 수 있는 권한
	Create any table	소유자에 상관없이 다른 user 이름으로 테이블을 생성할 수 있는 권한
	Alter any table	소유자에 상관없이 모든 테이블의 구조를 수정할 수 있는 권한
	Drop any table	소유자에 상관없이 모든 사용자의 테이블을 삭제할 수 있는 권한
	Update any table	소유자에 상관없이 모든 사용자의 테이블을 업데이트 할 수 있는 권한
	Delete any table	소유자에 상관없이 모든 사용자의 테이블의 데이터를 삭제할 수 있는 권한
	Insert any table	소유자에 상관없이 모든 사용자의 테이블에 데이터를 삽입할 수 있는 권한
session	Create session	서버에 접속할 수 있는 권한
	Alter session	접속 상태에서 환경값을 변경할 수 있는 권한
	Restricted session	Restricted 모드로 open된 DB에 접속할 수 있는 권한
tablespace	Create tablespace	Tablespace를 만들 수 있는 권한
	Alter tablespace	Tablespace를 수정할 수 있는 권한
	Drop tablespace	Tablespace를 삭제할 수 있는 권한
	Unlimited tablespace	Tablespace 사용용량을 무제한으로 허용하는 권한. 즉 quota 옵션 적용을 받지 않게 됨

2) SYSOPER / SYSDBA privilege

Privilege	할 수 있는 일
SYSOPER	Startup / shutdown
	Alter database mount / open
	Alter database backup control file to …..
	Recover database
	Alter database archivelog
	Restricted session
SYSDBA	SYSOPER privilege with admin option
	Create database
	Alter tablespace … begin backup / end backup
	Recover database until

3) SYSTEM 관련 권한 할당하기 / 해제하기

- scott 사용자에게 create table, create session 권한을 할당합니다.

```
SYS> grant create table, create session to scott;
```

- scott 사용자에게 create table 권한을 해제합니다.

```
SYS> revoke create table from scott;
```

4) 사용자가 가지고 있는 권한 조회하기

- scott 사용자가 가지고 있는 모든 권한을 조회하세요.

```
SYS>select * from dba_sys_privs
  2  where grantee='SCOTT';
```

```
GRANTEE          PRIVILEGE                      ADM
----------       ----------------------------   -----------
SCOTT            SELECT ANY TRANSACTION         NO
SCOTT            UNLIMITED TABLESPACE           NO
SCOTT            CREATE TABLE                   NO
SCOTT            CREATE SESSION                 NO
```

위에서 adm 컬럼은 With admin option 옵션 여부를 나타냅니다.

With admin option이란 권한을 위임하는 기능인데 예를 들어서 DBA가 A에게 Create table이란 권한을 줄 때 그냥 주면 A 사용자는 create table을 수행하는 권한만 받게 되지만 `grant create table to a with admin option` 이렇게 주게 되면 A 사용자는 또 다른 사용자에게 with admin option과 함께 받은 create table이 라는 권한을 마치 DBA처럼 할당해 줄 수가 있게 됩니다. 또한 다른 사용자가 가진 create table이란 권한을 회수할 수도 있게 됩니다.

5) Object 관련 Privilege

주로 DML과 연관이 많습니다. 즉 object를 select , insert , update, delete 등을 할 수 있는 권한을 말합니다.

6) Object 권한 할당하기 / 해제하기

- scott 사용자에게 smsuser가 만든 smstest 테이블을 select 할 수 있도록 하세요.

```
SYS> grant  select  on smsuser.smstest  to scott ;
```

- scott 사용자에게 smsuser가 만든 smstest 테이블을 update 할 수 있도록 하세요. 그리고 scott 사용자가 이 권한을 다른 사람에게 줄 수 있는 권한도 주세요.

```
SYS> grant update on smsuser.smstest to scott with grant option ;
```

- scott 사용자가 가진 smsuser의 smstest 테이블을 select 하는 권한을 해제하세요

```
SYS> revoke select  on  smsuser.smstest  from scott;
```

– with grant option이란?

System privilege에서 권한 위임을 하기 위해서는 권한 할당을 할 때 with admin option을 사용하였습니다. 그러나 Object privilege에서는 같은 의미의 작업을 할 때 with grant option을 사용합니다. 차이점은 DBA가 A 사용자에게 with admin option을 사용하여 권한을 주고 A 사용자가 다시 B 사용자에게 권한을 주었을 때 DBA가 A 사용자에게서 권한을 해제해도 A 사용자로부터 권한을 받은 B 사용자는 권한이 해제가 안되지만 with grant option은 A 사용자의 권한을 해제하면 자동으로 A 사용자로부터 받은 B 사용자의 권한까지 해제되게 됩니다.

8.6 Role 관리하기

사용자가 어떤 작업을 DB 내에서 수행하려면 반드시 그 권한을 가지고 있어야 한다고 앞에서 살펴보았습니다. 그리고 권한을 할당하는 것도 배웠습니다.

그런데 이 권한이 너무 많아서 grant 명령어로 권한 하나하나를 매번 할당하기에는 아주 힘이 드는 경우가 많이 있습니다. 이럴 경우를 위해서 만들어진 기능이 Role입니다.

Role이란 권한의 그룹이라고 생각하시면 됩니다. 예를 들어 김밥 한 조각을 먹으면 우리는 김도 먹고, 밥도 먹고, 햄도 먹고, 시금치도 먹고 등등. 이렇게 김밥 한 조각 속에 여러 가지가 들어 있어서 한꺼번에 먹듯이 Role이라는 것도 Role 속에 여러 가지 권한을 넣어 두고 사용자에게 Role 하나를 주면 그 안에 있는 모든 권한을 다 받게 되는 것입니다.

1) Role 생성하기

```
SYS>create role trole;
  Role created.
```

2) Role에 create session, create table 권한 할당하기

```
SYS>grant create session , create table to trole;
  Grant succeeded.
```

3) Scott 사용자에게 trole 할당하기

```
SYS>grant  trole  to  scott;
  Grant succeeded.
```

4) 어떤 사용자가 어떤 Role을 사용하는지 확인하기

```
SYS>select * from dba_role_privs where grantee='SCOTT';

GRANTEE      GRANTED_ROLE      ADM     DEF
---------   ---------------  -------  -------
SCOTT         RESOURCE         NO      YES
SCOTT         DBA              NO      YES
SCOTT         TROLE            NO      YES
SCOTT         CONNECT          NO      YES
```

5) 어떤 Role에 어떤 권한이 있는지 확인하기

```
SYS>select * from dba_sys_privs where grantee ='CONNECT';
GRANTEE          PRIVILEGE                 ADM
-----------    ---------------------    --------
CONNECT          CREATE SESSION            NO

SYS>select * from dba_sys_privs where grantee ='RESOURCE';

GRANTEE      PRIVILEGE                    ADM
----------  --------------------------   ----------
RESOURCE     CREATE TRIGGER                NO
RESOURCE     CREATE SEQUENCE               NO
RESOURCE     CREATE TYPE                   NO
RESOURCE     CREATE PROCEDURE              NO
RESOURCE     CREATE CLUSTER                NO
RESOURCE     CREATE OPERATOR               NO
RESOURCE     CREATE INDEXTYPE              NO
RESOURCE     CREATE TABLE                  NO

8 rows selected.
```

이상으로 사용자 관리를 마치도록 하겠습니다.

ORACLE BACKUP

PART 02

Oracle Backup

CHAPTER

CHAPTER 09

Archive log / No Archive log

9.1 개념잡기

실무실습 15. no archive log mode에서 archive redo log mode로 변경하기

09 CHAPTER

Archive log / No Archive log

9.1 개념잡기

오라클은 백업과 관련되어서 DB를 운영하는 2가지 모드를 제공합니다.
No archive log mode와 archived log mode가 그것인데 하나씩 살펴보도록 하겠습니다.

오라클 백업 복구의 핵심은 redo log입니다. 사용자들이 수행하는 모든 변경사항들을 redo log에 저장을 해 두고 복구가 필요하면 그걸 뒤져서 찾아내는 것입니다. 마치 우리가 누구에게 돈이나 물건을 빌려주고 그걸 장부에 다 적어뒀다가 나중에 필요할 때 장부를 뒤져 그 내역을 찾아내는 것과 같죠.

여러분들의 은행계좌의 거래 내역을 조회하는 것 또한 마찬가지 원리입니다.
지나간 날짜들 중에 언제 누구에게 얼마나 송금했는지 기억 안 날 때 계좌조회 해보면 바로 알 수 있는 것처럼 오라클도 예전에 했던 작업에 문제가 있을 경우 지난 로그 파일을 보면서 다시 복구해 내는 것입니다. 그래서 redo log 관리가 아주 중요합니다. 돈 빌려주고 적어둔 장부를 잃어버리면 나중에 문제가 생겼을 때 손실이 날 수 있는 것과 같은 원리입니다.

이렇게 중요한 redo log를 관리하는 방법에 따라 archive log mode와 no archive log mode로 나뉘게 됩니다.

우선 다음 그림부터 살펴보겠습니다.

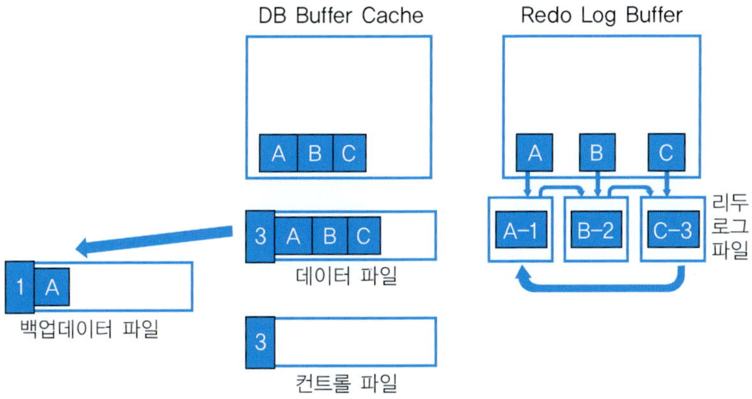

[그림 9-1] **복구 원리설명**

사용자가 어떤 테이블에 데이터 A를 입력합니다. 그럼 위 그림의 Redo log Buffer에 A가 먼저 입력되고 DB Buffer Cache에 A가 입력되겠죠? 사용자가 커밋하면 Redo log Buffer에 있는 내용이 Redo log file에 SCN과 함께 기록되고 (여기선 SCN 1이라고 하겠습니다) Redo log Buffer에서 지워질 것입니다. 또 때마침 log Switch가 발생해서 다음 그룹으로 넘어가게 되면 checkpoint가 발생하겠죠? 그럼 DB Buffer Cache에 있던 A가 데이터 파일에 저장되고 CKPT 프로세스가 데이터 파일 헤더와 컨트롤 파일에 해당 checkpoint SCN(여기선 A의 SCN 1번)을 기록하게 됩니다. 이 상태에서 데이터 파일을 백업받았습니다.

그리고 사용자가 B를 넣고 commit하고 log switch가 발생하여 데이터 파일에 B가 기록되고 데이터 파일과 컨트롤 파일에 B의 SCN 2번이 기록되고 다시 사용자가 C를 넣고 commit하고 log switch까지 발생해서 Redo log file에 C까지 기록되고 데이터 파일에도 C까지 기록되고 데이터 파일과 컨트롤 파일에도 C의 SCN 3이 기록되어 있습니다. 여기까진 이상 없는데 만약 새로운 데이터 D가 들어와서 commit이 수행되었다고 가정하겠습니다.

다음 [그림 9-2]를 다시 보겠습니다.
원래 A가 들어있던 리두 로그는 상태가 inactive이기 때문에 LGWR은 기본적으로 A를 D-4로 덮어 쓰게 됩니다. 그리고 log switch가 발생해서 B가 들어있던 로그로 가서 B도 E-5로 덮어 쓰게 됩니다. 그리고 데이터 파일과 컨트롤 파일의 내용도 아래 그림처럼 변경하게 되는 것입니다.

여기서 핵심은 redo log file은 inactive 상태가 되면 LGWR이 기존 내용을 신규 내용으로 덮어 쓰게 된다는 부분입니다.
아래 그림과 같은 상황에서 데이터 파일이 삭제되는 장애가 발생했다고 가정하고 복구를 시도해 보겠습니다.

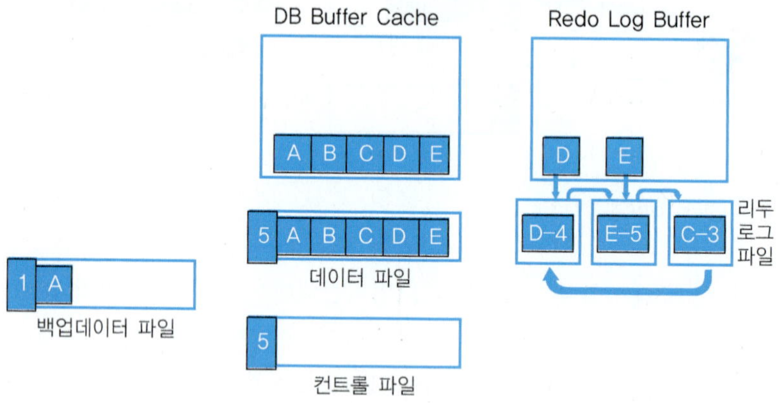

[그림 9-2] 기존 리두 로그 파일을 덮어 써 버림

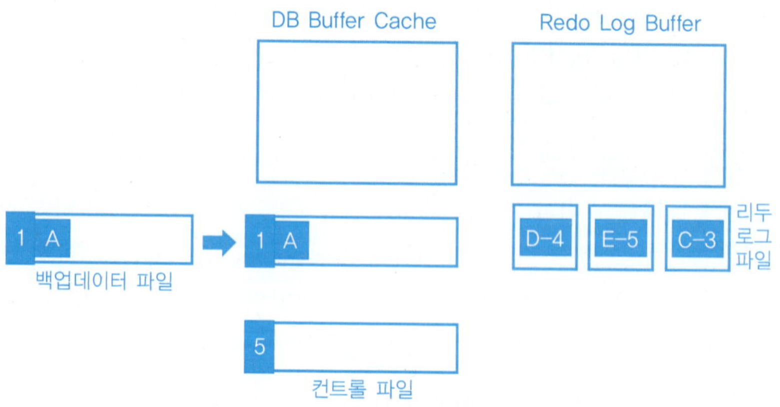

[그림 9-3] 데이터 파일이 삭제된 후 복구하는 과정

위 그림처럼 데이터 파일이 삭제되었다면 우리는 뒷부분에서 배우겠지만 백업받아 둔 데이터 파일을 가져와서 복구를 시도합니다.

복구과정을 요약하면

1. 백업 데이터 파일을 복사해온다.(이 과정을 복원(Restore)라고 합니다)
2. Recover 명령을 수행하면 control file의 checkpoint scn 정보를 확인한다.
3. 2번에서 확인한 control file의 scn 정보와 데이터 파일 헤더부분의 scn 정보를 비교한다.
4. 틀린 부분은 redo log file이나 archive log file을 반영해서 복구 완료한다.

여기서 중요한 것은 데이터 파일의 SCN이 1번이고 컨트롤 파일의 SCN이 5번인데 서버 프로세스는 컨트롤 파일의 SCN을 기준으로 차이가 나는 부분을 redo log file의 내용을 이용해서 복구를 시도합니다.

이 과정을 그림으로 보겠습니다.

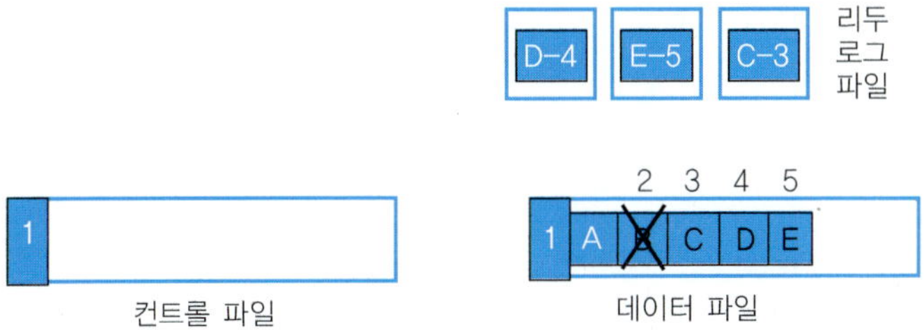

[그림 9-4] 아카이브 파일 장애

앞의 [그림 9-4]에서처럼 컨트롤 파일에는 checkpoint SCN이 5번이고 데이터 파일에는 1번이라면 부족한 2, 3, 4, 5번의 작업들을 Redo log file에서 찾아서 데이터 파일에 반영을 시켜야 하는데 문제는 2번 작업을 5번 작업이 덮어 써버렸기 때문에 2번 작업을 알 수 없다는 것입니다. 이 경우처럼 Redo log file을 덮어쓰는 경우를 no archive log mode 라고 부르고 오라클을 처음 설치하면 기본 모드입니다.

이럴 경우 문제점은 위와 같은 경우처럼 장애가 발생해서 복구해야 하는 경우에 복구는 2→3→4→5 이런 순서로 순차적으로 되는데 2번 로그파일이 없는 경우는 2번 이후로는 전부 복구가 되지 않습니다. 오라클은 항상 복구를 순차적으로 하기 때문에 중간에 로그 파일이 비어 버리면 그 빈 파일 다음부터는 복구를 할 수 없습니다.

이런 문제가 생긴 이유는 로그 파일을 덮어 써 버렸기 때문입니다.
그래서 이런 문제를 막기 위해서 로그 파일을 덮어 쓰기 전에 다른 곳으로 복사를 해 두고 덮어 쓰는 방법이 archive log mode라고 하는 것이며 다른 곳으로 복사해 둔 redo log file을 archive redo log file이라고 하는 것입니다. 아래 그림을 보겠습니다.

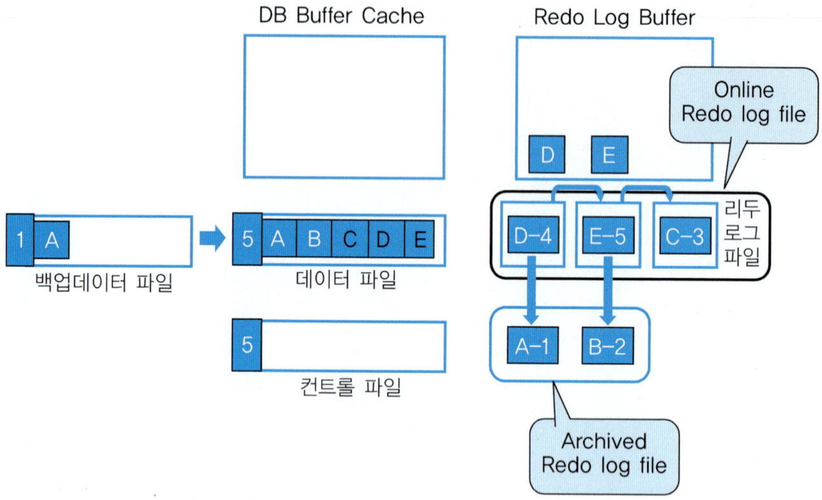

[그림 9-5] archive redo log file과 online redo log file

위 [그림 9-5]에서 D-4를 쓰기 전에 먼저 A-1을 다른 곳으로 복사해 두고 D-4를 덮어 쓰게 되고, E-5를 쓰기 전에 B-2를 다른 곳으로 복사해 두고 E-5를 덮어쓰게 됩니다. 이렇게 해서 online redo log file을 손실 없이 지키게 되는 방법이 archive log mode라고 하는 것입니다.

Archive log를 만드는 시점은 log switch가 발생하면 즉시 archiving 작업이 시작되며 이 작업을 해 주는 백그라운드 프로세스가 archiver(arch)입니다.

이렇게 archive log mode로 운영하는 것이 안정적인 면에서는 당연히 no archive log mode보다 좋으나 몇 가지 기억해야 할 단점이 있습니다.

1. Archive log file을 저장해야 할 별도의 저장 공간이 추가로 필요합니다.

2. Archive hang이 발생할 수 있습니다.

Archive redo log file을 저장하는 공간이 가득 찰 경우 archive를 중단하게 되며 이럴 경우 전체 Database가 중단이 되는 현상이 발생하게 됩니다. 이런 현상을 archive hang이라고 합니다.

3. 관리가 까다롭습니다.
   Archive log 원리를 정확히 모를 경우 관리하기가 힘들며 관리가 잘못될 경우 장애가 발생해도 복구를 할 수 없게 됩니다.

오라클을 처음 설치하면 no archive log mode입니다.

DB를 안정적으로 운영하기 위해서는 Archive log mode로 운영하는 것이 권장사항이므로 실습으로 배우도록 하겠습니다.

실무 실습 ⑮ no archive log mode에서 archive redo log mode로 변경하기

1. DB 종료 → 2.Parameter File 수정 → 3. DB Mount로 시작 → 4. mode 변경 → 5. DB Open

1. DB 종료

```
oracle$ sqlplus / as sysdba
SQL> shutdown immediate;
```

2. parameter file 수정 → archive log file 저장경로와 이름 지정

```
SQL>!
oracle$ vi $ORACLE_HOME/dbs/inittestdb.ora
log_archive_start=true ❶
log_archive_dest_1='location=/data/arc1' ❷
log_archive_dest_2='location=/data/arc2' ❸
log_archive_format=%s_%t_%r.arc ❹
….
oracle$ exit
```

❶ 9i까지만 사용함, 10g에서는 쓰면 에러납니다.
❷ 첫 번째 저장경로 지정
❸ 두 번째 저장경로 지정
❹ 아카이브 로그파일 이름 지정

3. DB를 mount 단계로 시작

```
SQL> startup mount;
     ORACLE instance started.
     Total System Global Area   167772160 bytes
     Fixed Size                   1218316 bytes
     Variable Size               79694068 bytes
     Database Buffers            83886080 bytes
     Redo Buffers                 2973696 bytes
     Database mounted.
```

4. archive log mode 확인 및 변경하기

⑤ 아카이브 로그 여부 확인하기

```
SQL> archive log list; ⑤
     Database log mode            No Archive Mode
     Automatic archival           Disabled
     Archive destination          /data/arc2
     Oldest online log sequence   1
     Current log sequence         3

SQL> alter database archivelog; <- 아카이브 로그 모드로 변경하기
     Database altered.
```

5. DB 오픈하기

```
SQL> alter database open;
     Database altered.
```

여기서 실제로 no archive log mode에서 archive log mode로 변경하는 작업은 4번 과정이지만 2번 과정을 해 주는 이유는 2번 과정에서 저장경로를 별도로 하지 않고 4번 과정을 진행하면 기본적으로 archive log file이 저장되는 경로는 파라미터 파일 안에 있는 db_recovery_file_dest에 지정된 위치로 설정이 되고 기본값으로 $ORACLE_BASE/flash_recovery_area입니다. 이 디렉토리 아래에는 3가지 종류의 파일이 자동 저장되는데 1) archive redo log이며 2) flashback log와 3) rman backup file이 그것입니다. 이 3가지 모두가 용량이 큰 파일들이죠.

이 부분에서 조심해야 하는 문제는 오라클을 처음 설치하면 이 디렉터리의 크기가 parameter file 안에 db_recovery_file_dest_size 라는 파라미터로 2G로 설정되

어 있는데 이것을 변경하지 않고 아카이브 모드로 변경할 경우에는 이 디렉터리가 가득 차게 되어 DB가 얼마 후 archive hang이라는 문제로 중단되게 됩니다. 그래서 위의 예제나 일반적으로 db를 운영할 때는 아카이브 로그 저장 경로를 다른 디스크나 경로로 설정을 하게 됩니다. 그렇게 할 경우 일반적으로 성능도 좋아질 수 있습니다.

CHAPTER 10

Oracle Backup

CHAPTER 10

Oracle Backup

백업이란 만약의 경우 장애가 발생해서 DB가 사용할 수 없는 상태가 되었을 때 이를 고치기 위해 필요한 파일들을 미리 복사해 두는 것을 말합니다.

디스크의 장애가 발생하든지 또는 사용자가 실수를 하든지 여러 가지 경우에 얼마든지, 언제든지 장애는 발생할 수 있으므로 이에 대비한 철저한 백업을 수행하여야 하며 이를 대비하기 위해서 DBA는 복구에 필요한 파일들을 규칙적으로 백업을 받아야 합니다.

이 책에서는 백업 받는 경로를 디스크(20GB 정도)를 하나 추가해서 /data/ 로 마운트 해서 닫힌 백업은 /data/backup/close, 열린 백업은 /data/backup/open, RMAN 백업은 /data/backup/rman으로 설정했습니다. 꼭 이 경로가 아니더라도 원하는 곳으로 경로만 변경해서 실습하면 됩니다.

10.1 백업 대상(아래의 내용은 oracle 10g R2 기준입니다)

만약을 위해 백업을 받아야 하는 대상은 필수 파일이 있고 선택 파일이 있습니다.

필수적인 파일로는 data files, redo log files, control files이 있고, 선택적인 파일은 parameter file과 password file이 있습니다.

1. Data file

실제 데이터가 저장되어 있는 파일입니다.

현재 사용 중인 데이터 파일을 확인해서 자주 백업을 받아두어야 합니다.

```
SQL> set line 200;
SQL> col name for a50
SQL> select name , status  from  v$datafile;

NAME                                               STATUS
-----------------------------------------------  -----------
/home/oracle/oradata/testdb/system01.dbf           SYSTEM
/home/oracle/oradata/testdb/undotbs01.dbf          ONLINE
/home/oracle/oradata/testdb/sysaux01.dbf           ONLINE
/home/oracle/oradata/testdb/users01.dbf            ONLINE
/home/oracle/oradata/testdb/example01.dbf          ONLINE

5 rows selected.
```

여기에서는 오라클을 설치했을 때 기본적인 파일만 나오지만 업무별로 많은 테이블 스페이스를 생성하였다면 더 많은 파일이 보일 것입니다. 그 데이터 파일들이 전부 백업 대상입니다.

2. Control file

앞에서 본 것처럼 control file은 DB를 운영하는데 중요한 내용이 들어 있는 파일입니다.

Control file은 현재 사용 중인 파일만 쓸 수 있고, 과거에 썼던 파일은 백업 받아도 쓸 수 없다는 내용을 앞에서 살펴보았습니다.

```
SQL> select name from v$controlfile;

NAME
----------------------------------------------
/home/oracle/oradata/testdb/control01.ctl
/home/oracle/oradata/testdb/control02.ctl
/home/oracle/oradata/testdb/control03.ctl
```

여기에서 보이는 컨트롤 파일만 사용 가능한 파일이고 혹시 서버에 이 파일들 말고 다른 컨트롤 파일이 존재한다 하더라도 사용할 수 없는 파일이라는 점을 꼭 기억하기 바랍니다.

3. Redo log file

데이터에 변경이 일어난 내용을 복구에 사용하기 위해 저장하고 있는 파일입니다.

```
SQL> set line 200
SQL> col member for a50
SQL> select a.group# , a.member , b.bytes/1024/1024 MB , b.archived ,
b.status
  2  from v$logfile a , v$log  b
  3  where a.group#=b.group#
  4  order by 1,2;

 GROUP#   MEMBER                                         MB   ARCHIV  STATUS
-------  ---------------------------------------------  ---- -------  ---------
      1  /home/oracle/oradata/testdb/redo01_a.log        50     YES    INACTIVE
      1  /home/oracle/oradata/testdb/redo01_b.log        50     YES    INACTIVE
      2  /home/oracle/oradata/testdb/redo02_a.log        50     NO     CURRENT
      2  /home/oracle/oradata/testdb/redo02_b.log        50     NO     CURRENT
      3  /home/oracle/oradata/testdb/redo03_a.log        50     YES    INACTIVE
      3  /home/oracle/oradata/testdb/redo03_b.log        50     YES    INACTIVE

6 rows selected.
```

4. Parameter file / Password file

Parameter file은 오라클 서버를 운영하는데 필요한 각종 설정 정보를 저장하고 있는 파일로 이 파일이 손실될 경우 오라클 서버가 시작이 되지 않습니다. 그리고 초기 설치 후 운영하면서 많은 사항들이 변경되었을 텐데 만약 그걸 다 기억하지 못한다면 다시 각 파라미터의 최적의 값을 찾기 위해 고생을 해야 할 것입니다. 반드시 받아야 하는 파일은 아니지만 백업 받아 두는 것이 훨씬 유용할 것입니다.

또한 password file은 sysdba 권한의 암호를 저장하는 파일로 일반적으로 사용자의 암호는 딕셔너리에 저장이 되어서 DB가 오픈된 후 조회를 하게 됩니다. 그러나 DB가 shutdown 되어있는데 startup 하려면 sysdba 권한으로 로그인 해야 합니다. 문제는 sysdba 암호를 딕셔너리에 저장해 둔다면 db가 종료가 되어 있으면 로그인을 못하게 되고 로그인을 못하면 db를 시작할 수 없게 된다는 것입니다.

그래서 오라클은 sysdba 암호를 일반 파일에다가 저장해 두게 되는 것입니다. 이 파일들은 $ORACLE_HOME/dbs 디렉토리 밑에 저장되어 있습니다.
위에서 1, 2, 3번 파일은 꼭 백업하여야 하고 4번 파일은 필수사항은 아니지만 받는 것이 좋습니다.

10.2 백업의 종류

1) 닫힌 백업(cold backup)

닫힌 백업은 데이터베이스를 종료시킨 후(shutdown) 위에서 살펴본 전체 파일들을 백업 받는 것입니다. 특별히 어렵지는 않지만 몇 가지 주의사항을 살펴보겠습니다.

1. 모든 파일은 동일한 checkpoint SCN을 가져야 합니다.
   이 말은 shutdown한 시점이 같아야 한다는 말입니다.
   예를 들어, 1일 24:00에 db를 shutdown immediate 한 후 data file 전부를 백업 받고 난 후, database를 다시 open 해서 사용하다가 2일 01:00에 다시 shutdown immediate 하고 나머지 redo log file과 control file을 백업 받는다면 이는 사용할 수 없는 백업세트가 됩니다. 아카이브 로그가 있다면 복구가 될 수도 있겠지만 일반적으로 올바른 닫힌 백업이 아니라는 말입니다.

2. Shutdown은 정상적인 shutdown이어야만 합니다.
   Shutdown immediate, shutdown transactional, shutdown normal은 정상적으로 커밋된 데이터는 저장되고 커밋 안 된 데이터는 롤백이 되어 clean database가 되지만 shutdown abort, startup force, instance crash 같이 종료가 되면 파일이 이미 일관성이 흐트러진 상태이기 때문에 복구에 사용될 수 없습니다.

3. 이 방법은 archive log / no archive log mode에 상관없이 모두 사용될 수 있습니다.

4. Datafiles, online redo log flies, control files 모두를 백업 받을 수 있습니다.

5. 테이블 스페이스를 Offline 시켜두고 받는 백업도 일종의 close backup으로 생각할 수 있습니다.

실무 실습 ⑯ 닫힌 백업 수행하기

step 1. 백업 대상 확인하기

< data file >

```
SQL> select name , status from v$datafile;

NAME                                              STATUS
------------------------------------------------  ----------
/home/oracle/oradata/testdb/system01.dbf          SYSTEM
/home/oracle/oradata/testdb/undotbs01.dbf         ONLINE
/home/oracle/oradata/testdb/sysaux01.dbf          ONLINE
/home/oracle/oradata/testdb/users01.dbf           ONLINE
/home/oracle/oradata/testdb/example01.dbf         ONLINE
```

< redo log file>

```
SQL>select a.group#, a.member, b.bytes/1024/1024 MB, b.archived, b.status
  2  from v$logfile a , v$log  b
  3  where a.group#=b.group#
  4  order by 1,2 ;

GROUP#   MEMBER                                       MB     ARCHIV    STATUS
------  ------------------------------------------  -----  --------  --------
1        /home/oracle/oradata/testdb/redo01_a.log     50     NO        CURRENT
1        /home/oracle/oradata/testdb/redo01_b.log     50     NO        CURRENT
2        /home/oracle/oradata/testdb/redo02_a.log     50     YES       INACTIVE
2        /home/oracle/oradata/testdb/redo02_b.log     50     YES       INACTIVE
3        /home/oracle/oradata/testdb/redo03_a.log     50     YES       INACTIVE
3        /home/oracle/oradata/testdb/redo03_b.log     50     YES       INACTIVE
```

< control file >

```
SQL> select name from v$controlfile;
```

```
NAME
--------------------------------------------
/home/oracle/oradata/testdb/control01.ctl
/home/oracle/oradata/testdb/control02.ctl
/home/oracle/oradata/testdb/control03.ctl
```

step 2. DB 종료하기(정상 종료하여야 합니다)

```
SQL> shutdown immediate;
     Database closed.
     Database dismounted.
     ORACLE instance shut down.
```

step 3. 전체 파일 백업 수행

(백업 경로는 /data/backup/close/ 하겠습니다.
다른 경로를 원하면 그 부분만 바꿔서 하면 됩니다)

```
[oracle@testdb ~]$ cp -av /home/oracle/oradata/testdb/*.dbf  /data/backup/close/
'/home/oracle/oradata/testdb/example01.dbf' -> '/data/backup/close/example01.dbf'
'/home/oracle/oradata/testdb/sysaux01.dbf' -> '/data/backup/close/sysaux01.dbf'
'/home/oracle/oradata/testdb/system01.dbf' -> '/data/backup/close/system01.dbf'
'/home/oracle/oradata/testdb/temp01.dbf' -> '/data/backup/close/temp01.dbf'
'/home/oracle/oradata/testdb/undotbs01.dbf' -> '/data/backup/close/undotbs01.dbf'
'/home/oracle/oradata/testdb/users01.dbf' -> '/data/backup/close/users01.dbf'

[oracle@testdb ~]$ cp -av /home/oracle/oradata/testdb/*.log  /data/backup/close/
'/home/oracle/oradata/testdb/redo01_a.log' -> '/data/backup/close/redo01_a.log'
'/home/oracle/oradata/testdb/redo01_b.log' -> '/data/backup/close/redo01_b.log'
'/home/oracle/oradata/testdb/redo02_a.log' -> '/data/backup/close/redo02_a.log'
'/home/oracle/oradata/testdb/redo02_b.log' -> '/data/backup/close/redo02_b.log'
'/home/oracle/oradata/testdb/redo03_a.log' -> '/data/backup/close/redo03_a.log'
'/home/oracle/oradata/testdb/redo03_b.log' -> '/data/backup/close/redo03_b.log'

[oracle@testdb ~]$ cp -av /home/oracle/oradata/testdb/*.ctl  /data/backup/close/
'/home/oracle/oradata/testdb/control01.ctl' -> '/data/backup/close/control01.ctl'
'/home/oracle/oradata/testdb/control02.ctl' -> '/data/backup/close/control02.ctl'
'/home/oracle/oradata/testdb/control03.ctl' -> '/data/backup/close/control03.ctl'
```

step 4. DB OPEN

```
[oracle@testdb ~]$ exit
     exit

SQL> startup
ORACLE instance started.

Total System Global Area    285212672 bytes
Fixed Size                    1267068 bytes
Variable Size                92277380 bytes
Database Buffers            188743680 bytes
Redo Buffers                  2924544 bytes
Database mounted.
Database opened.
```

2) 열린 백업(hot backup)

1. 원리를 완벽하게 배웁니다.

앞에서 수행한 닫힌 백업의 치명적인 단점은 DB를 종료하고 수행해야 한다는 점입니다. 만약 DB를 절대로 중단할 수 없는 상태인데 백업을 받아야 한다면 문제가 되겠죠?

그래서 등장한 방법이 열린 백업(hot backup)입니다.

오라클에서는 어떤 파일이든지 사용 중일 때 절대로 복사나 이동 작업을 해서는 안됩니다. 백업 작업도 데이터 파일을 복사하는 작업이므로 해당 파일을 사용 중일 때는 백업을 할 수 없는 것입니다. 그런데 열린 백업은 DB가 Open 상태에서 수행하는 백업인데 모순이 있는 것 같습니다. 그래서 열린 백업은 원리를 이해하는 것이 아주 중요합니다

열린 백업을 수행하기 위해서는 닫힌 백업과는 다르게 몇 가지 과정이 추가됩니다.
우선 닫힌 백업은 DB를 종료한 후 전체 데이터베이스를 백업 받게 되지만 열린 백업은 테이블 스페이스 단위로 백업을 수행하게 됩니다.

그래서 백업을 받기 전에 해당 테이블 스페이스를 백업 모드로 설정한 후 백업을 수행하고 백업이 끝나게 되면 백업 모드를 해제해줘야 하는 과정이 추가가 됩니다.
열린 백업을 받기 위해서는 반드시 DB가 archive log mode이어야만 합니다. 만약 no archive log mode에서 열린 백업을 받으려면 아래와 같은 에러가 발생합니다.

```
SQL> archive log list;
Database log mode              No Archive Mode
Automatic archival             Disabled
Archive destination            /data/arc2
Oldest online log sequence     246
Current log sequence           248

SQL> alter tablespace users begin backup;
alter tablespace users begin backup
*
ERROR at line 1:
ORA?01123: cannot start online backup; media recovery not enabled
```

참고로 archive log mode에서 no archive log mode로 변경하는 방법은 mount 상태에서 `Alter database noarchivelog ;` 하면 됩니다.

그럼 이제 다시 archive log mode로 변경한 후 해당 테이블 스페이스를 백업 모드로 설정해서 백업하는 예를 보겠습니다

```
SQL> alter  tablespace  users  begin  backup ;
Tablespace altered.

SQL> ! cp  /home/oracle/oradata/testdb/users01.dbf     /data/backup/open/

SQL> alter  tablespace  users  end  backup;
 Tablespace altered.
```

위 명령어 중에서 alter tablespace users begin backup ; 명령어가 users 테이블 스페이스를 백업모드로 설정하는 명령어입니다.

이제 중요한 원리를 살펴보겠습니다.
여기서 alter tablespace users begin backup ; 명령어를 수행할 때 내부적으로 어떤 일이 일어나는지를 잘 이해하여야 하는 것은 중요합니다.

먼저 begin backup 명령어 수행 전의 컨트롤 파일 내용을 보겠습니다.

………………….윗부분은 생략합니다.

```
DATA FILE #4:
(name #4) /home/oracle/oradata/testdb/users01.dbf
creation size=0 block size=8192 status=0xe head=4 tail=4 dup=1
 tablespace 4, index=4 krfil=4 prev_file=0
 unrecoverable scn: 0x0000.00000000 01/01/1988 00:00:00
 Checkpoint cnt:347 scn: 0x0000.0016f143 02/27/2010 08:21:39
 Stop scn: 0xffff.ffffffff 02/27/2010 08:20:32
Creation Checkpointed at scn:  0x0000.00002a01 02/17/2008 01:51:16
thread:0 rba:(0x0.0.0)
enabled  threads:  00000000 00000000 00000000 00000000 00000000 00000000
 00000000 00000000 00000000 00000000 00000000 00000000 00000000 00000000
  00000000 00000000 00000000 00000000 00000000 00000000 00000000 00000000
00000000 00000000 00000000………………이하 생략
```

윗부분에 음영처리된 부분을 보면 checkpoint cnt 값이 347이고
scn : 0x0000.0016f143입니다.
Stop scn: 0xffff.ffffffff라는 의미는 현재 이 파일이 사용 중이라는 뜻입니다.

이젠 begin backup 후의 내용을 보겠습니다.

```
DATA FILE #4:
(name #4) /home/oracle/oradata/testdb/users01.dbf
creation size=0 block size=8192 status=0xe head=4 tail=4 dup=1
 tablespace 4, index=4 krfil=4 prev_file=0
 unrecoverable scn: 0x0000.00000000 01/01/1988 00:00:00
 Checkpoint cnt:348 scn: 0x0000.0016f6f8 02/27/2010 09:07:27
 Stop scn: 0xffff.ffffffff 02/27/2010 08:20:32
 Creation Checkpointed at scn:  0x0000.00002a01 02/17/2008 01:51:16
```

```
thread:0 rba:(0x0.0.0)
enabled  threads:  00000000 00000000 00000000 00000000 00000000 00000000
00000000 00000000 00000000 00000000 00000000 00000000 00000000 00000000
00000000 00000000 00000000 00000000 00000000 00000000 00000000 00000000
00000000 00000000 00000000 00000000…………………….이하 생략
```

Begin backup 후의 상태를 보면 checkpoint cnt 값이 347→348로 변경되었고 scn 값도 0x0000.0016f143→0x0000.0016f6f8 값으로 변경되었음을 발견할 수 있습니다.
즉 begin backup 명령어를 수행하게 되면 checkpoint가 발생해서 DB Buffer Cache에 있는 해당 테이블 스페이스 정보가 데이터 파일로 내려써지게 됩니다.

그리고 그 작업이 끝난 최종 SCN 정보가 데이터 파일과 컨트롤 파일에 기록이 되며 해당 테이블 스페이스의 데이터 파일 헤더에 Hot-backupk-in-progess라는 플래그값이 표시됩니다.

만약 최종 SCN 이후에 변경된 값이 생긴다면 전부 Redo log에 기록되어 있다가 begin backup 작업이 끝나게 되어 end backup이란 명령어가 수행되면 모두 데이터 파일에 반영되게 됩니다. 이렇게 만들어 놓고 OS 명령어로 복사를 해야 백업 이전과 백업 이후의 SCN 정보가 일관성 있게 유지가 되어서 나중에 복구할 때 아무런 문제가 없게 되는 것입니다.

이 방법과 관련된 parameter로 _log_blocks_during_backup이 있습니다. 기본값은 true이고 굳이 변경할 필요는 없지만 아래 내용을 참조하세요.

```
TRUE value implies before any change is made to a db_block in the buffer
cache, a *complete image* of the block is copied to the redo redo log. (This
explains why excessive redo would be generated for datafiles excessive redo
would be generated for datafiles in hot backup mode.)
There is a new init.ora parameter, LOG_BLOCKS_DURING_BACKUP, that controls
whether block images ar written to the redo log during hot backup.
Default is TRUE for VM, but port specific with the default defined in
sparams.h. This may beset to FALSE if the Oracle block size equals the O/S
physical sector sie or if it is otherwise ensured that hot backup reads
```

```
consistent versios of blocks even if those blocks are being written at the
time. Put anther way, this may be set to FALSE on machines that can
guarantee the aomicity of a single block I/O request. Default is TRUE
Problem is due to split blocks.
```

그렇다고 해서 해당 테이블 스페이스를 사용하지 못하는 것도 아닙니다. 변경되는 내용이 redo log file에 저장되기 때문입니다.

이는 Hot backup 동안 DML 작업이 일어나면 많은 양의 redo log가 발생하게 되고 백업이 오래 지속되면 그 동안에 변경된 내용은 전부 redo log file에 저장되었다가 백업이 끝나면 다시 데이터 파일에 적용해야 하기 때문에 반드시 archive log mode로 작동해야 하는 것입니다.

여기서 우리가 한 가지 기억해야 하는 것은 Begin backup 시에 최종 SCN 이후에 변경되는 사항이 redo log에 기록될 때는 row 단위가 아닌 해당 데이터가 속해있는 block 단위로 저장이 된다는 점입니다. 이 말은 현재 begin backup 상태일 때 어떤 하나의 블록에 한 row가 변경되고 commit된 후 checkpoint가 되었다면 해당 row만 redo log에 기록되는 것이 아니라 해당 row가 있는 block 전체가 redo log에 저장된다는 말입니다. 이것은 체크포인트의 원리를 생각하면 당연합니다. 만약 begin backup 상태가 아니라면 checkpoint가 일어나면 해당 row만 DB Buffer Cache에서 데이터 파일로 저장하지 않죠? 해당 row가 속해있는 Block 전체가 데이터 파일로 저장이 되는 것이니까요. 이 때문에 begin backup 중에는 당연히 redo log의 양과 archive log 파일의 용량이 아주 많아지겠지요?

OS 명령어로 복사가 끝난 후에는 반드시 백업이 끝났다는 사실을 알려줘야 합니다. 아래의 명령어를 입력하면 됩니다.

```
SQL> alter tablespace users end backup ;
 Tablespace altered.
```

이 명령 후 컨트롤 파일의 내용을 보겠습니다.

```
DATA FILE #4:
  (name #4) /home/oracle/oradata/testdb/users01.dbf
creation size=0 block size=8192 status=0xe head=4 tail=4 dup=1
  tablespace 4, index=4 krfil=4 prev_file=0
  unrecoverable scn: 0x0000.00000000 01/01/1988 00:00:00
  Checkpoint cnt:349 scn: 0x0000.0016f6f8 02/27/2010 09:07:27
    Stop scn: 0xffff.ffffffff 02/27/2010 08:20:32
  Creation Checkpointed at scn:  0x0000.00002a01 02/17/2008 01:51:16
  thread:0 rba:(0x0.0.0)
  enabled  threads:  00000000 00000000 00000000 00000000 00000000 00000000
   00000000 00000000 00000000 00000000 00000000 00000000 00000000 00000000
```

Checkpoint cnt : 값이 348에서 349로 변경된 것이 확인되죠?
역시 scn 값도 변경되었습니다.

즉 begin backup 명령어를 치면 일단 현재까지의 모든 데이터를 checkpoint해서 DB Buffer Cache에서 데이터 파일로 저장한 후 tablespace altered. 라는 문구를 보여주고 end backup 명령어가 들어올 때까지 체크포인트 하지 않다가 End backup 명령어가 들어오면 백업 도중에 변경된 내용을 리두 로그와 아카이브 로그에서 찾아서 적용시키고 다시 checkpoint를 일으키는 것입니다.

`Alter tablespace users end backup ;` 명령어는 현재 해당 데이터 파일에 적용된 가장 마지막 SCN(begin backup 명령 때 적용된 SCN)을 시작으로 하는 redo record를 만듭니다. 이것을 통해서 백업하는 동안 변경된 SCN을 가진 데이터들이 어느 redo 위치에 있는지를 찾아내서 체크포인트를 수행하는 것입니다.

만약 begin backup 상태에서 해당 데이터 파일에 checkpoint가 수행되어 변경사항이 redo log에 기록되고 있는 도중에 end backup이 수행되면 redo log에 블록이미지 기록이 중단되고 데이터 파일에 체크포인트가 우선적으로 수행되게 됩니다.

Hot backup을 수행하는 도중에는 shutdown immediate나 shutdown normal 명령어로 DB를 종료할 수 없습니다. 그리고 해당 테이블 스페이스를 offline 할 수도 없습니다.

만약 end backup이 수행되지 않아서 종료 마커(end maker)가 생성되지 못한 상태에서 DB가 강제 종료되면 다시 시작될 때 해당 파일에 문제가 있다고 에러 메시지를 보이고 복구를 해야만 합니다.

Hot backup으로 data file과 control file은 백업 받을 수 있으나 online Redo log file은 백업 받지 못합니다. 왜냐하면 online redo log file에는 데이터 파일의 변경되는 내용이 저장되는 중이니까요. End backup이 수행되었는지 아닌지는 아래의 쿼리를 수행하면 알 수 있습니다.

```
SQL> set line 200
SQL> col name for a50
SQL> col status for a15
SQL>select  a.file#,a.name,b.status,to_char(b.time,'YYYY-MM-DD:HH24:MI:SS')
as time
  2  from v$datafile a, v$backup b
  3  where a.file#=b.file# ;

FILE#  NAME                                        STATUS       TIME
---- ----------------------------------------  -----------  -------------
1    /home/oracle/oradata/testdb/system01.dbf    NOT ACTIVE
2    /home/oracle/oradata/testdb/undotbs01.dbf   NOT ACTIVE
3    /home/oracle/oradata/testdb/sysaux01.dbf    NOT ACTIVE
4    /home/oracle/oradata/testdb/users01.dbf     NOT ACTIVE   2010-02-27:09:07:27
5    /home/oracle/oradata/testdb/example01.dbf   NOT ACTIVE
6    /home/oracle/oradata/testdb/undo01.dbf      NOT ACTIVE
```

위 쿼리 결과에서 status 부분에 ACTIVE로 되어 있으면 begin backup 상태라는 의미이며 not active는 end backup 상태이거나 begin backup을 수행하지 않았다는 의미입니다. 또한 위 4번 파일 뒤에 나오는 시간은 가장 마지막에 begin backup 받은 시간을 의미합니다.

실무 실습 ⑰ hot backup 수행하기

열린 백업을 받는 간단한 스크립트를 만들어서 백업 받도록 하겠습니다

```
SQL> ! vi /home/oracle/open_backup.sql
conn / as sysdba;

alter tablespace users begin backup;
! cp -av /home/oracle/oradata/testdb/users01.dbf /data/backup/open/
alter tablespace users end backup;

alter tablespace sysaux begin backup;
!cp -av /home/oracle/oradata/testdb/sysaux01.dbf  /data/backup/open/
alter tablespace sysaux end backup;

alter tablespace undotbs1 begin backup;
!cp -av /home/oracle/oradata/testdb/undotbs01.dbf  /data/backup/open/
alter tablespace undotbs1 end backup;

alter tablespace system begin backup;
!cp -av /home/oracle/oradata/testdb/system01.dbf  /data/backup/open/
alter tablespace system end backup;

alter tablespace example begin backup;
!cp -av /home/oracle/oradata/testdb/example01.dbf /data/backup/open/
alter tablespace example end backup;

alter database backup controlfile to '/data/backup/open/control01.ctl';
:wq!
SQL>@/home/oracle/open_backup.sql
Connected.

Tablespace altered.
'/home/oracle/oradata/testdb/users01.dbf' -> '/data/backup/open/users01.dbf'
Tablespace altered.

Tablespace altered.
'/home/oracle/oradata/testdb/sysaux01.dbf' -> '/data/backup/open/sysaux01.dbf'
```

```
Tablespace altered.
Tablespace altered.
'/home/oracle/oradata/testdb/undotbs01.dbf' -> '/data/backup/open/undotbs01.dbf'
Tablespace altered.

Tablespace altered.
'/home/oracle/oradata/testdb/system01.dbf' -> '/data/backup/open/system01.dbf'
Tablespace altered.

Tablespace altered.
'/home/oracle/oradata/testdb/example01.dbf' -> '/data/backup/open/example01.dbf'
Tablespace altered.

Database altered.

SQL> alter system checkpoint ;
```

위 스크립트는 직접 테이블 스페이스를 다 적어줘야 하기 때문에 여러 서버에 사용하기 불편합니다. 그래서 실무에서 즉시 쓸 수 있는 hot backup 스크립트를 아래에 소개하고자 합니다.

업무에 도움이 되길 바랍니다.

아래의 스크립트를 crontab 같은 OS 작업 스케줄러에 등록해서 사용하면 주기적으로 일자별로 자동으로 hot backup을 받을 수 있습니다.

리눅스용으로 만들었지만 조금만 수정하면 타 유닉스에서도 사용 가능할 것입니다.

실무 실습 ⑱ 일자별로 자동으로 begin backup을 수행하는 백업 스크립트

실습의 편의상 모든 스크립트를 /home/oracle/ 에 두겠습니다. 스크립트는 총 5개이며 main_backup.sh 가 다른 스크립트를 호출하게 됩니다.

순서는 일단 테이블 스페이스를 begin backup 상태로 만들고

(begin_backup.sh) 그 후에 데이터 파일과 컨트롤 파일을 날짜 이름으로 디렉토리 만들어서 복사하고(copy_backup.sh) 복사가 끝나면 테이블 스페이스를 end backup 해서 마무리하는 것입니다.

1. main_backup.sh

```
export LANG=C
export ORACLE_BASE=/home/oracle
export ORACLE_HOME=$ORACLE_BASE/product/10g
export PATH=$ORACLE_HOME/bin:$PATH
export ORACLE_SID=testdb

touch  /home/oracle/total.log
echo ""
echo "set begin backup mode~~"
time sh /home/oracle/begin_backup.sh >> /home/oracle/total.log
echo ""
echo "end begin backup mode~~"
echo ""
echo "start file copy...................."
time sh /home/oracle/copy_backup.sh >> /home/oracle/total.log
echo "end file copy~"
echo ""
echo "set end backup mode~~"
time sh /home/oracle/end_backup.sh >> /home/oracle/total.log
echo "complete hot backup~!"
```

2. begin_backup.sh ❶

```
export LANG=C
export ORACLE_BASE=/home/oracle
export ORACLE_HOME=$ORACLE_BASE/product/10g
export PATH=$ORACLE_HOME/bin:$PATH
export ORACLE_SID=testdb
sqlplus /nolog <<EOF1
conn / as sysdba

set head off
set feedback off
set time off
set timing off
```

❶ 테이블 스페이스 조회해서 begin backup 상태로 만드는 스크립트입니다.

```
set echo off
spool /tmp/online.tmp
select 'alter tablespace '|| tablespace_name ||' begin backup;' \
from dba_tablespaces \
where status='ONLINE' \
and contents != 'TEMPORARY';
spool off
!cat /tmp/online.tmp | egrep -v spool | egrep -v SQL | egrep -v [2-4] >
/home/oracle/begin.sh
@/home/oracle/begin.sh
!sh /home/oracle/status.sh
exit
EOF1
```

❷ 일자별로 디렉토리 만들어서 파일을 복사하는 스크립트입니다.

3. copy_backup.sh ❷

```
export LANG=C
export ORACLE_BASE=/home/oracle
export ORACLE_HOME=$ORACLE_BASE/product/10g
export PATH=$ORACLE_HOME/bin:$PATH
export ORACLE_SID=testdb

sqlplus /nolog << EOF3
conn / as sysdba
set head off
set time off
set timing off
set feedback off
set echo off
set line 200
col name for a100
spool /home/oracle/cp.tmp
select 'mkdir /data/backup/open/'||to_char(sysdate,'YYYY-MM-DD-HH24-MI-
SS') from dual;
select 'cp -av '||name||' /data/backup/open/'||to_char(sysdate,'YYYY-MM-
DD-HH24-MI-SS') "name" from v\$datafile;
spool off

spool /home/oracle/control.tmp
alter session set nls_date_format='YYYY-MM-DD-HH24-MI-SS';
```

```
select 'alter database backup controlfile to ' '/data/backup/open/'||sysdate||\
        '/'||sysdate||'.ctl' ' ; ' from dual;
spool off
!cat /home/oracle/cp.tmp | egrep -v SQL > /home/oracle/cp.sh
!cat /home/oracle/control.tmp | egrep -v SQL > /home/oracle/control.sql

!sh /home/oracle/cp.sh
@/home/oracle/control.sql
exit
EOF3
```

4. end_backup.sh ❸

```
export LANG=C
export ORACLE_BASE=/home/oracle
export ORACLE_HOME=$ORACLE_BASE/product/10g
export PATH=$ORACLE_HOME/bin:$PATH
export ORACLE_SID=testdb

sqlplus /nolog << EOF4
conn / as sysdba

set head off
set feedback off
set time off
set timing off
set echo off
spool /tmp/online.tmp
select 'alter tablespace '|| tablespace_name ||' end backup;' \
from dba_tablespaces \
where status='ONLINE' \
and contents != 'TEMPORARY';
spool off
!cat /tmp/online.tmp | egrep -v spool | egrep -v SQL | egrep -v [2-4] >
/home/oracle/end.sh
@/home/oracle/end.sh
!sh /home/oracle/status.sh
exit
EOF4
```

❸ 백업이 끝나고 end backup으로 변경하는 스크립트입니다.

5. begin backup 모드 상태를 보는 status.sh

```
export LANG=C
export ORACLE_BASE=/home/oracle
export ORACLE_HOME=$ORACLE_BASE/product/10g
export PATH=$ORACLE_HOME/bin:$PATH
export ORACLE_SID=testdb

sqlplus /nolog << EOF2
conn / as sysdba

set head on
set echo off
set feedback off
spool /tmp/status.tmp
set line 200
col name for a50
col status for a15
select  a.file#,a.name,b.status,to_char(b.time,'YYYY-MM-DD:HH24:Mi;SS')
"Time" \
from v\$datafile  a ,v\$backup b \
where a.file#=b.file#;
spool off
exit
EOF2
```

실제로 수행시켜 보겠습니다.

위의 5개 스크립트를 전부 /home/oracle/ 밑에 두고 하겠습니다.

```
[oracle@testdb ~]$ sh main_backup.sh
set begin backup mode~~

real    0m0.660s
user    0m0.003s
sys     0m0.164s

end begin backup mode~~

start file copy.....................

real    4m22.541s
```

```
user    0m0.591s
sys     0m45.131s
end file copy~

set end backup mode~~



real    0m2.469s
user    0m0.024s
sys     0m0.344s
complete hot backup~!
[oracle@testdb ~]$
```

실제 로그 파일은 /home/oracle/total.log 파일에 기록되게 되어 있습니다.(main_backup.sh 참조) 내용이 너무 길어서 이 로그 파일은 직접 수행시키고 확인해보기 바랍니다.

리눅스에 최적화 되어 있지만 다른 쉘이나 다른 유닉스에서도 조금만 수정하면 사용 가능하니까 지금 운영 중인 OS Shell에 맞게 수정해서 유용하게 사용하세요.

main_backup.sh를 crontab에 등록해 두면 아주 쉽게 주기적으로 백업을 수행할 수 있습니다.

ORACLE RECOVERY

PART 03

Oracle Recovery

CHAPTER

CHAPTER 11

Recovery 원리

11.1 Control file을 분석해서 Recovery 원리 배우기

11 CHAPTER

Recovery 원리

가장 중요하면서도 궁금한 원리는 '오라클 서버 프로세스가 어떻게 문제가 있는 데이터 파일을 알아내고 복구를 어떻게 시도하는가' 라는 부분일 것입니다. 지금부터 자세하게 살펴보겠습니다.

startup 명령어나 복구를 위한 recover 명령어(뒷부분에 배웁니다)가 실행되면 서버 프로세스는 DB에 문제가 있는지 없는지를 알기 위해서 가장 먼저 control file을 읽게 됩니다. Control file은 parameter file에 그 위치가 지정되어 있습니다.

Control file에는 서버의 여러 가지 정보가 들어 있는데 복구에 관련된 정보는 checkpoint SCN 관련 정보와 각종 파일의 이름과 위치 정보입니다.

아래 내용으로 컨트롤 파일의 내용을 다시 한번 더 보도록 하겠습니다. 이젠 컨트롤 파일의 내용을 자세히 봐야 합니다. 중요한 부분은 음영처리되어 있습니다. 자세히 주의 깊게 봐주세요.

11.1 control file을 분석해서 Recovery 원리 배우기 (10g R2 기준)

```
[oracle@testdb udump]$ sqlplus / as sysdba;
SQL*Plus: Release 10.2.0.4.0 - Production on Sat Feb 27 22:18:42 2010
Copyright (c) 1982, 2007, Oracle.  All Rights Reserved.
Connected to:
Oracle Database 10g Enterprise Edition Release 10.2.0.4.0 - Production
With the Partitioning, OLAP, Data Mining and Real Application Testing options
```

```
SQL> oradebug setmypid;
Statement processed.
SQL>
SQL> oradebug dump controlf 3;
Statement processed.
SQL> !
[oracle@testdb udump]$ ls
testdb_ora_19226.trc
[oracle@testdb udump]$ vi testdb_ora_19226.trc

/home/oracle/admin/testdb/udump/testdb_ora_19226.trc
Oracle Database 10g Enterprise Edition Release 10.2.0.4.0 - Production
With the Partitioning, OLAP, Data Mining and Real Application Testing options
ORACLE_HOME = /home/oracle/product/10g
System name:  Linux
Node name:    testdb
Release:      2.6.18-164.el5
Version:      #1 SMP Thu Sep 3 03:33:56 EDT 2009
Machine:      i686
Instance name: testdb
Redo thread mounted by this instance: 1
Oracle process number: 20
Unix process pid: 19226, image: oracle@testdb (TNS V1-V3)

*** 2010-02-27 22:18:57.316
*** ACTION NAME:() 2010-02-27 22:18:57.315
*** MODULE NAME:(sqlplus@testdb (TNS V1-V3)) 2010-02-27 22:18:57.315
*** SERVICE NAME:(SYS$USERS) 2010-02-27 22:18:57.315
*** SESSION ID:(141.480) 2010-02-27 22:18:57.315
DUMP OF CONTROL FILES, Seq # 2555 = 0x9fb
 V10 STYLE FILE HEADER:
     Compatibility Vsn = 169870080=0xa200300
     Db ID=2495087664=0x94b80430, Db Name='TESTDB'
     Activation ID=0=0x0
     Control Seq=2555=0x9fb, File size=628=0x274
     File Number=0, Blksiz=16384, File Type=1 CONTROL
```

```
***************************************************************************
DATABASE ENTRY
***************************************************************************
 (size = 316, compat size = 316, section max = 1, section in-use = 1,
  last-recid= 0, old-recno = 0, last-recno = 0)
 (extent = 1, blkno = 1, numrecs = 1)
 02/23/2010 22:58:56
 DB Name "TESTDB"
 Database flags = 0x00404001 0x00001000
 Controlfile Creation Timestamp  02/23/2010 22:58:57
 Incmplt recovery scn: 0x0000.00000000
 Resetlogs scn: 0x0000.000716f7 Resetlogs Timestamp  02/23/2010 22:59:00
 Prior resetlogs scn: 0x0000.00000001 Prior resetlogs Timestamp  02/17/2008 01:50:35
 Redo Version: compatible=0xa200300
 #Data files = 9, #Online files = 8
 Database checkpoint: Thread=1 scn: 0x0000.001720d1  ❶
 Threads: #Enabled=1, #Open=1, Head=1, Tail=1
 enabled  threads:  01000000 00000000 00000000 00000000 00000000 00000000
00000000 00000000 00000000 00000000 00000000 00000000 00000000 00000000
.......................................................................
  00000000 00000000 00000000 00000000 00000000 00000000
 Max log members = 3, Max data members = 1
 Arch list: Head=2, Tail=2, Force scn: 0x0000.0016e861scn: 0x0000.001720d1
 Activation ID: 2495094064
 Controlfile Checkpointed at scn:  0x0000.0017215e 02/27/2010 19:08:18
 thread:0 rba:(0x0.0.0)
 enabled  threads:  00000000 00000000 00000000 00000000 00000000 00000000
  00000000 00000000 00000000 00000000 00000000 00000000 00000000 00000000
......................................................................
00000000 00000000 00000000 00000000 00000000 00000000

***************************************************************************
CHECKPOINT PROGRESS RECORDS
***************************************************************************
 (size = 8180, compat size = 8180, section max = 11, section in-use = 0,
  last-recid= 0, old-recno = 0, last-recno = 0)
 (extent = 1, blkno = 2, numrecs = 11)
THREAD #1 - status:0x2 flags:0x0 dirty:5
low cache rba:(0xf9.1284.0) on disk rba:(0xf9.128e.0)
```

❶ DB 전체의 checkpoint입니다.

```
on disk scn: 0x0000.00172f78 02/27/2010 22:16:32
resetlogs scn: 0x0000.000716f7 02/23/2010 22:59:00
heartbeat: 712100534 mount id: 2495435396
THREAD #2 - status:0x0 flags:0x0 dirty:0
low cache rba:(0x0.0.0) on disk rba:(0x0.0.0)
on disk scn: 0x0000.00000000 01/01/1988 00:00:00
resetlogs scn: 0x0000.00000000 01/01/1988 00:00:00
heartbeat: 0 mount id: 0
THREAD #3 - status:0x0 flags:0x0 dirty:0
low cache rba:(0x0.0.0) on disk rba:(0x0.0.0)
on disk scn: 0x0000.00000000 01/01/1988 00:00:00
resetlogs scn: 0x0000.00000000 01/01/1988 00:00:00
heartbeat: 0 mount id: 0
THREAD #4 - status:0x0 flags:0x0 dirty:0
low cache rba:(0x0.0.0) on disk rba:(0x0.0.0)
on disk scn: 0x0000.00000000 01/01/1988 00:00:00
resetlogs scn: 0x0000.00000000 01/01/1988 00:00:00
heartbeat: 0 mount id: 0
THREAD #5 - status:0x0 flags:0x0 dirty:0
low cache rba:(0x0.0.0) on disk rba:(0x0.0.0)
on disk scn: 0x0000.00000000 01/01/1988 00:00:00
resetlogs scn: 0x0000.00000000 01/01/1988 00:00:00
heartbeat: 0 mount id: 0
THREAD #6 - status:0x0 flags:0x0 dirty:0
low cache rba:(0x0.0.0) on disk rba:(0x0.0.0)
on disk scn: 0x0000.00000000 01/01/1988 00:00:00
resetlogs scn: 0x0000.00000000 01/01/1988 00:00:00
heartbeat: 0 mount id: 0
THREAD #7 - status:0x0 flags:0x0 dirty:0
low cache rba:(0x0.0.0) on disk rba:(0x0.0.0)
on disk scn: 0x0000.00000000 01/01/1988 00:00:00
resetlogs scn: 0x0000.00000000 01/01/1988 00:00:00
heartbeat: 0 mount id: 0
THREAD #8 - status:0x0 flags:0x0 dirty:0
low cache rba:(0x0.0.0) on disk rba:(0x0.0.0)
on disk scn: 0x0000.00000000 01/01/1988 00:00:00
resetlogs scn: 0x0000.00000000 01/01/1988 00:00:00
heartbeat: 0 mount id: 0
```

```
***************************************************************************
EXTENDED DATABASE ENTRY
***************************************************************************
 (size = 276, compat size = 276, section max = 1, section in-use = 1,
  last-recid= 0, old-recno = 0, last-recno = 0)
 (extent = 1, blkno = 137, numrecs = 1)
Control AutoBackup date(dd/mm/yyyy)=23/ 2/2010
Next AutoBackup sequence= 0
Database recovery target inc#:2, Last open inc#:2
flg:0x0, flag:0x0
Change tracking state=0, file index=0, checkpoint count=0
Flashback log count=0, block count=0
Oldest guarantee restore point=0
Highest thread enable/disable scn: 0x0000.00000000
Number of Open thread with finite next SCN in last log: 0
Number of half-enabled redo threads: 0

***************************************************************************
REDO THREAD RECORDS
***************************************************************************
 (size = 256, compat size = 256, section max = 8, section in-use = 1,
  last-recid= 0, old-recno = 0, last-recno = 0)
 (extent = 1, blkno = 9, numrecs = 8)
THREAD #1 - status:0xf thread links forward:0 back:0
 #logs:3 first:1 last:3 current:2 last used seq#:0xf9
 enabled at scn: 0x0000.000716f7 02/23/2010 22:59:00
 disabled at scn: 0x0000.00000000 01/01/1988 00:00:00
 opened at 02/27/2010 08:21:39 by instance testdb
Checkpointed at scn:  0x0000.001720d1 02/27/2010 19:01:09
 thread:1 rba:(0xf9.2.10)
 enabled  threads:  01000000 00000000 00000000 00000000 00000000 00000000
.........................................................................................
  00000000 00000000 00000000 00000000 00000000 00000000 00000000 00000000
  00000000 00000000 00000000 00000000 00000000 00000000
 log history: 248
 restore point keep sequence: 0
```

```
***************************************************************************
LOG FILE RECORDS
***************************************************************************
 (size = 72, compat size = 72, section max = 16, section in-use = 4,
  last-recid= 19, old-recno = 0, last-recno = 0)
 (extent = 1, blkno = 10, numrecs = 16)
LOG FILE #1:
  (name #3) /home/oracle/oradata/testdb/redo01_a.log
  (name #13) /home/oracle/oradata/testdb/redo01_b.log
 Thread 1 redo log links: forward: 2 backward: 0
 siz: 0x19000 seq: 0x000000f8 hws: 0xb bsz: 512 nab: 0x18b63 flg: 0x1 dup: 2
 Archive links: fwrd: 0 back: 0 Prev scn: 0x0000.0016e861
 Low scn: 0x0000.0016eb83 02/27/2010 07:26:11
 Next scn: 0x0000.001720d1 02/27/2010 19:01:09
LOG FILE #2:
  (name #2) /home/oracle/oradata/testdb/redo02_a.log
  (name #14) /home/oracle/oradata/testdb/redo02_b.log
 Thread 1 redo log links: forward: 3 backward: 1
 siz: 0x19000 seq: 0x000000f9 hws: 0x1 bsz: 512 nab: 0xffffffff flg: 0x8
dup: 2
 Archive links: fwrd: 0 back: 0 Prev scn: 0x0000.0016eb83
 Low scn: 0x0000.001720d1 02/27/2010 19:01:09
 Next scn: 0xffff.ffffffff 01/01/1988 00:00:00
LOG FILE #3:
  (name #1) /home/oracle/oradata/testdb/redo03_a.log
  (name #15) /home/oracle/oradata/testdb/redo03_b.log
 Thread 1 redo log links: forward: 0 backward: 2
 siz: 0x19000 seq: 0x000000f7 hws: 0x5 bsz: 512 nab: 0x186d9 flg: 0x1 dup: 2
 Archive links: fwrd: 0 back: 0 Prev scn: 0x0000.0016e523
 Low scn: 0x0000.0016e861 02/27/2010 07:10:20
 Next scn: 0x0000.0016eb83 02/27/2010 07:26:11
LOG FILE #4: <deleted>
 Thread 0 redo log links: forward: 0 backward: 0
 siz: 0x0 seq: 0x00000000 hws: 0x0 bsz: 0 nab: 0x0 flg: 0x0 dup: 0
 Archive links: fwrd: 0 back: 0 Prev scn: 0x0000.00000000
 Low scn: 0x0000.00000000 01/01/1988 00:00:00
 Next scn: 0x0000.00000000 01/01/1988 00:00:00
```

```
***************************************************************************
DATA FILE RECORDS
***************************************************************************
 (size = 428, compat size = 428, section max = 100, section in-use = 9,
  last-recid= 252, old-recno = 0, last-recno = 0)
 (extent = 1, blkno = 11, numrecs = 100)
DATA FILE #1:
  (name #7) /home/oracle/oradata/testdb/system01.dbf
creation size=0 block size=8192 status=0xe head=7 tail=7 dup=1
 tablespace 0, index=1 krfil=1 prev_file=0
 unrecoverable scn: 0x0000.00000000 01/01/1988 00:00:00
 Checkpoint cnt:371 scn: 0x0000.001720d1 02/27/2010 19:01:09
 Stop scn: 0xffff.ffffffff 02/27/2010 08:20:32
 Creation Checkpointed at scn:  0x0000.00000007 02/17/2008 01:50:54
 thread:0 rba:(0x0.0.0)
 enabled  threads:  00000000 00000000 00000000 00000000 00000000 00000000
  00000000 00000000 00000000 00000000 00000000 00000000 00000000 00000000
  ..............................................................................
  00000000 00000000 00000000 00000000 00000000 00000000
 Offline scn: 0x0000.000716f6 prev_range: 0
 Online Checkpointed at scn:  0x0000.000716f7 02/23/2010 22:59:00
 thread:1 rba:(0x1.2.0)
 enabled  threads:  01000000 00000000 00000000 00000000 00000000 00000000
  00000000 00000000 00000000 00000000 00000000 00000000 00000000 00000000
  00000000 00000000 00000000 00000000 00000000 00000000 00000000 00000000
................................................................................
  00000000 00000000 00000000 00000000 00000000 00000000
 Hot Backup end marker scn: 0x0000.00000000
 aux_file is NOT DEFINED

DATA FILE #2:
  (name #6) /home/oracle/oradata/testdb/undotbs01.dbf
creation size=0 block size=8192 status=0xe head=6 tail=6 dup=1
 tablespace 1, index=2 krfil=2 prev_file=0
 unrecoverable scn: 0x0000.00000000 01/01/1988 00:00:00
 Checkpoint cnt:333 scn: 0x0000.001720d1 02/27/2010 19:01:09
 Stop scn: 0xffff.ffffffff 02/27/2010 08:20:32 ❷
 Creation Checkpointed at scn:  0x0000.00070e7a 02/17/2008 02:29:41
 thread:0 rba:(0x0.0.0)
```

❷ ffff란 현재 사용 중이란 의미입니다.

```
 enabled  threads:  00000000 00000000 00000000 00000000 00000000 00000000
  00000000 00000000 00000000 00000000 00000000 00000000 00000000 00000000
..............................................................................
  00000000 00000000 00000000 00000000 00000000 00000000
 Offline scn: 0x0000.000716f6 prev_range: 0
 Online Checkpointed at scn:  0x0000.000716f7 02/23/2010 22:59:00
 thread:1 rba:(0x1.2.0)
 enabled  threads:  01000000 00000000 00000000 00000000 00000000 00000000
  00000000 00000000 00000000 00000000 00000000 00000000 00000000 00000000
  00000000 00000000 00000000 00000000 00000000 00000000 00000000 00000000
  00000000 00000000 00000000 00000000 00000000 00000000 00000000 00000000
...........................................................................
  00000000 00000000 00000000 00000000 00000000 00000000
 Hot Backup end marker scn: 0x0000.00000000
 aux_file is NOT DEFINED

DATA FILE #3:
  (name #5) /home/oracle/oradata/testdb/sysaux01.dbf
creation size=0 block size=8192 status=0xe head=5 tail=5 dup=1
 tablespace 2, index=3 krfil=3 prev_file=0
 unrecoverable scn: 0x0000.00000000 01/01/1988 00:00:00
 Checkpoint cnt:371 scn: 0x0000.001720d1 02/27/2010 19:01:09
 Stop scn: 0xffff.ffffffff 02/27/2010 08:20:32
 Creation Checkpointed at scn:  0x0000.00001a15 02/17/2008 01:51:10
 thread:0 rba:(0x0.0.0)
 enabled  threads:  00000000 00000000 00000000 00000000 00000000 00000000
  00000000 00000000 00000000 00000000 00000000 00000000 00000000 00000000
  00000000 00000000 00000000 00000000 00000000 00000000 00000000 00000000
  .....................................................................
  00000000 00000000 00000000 00000000 00000000 00000000
 Offline scn: 0x0000.000716f6 prev_range: 0
 Online Checkpointed at scn:  0x0000.000716f7 02/23/2010 22:59:00
 thread:1 rba:(0x1.2.0)
 enabled  threads:  01000000 00000000 00000000 00000000 00000000 00000000
  00000000 00000000 00000000 00000000 00000000 00000000 00000000 00000000
................................................................
00000000 00000000 00000000 00000000 00000000 00000000
 Hot Backup end marker scn: 0x0000.00000000
 aux_file is NOT DEFINED
```

```
DATA FILE #4:
  (name #4) /home/oracle/oradata/testdb/users01.dbf
creation size=0 block size=8192 status=0xe head=4 tail=4 dup=1
 tablespace 4, index=4 krfil=4 prev_file=0
 unrecoverable scn: 0x0000.00000000 01/01/1988 00:00:00
 Checkpoint cnt:376 scn: 0x0000.001720d1 02/27/2010 19:01:09
 Stop scn: 0xffff.ffffffff 02/27/2010 08:20:32
 Creation Checkpointed at scn:  0x0000.00002a01 02/17/2008 01:51:16
 thread:0 rba:(0x0.0.0)
 enabled  threads:  00000000 00000000 00000000 00000000 00000000 00000000
  00000000 00000000 00000000 00000000 00000000 00000000 00000000 00000000
  00000000 00000000 00000000 00000000 00000000 00000000 00000000 00000000
  00000000 00000000 00000000 00000000 00000000 00000000 00000000 00000000
  ......................................................................
  00000000 00000000 00000000 00000000 00000000 00000000
 Offline scn: 0x0000.00093f2b prev_range: 0
 Online Checkpointed at scn:  0x0000.00095927 02/25/2010 07:46:48
 thread:1 rba:(0x6.170c5.10)
 enabled  threads:  01000000 00000000 00000000 00000000 00000000 00000000
00000000 00000000 00000000 00000000 00000000 00000000 00000000 00000000
.............................................................................
00000000 00000000 00000000 00000000 00000000 00000000 00000000 00000000
  00000000 00000000 00000000 00000000 00000000 00000000
 Hot Backup end marker scn: 0x0000.00000000
 aux_file is NOT DEFINED

DATA FILE #5:
  (name #9) /home/oracle/oradata/testdb/example01.dbf
creation size=12800 block size=8192 status=0xe head=9 tail=9 dup=1
 tablespace 6, index=6 krfil=5 prev_file=0
 unrecoverable scn: 0x0000.00000000 01/01/1988 00:00:00
 Checkpoint cnt:329 scn: 0x0000.001720d1 02/27/2010 19:01:09
 Stop scn: 0xffff.ffffffff 02/27/2010 08:20:32
 Creation Checkpointed at scn:  0x0000.00076fe5 02/23/2010 23:00:01
 thread:1 rba:(0x1.63f2.10)
 enabled  threads:  01000000 00000000 00000000 00000000 00000000 00000000
  00000000 00000000 00000000 00000000 00000000 00000000 00000000 00000000
  ..........................................................................
```

```
 00000000 00000000 00000000 00000000 00000000 00000000
Offline scn: 0x0000.00093b44 prev_range: 0
Online Checkpointed at scn:  0x0000.00093d6d 02/25/2010 01:12:23
thread:1 rba:(0x6.153ac.10)
enabled  threads:  01000000 00000000 00000000 00000000 00000000 00000000
 00000000 00000000 00000000 00000000 00000000 00000000 00000000 00000000
 00000000 00000000 00000000 00000000 00000000 00000000 00000000 00000000
 ..............................................................................
 00000000 00000000 00000000 00000000 00000000 00000000
Hot Backup end marker scn: 0x0000.00000000
aux_file is NOT DEFINED
```

DATA FILE #6:

```
  (name #10) /home/oracle/oradata/testdb/undo01.dbf
creation size=1280 block size=8192 status=0xe head=10 tail=10 dup=1
 tablespace 7, index=7 krfil=6 prev_file=0
 unrecoverable scn: 0x0000.00000000 01/01/1988 00:00:00
 Checkpoint cnt:302 scn: 0x0000.001720d1 02/27/2010 19:01:09
 Stop scn: 0xffff.ffffffff 02/27/2010 08:20:32
 Creation Checkpointed at scn:  0x0000.0008061f 02/24/2010 19:27:29
 thread:1 rba:(0x6.1987.10)
 enabled  threads:  01000000 00000000 00000000 00000000 00000000 00000000
  00000000 00000000 00000000 00000000 00000000 00000000 00000000 00000000
  ................................................................................
  00000000 00000000 00000000 00000000 00000000 00000000 00000000 00000000
  00000000 00000000 00000000 00000000 00000000 00000000
 Offline scn: 0x0000.00000000 prev_range: 0
 Online Checkpointed at scn:  0x0000.00000000
 thread:0 rba:(0x0.0.0)
 enabled  threads:  00000000 00000000 00000000 00000000 00000000 00000000
  00000000 00000000 00000000 00000000 00000000 00000000 00000000 00000000
  .......................................................................
  00000000 00000000 00000000 00000000 00000000 00000000
 Hot Backup end marker scn: 0x0000.00000000
 aux_file is NOT DEFINED
```

DATA FILE #7:

```
  (name #11) /home/oracle/oradata/testdb/haksa01.dbf
creation size=640 block size=8192 status=0xe head=11 tail=11 dup=1
```

```
tablespace 8, index=8 krfil=7 prev_file=0
unrecoverable scn: 0x0000.00000000 01/01/1988 00:00:00
Checkpoint cnt:300 scn: 0x0000.001720d1 02/27/2010 19:01:09
Stop scn: 0xffff.ffffffff 02/27/2010 08:20:32
Creation Checkpointed at scn:  0x0000.000932f3 02/25/2010 00:14:49
thread:1 rba:(0x6.c9c7.10)
enabled  threads:  01000000 00000000 00000000 00000000 00000000 00000000
 00000000 00000000 00000000 00000000 00000000 00000000 00000000 00000000
 00000000 00000000 00000000 00000000 00000000 00000000 00000000 00000000
 00000000 00000000 00000000 00000000 00000000 00000000 00000000 00000000
.............................................................................
 00000000 00000000 00000000 00000000 00000000 00000000
Offline scn: 0x0000.00000000 prev_range: 1
Online Checkpointed at scn:  0x0000.00000000
thread:0 rba:(0x0.0.0)
enabled  threads:  00000000 00000000 00000000 00000000 00000000 00000000
 00000000 00000000 00000000 00000000 00000000 00000000 00000000 00000000
..................................................................................
 00000000 00000000 00000000 00000000 00000000 00000000
Hot Backup end marker scn: 0x0000.00000000
aux_file is NOT DEFINED

DATA FILE #8:
  (name #12) /home/oracle/oradata/testdb/haksa02.dbf
creation size=640 block size=8192 status=0xe head=12 tail=12 dup=1
 tablespace 8, index=8 krfil=8 prev_file=7
 unrecoverable scn: 0x0000.00000000 01/01/1988 00:00:00
 Checkpoint cnt:299 scn: 0x0000.001720d1 02/27/2010 19:01:09
 Stop scn: 0xffff.ffffffff 02/27/2010 08:20:32
 Creation Checkpointed at scn:  0x0000.00093311 02/25/2010 00:15:17
 thread:1 rba:(0x6.c9d6.10)
 enabled  threads:  01000000 00000000 00000000 00000000 00000000 00000000
  00000000 00000000 00000000 00000000 00000000 00000000 00000000 00000000
  ...........................................................................
  00000000 00000000 00000000 00000000 00000000 00000000
 Offline scn: 0x0000.00000000 prev_range: 2
 Online Checkpointed at scn:  0x0000.00000000
 thread:0 rba:(0x0.0.0)
 enabled  threads:  00000000 00000000 00000000 00000000 00000000 00000000
```

```
..............................................................................
  00000000 00000000 00000000 00000000 00000000 00000000
 Hot Backup end marker scn: 0x0000.00000000
 aux_file is NOT DEFINED

DATA FILE #9:
  (name #16) /home/oracle/oradata/testdb/test01.dbf
creation size=6400 block size=8192 status=0x80 head=16 tail=16 dup=1
 tablespace 9, index=9 krfil=9 prev_file=0
 unrecoverable scn: 0x0000.00000000 01/01/1988 00:00:00
 Checkpoint cnt:13 scn: 0x0000.00096f04 02/25/2010 09:45:35
 Stop scn: 0x0000.00096f04 02/25/2010 09:45:35
 Creation Checkpointed at scn:  0x0000.00096241 02/25/2010 09:35:03
 thread:1 rba:(0x6.17bb3.10)
 enabled  threads:  01000000 00000000 00000000 00000000 00000000 00000000
  .....................................................................
  00000000 00000000 00000000 00000000 00000000 00000000
 Offline scn: 0x0000.00000000 prev_range: 0
 Online Checkpointed at scn:  0x0000.00000000
 thread:0 rba:(0x0.0.0)
 enabled  threads:  00000000 00000000 00000000 00000000 00000000 00000000
  00000000 00000000 00000000 00000000 00000000 00000000 00000000 00000000
  .................................................................
  00000000 00000000 00000000 00000000 00000000 00000000
 Hot Backup end marker scn: 0x0000.00000000
 aux_file is NOT DEFINED

***************************************************************************
TEMP FILE RECORDS ❸
***************************************************************************
 (size = 56, compat size = 56, section max = 100, section in-use = 1,
  last-recid= 1, old-recno = 0, last-recno = 0)
 (extent = 1, blkno = 89, numrecs = 100)
TEMP FILE #1: External File #201
  (name #8) /home/oracle/oradata/testdb/temp01.dbf
creation size=2560 block size=8192 status=0x1e head=8 tail=8 dup=1
 tablespace 3, index=5 krfil=1 prev_file=0
 unrecoverable scn: 0x0000.00071748 02/23/2010 22:59:24
```

❸ temp file 관련 정보입니다.

❹ 테이블 스페이스 관련 정보입니다.

```
***************************************************************************
TABLESPACE RECORDS  ❹
***************************************************************************
 (size = 68, compat size = 68, section max = 100, section in-use = 9,
  last-recid= 7, old-recno = 0, last-recno = 0)
 (extent = 1, blkno = 88, numrecs = 100)
TABLESPACE #0 SYSTEM: recno=1
 First datafile link=1  Tablespace Flag=0
 Tablespace PITR mode start scn: 0x0000.00000000 01/01/1988 00:00:00
 Tablespace PITR last completion scn: 0x0000.00000000 01/01/1988 00:00:00
TABLESPACE #1 UNDOTBS1: recno=2
 First datafile link=2  Tablespace Flag=0
 Tablespace PITR mode start scn: 0x0000.00000000 01/01/1988 00:00:00
 Tablespace PITR last completion scn: 0x0000.00000000 01/01/1988 00:00:00
TABLESPACE #2 SYSAUX: recno=3
 First datafile link=3  Tablespace Flag=0
 Tablespace PITR mode start scn: 0x0000.00000000 01/01/1988 00:00:00
 Tablespace PITR last completion scn: 0x0000.00000000 01/01/1988 00:00:00
TABLESPACE #4 USERS: recno=4
 First datafile link=4  Tablespace Flag=0
 Tablespace PITR mode start scn: 0x0000.00000000 01/01/1988 00:00:00
 Tablespace PITR last completion scn: 0x0000.00000000 01/01/1988 00:00:00
TABLESPACE #3 TEMP: recno=5
 First datafile link=1  Tablespace Flag=1
 Tablespace PITR mode start scn: 0x0000.00000000 01/01/1988 00:00:00
 Tablespace PITR last completion scn: 0x0000.00000000 01/01/1988 00:00:00
TABLESPACE #6 EXAMPLE: recno=6
 First datafile link=5  Tablespace Flag=0
 Tablespace PITR mode start scn: 0x0000.00000000 01/01/1988 00:00:00
 Tablespace PITR last completion scn: 0x0000.00000000 01/01/1988 00:00:00
TABLESPACE #7 UNDO01: recno=7
 First datafile link=6  Tablespace Flag=0
 Tablespace PITR mode start scn: 0x0000.00000000 01/01/1988 00:00:00
 Tablespace PITR last completion scn: 0x0000.00000000 01/01/1988 00:00:00
```

................................이하 생략합니다.

위 컨트롤 파일은 DB가 Open인 상태에서 dump를 한 것입니다. DATA FILE RECORDS 부분을 집중적으로 보세요.

```
Checkpoint cnt:376 scn: 0x0000.001720d1 02/27/2010 19:01:09
 Stop scn: 0xffff.ffffffff 02/27/2010 08:20:32
```

위에서 `Checkpoint cnt:376 scn:0x0000.001720d1`이라는 부분과 `Stop scn:0xffff.` 이라는 부분이 있습니다.

Checkpoint cnt 부분은 현재 데이터 파일에 저장되어 있는 scn 번호를 의미하는 것이고 Stop scn은 추가로 작업이 진행될 때 추가되는 scn 작업을 의미하게 됩니다. 아래 그림을 보세요.

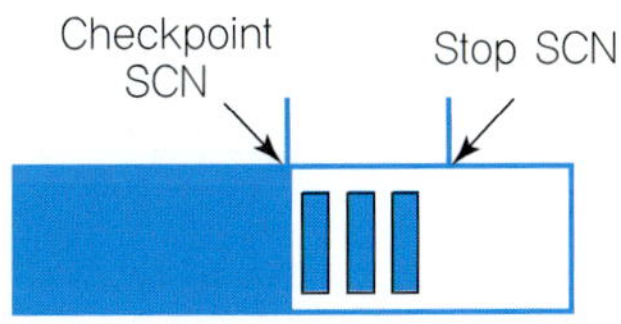

데이터 파일

그림을 보면 데이터 파일에 SCN이 2가지가 있습니다.

먼저 checkpoint scn은 현재까지 저장 완료된 SCN을 의미하고 Stop scn은 신규로 추가되는 데이터의 마지막 scn을 의미합니다. 그런데 현재까지 저장완료된 SCN은 몇 번인지 알 수 있지만 신규로 추가되는 SCN은 현재 작업 중이기 때문에 몇 번까지 들어올 지 모릅니다. 그래서 오라클은 DB가 open 상태이면 Stop scn을 무한대(`0xffff.ffffffff`)로 설정해 두고 DB가 종료된다든지 offline 된다든지 하면 checkpoint를 발생시켜 Checkpoint scn과 stop scn을 동일하게 만들고 해당 데이터 파일을 닫게 되는 것입니다.

여기에 복구의 중요한 원리가 숨어있습니다. 만약 운영 중이다가 DB에 장애가 생겨서 shutdown abort 되어 버렸다면 checkpoint scn과 stop scn의 값을 같게 동기화시키지 못한 상태에서 종료가 되어 버립니다. 아래의 내용으로 비교해 보겠습니다.

먼저 정상 종료된 데이터 파일의 내용을 덤프해서 보겠습니다.

```
SQL> shutdown immediate;
Database closed.
Database dismounted.
ORACLE instance shut down.
SQL> startup mount;
ORACLE instance started.

Total System Global Area  285212672 bytes
Fixed Size                  1267068 bytes
Variable Size              92277380 bytes
Database Buffers          188743680 bytes
Redo Buffers                2924544 bytes
Database mounted.
SQL> !
[oracle@testdb udump]$ pwd
/home/oracle/admin/testdb/udump
[oracle@testdb udump]$ ls
testdb_ora_19226.trc  testdb_ora_19531.trc  testdb_ora_19532.trc
[oracle@testdb udump]$ rm -fr *.trc
[oracle@testdb udump]$ ls
[oracle@testdb udump]$ exit
exit

SQL> oradebug setmypid;
Statement processed.
SQL> oradebug dump controlf 3;
Statement processed.
SQL> !
[oracle@testdb udump]$ ls
testdb_ora_19560.trc
[oracle@testdb udump]$ vi testdb_ora_19560.trc
```

내용이 너무 길어서 우리에게 필요한 부분만 보겠습니다.
Checkpoint scn과 Stop Scn을 보세요

```
******************************************************************************
DATA FILE RECORDS
******************************************************************************
 (size = 428, compat size = 428, section max = 100, section in-use = 9,
  last-recid= 253, old-recno = 0, last-recno = 0)
 (extent = 1, blkno = 11, numrecs = 100)
DATA FILE #1:
  (name #7) /home/oracle/oradata/testdb/system01.dbf
creation size=0 block size=8192 status=0xe head=7 tail=7 dup=1
 tablespace 0, index=1 krfil=1 prev_file=0
 unrecoverable scn: 0x0000.00000000 01/01/1988 00:00:00
 Checkpoint cnt:372 scn: 0x0000.0017378e 02/27/2010 23:22:03
 Stop scn: 0x0000.0017378e 02/27/2010 23:22:03
 Creation Checkpointed at scn:  0x0000.00000007 02/17/2008 01:50:54
 thread:0 rba:(0x0.0.0)
 enabled  threads:  00000000 00000000 00000000 00000000 00000000 00000000
  00000000 00000000 00000000 00000000 00000000 00000000 00000000 00000000
  ..............................................................................
  00000000 00000000 00000000 00000000 00000000 00000000 00000000 00000000
  00000000 00000000 00000000 00000000 00000000 00000000
 Offline scn: 0x0000.000716f6 prev_range: 0
 Online Checkpointed at scn:  0x0000.000716f7 02/23/2010 22:59:00
 thread:1 rba:(0x1.2.0)
 enabled  threads:  01000000 00000000 00000000 00000000 00000000 00000000
  00000000 00000000 00000000 00000000 00000000 00000000 00000000 00000000
................................................................................
  00000000 00000000 00000000 00000000 00000000 00000000 00000000 00000000
  00000000 00000000 00000000 00000000 00000000 00000000
 Hot Backup end marker scn: 0x0000.00000000
 aux_file is NOT DEFINED
```

위에서처럼 정상적으로 종료된 파일은 Checkpoint Scn과 Stop Scn이 동일합니다. 이러면 문제가 없는 상태입니다.

그럼 이번에는 shutdown abort를 해서 장애를 발생시키고 다시 보도록 하겠습니다.

```
SQL> select status from v$instance;

STATUS
-------------------
OPEN

SQL>
SQL> shutdown abort;
ORACLE instance shut down.
SQL> exit
Disconnected from Oracle Database 10g Enterprise Edition Release 10.2.0.4.0 - Production
With the Partitioning, OLAP, Data Mining and Real Application Testing options
 [oracle@testdb udump]$
[oracle@testdb udump]$ pwd
/home/oracle/admin/testdb/udump
[oracle@testdb udump]$ ls
testdb_ora_19560.trc
[oracle@testdb udump]$ rm -fr *
[oracle@testdb udump]$ sqlplus / as sysdba;

SQL*Plus: Release 10.2.0.4.0 - Production on Sat Feb 27 23:28:29 2010

Copyright (c) 1982, 2007, Oracle.  All Rights Reserved.

Connected to an idle instance.

SQL> startup mount;
ORACLE instance started.

Total System Global Area  285212672 bytes
Fixed Size                  1267068 bytes
Variable Size              92277380 bytes
Database Buffers          188743680 bytes
Redo Buffers                2924544 bytes
Database mounted.

SQL> oradebug setmypid;
Statement processed.
SQL> oradebug dump controlf 3;
```

```
Statement processed.
SQL> !
[oracle@testdb udump]$ ls
testdb_ora_19668.trc
[oracle@testdb udump]$ vi testdb_ora_19668.trc

DATA FILE #1:
  (name #7) /home/oracle/oradata/testdb/system01.dbf
creation size=0 block size=8192 status=0xe head=7 tail=7 dup=1
 tablespace 0, index=1 krfil=1 prev_file=0
 unrecoverable scn: 0x0000.00000000 01/01/1988 00:00:00
 Checkpoint cnt:373 scn: 0x0000.0017378f 02/27/2010 23:27:01
 Stop scn: 0xffff.ffffffff 02/27/2010 23:22:03
 Creation Checkpointed at scn:  0x0000.00000007 02/17/2008 01:50:54
 thread:0 rba:(0x0.0.0)
 enabled  threads:  00000000 00000000 00000000 00000000 00000000 00000000
  00000000 00000000 00000000 00000000 00000000 00000000 00000000 00000000
  ...............................................................................
  00000000 00000000 00000000 00000000 00000000 00000000
 Offline scn: 0x0000.000716f6 prev_range: 0
 Online Checkpointed at scn:  0x0000.000716f7 02/23/2010 22:59:00
 thread:1 rba:(0x1.2.0)
 enabled  threads:  01000000 00000000 00000000 00000000 00000000 00000000
  00000000 00000000 00000000 00000000 00000000 00000000 00000000 00000000
  ...............................................................................
  00000000 00000000 00000000 00000000 00000000 00000000
 Hot Backup end marker scn: 0x0000.00000000
 aux_file is NOT DEFINED
```

위에서 보면 예상했던 대로 checkpoint scn과 stop scn이 다른 것을 알 수 있죠? 특히 Stop scn: 0xffff.ffffffff 라는 것은 open 중에 종료되었다는 것을 의미합니다.

이 원리를 이용해서 데이터 파일의 이상 유무를 확인하게 되는 것입니다.

복구 원리를 정리해보겠습니다.

1. Control file 내의 data file records 부분의 checkpoint cnt 부분의 숫자를 잘 보세요. 모든 데이터 파일에 checkpoint cnt 부분의 숫자가 같은 것도 있고 다른 것도 있죠? Recover 명령어나 startup 명령어가 수행되면 server process는 control file 내의 이

부분을 먼저 체크하게 됩니다.
Control file에는 모든 데이터 파일의 checkpoint cnt 번호가 있습니다.
Control file의 이 번호와 데이터 파일에서 대응되는 번호와 같은지 비교를 하게 됩니다.
만약 이 부분의 비교가 끝나면 다음 단계를 진행합니다.

2. 각 데이터 파일의 헤더에 있는 checkpoint SCN이 control file 안에 있는 stop scn 번호와 같은지 비교를 해보게 됩니다. 이 부분이 모두 일치하면 복구가 필요 없지만 만약 이 부분이 다르다면 복구를 시도하게 됩니다.

3. 만약 복구가 필요하다면 이번에는 데이터 파일에 부족한 SCN 중에서 가장 낮은 SCN이 몇 번인지 확인한 후 control file 안에 있는 Log File Records를 찾아가게 됩니다.
아래 내용을 보세요. Control file 안에 있는 Log File Records 부분입니다.

```
***************************************************************************
LOG FILE RECORDS
***************************************************************************
 (size = 72, compat size = 72, section max = 16, section in-use = 4,
  last-recid= 19, old-recno = 0, last-recno = 0)
     (extent = 1, blkno = 10, numrecs = 16)
LOG FILE #1:
      (name #3) /home/oracle/oradata/testdb/redo01_a.log
  (name #13) /home/oracle/oradata/testdb/redo01_b.log
 Thread 1 redo log links: forward: 2 backward: 0
 siz: 0x19000 seq: 0x000000f8 hws: 0xc bsz: 512 nab: 0x18b63 flg: 0x1 dup: 2
Archive links: fwrd: 0 back: 0 Prev scn: 0x0000.0016e861
 Low scn: 0x0000.0016eb83 02/27/2010 07:26:11
 Next scn: 0x0000.001720d1 02/27/2010 19:01:09
LOG FILE #2:
 (name #2) /home/oracle/oradata/testdb/redo02_a.log
  (name #14) /home/oracle/oradata/testdb/redo02_b.log
 Thread 1 redo log links: forward: 3 backward: 1
 siz: 0x19000 seq: 0x000000f9 hws: 0x4 bsz: 512 nab: 0xffffffff flg: 0x8
dup: 2
 Archive links: fwrd: 0 back: 0 Prev scn: 0x0000.0016eb83
 Low scn: 0x0000.001720d1 02/27/2010 19:01:09
 Next scn: 0xffff.ffffffff 01/01/1988 00:00:00
LOG FILE #3:
 (name #1) /home/oracle/oradata/testdb/redo03_a.log
  (name #15) /home/oracle/oradata/testdb/redo03_b.log
 Thread 1 redo log links: forward: 0 backward: 2
```

```
 siz: 0x19000 seq: 0x000000f7 hws: 0x6 bsz: 512 nab: 0x186d9 flg: 0x1 dup: 2
 Archive links: fwrd: 0 back: 0 Prev scn: 0x0000.0016e523
 Low scn: 0x0000.0016e861 02/27/2010 07:10:20
 Next scn: 0x0000.0016eb83 02/27/2010 07:26:11
LOG FILE #4: <deleted>
     Thread 0 redo log links: forward: 0 backward: 0
     siz: 0x0 seq: 0x00000000 hws: 0x0 bsz: 0 nab: 0x0 flg: 0x0 dup: 0
 Archive links: fwrd: 0 back: 0 Prev scn: 0x0000.00000000
 Low scn: 0x0000.00000000 01/01/1988 00:00:00
 Next scn: 0x0000.00000000 01/01/1988 00:00:00
```

위에서 데이터 파일과 컨트롤 파일에서 차이나는 scn 부분을 redo log file 부분을 뒤져서 Low scn 부분을 확인해서 필요한 내용이 들어 있는 파일을 찾아내게 됩니다. 그리고 그 경로로 찾아가서 복구해야 하는 내용을 읽어서 필요한 로그 파일을 순차적으로 적용시키게 됩니다.

4. 적당한 Redo log file을 찾게 되면 우선 가장 낮은 SCN 번호부터 Roll Forward 하게 됩니다.

5. Roll Forward가 끝나면 commit이 수행되지 않은 트랜잭션을 찾기 위해 undo$ 딕셔너리를 찾아봅니다. 거기서 active한 undo segment를 찾게 되고 commit 안 된 데이터를 roll backward를 하게 됩니다.

이런 과정을 거쳐서 오라클은 장애가 발생했을 때 데이터를 복구해 내게 됩니다. 과정이 다소 복잡하지만 우리가 기억해야 할 것은 컨트롤 파일의 SCN 정보와 데이터 파일의 scn 정보를 비교해서 차이 나는 부분을 Redo log file이나 archive log file에서 찾아서 복구를 한다는 것을 반드시 기억해야 합니다.

CHAPTER 12

Data File 장애 복구

12 CHAPTER

Data File 장애 복구

12.1 No archive log mode에서의 파일 삭제 복구하기

노아카이브 모드는 아카이브 로그 모드에서의 복구와 원리가 동일합니다.

다만 차이가 있다면 복구에 사용될 아카이브 로그가 없기 때문에 만약 복구해야 할 내용이 아카이브 파일에 들어있다면 복구를 못한다는 점입니다.

1) 그림으로 복구원리 살펴보기

아래의 그림으로 복구 작업원리를 알아보겠습니다.

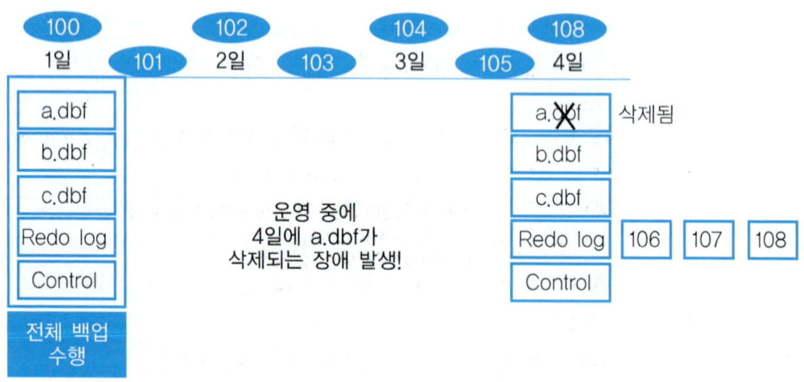

[그림 12-1] 복구 원리 1

위 그림은 scn 100번일 때 전체 파일을 Full backup(hot backup이든 cold backup이든 상관없습니다)을 받았습니다. 그리고 계속 운영하던 도중에 4일에 a.dbf 파일이 OS 명령어에 의해 삭제되는 사고가 발생했습니다.

이런 경우 어떻게 복구하는지 원리를 살펴보겠습니다.

1. 1일에 백업받아 둔 SCN 100번인 파일을 4일 시점으로 복사해옵니다. 이 과정을 복원(restore)라고 합니다.

2. 복구 시작하라는 명령어를 수행합니다.
   예를 들어 recover datafile '/home/oracle/oradata/testdb/a.dbf' ; 라고 명령했습니다.
   그러면 서버 프로세스는 control file을 찾아서 해당 데이터 파일의 checkpoint cnt 번호를 확인한 후에 control file에 적혀있는 경로로 recover data file에 있는 파일을 찾아가게 됩니다.
   그 후에 저 데이터 파일 헤더에서 checkpoint cnt에 대응되는 번호를 확인하고 두 번째로 데이터 파일의 stop SCN 번호와 컨트롤 파일의 checkpoint scn 번호를 비교해 보게 됩니다.
   위 그림에서는 아마도 4일에 이 작업이 수행되었으므로 컨트롤 파일을 확인한 결과 SCN은 108번이 될 것입니다. 그리고 데이터 파일을 확인하니까 stop SCN이 100번이 되겠죠.
   그럼 101번부터 108번까지가 데이터 파일에 없다는 것을 확인하고 redo log file과 archive log file에서 부족한 101번부터 108번 SCN까지의 작업을 찾아서 a.dbf에 적용하고 적용이 마무리되면 복구가 끝나게 됩니다.

문제는 여기서 no archive log mode라면 복구에 필요한 101번부터 105번까지의 archive log file이 없다는 것입니다.

이럴 경우에는 앞에서 본 바와 같이 절대로 복구를 완료할 수 없게 됩니다. 이것이 no archive log mode의 위험한 부분입니다.

다음 그림을 다시 보고 이해해보도록 하겠습니다. 이것을 이해해야만 다음 과정을 이해할 수 있기 때문에 반드시 이해하고 넘어가야 합니다.

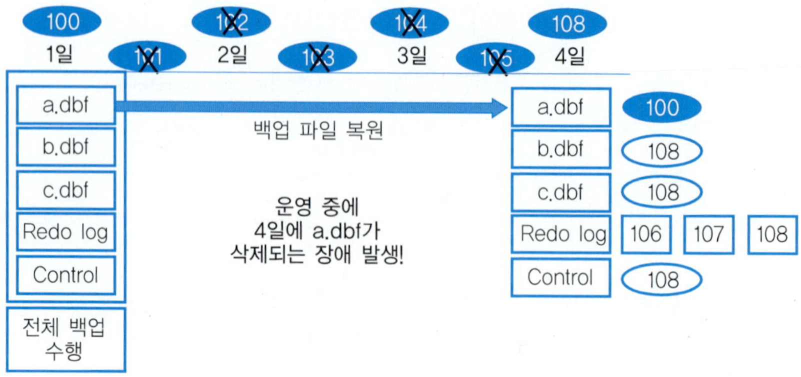

[그림 12-2] 노아카이브 모드에서 복구

위 그림에서처럼 노아카이브 모드이기 때문에 아카이브 파일은 하나도 없습니다. 4일에 a.dbf가 삭제되어서 1일에 백업받아두었던 a.dbf파일을 4일에 복원했습니다. 그리고 각 파일들의 scn 정보를 비교해보면 a.dbf만 100번이고 나머지는 전부 108번입니다.

결국 지워진 a.dbf 파일은 복구가 불가능하고 더 큰 문제는 만약 저 파일의 장애로 인해 DB가 강제 종료되었다면 DB 자체가 startup이 안 될 수 있다는 것입니다.

실무 실습 ⑲ no archive log mode에서 장애 해결 방법

step 1. 우선 현재 DB를 no archive log mode로 변경해야 합니다.

```
SQL> startup mount;
ORACLE instance started.

Total System Global Area  285212672 bytes
Fixed Size                  1267068 bytes
Variable Size              92277380 bytes
Database Buffers          188743680 bytes
Redo Buffers                2924544 bytes
Database mounted.
SQL> archive log list;
```

```
Database log mode              Archive Mode
Automatic archival             Enabled
Archive destination            /data/arc2
Oldest online log sequence     247
Next log sequence to archive   249
Current log sequence           249

SQL> alter database noarchivelog;
Database altered.

SQL> alter database open;
Database altered.

SQL> archive log list;
Database log mode              No Archive Mode
Automatic archival             Disabled
Archive destination            /data/arc2
Oldest online log sequence     248
Current log sequence           250

SQL> set line 200
SQL> col tablespace_name for a10
SQL> col file_name for a50
SQL> select tablespace_name,bytes/1024/1024 MB, file_name
  2   from dba_data_files;
TABLESPACE      MB      FILE_NAME
------------ -------- --------------------------------------------
USERS          3240     /home/oracle/oradata/testdb/users01.dbf
SYSAUX          280     /home/oracle/oradata/testdb/sysaux01.dbf
UNDOTBS1        135     /home/oracle/oradata/testdb/undotbs01.dbf
SYSTEM          490     /home/oracle/oradata/testdb/system01.dbf
EXAMPLE         100     /home/oracle/oradata/testdb/example01.dbf
UNDO01           10     /home/oracle/oradata/testdb/undo01.dbf
```

step 2. 신규 테이블 스페이스 test를 생성하고 백업 후 장애를 발생시킵니다

```
SQL> create tablespace test
2  datafile '/home/oracle/oradata/testdb/test01.dbf' size 5M;

Tablespace created.
SQL> shutdown immediate;
Database closed.
Database dismounted.
ORACLE instance shut down.
SQL> !cp /home/oracle/oradata/testdb/*.dbf  /data/backup/close/
SQL> !cp /home/oracle/oradata/testdb/*.log  /data/backup/close/
SQL> !cp /home/oracle/oradata/testdb/*.ctl /data/backup/close/

SQL> startup
ORACLE instance started.

Total System Global Area  285212672 bytes
Fixed Size                  1267068 bytes
Variable Size              92277380 bytes
Database Buffers          188743680 bytes
Redo Buffers                2924544 bytes
Database mounted.
Database opened.

SQL> !rm -fr /home/oracle/oradata/testdb/test01.dbf  ❶
SQL> shutdown abort;
ORACLE instance shut down.
SQL> startup
ORACLE instance started.
Total System Global Area  285212672 bytes
Fixed Size                  1267068 bytes
Variable Size              92277380 bytes
Database Buffers          188743680 bytes
Redo Buffers                2924544 bytes
Database mounted.
ORA-01157: cannot identify/lock data file 7 - see DBWR trace file
ORA-01110: data file 7: '/home/oracle/oradata/testdb/test01.dbf'
```

❶ 데이터 파일을 삭제합니다.

위에서 보듯이 해당 파일을 찾지 못해서 장애가 납니다. 이럴 경우 백업 받아 두었던 데이터 파일을 복원해서 복구를 시도해 보겠습니다.

step 3. restore 후 recover 시도

```
SQL> !cp /data/backup/close/test01.dbf  /home/oracle/oradata/testdb/  ❷

SQL> recover database;
Media recovery complete.
```

❷ 백업 파일 복원

위 결과를 보면 노아카이브 모드에서 장애가 발생했지만 복구가 됩니다. 그 이유는 복구하려는 데이터가 온라인 리두 로그에 있기 때문입니다.

이번에는 로그스위치를 수동으로 발생시켜 복구하려는 데이터를 아카이브 로그에 있게 만들고 다시 시도해 보겠습니다.

```
SQL> alter database open;
Database altered.

SQL>  !rm -fr /home/oracle/oradata/testdb/test01.dbf

SQL>  !ls  /home/oracle/oradata/testdb/test01.dbf
ls: /home/oracle/oradata/testdb/test01.dbf: No such file or directory

SQL> alter system switch logfile;
System altered.

SQL> /
System altered.

SQL> /
alter system switch logfile
*
ERROR at line 1:
ORA-03113: end-of-file on communication channel
```

```
SQL> select status from v$instance;
ERROR:
ORA-03114: not connected to ORACLE
SQL> exit
Disconnected from Oracle Database 10g Enterprise Edition Release 10.2.0.4.0 - Production
With the Partitioning, OLAP, Data Mining and Real Application Testing options
```

로그스위치가 발생하는 동안에 DB가 강제로 shutdown abort 되었습니다. 다시 startup 시켜보겠습니다.

```
[oracle@testdb udump]$ sqlplus / as sysdba;

SQL*Plus: Release 10.2.0.4.0 - Production on Sun Feb 28 01:54:26 2010

Copyright (c) 1982, 2007, Oracle.  All Rights Reserved.
Connected to an idle instance.

SQL> startup
ORACLE instance started.

Total System Global Area  285212672 bytes
Fixed Size                  1267068 bytes
Variable Size              92277380 bytes
Database Buffers          188743680 bytes
Redo Buffers                2924544 bytes
Database mounted.
ORA-01157: cannot identify/lock data file 7 - see DBWR trace file
ORA-01110: data file 7: '/home/oracle/oradata/testdb/test01.dbf'  ❸

SQL> !cp /data/backup/close/test01.dbf /home/oracle/oradata/testdb/  ❹

SQL> recover database;  ❺
ORA-00279: change 1562089 generated at 02/28/2010 01:06:39 needed for thread 1
ORA-00289: suggestion : /data/arc2/256_1_711759540.arc  ❻
ORA-00280: change 1562089 for thread 1 is in sequence #256

Specify log: {<RET>=suggested | filename | AUTO | CANCEL}
```

❸ 파일 없어서 에러 남
❹ 백업파일 복원
❺ 복구 시도
❻ 아카이브 로그 찾지만 없음

```
ORA-00308: cannot open archived log '/data/arc2/256_1_711759540.arc'
ORA-27037: unable to obtain file status
Linux Error: 2: No such file or directory  ❼
Additional information: 3

SQL> select status from v$instance;  ❽
STATUS
------------------------
MOUNTED

SQL> alter database open;  ❾
alter database open
*
ERROR at line 1:
ORA-01113: file 7 needs media recovery
ORA-01110: data file 7: '/home/oracle/oradata/testdb/test01.dbf'
```

❼ 아카이브 파일 없어서 복구 실패함
❽ 현재 상태는 마운트
❾ Open 시도했으나 실패함

위 내용을 보면 다시 startup하니까 역시 /home/oracle/oradata/testdb/test01.dbf 파일이 없다고 에러가 납니다. 그래서 2번 과정에서 백업 파일을 복원하고 3번 과정에서 복구를 시도했습니다. 그러니까 4번 과정에서 갑자기 이상한 메시지를 보입니다. 이 메시지는 복구해야 할 내용이 아카이브 로그 파일에 있다고 판단하고 그 파일을 찾고 있는 내용입니다. 그러나 지금 노아카이브 모드이므로 이 아카이브 로그 파일은 없겠죠. 그래서 5번 과정에서 복구에 실패하게 됩니다. 6번 과정에서 보니까 데이터 파일이 문제가 있으니까 mount에서 중단되어 있습니다. 그래서 복구를 안 하고 DB를 open 상태로 가기 위해 7번에서 시도했지만 이 파일 하나 때문에 DB가 Open 상태로 가지 못하고 장애가 발생해 있는 것입니다.

이렇게 된 이유는 DB가 Open 되기 위해서는 모든 데이터 파일과 컨트롤 파일, 리두 로그 파일의 checkpoint SCN 정보가 같아야 하는데 데이터 파일 중에서 /home/oracle/oradata/testdb/test01.dbf 파일 하나의 scn 정보가 다르기 때문입니다. 그래서 이 파일 하나 때문에 전체 DB가 중단되어 버린 것입니다.

● 장애 해결하기

이것을 해결하는 방법은 2가지가 있습니다. 일단 /home/oracle/oradata/testdb/test01.dbf 파일을 복구하기 위해서는 아카이브 로그 파일이 있어야 하지만 그 파일이 없기 때문에 저 파일은 복구가 안 됩니다. 그리고 나머지 파일들만이라도 살려야 하는데 그 방법은 모든 파일의 SCN을 같게 만드는 것입니다. 즉 이렇게 SCN 번호가 달라서 DB가 시작이 안 되는 것이니까 SCN 번호를 같게 만들어 주면 됩니다.

먼저 100 → 108번으로 하려고 했으나 중간의 아카이브 파일이 없어서 실패했습니다. 그럼 108 → 100번으로 해야겠죠? 이 방법은 1일에 백업 받았던 모든 파일들(데이터 파일, 리두 로그 파일, 컨트롤 파일)을 4일로 복원해야 합니다. 그렇게 되면 DB는 시작되겠지만 문제는 1일부터 4일까지 변경된 모든 데이터는 손실된다는 것입니다. 결국 데이터가 복구되는 것은 아니죠.

두 번째 방법은 문제가 되는 test01.dbf 만 포기하는 방법이 있습니다. 이럴 경우는 test01.dbf에 있던 데이터는 모두 손실되겠지만 나머지 데이터들은 다 살릴 수 있습니다.

아래의 예는 두 번째 방법을 이용해서 DB를 Open시키는 것을 보여줍니다.

```
SQL> startup
ORACLE instance started.
Total System Global Area  285212672 bytes
Fixed Size                  1267068 bytes
Variable Size              92277380 bytes
Database Buffers          188743680 bytes
Redo Buffers                2924544 bytes
Database mounted.
ORA-01113: file 7 needs media recovery
ORA-01110: data file 7: '/home/oracle/oradata/testdb/test01.dbf'

SQL> alter database datafile '/home/oracle/oradata/testdb/test01.dbf' offline drop;
Database altered.

SQL> alter database open;
Database altered.

SQL> select status from v$instance;
STATUS
------------------------
OPEN
```

이렇게 두 가지 방법으로 노아카이브 모드에서 DB가 시작되지 않는 장애가 발생하면 조치를 할 수 있습니다. 그러나 장애가 난 데이터는 복구할 수 없게 되어서 복구라고 보기엔 무리가 있습니다. 이 방법 말고 비공식적인 방법으로 Hidden parameter를 사용하는 방법도 있는데 이 부분은 뒤에 redo log file 장애 처리시에 보도록 하겠습니다.

여기까지 노아카이브나 아카이브에 상관없이 복구되는 원리를 자세히 살펴보았습니다. 그리고 노아카이브 모드일 경우 장애가 발생할 경우 문제가 되며 어떻게 해결하는지도 살펴보았습니다.

12.2 아카이브 로그 모드일 경우 장애 복구하기

이제부터는 아카이브 로그 모드일 경우를 보도록 하겠습니다. 아카이브 로그 모드일 경우 복구하는 방법은 크게 완전복구(Complete Recovery)와 불완전복구(Incomplete Recovery)로 나눌 수 있습니다. 복구 원리는 앞에서 노아카이브 모드일 경우와 동일하고 차이점은 복구에 사용될 아카이브 리두 로그가 있다는 것입니다.

1) 그림으로 완전복구 원리 배우기

앞의 경우를 다시 예로 들어보겠습니다.

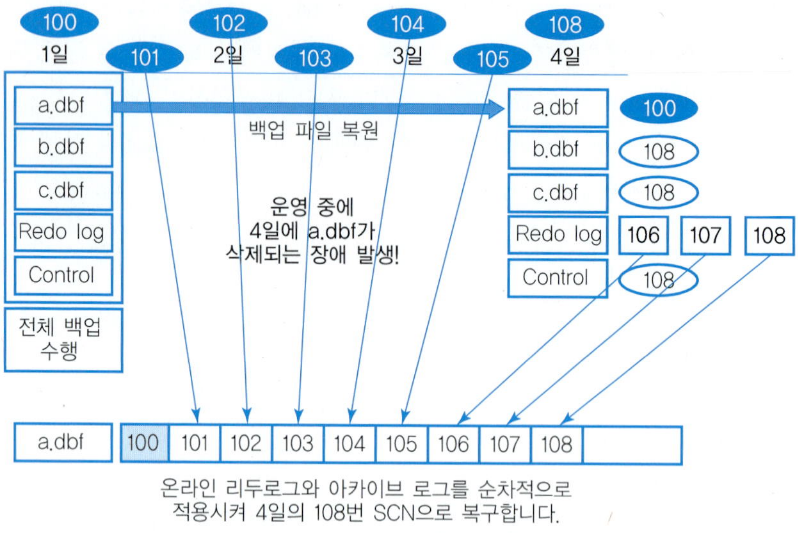

[그림 12-3] 아카이브 로그 복구 원리

위의 [그림 12-3]에서처럼 백업 데이터 파일에 있던 100번 SCN 다음 번호부터 아카이브 로그와 온라인 리두 로그를 적용시켜 장애를 완전히 복구합니다. 이것을 완전복구라고 부릅니다. 즉 완전복구란 장애가 발생하기 직전 시점까지 모든 데이터를 다 복구해 내는 것을 의미합니다. 우리가 흔히 생각하는 복구 방법이 되겠죠. 우선 완전복구의 여러 가지 경우를 먼저 살펴보고 불완전복구를 보도록 하겠습니다.

2) 완전복구(complete recovery)–물리적 장애 발생시 사용

오라클에서 꼭 지켜야 하는 원칙이 몇 가지 있는데 그중에서 아주 중요한 것은 파일에 I/O가 발생하고 있을 경우에는 절대로 이동하거나 복사 또는 복구 작업을 해서는 안 된다는 것입니다. 그래서 장애가 발생할 경우 복구하기 위해서는 해당 파일을 I/O가 발생하지 않도록 만들어 놓고 복구작업을 해야 합니다. 아주 중요한 내용이므로 반드시 기억하세요.

그래서 복구할 때 해당 데이터 파일을 I/O가 일어나지 않게 만들 수 있느냐 없느냐에 따라서 DB를 Open시킨 상태에서 복구를 할 수 있는지 없는지가 결정이 됩니다. 해당 데이터 파일에 I/O가 일어나지 않게 하려면 offline이나 shutdown을 시켜야 하는데 여기서는 우선 Offline을 시켜서 복구하는 방법, 즉 데이터베이스를 종료시키지 않고 Open시켜두고 장애난 테이블 스페이스만 복구하는 방법을 배워보도록 하겠습니다.

실무 실습 ⑳ Offline이 되는 일반 테이블 스페이스 장애 복구하기

● 장애 상황 설명

전준범 DBA는 개발팀장에게서 현재 운영 DB에서 데이터가 입력이 안 된다는 연락을 받았습니다. 즉시 확인해 본 결과 현재 운영 중인 DB에서 test01.dbf가 삭제된 것을 발견했습니다. 다행히 백업 파일은 존재합니다. 현재 DB는 OPEN 상태이며 DB 종료 없이 빨리 복구해야 합니다. 이 실습의 핵심은 offline이 되는 테이블 스페이스를 어떻게 복구하느냐 하는 것입니다.

step 1. DB를 archive log mode로 시작합니다.

```
SQL> startup mount;
ORACLE instance started.

Total System Global Area  285212672 bytes
Fixed Size                  1267068 bytes
Variable Size              92277380 bytes
Database Buffers          188743680 bytes
Redo Buffers                2924544 bytes
Database mounted.

SQL> alter database archivelog;
Database altered.

SQL> alter database open;
Database altered.
```

step 2. 백업을 수행합니다.

```
SQL> set line 200
SQL> col tablespace_name for a10
```

```
SQL> col file_name for a50
SQL> select tablespace_name,bytes/1024/1024 MB, file_name
  2  from dba_data_files;

TABLESPACE       MB      FILE_NAME
------------ -------- --------------------------------------------
USERS             5      /home/oracle/oradata/testdb/users01.dbf
SYSAUX          250      /home/oracle/oradata/testdb/sysaux01.dbf
UNDOTBS1         40      /home/oracle/oradata/testdb/undotbs01.dbf
SYSTEM          480      /home/oracle/oradata/testdb/system01.dbf
EXAMPLE         100      /home/oracle/oradata/testdb/example01.dbf
TEST              5      /home/oracle/oradata/testdb/test01.dbf

6 rows selected.

SQL> alter tablespace test begin backup;
Tablespace altered.

SQL> !cp /home/oracle/oradata/testdb/test01.dbf  /data/backup/open/

SQL> alter tablespace test end backup;
Tablespace altered.
```

step 3. 장애 발생시키고 작업 진행합니다.

⑩ 데이터 파일이 삭제되는 장애 발생함
⑪ 그런 파일이나 디렉토리가 없음

```
SQL> !rm -fr /home/oracle/oradata/testdb/test01.dbf   ⑩
SQL> !ls /home/oracle/oradata/testdb/test01.dbf
ls: /home/oracle/oradata/testdb/test01.dbf:   ⑪

SQL> create table abc (no number) tablespace test;
Table created.

SQL> insert into abc values (1);
1 row created.

SQL> insert into abc values (2);
1 row created.

SQL> commit;
```

```
Commit complete.

SQL> select * from abc;
        NO
--------------
         1
         2
```

step 4. 장애 발생 확인합니다.

```
SQL> alter tablespace test offline;
Tablespace altered.

SQL> alter tablespace test online;
alter tablespace test online
*
ERROR at line 1:
ORA-01157: cannot identify/lock data file 6 - see DBWR trace file
ORA-01110: data file 6: '/home/oracle/oradata/testdb/test01.dbf'
```

step 5. 백업으로부터 복원 후 복구하기

```
SQL> !cp /data/backup/open/test01.dbf   /home/oracle/oradata/testdb/

SQL> recover tablespace test;
Media recovery complete.
SQL> alter tablespace test online;

Tablespace altered.

SQL> select * from abc;

        NO
---------------
         1
         2
```

이 실습에서 가장 핵심 사항은 백업 데이터 파일에는 abc라는 테이블이 없었습니다. abc라는 테이블 만들고 거기에 1, 2 데이터를 넣었다는 내용이 리두 로그에 남아 있었기에 백업 데이터 파일에 그 내용이 복구될 수 있는 것입니다. 그리고 offline되는 테이블 스페이스라서 DB 종료없이 해당 테이블 스페이스만 offline 시키고 복구한 후 online 시켜서 다운타임을 최소화 할 수 있습니다.

실무 실습 ㉑ Offline 안 되는 테이블 스페이스 장애 복구하기

이 방법은 system tablespace나 undo tablespace가 장애가 발생했을 때 사용하는 방법입니다. 즉 offline이 되지 않을 경우 어쩔수 없이 DB를 shutdown 한 후에 복구하여야 합니다. 아래의 실습으로 익히겠습니다.

```
SQL> select status from v$instance;

STATUS
------------------------
OPEN

SQL> create table test1 (no number) tablespace system;
Table created.
SQL> insert into test1 values (1);
1 row created.
SQL> commit;
Commit complete.

SQL> set line 200
SQL> col tablespace_name for a10
SQL> col file_name for a50
SQL> select tablespace_name,bytes/1024/1024 MB , file_name
  2    from dba_data_files;

TABLESPACE      MB      FILE_NAME
------------ -------- --------------------------------------------
USERS          3240     /home/oracle/oradata/testdb/users01.dbf
SYSAUX          280     /home/oracle/oradata/testdb/sysaux01.dbf
```

```
UNDOTBS1        135     /home/oracle/oradata/testdb/undotbs01.dbf
SYSTEM          490     /home/oracle/oradata/testdb/system01.dbf
EXAMPLE         100     /home/oracle/oradata/testdb/example01.dbf
UNDO01           10     /home/oracle/oradata/testdb/undo01.dbf

6 rows selected.

SQL> !rm -fr /home/oracle/oradata/testdb/system01.dbf  ⑫

SQL> alter tablespace system offline;  ⑬
alter tablespace system offline
*
ERROR at line 1:
ORA-01541: system tablespace cannot be brought offline; shut down if necessary

SQL> shutdown immediate;
Database closed.
Database dismounted.
ORACLE instance shut down.

SQL> !cp /data/backup/close/system01.dbf  /home/oracle/oradata/testdb/

SQL> startup
ORACLE instance started.

Total System Global Area  285212672 bytes
Fixed Size                  1267068 bytes
Variable Size              92277380 bytes
Database Buffers          188743680 bytes
Redo Buffers                2924544 bytes
Database mounted.
ORA-01113: file 1 needs media recovery
ORA-01110: data file 1: '/home/oracle/oradata/testdb/system01.dbf'

SQL> recover database;
Media recovery complete.

SQL> alter database open;
Database altered.
```

⑫ system 테이블스페이스 삭제

⑬ offline 시도했으나 안 되는거 보이죠?

```
SQL> select * from test1;
       NO
---------------
        1
```

이처럼 오프라인이 안 되는 테이블 스페이스는 종료 후 마운트 상태에서 복구를 하고 다시 오픈을 해야 합니다. 이럴 경우 DB 전체가 종료되기 때문에 문제가 심각해지겠죠?

실무 실습 ㉒ 백업파일이 없는 경우 복구하기

● 장애 상황 설명

전준범 DBA는 시스템 엔지니어에게서 서버의 파일을 정리하다가 파일을 잘못 지운 것 같다라는 연락을 받고 운영 중인 DB 서버를 긴급 점검했습니다. 그러던 중 Haksa 테이블 스페이스의 데이터 파일이 삭제된 것을 발견했습니다. 문제는 이 테이블 스페이스의 백업 파일이 없다는 것입니다. 다행히 모든 아카이브 로그 파일은 존재합니다. 아래 그림으로 상황을 정리해 보겠습니다.

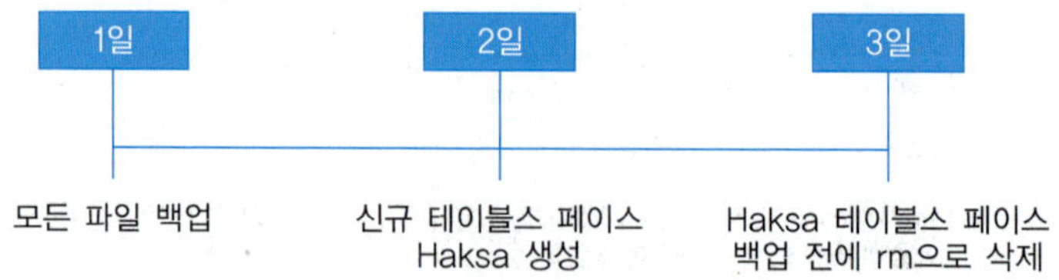

[그림 12-4] 장애 설명

앞의 [그림 12-4]에서처럼 2일에 신규 테이블 스페이스 haksa를 생성하고 백업을 받지 못했는데 3일에 haksa 테이블 스페이스가 os 명령어(예를 들어, rm)로 삭제되는 장애가 발생했습니다. 해당 테이블 스페이스는 백업파일도 없는 상태입니다. 저 테이블 스페이스에 아주 중요한 테이블이 들어있어서 당장 긴급으로 복구해야만 합니다.

step 1. 장애 상황 발생

```
SQL> create tablespace haksa
2  datafile '/data/temp/haksa01.dbf' size 5M;

Tablespace created.

SQL> select tablespace_name,bytes/1024/1024 MB , file_name
  2  from dba_data_files;
TABLESPACE      MB      FILE_NAME
------------ -------- --------------------------------------------
USERS          3240     /data/temp/users01.dbf
SYSAUX          280     /data/temp/sysaux01.dbf
UNDOTBS1        135     /data/temp/undotbs01.dbf
SYSTEM          490     /data/temp/system01.dbf
EXAMPLE         100     /data/temp/example01.dbf
UNDO01           10     /data/temp/undo01.dbf
HAKSA             5     /data/temp/haksa01.dbf

7 rows selected.

SQL> !rm -fr /data/temp/haksa01.dbf  ⑭

SQL> !ls /data/temp/haksa01.dbf
ls: /data/temp/haksa01.dbf: No such file or directory
```

⑭ 파일 삭제됨. 백업 파일 없음

step 2. 파일 삭제된 후 데이터 입력 작업 수행함

```
SQL> create table student (no number ,name varchar2(20)) tablespace haksa;
Table created.

SQL> insert into student values (1,'AAAA');
1 row created.
SQL> insert into student values (2,'BBBB');
1 row created.

SQL> commit;
Commit complete.

SQL> select * from student;
```

```
        NO      NAME
---------- ----------------------------------------
         1      AAAA
         2      BBBB
```

step 3. 장애 발생 확인

```
SQL> alter tablespace haksa offline;
Tablespace altered.

SQL> alter tablespace haksa online;
alter tablespace haksa online
*
ERROR at line 1:
ORA-01157: cannot identify/lock data file 8 - see DBWR trace file
ORA-01110: data file 8: '/data/temp/haksa01.dbf'
```

step 4. 데이터 파일을 생성해서 복구함

⑮ 컨트롤 파일에 있는 원래 경로
⑯ 신규로 생성하고자 하는 경로와 이름

```
SQL> alter database create datafile  '/data/temp/haksa01.dbf'  ⑮
  2  as  '/home/oracle/oradata/testdb/haksa_01.dbf';  ⑯

Database altered.

SQL> recover tablespace haksa;
Media recovery complete.

SQL> alter tablespace haksa online;
Tablespace altered.

SQL> select * from student;

        NO      NAME
---------- ----------------------------------------
         1      AAAA
         2      BBBB
```

심화과정 새로 생성된 데이터 파일 분석하기

위 예제에서처럼 백업 파일이 없는 파일을 새로 만들어서 복구를 시키게 되면 새로 생성되는 파일은 checkpoint scn이 0번으로 초기화됩니다. 아래 내용은 신규로 파일을 생성한 후 데이터 파일을 dump한 내용입니다.

```
Oracle Database 10g Enterprise Edition Release 10.2.0.4.0 - Production
With the Partitioning, OLAP, Data Mining and Real Application Testing options
ORACLE_HOME = /home/oracle/product/10g
System name:    Linux
Node name:      testdb
Release:        2.6.18-164.el5
Version:        #1 SMP Thu Sep 3 03:33:56 EDT 2009
Machine:        i686
Instance name: testdb
Redo thread mounted by this instance: 1
Oracle process number: 15
Unix process pid: 13764, image: oracle@testdb (TNS V1-V3)

*** ACTION NAME:() 2010-02-28 12:22:01.481
*** MODULE NAME:(sqlplus@testdb (TNS V1-V3)) 2010-02-28 12:22:01.481
*** SERVICE NAME:(SYS$USERS) 2010-02-28 12:22:01.481
*** SESSION ID:(159.9) 2010-02-28 12:22:01.481
Start dump data block from file /data/temp/haksa01.dbf minblk 3 maxblk 3
 V10 STYLE FILE HEADER:
        Compatibility Vsn = 169870080=0xa200300
        Db ID=2495087664=0x94b80430, Db Name='TESTDB'
        Activation ID=0=0x0
        Control Seq=2696=0xa88, File size=640=0x280
        File Number=8, Blksiz=8192, File Type=3 DATA
Dump all the blocks in range:
buffer tsn: 8 rdba: 0x02000003 (8/3)
scn: 0x0000.00000000 seq: 0x01 flg: 0x05 tail: 0x00000001
frmt: 0x02 chkval: 0xa503 type: 0x00=unknown
Hex dump of block: st=0, typ_found=0
Dump of memory from 0x0EC99400 to 0x0EC9B400
EC99400 0000A200 02000003 00000000 05010000  [................]
```

```
EC99410 0000A503 00000000 00000000 00000000  [................]
EC99420 00000000 00000000 00000000 00000000  [................]
        Repeat 508 times…..이하 생략합니다.
```

그리고 복구를 수행하고 나면 checkpoint scn 정보가 변경됩니다. 아래는 복구를 수행한 후에 데이터 파일의 checkpoint scn을 확인한 결과입니다.

```
ORACLE_HOME = /home/oracle/product/10g
System name:    Linux
Node name:      testdb
Release:        2.6.18-164.el5
Version:        #1 SMP Thu Sep 3 03:33:56 EDT 2009
Machine:        i686
Instance name: testdb
Redo thread mounted by this instance: 1
Oracle process number: 20
Unix process pid: 13846, image: oracle@testdb (TNS V1-V3)

*** 2010-02-28 12:30:07.065
*** ACTION NAME:() 2010-02-28 12:30:07.065
*** MODULE NAME:(sqlplus@testdb (TNS V1-V3)) 2010-02-28 12:30:07.065
*** SERVICE NAME:(SYS$USERS) 2010-02-28 12:30:07.065
*** SESSION ID:(158.55) 2010-02-28 12:30:07.065
Start dump data block from file /data/temp/haksa01.dbf minblk 3 maxblk 3
 V10 STYLE FILE HEADER:
        Compatibility Vsn = 169870080=0xa200300
        Db ID=2495087664=0x94b80430, Db Name='TESTDB'
        Activation ID=0=0x0
        Control Seq=2701=0xa8d, File size=640=0x280
        File Number=8, Blksiz=8192, File Type=3 DATA
Dump all the blocks in range:
buffer tsn: 8 rdba: 0x02000003 (8/3)
scn: 0x0000.00182bc7 seq: 0x01 flg: 0x04 tail: 0x2bc71e01
frmt: 0x02 chkval: 0x4dfb type: 0x1e=KTFB Bitmapped File Space Bitmap
Hex dump of block: st=0, typ_found=1
Dump of memory from 0x0D3EF400 to 0x0D3F1400
D3EF400 0000A21E 02000003 00182BC7 04010000  [.........+......]
```

```
D3EF410 00004DFB 00000008 00000009 00000000  [.M..............]
D3EF420 00000001 0000F7FF 00000000 00000000  [................]
D3EF430 00000000 00000000 00000001 00000000  [................]
D3EF440 00000000 00000000 00000000 00000000  [................]
        Repeat 506 times
```

연습 문제 ⑤ 기존 경로 말고 임시경로를 이용한 긴급 복구

※ 일부 데이터 파일의 백업 파일이 없는 경우로 가정하겠습니다.

이번 경우는 앞의 1번과 2번, 3번의 예제를 조금 더 현실적인 상황으로 바꾸어서 복구를 해 보겠습니다.

● 장애 상황 설명

DBA 박현영 엔지니어에게 고객사이트에서 긴급 복구요청이 왔습니다. 현재 DB 서버의 모든 데이터 파일이 /home/oracle/oradata/testdb/ 에 존재합니다. 그런데 이 디렉토리가 있는 하드디스크가 불량이 나서 장애가 발생했습니다. 다행히 리두 로그와 아카이브 로그 파일은 다른 경로에 이상없이 있다고 합니다. 하드디스크를 사기 위해 연락했는데 4시간이나 소요된다고 해서 4시간 동안 DB를 중단시킬 수 없기에 /data/temp 라는 곳에 즉시 백업된 데이터 파일을 복원하고 복구 작업을 시작하여 DB를 운영하고 하드디스크가 도착하면 원래 경로로 데이터파일을 이동시키려고 합니다. 불행하게도 백업 파일을 조사하던 중 /home/oracle/oradata/testdb/test01.dbf 파일이 백업이 되지 않은 것도 발견했습니다. 지금 즉시 복구를 시작해야 합니다.

step 1. 장애 상황을 만듭니다. 이 작업 전에 현재 상태 full 백업을 미리 받아두세요.

```
SQL> select tablespace_name,bytes/1024/1024 MB , file_name
  2  from dba_data_files;

TABLESPACE       MB     FILE_NAME
------------ -------- ---------------------------------------------
USERS          3240     /home/oracle/oradata/testdb/users01.dbf
SYSAUX          280     /home/oracle/oradata/testdb/sysaux01.dbf
```

```
UNDOTBS1        135     /home/oracle/oradata/testdb/undotbs01.dbf
SYSTEM          490     /home/oracle/oradata/testdb/system01.dbf
EXAMPLE         100     /home/oracle/oradata/testdb/example01.dbf
UNDO01           10     /home/oracle/oradata/testdb/undo01.dbf
TEST              5     /home/oracle/oradata/testdb/test01.dbf

7 rows selected.

SQL> !rm -fr /home/oracle/oradata/testdb/*.dbf  ⑰

SQL> !ls /home/oracle/oradata/testdb/*.dbf
ls: /home/oracle/oradata/testdb/*.dbf: No such file or directory  ⑱

SQL> shutdown abort;  ⑲
ORACLE instance shut down.
```

⑰ 데이터 파일을 전부 삭제합니다.
⑱ 데이터 파일이 없습니다.
⑲ DB가 강제로 종료되었습니다.

step 2. /data/temp 디렉토리로 데이터 파일을 복원합니다.

```
SQL> startup
ORACLE instance started.

Total System Global Area  285212672 bytes
Fixed Size                  1267068 bytes
Variable Size              92277380 bytes
Database Buffers          188743680 bytes
Redo Buffers                2924544 bytes
Database mounted.
ORA-01157: cannot identify/lock data file 1 - see DBWR trace file
ORA-01110: data file 1: '/home/oracle/oradata/testdb/system01.dbf'

SQL> !mkdir /data/temp

SQL> !cp /data/backup/close/*.dbf  /data/temp/
```

step 3. 데이터 파일의 경로를 변경한 후 복구합니다.

```
SQL> select name from v$datafile;
```

```
NAME
--------------------------------------------------------------------------
/home/oracle/oradata/testdb/system01.dbf
/home/oracle/oradata/testdb/undotbs01.dbf
/home/oracle/oradata/testdb/sysaux01.dbf
/home/oracle/oradata/testdb/users01.dbf
/home/oracle/oradata/testdb/example01.dbf
/home/oracle/oradata/testdb/undo01.dbf
/home/oracle/oradata/testdb/test01.dbf

7 rows selected.

SQL> alter database rename file '/home/oracle/oradata/testdb/system01.dbf'
  2  to '/data/temp/system01.dbf';

Database altered.

SQL> alter database rename file '/home/oracle/oradata/testdb/undotbs01.dbf'
  2  to '/data/temp/undotbs01.dbf';

Database altered.

SQL> alter database rename file '/home/oracle/oradata/testdb/sysaux01.dbf'
  2  to '/data/temp/sysaux01.dbf';

Database altered.

SQL> alter database rename file '/home/oracle/oradata/testdb/users01.dbf'
  2  to '/data/temp/users01.dbf';

Database altered.

SQL> alter database rename file '/home/oracle/oradata/testdb/example01.dbf'
  2  to '/data/temp/example01.dbf';

Database altered.
SQL> alter database rename file '/home/oracle/oradata/testdb/undo01.dbf'
  2  to '/data/temp/undo01.dbf';
```

⑳ 백업 없던 파일을 신규로 생성합니다.

```
Database altered.

SQL> alter database create datafile  '/home/oracle/oradata/testdb/test01.dbf'
  2   as '/data/temp/test01.dbf' ;  ⑳

SQL> select name from v$datafile;

NAME
--------------------------------------------------------------------------
/data/temp/system01.dbf
/data/temp/undotbs01.dbf
/data/temp/sysaux01.dbf
/data/temp/users01.dbf
/data/temp/example01.dbf
/data/temp/undo01.dbf
/data/temp/test01.dbf

7 rows selected.

SQL> recover database;
Media recovery complete.
SQL> alter database open;

Database altered.

SQL> select * from test1;

        NO
---------------
         1      ,- 복구 완료되었습니다.
```

12.3 update, delete, drop 장애 복구

불완전복구(Incomplete recovery)란 장애가 발생했을 경우에 현재 시점까지 전부 복구하는 것이 아니라 과거의 특정 시점까지만 복구하는 것을 말합니다.

1) 그림으로 불완전복구 살펴보기

아래 그림으로 예를 들어 보겠습니다.

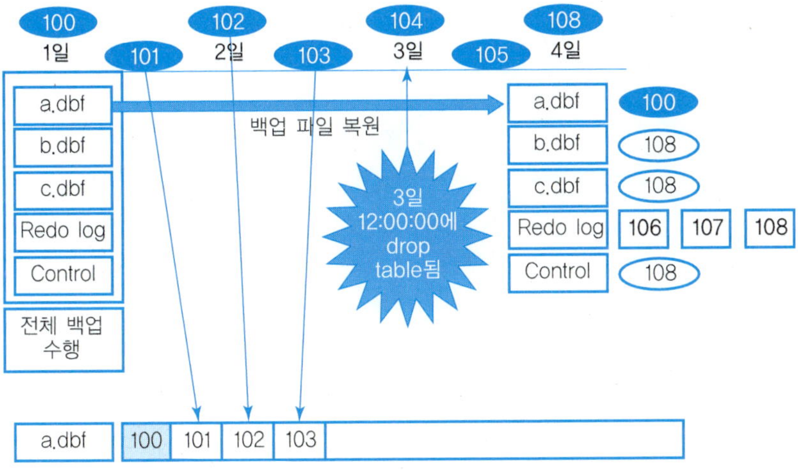

[그림 12-5] 불완전복구

위 그림에서 현재 시점은 4일인데 3일 12:00:00 시간에 중요한 테이블이 Drop 되는 사고가 발생했다면 4일 시점까지 복구하면 안 되고 3일 11:59:59까지 복구해야 합니다. 다른 것도 마찬가지지만 불완전복구는 특히 개념과 원리를 이해하는 것이 더더욱 중요합니다.

하나의 영화를 예로 들어서 설명드리겠습니다. 이 영화의 내용은 어떤 남자와 어떤 여자가 서로 사랑하면서 살아가는 일화를 다룬 영화입니다. 남자는 꿈과 야망이 가득한 미국의 셀러리 맨이었고 여자는 영국에서 미국으로 유학 온 음악을 전공하는 사람으로 나옵니다. 여자는 늘 남자와 함께 지내기를 원했지만 남자는 늘 일이 바쁘다고 하면서 일에만 몰두했죠. 그러던 어느 날 교통사고가 발생해서 여자 주인공이 drop 되는 사고가 발생합니다. 그때가 되어서야 남자는 그 여자가 자기 인생에서 얼마나 소중했는지 깨닫게 됩니다. 그러나 이미 여자는 drop 된 상태……. 병원 영안실에서 이 남자는 겨우 나와서 택시를 탔는데 이 남자가 탄 택시의 기사가 신이었습니다. 그래서 이 택시기사가 다시 사고 나기 전으로 시간을 돌려 주면 잘 할 수 있느냐고 제의를 하게 되고 남자는 잘 하겠다고 다짐을 합니다.

정말 영화 같은 이야기지만 그래서 다시 사고 나기 전 과거로 시간을 돌려서 다시 여자가 drop 되기 전 상태로 돌려줍니다.

오라클의 시간기반 불완전복구와 너무나 잘 맞는 예제 같습니다. 이제 아래의 그림을 보고 설명해보겠습니다.

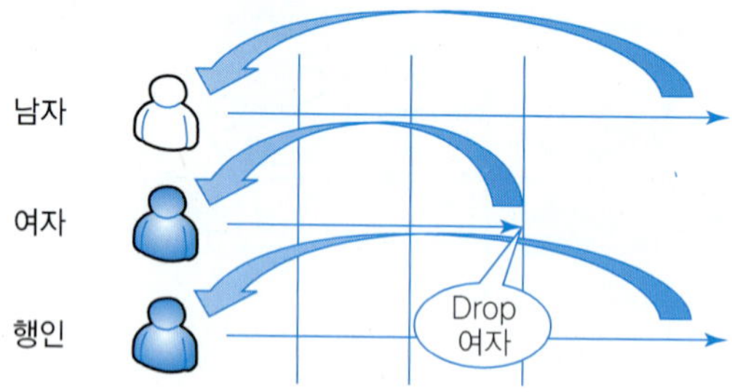

[그림 12-6] 시간기반 불완전복구

위 그림을 보면 남자, 여자, 행인 이렇게 3사람이 나오는데 각 사람을 하나의 데이터 파일이라고 하겠습니다. 특정 시점에서 여자 데이터 파일에 속해있는 테이블이 삭제되는 장애가 발생하였습니다. 이 테이블을 복구해 내려면 테이블이 삭제되기 전 시점으로 DB 전체를 되돌리면 됩니다. 그렇게 하는 방법은 모든 데이터 파일을 과거에 백업 받았던 것으로 전부 복원한 후 아카이브 로그 파일을 적용시켜 장애 직전 시점까지 복구하는 것입니다. 여기서 중요한 것은 모든 데이터 파일을 복원한다는 것입니다. 즉 여자 데이터 파일에 장애가 생겼다고 해서 그 파일만 복구하는 것은 아니라는 것이죠. 만약 영화 속에서 여자만 과거로 돌아가고 남자나 행인은 사고 후의 시점에 여전히 있다면 이상하겠죠? 또 데이터 파일만 복구하고 리두 로그와 컨트롤 파일은 현재 시점의 것을 사용해야 합니다. 반드시 기억하세요. 모든 데이터 파일은 사고 시점 이전의 백업 파일로부터 복원하고 리두 로그 파일과 컨트롤 파일은 현재 시점의 것을 사용해야 합니다.

2) drop table 명령으로 삭제된 테이블 복구하기

● 장애 상황 설명

DBA 전준범 엔지니어에게 고객사이트에서 실수로 중요한 테이블이 하나가 삭제가 되었는데 반드시 복구해야 한다는 요청이 들어왔습니다. 지워진 시간을 물어보니까 시간은 대략 알고 있다고 말합니다. 전준범 DBA는 삭제된 시간을 알고 있기에 시간기반 불완전복구 방법으로 복구하기로 결정했습니다.

```
SYS>!vi df.sql
set line 200
col ts_name for a10
col file_name for a50

select a.name "TS_NAME",b.name "FILE_NAME",b.bytes/1024/1024 MB,b.status
from v$tablespace a, v$datafile b
where a.ts#=b.ts#
/

SYS>@df

TS_NAME    FILE_NAME                                          MB    STATUS
--------- ---------------------------------------------- ------- ----------
SYSTEM     /home/oracle/oradata/testdb/system01.dbf          480    SYSTEM
UNDOTBS1   /home/oracle/oradata/testdb/undotbs01.dbf          35    ONLINE
SYSAUX     /home/oracle/oradata/testdb/sysaux01.dbf          250    ONLINE
USERS      /home/oracle/oradata/testdb/users01.dbf             5    ONLINE
EXAMPLE    /home/oracle/oradata/testdb/example01.dbf         100    ONLINE
TEST       /home/oracle/oradata/testdb/test01.dbf             10    ONLINE

6 rows selected.

SYS>shutdown immediate;
Database closed.
Database dismounted.
ORACLE instance shut down.

SYS>!cp /home/oracle/oradata/testdb/*.dbf   /data/backup/close/
SYS>startup
ORACLE instance started.

Total System Global Area  167772160 bytes
Fixed Size                  1218292 bytes
```

```
Variable Size             62916876 bytes
Database Buffers          96468992 bytes
Redo Buffers               7168000 bytes
Database mounted.
Database opened.

SYS>create table scott.test01 (no number ,hdate date) tablespace test;
Table created.

SYS>insert into scott.test01 values (1,sysdate);
1 row created.

SYS>insert into scott.test01 values (2,sysdate);
1 row created.

SYS>insert into scott.test01 values (3,sysdate);
1 row created.

SYS>commit;
Commit complete.

SYS>select to_char(sysdate,'YYYY-MM-DD:HH24:MI:SS') from dual;  ㉑
TO_CHAR(SYSDATE,'YY
-------------------------
2010-01-21:04:48:40  ㉒

SYS>save tt.sql  ㉓
Created file tt.sql

SYS>insert into scott.test01 values (4,sysdate);
1 row created.

SYS>commit;
Commit complete.
SYS>@tt
TO_CHAR(SYSDATE,'YY
---------------------------
2010-01-21:04:49:07  ㉔
```

㉑ 현재시간 조회하기
㉒ 3까지 입력되어 있는 시간입니다.
㉓ 현재시간을 조회하는 SQL 문장으로 저장했습니다.

㉔ 4번까지 입력되어 있는 시간입니다.

```
SYS>insert into scott.test01 values (5,sysdate);
1 row created.

SYS>commit;
Commit complete.

SYS>@tt

TO_CHAR(SYSDATE,'YY
-----------------------------
2010-01-21:04:49:25  ㉕

SYS>select no,to_char(hdate,'YYYY-MM-DD:HH24:MI:SS')
  2  from scott.test01;

      NO    TO_CHAR(HDATE,'YYYY
  -------- -----------------------------
       1    2010-01-21:04:47:54
       2    2010-01-21:04:48:06
       3    2010-01-21:04:48:15
       4    2010-01-21:04:49:03
       5    2010-01-21:04:49:20

# scott.test01 테이블이 지워지는 장애 발생함

SYS>drop table scott.test01 purge;
Table dropped.

SYS>@tt

TO_CHAR(SYSDATE,'YY
------------------------------
2010-01-21:04:53:09
SYS>select * from scott.test01;
select * from scott.test01  ㉖
                          *
ERROR at line 1:
ORA-00942: table or view does not exist
```

㉕ 5번까지 입력되어 있는 시간입니다.

㉖ 테이블이 삭제되어 조회가 되지 않습니다. 복구해야 합니다.

● 복구하기

이런 장애를 복구하기 위해서는 우선 원리를 정확하게 알아야 합니다. 모든 데이터 파일을 장애가 발생하기 이전시점으로 돌려야 하는데 방법은 모든 데이터 파일 백업이나 중요파일만 복구해서 장애를 복구해야 합니다. 여기에서는 모든 데이터 파일 백업을 복원한 후 복구하는 방법과 필요한 최소의 파일만 가지고 복구하는 방법 두 가지를 다 해보도록 하겠습니다.

복구 시나리오 1 - 모든 데이터 파일 백업 복원 후 복구하기

이런 장애의 경우를 복구하기 위해서 가장 중요한 점은 해당 테이블이 지워진 시간을 정확하게 알아야 한다는 것입니다. 그러나 실무에서는 테이블이 삭제된 시점을 대략적으로만 아는 경우가 많거나 이마저도 모르는 경우가 많습니다. 즉 실패할 확률도 많고 복구 작업을 몇 번을 반복해야 합니다. 그래서 원본 파일은 그대로 두고 임시경로를 복구경로로 지정해서 복구하도록 하겠습니다. 이번 실습에서는 복구 경로를 /home/oracle/temp/ 로 하겠습니다. 가장 중요한 것은 어떤 파일을 복사해오는지 주의 깊게 보고 이유를 이해하여야 합니다.

step 1. 복구에 필요한 파일들을 모두 임시경로에 복원하기

```
SYS>shutdown immediate;
Database closed.
Database dismounted.
ORACLE instance shut down.
SYS>!
[oracle@remotedb ~]$ mkdir /home/oracle/temp
```

step 2. 백업된 데이터 파일 복사해오기

```
[oracle@remotedb ~]$ cp /data/backup/close/*.dbf   /home/oracle/temp/
```

step 3. 현재 쓰고 있던 컨트롤 파일 복사해오기–백업된 컨트롤 파일 아닙니다.

```
[oracle@remotedb ~]$ cp /home/oracle/oradata/testdb/*.ctl  /home/oracle/temp/
```

step 4. 현재 쓰고 있던 리두 로그 파일 가져오기-백업된 리두 로그 파일 아닙니다.

```
[oracle@remotedb ~]$ cp /home/oracle/oradata/testdb/*.log  /home/oracle/temp/
```

step 5. 컨트롤 파일, 데이터 파일, 리두 로그 파일의 위치 변경하기

```
# parameter file(Pfile 사용하겠습니다)에서 control file 위치를 임시경로로 변경합니다.

[oracle@remotedb ~]$ vi /home/oracle/product/10g/dbs/inittestdb.ora
                    .
..............................
###########################################################################
# File Configuration  ㉗
###########################################################################
control_files=("/home/oracle/temp/control01.ctl",
               "/home/oracle/temp/control02.ctl",
               "/home/oracle/temp/control03.ctl")
:wq!
[oracle@remotedb ~]$ exit
exit
```

㉗ 아래처럼 변경하세요.

step 6. 데이터 파일의 위치 변경하기

```
SYS>startup mount;
ORACLE instance started.

Total System Global Area  167772160 bytes
Fixed Size                  1218292 bytes
Variable Size              62916876 bytes
Database Buffers           96468992 bytes
Redo Buffers                7168000 bytes
Database mounted.
SYS>select name from v$controlfile;
NAME
--------------------------------------------------------------------------
/home/oracle/temp/control01.ctl
/home/oracle/temp/control02.ctl
/home/oracle/temp/control03.ctl

SYS>select name from v$datafile;
```

```
NAME
--------------------------------------------------------------------------------
/home/oracle/oradata/testdb/system01.dbf
/home/oracle/oradata/testdb/undotbs01.dbf
/home/oracle/oradata/testdb/sysaux01.dbf
/home/oracle/oradata/testdb/users01.dbf
/home/oracle/oradata/testdb/example01.dbf
/home/oracle/oradata/testdb/test01.dbf

SYS>alter database rename file '/home/oracle/oradata/testdb/system01.dbf'
  2  to '/home/oracle/temp/system01.dbf';

Database altered.

SYS>alter database rename file '/home/oracle/oradata/testdb/undotbs01.dbf'
  2  to '/home/oracle/temp/undotbs01.dbf';

Database altered.

SYS>alter database rename file '/home/oracle/oradata/testdb/sysaux01.dbf'
  2  to '/home/oracle/temp/sysaux01.dbf';

Database altered.

SYS>alter database rename file '/home/oracle/oradata/testdb/users01.dbf'
  2  to '/home/oracle/temp/users01.dbf';

Database altered.

SYS>alter database rename file '/home/oracle/oradata/testdb/example01.dbf'
  2  to '/home/oracle/temp/example01.dbf';
Database altered.

SYS>alter database rename file '/home/oracle/oradata/testdb/test01.dbf'
  2  to '/home/oracle/temp/test01.dbf';

Database altered.
```

step 7. Redo log file 위치 변경하기

```
SYS>select member from v$logfile;
MEMBER
--------------------------------------------------------------------------
/home/oracle/oradata/testdb/redo03_a.log
/home/oracle/oradata/testdb/redo03_b.log
/home/oracle/oradata/testdb/redo02_a.log
/home/oracle/oradata/testdb/redo02_b.log
/home/oracle/oradata/testdb/redo01_a.log
/home/oracle/oradata/testdb/redo01_b.log

6 rows selected.

SYS>alter database rename file '/home/oracle/oradata/testdb/redo01_a.log'
  2  to '/home/oracle/temp/redo01_a.log';
Database altered.

SYS>alter database rename file '/home/oracle/oradata/testdb/redo01_b.log'
  2  to '/home/oracle/temp/redo01_b.log';
Database altered.

SYS>alter database rename file '/home/oracle/oradata/testdb/redo02_a.log'
  2  to '/home/oracle/temp/redo02_a.log';
Database altered.

SYS>alter database  rename file '/home/oracle/oradata/testdb/redo02_b.log'
  2  to '/home/oracle/temp/redo02_b.log';
Database altered.

SYS>alter database rename file '/home/oracle/oradata/testdb/redo03_a.log'
  2  to '/home/oracle/temp/redo03_a.log';
Database altered.

SYS>alter database rename file '/home/oracle/oradata/testdb/redo03_b.log'
  2  to '/home/oracle/temp/redo03_b.log';
Database altered.

SYS>select no,to_char(hdate,'YYYY-MM-DD:HH24:MI:SS')
  2  from scott.test01;
```

```
        NO TO_CHAR(HDATE,'YYYY
---------- -------------------------
         1 2010-01-21:04:47:54
         2 2010-01-21:04:48:06
         3 2010-01-21:04:48:15
         4 2010-01-21:04:49:03
         5 2010-01-21:04:49:20   ㉘
```

㉘ 삭제되기 전에 조회한 화면입니다.

위 테이블에 데이터가 입력된 시간이 나오고 앞에서 테이블이 drop된 시간이 2010-01-21:04:53:09이라는 것을 확인했습니다. 따라서 2010-01-21:04:53:09 이전 시간으로 DB를 복구한다면 지워진 scott.test01 테이블을 복구할 수 있습니다.

step 8. 복구하기

㉙ 지워진 시간보다 조금 빠르게 주세요.

```
SYS>recover database until time '2010-01-21:04:53:05';   ㉙
ORA-00279: change 717691 generated at 01/21/2010 01:37:34 needed for thread 1
ORA-00289: suggestion : /data/arc1/35_1_708674033.arc
ORA-00280: change 717691 for thread 1 is in sequence #35

Specify log: {<RET>=suggested | filename | AUTO | CANCEL}
auto
ORA-00279: change 718974 generated at 01/21/2010 02:12:38 needed for thread 1
ORA-00289: suggestion : /data/arc1/1_1_708833558.arc
ORA-00280: change 718974 for thread 1 is in sequence #1
ORA-00278: log file '/data/arc1/35_1_708674033.arc' no longer needed for this recovery

ORA-00279: change 720387 generated at 01/21/2010 02:42:44 needed for thread 1
ORA-00289: suggestion : /data/arc1/2_1_708833558.arc
ORA-00280: change 720387 for thread 1 is in sequence #2
ORA-00278: log file '/data/arc1/1_1_708833558.arc' no longer needed for this recovery

ORA-00279: change 720580 generated at 01/21/2010 02:42:51 needed for thread 1
ORA-00289: suggestion : /data/arc1/3_1_708833558.arc
ORA-00280: change 720580 for thread 1 is in sequence #3
ORA-00278: log file '/data/arc1/2_1_708833558.arc' no longer needed for this recovery
```

```
Log applied.
Media recovery complete.

SYS>alter database open resetlogs;   ㉚

Database altered.

SYS>select no ,to_char(hdate,'YYYY-MM-DD:HH24:MI:SS')
  2  from scott.test01;

        NO   TO_CHAR(HDATE,'YYYY
---------- ------------------------------
         1   2010-01-21:04:47:54
         2   2010-01-21:04:48:06
         3   2010-01-21:04:48:15
         4   2010-01-21:04:49:03
         5   2010-01-21:04:49:20
```

㉚ resetlogs 옵션의 의미는 뒤에서 설명하겠습니다.

연습 문제 ❻ 잘못된 update 수행 후 commit한 장애 복구하기

● 장애 상황 설명

박현영 DBA는 고객 사이트에서 업데이트 작업 수행 도중에 where 조건을 잘못 설정해서 잘못된 업데이트가 수행되었다는 연락을 받았습니다. 그 후에 잘못된 commit이 수행되어서 롤백도 할 수 없는 상황이 되어 버렸습니다. 오라클은 9i 버전이며 이 테이블을 업데이트 이전의 상태로 복구해야만 합니다.

테이블 이름은 scott.test02로 하고 update 후 commit하기 전에 시간 확인해 두세요. 작업의 편의상 복구하는 경로는 /home/oracle/temp 로 하겠습니다. 아래의 예와 같이 작업 후 장애를 복구해보세요.

step 1. 현재 상황 확인

```
# df.sql 내용
set line 200
```

```
col ts_name for a10
col file_name for a50
col mb for 9999
select a.name "TS_NAME",b.name "FILE_NAME",b.bytes/1024/1024 MB,b.status
from v$tablespace a, v$datafile b
where a.ts#=b.ts#

SYS>@df

TS_NAME    FILE_NAME                                            MB STATUS
---------- -------------------------------------------------- ------- ----------
SYSTEM     /home/oracle/oradata/testdb/system01.dbf            480 SYSTEM
UNDOTBS1   /home/oracle/oradata/testdb/undotbs01.dbf            35 ONLINE
SYSAUX     /home/oracle/oradata/testdb/sysaux01.dbf            250 ONLINE
USERS      /home/oracle/oradata/testdb/users01.dbf               5 ONLINE
EXAMPLE    /home/oracle/oradata/testdb/example01.dbf           100 ONLINE
TEST       /home/oracle/oradata/testdb/test01.dbf               10 ONLINE
```

step 2. test02 테이블 생성 후 장애 발생

```
SYS>create table scott.test02 (no number, name varchar2(10)) tablespace test;
Table created.

SYS>insert into scott.test02 values (1,'AAA');
1 row created.

SYS>insert into scott.test02 values (2,'BBB');
1 row created.

SYS>commit;
Commit complete.

SYS>insert into scott.test02 values (3,'CCC');
1 row created.

SYS>commit;
Commit complete.

SYS>@tt.sql
```

```
TO_CHAR(SYSDATE,'YY
-------------------
2010-01-21:08:11:00  ㉛

SYS>update scott.test02  ㉜
  2  set name = 'DDD';

3 rows updated.

SYS>commit;  ㉝
Commit complete.

SYS>select * from scott.test02 ;

        NO    NAME
---------- -----------
         1    DDD
         2    DDD
         3    DDD
```

㉛ 데이터가 이상이 없는 시간입니다. 복구 시에 필요한 시간입니다.
㉜ 잘못된 업데이트입니다.
㉝ 업데이트 에러 후 잘못된 커밋입니다.

원래 데이터로 복구해 보세요.

● 연습 문제 6번 정답

```
SYS>@df
TS_NAME    FILE_NAME                                         MB      STATUS
--------- ---------------------------------------------- ------- ----------
SYSTEM     /home/oracle/oradata/testdb/system01.dbf         480     SYSTEM
UNDOTBS1   /home/oracle/oradata/testdb/undotbs01.dbf         35     ONLINE
SYSAUX     /home/oracle/oradata/testdb/sysaux01.dbf         250     ONLINE
USERS      /home/oracle/oradata/testdb/users01.dbf            5     ONLINE
EXAMPLE    /home/oracle/oradata/testdb/example01.dbf        100     ONLINE
TEST       /home/oracle/oradata/testdb/test01.dbf            10     ONLINE

SYS>shutdown immediate;
Database closed.
Database dismounted.
ORACLE instance shut down.
```

```
SYS>!cp /data/backup/close/*.dbf  /home/oracle/temp/

SYS>!cp /home/oracle/oradata/testdb/*.log  /home/oracle/temp/

SYS>!cp /home/oracle/oradata/testdb/*.ctl  /home/oracle/temp/

SYS>!
[oracle@remotedb ~]$ vi /home/oracle/product/10g/dbs/inittestdb.ora
######################################################################
# File Configuration
######################################################################
control_files=("/home/oracle/temp/control01.ctl",
               "/home/oracle/temp/control02.ctl",
               "/home/oracle/temp/control03.ctl")

SYS>select name from v$controlfile;  ㉞

NAME
--------------------------------------------------------------------------
/home/oracle/temp/control01.ctl
/home/oracle/temp/control02.ctl
/home/oracle/temp/control03.ctl
SYS>select name from v$datafile;  ㉟

NAME
--------------------------------------------------------------------------
/home/oracle/oradata/testdb/system01.dbf
/home/oracle/oradata/testdb/undotbs01.dbf
/home/oracle/oradata/testdb/sysaux01.dbf
/home/oracle/oradata/testdb/users01.dbf
/home/oracle/oradata/testdb/example01.dbf
/home/oracle/oradata/testdb/test01.dbf

6 rows selected.

SYS>alter database rename file '/home/oracle/oradata/testdb/system01.dbf'
  2  to '/home/oracle/temp/system01.dbf';

Database altered.
```

㉞ control file이 잘 변경되었는지 확인합니다.

㉟ 데이터 파일의 경로를 복구 경로로 변경해줘야 합니다.

```
SYS>alter database rename file '/home/oracle/oradata/testdb/undotbs01.dbf'
  2  to '/home/oracle/temp/undotbs01.dbf';

Database altered.

SYS>alter database rename file '/home/oracle/oradata/testdb/sysaux01.dbf'
  2  to '/home/oracle/temp/sysaux01.dbf';

Database altered.

SYS>alter database rename file '/home/oracle/oradata/testdb/users01.dbf'
  2  to '/home/oracle/temp/users01.dbf';

Database altered.

SYS>alter database rename file '/home/oracle/oradata/testdb/example01.dbf'
  2  to '/home/oracle/temp/example01.dbf';

Database altered.

SYS>alter database rename file '/home/oracle/oradata/testdb/test01.dbf'
  2  to '/home/oracle/temp/test01.dbf';

Database altered.

SYS>select member from v$logfile;

MEMBER
--------------------------------------------------------------------------
/home/oracle/oradata/testdb/redo03_a.log
/home/oracle/oradata/testdb/redo03_b.log
/home/oracle/oradata/testdb/redo02_a.log
/home/oracle/oradata/testdb/redo02_b.log
/home/oracle/oradata/testdb/redo01_a.log
/home/oracle/oradata/testdb/redo01_b.log

6 rows selected.

SYS>alter database rename file '/home/oracle/oradata/testdb/redo01_a.log'
```

```
  2  to '/home/oracle/temp/redo01_a.log';

Database altered.

SYS> alter database rename file '/home/oracle/oradata/testdb/redo01_b.log'
  2 to '/home/oracle/temp/redo01_b.log' ;

Database altered.

SYS> alter database rename file '/home/oracle/oradata/testdb/redo02_a.log'
  2 to '/home/oracle/temp/redo02_a.log' ;

Database altered.

SYS> alter database rename file '/home/oracle/oradata/testdb/redo02_b.log'
  2 to '/home/oracle/temp/redo02_b.log' ;

Database altered.

SYS> alter database rename file '/home/oracle/oradata/testdb/redo03_a.log'
  2  to '/home/oracle/temp/redo03_a.log' ;

Database altered.

SYS> alter database rename file '/home/oracle/oradata/testdb/redo03_b.log'
  2  to '/home/oracle/temp/redo03_b.log'

Database altered.

SYS>select name from v$controlfile;
NAME
--------------------------------------------------------------------------
/home/oracle/temp/control01.ctl
/home/oracle/temp/control02.ctl
/home/oracle/temp/control03.ctl

SYS>select name from v$datafile ;
```

```
NAME
--------------------------------------------------------------------------
/home/oracle/temp/system01.dbf
/home/oracle/temp/undotbs01.dbf
/home/oracle/temp/sysaux01.dbf
/home/oracle/temp/users01.dbf
/home/oracle/temp/example01.dbf
/home/oracle/temp/test01.dbf
6 rows selected.

SYS>select member from v$logfile;
MEMBER
--------------------------------------------------------------------------
/home/oracle/temp/redo03_a.log
/home/oracle/temp/redo03_b.log
/home/oracle/temp/redo02_a.log
/home/oracle/temp/redo02_b.log
/home/oracle/temp/redo01_a.log
/home/oracle/temp/redo01_b.log
6 rows selected.

SYS>recover database until time '2010-01-21:08:11:00';
ORA-00279: change 717691 generated at 01/21/2010 01:37:34 needed for thread 1
ORA-00289: suggestion : /data/arc1/35_1_708674033.arc
ORA-00280: change 717691 for thread 1 is in sequence #35

Specify log: {<RET>=suggested | filename | AUTO | CANCEL}
auto
ORA-00279: change 718974 generated at 01/21/2010 02:12:38 needed for thread 1
ORA-00289: suggestion : /data/arc1/1_1_708833558.arc
ORA-00280: change 718974 for thread 1 is in sequence #1
ORA-00278: log file '/data/arc1/35_1_708674033.arc' no longer needed for this recovery

ORA-00279: change 720387 generated at 01/21/2010 02:42:44 needed for thread 1
ORA-00289: suggestion : /data/arc1/2_1_708833558.arc
ORA-00280: change 720387 for thread 1 is in sequence #2
ORA-00278: log file '/data/arc1/1_1_708833558.arc' no longer needed for this recovery

ORA-00279: change 720580 generated at 01/21/2010 02:42:51 needed for thread 1
```

```
ORA-00289: suggestion : /data/arc1/3_1_708833558.arc
ORA-00280: change 720580 for thread 1 is in sequence #3
ORA-00278: log file '/data/arc1/2_1_708833558.arc' no longer needed for this recovery

ORA-00279: change 721579 generated at 01/21/2010 02:43:26 needed for thread 1
ORA-00289: suggestion : /data/arc1/4_1_708833558.arc
ORA-00280: change 721579 for thread 1 is in sequence #4
ORA-00278: log file '/data/arc1/3_1_708833558.arc' no longer needed for this recovery

Log applied.
Media recovery complete.

SYS>alter database open resetlogs;
Database altered.

SYS>select * from scott.test02;
        NO       NAME
---------- -----------
         1       AAA
         2       BBB
         3       CCC  ㊱
```

㊱ 복구가 완료되었습니다.

연습 문제 ❼ 잘못된 delete 장애 복구하기

● 장애 상황 설명

전준범 DBA는 고객사에서 잘못된 Delete 작업 후에 commit을 수행하였다는 연락을 받았습니다. 복구에 필요한 모든 파일은 다 존재합니다. 아래와 같은 상황일 경우 복구해 보세요.

```
SYS>@df

TS_NAME    FILE_NAME                                          MB     STATUS
--------- ----------------------------------------------- ------- ----------
SYSTEM     /home/oracle/oradata/testdb/system01.dbf          480     SYSTEM
```

```
UNDOTBS1     /home/oracle/oradata/testdb/undotbs01.dbf      35     ONLINE
SYSAUX       /home/oracle/oradata/testdb/sysaux01.dbf      250     ONLINE
USERS        /home/oracle/oradata/testdb/users01.dbf         5     ONLINE
EXAMPLE      /home/oracle/oradata/testdb/example01.dbf     100     ONLINE
TEST         /home/oracle/oradata/testdb/test01.dbf         10     ONLINE

6 rows selected.

SYS> create table scott.test03 (no number , name varchar2(10)) tablespace test;
Table created.

SYS>!vi ct.sql
begin
for i in 1..2000 loop
  insert into scott.test03 values (i,dbms_random.string('U',5));
end loop;
commit;
end;
/
SYS>@ct
PL/SQL procedure successfully completed.

SYS> select to_char(sysdate,'YYYY-MM-DD:HH24:MI:SS') from dual
TO_CHAR(SYSDATE,'YY
-------------------------
2010-01-21:14:08:46  (37)

SYS>delete from scott.test03 purge;
2000 rows deleted.

SYS> commit;
SYS>select * from scott.test03;
no rows selected
```

(37) 복구에 필요한 시간입니다.

2,000건의 데이터가 지워지기 전 상태로 복구해보세요.

● 연습 문제 7 정답

이번에는 앞의 예와는 다르게 많은 데이터 파일을 전부 복원하지 않고 필요한 최소한의 파일만 복원해서 복구를 해보도록 하겠습니다. 복구에 필요한 파일은 system01.dbf, undotbs01.dbf (9i 기준)이며 10g는 sysaux01.dbf가 추가되고 지워진 테이블이 들어 있던 test01.dbf 파일까지입니다. 복구경로는 /home/oracle/temp로 하겠습니다.

㊳ control file 경로

㊴ 변경사항을 저장하세요.

```
SYS>shutdown immediate;
Database closed.
Database dismounted.
ORACLE instance shut down.
SYS>!
[oracle@remotedb ~]$ cp /data/backup/close/system01.dbf  /home/oracle/temp/
[oracle@remotedb ~]$ cp /data/backup/close/sysaux01.dbf  /home/oracle/temp/
[oracle@remotedb ~]$ cp /data/backup/close/undotbs01.dbf  /home/oracle/temp/
[oracle@remotedb ~]$ cp /data/backup/close/testdb01.dbf  /home/oracle/temp/
[oracle@remotedb ~]$ cp /home/oracle/oradata/testdb/*.log  /home/oracle/temp/
[oracle@remotedb ~]$ cp /home/oracle/oradata/testdb/*.ctl  /home/oracle/temp/

[oracle@remotedb ~]$ vi /home/oracle/product/10g/dbs/inittestdb.ora

###########################################################################
# File Configuration  ㊳
###########################################################################
Control_files=("/home/oracle/temp/control01.ctl",
 "/home/oracle/temp/control02.ctl",
 "/home/oracle/temp/control03.ctl")
:wq!  ㊴

[oracle@remotedb ~]$ exit
exit

SYS>startup mount
ORACLE instance started.

Total System Global Area  167772160 bytes
```

```
Fixed Size                  1218292 bytes
Variable Size              62916876 bytes
Database Buffers           96468992 bytes
Redo Buffers                7168000 bytes
Database mounted.

SYS>select name from v$controlfile;

NAME
----------------------------------------------------------------------------
/home/oracle/temp/control01.ctl
/home/oracle/temp/control02.ctl
/home/oracle/temp/control03.ctl

SYS>select name from v$datafile;

NAME
----------------------------------------------------------------------------
/home/oracle/oradata/testdb/system01.dbf
/home/oracle/oradata/testdb/undotbs01.dbf
/home/oracle/oradata/testdb/sysaux01.dbf
/home/oracle/oradata/testdb/users01.dbf
/home/oracle/oradata/testdb/example01.dbf
/home/oracle/oradata/testdb/test01.dbf

6 rows selected.

SYS>alter database rename file '/home/oracle/oradata/testdb/system01.dbf'
  2  to '/home/oracle/temp/system01.dbf';

Database altered.

SYS>alter database rename file '/home/oracle/oradata/testdb/sysaux01.dbf'
  2  to '/home/oracle/temp/sysaux01.dbf';

Database altered.

SYS>alter database rename file '/home/oracle/oradata/testdb/undotbs01.dbf'
  2  to '/home/oracle/temp/undotbs01.dbf';
```

```
Database altered.

SYS>alter database rename file '/home/oracle/oradata/testdb/test01.dbf'
  2  to '/home/oracle/temp/test01.dbf';

Database altered.

## 필요없는 파일 offline으로 상태 바꾸기

SYS>alter database datafile '/home/oracle/oradata/testdb/users01.dbf' offline drop;
Database altered.

SYS>alter database datafile '/home/oracle/oradata/testdb/example01.dbf' offline drop;
Database altered.

SYS>@df
TS_NAME      FILE_NAME                                         MB     STATUS
---------  ----------------------------------------------- ------- ----------
SYSTEM       /home/oracle/temp/system01.dbf                   480     SYSTEM
UNDOTBS1     /home/oracle/temp/undotbs01.dbf                   35     ONLINE
SYSAUX       /home/oracle/temp/sysaux01.dbf                   250     ONLINE
USERS        /home/oracle/oradata/testdb/users01.dbf            5     OFFLINE
EXAMPLE      /home/oracle/oradata/testdb/example01.dbf        100     OFFLINE
TEST         /home/oracle/temp/test01.dbf                      10     ONLINE

6 rows selected.

## Redo log flie 위치 변경하기

SYS>select member from v$logfile;
MEMBER
--------------------------------------------------------------------------
/home/oracle/oradata/testdb/redo03_a.log
/home/oracle/oradata/testdb/redo03_b.log
/home/oracle/oradata/testdb/redo02_a.log
/home/oracle/oradata/testdb/redo02_b.log
/home/oracle/oradata/testdb/redo01_a.log
/home/oracle/oradata/testdb/redo01_b.log
```

```
6 rows selected.

SYS>alter database rename file '/home/oracle/oradata/testdb/redo03_a.log'
  2  to '/home/oracle/temp/redo03_a.log';

Database altered.

SYS>alter database rename file '/home/oracle/oradata/testdb/redo03_b.log'
  2  to '/home/oracle/temp/redo03_b.log';

Database altered.

SYS>alter database rename file '/home/oracle/oradata/testdb/redo02_a.log'
  2  to '/home/oracle/temp/redo02_a.log';

Database altered.

SYS>alter database rename file '/home/oracle/oradata/testdb/redo02_b.log'
  2  to '/home/oracle/temp/redo02_b.log';

Database altered.

SYS>alter  database rename file '/home/oracle/oradata/testdb/redo01_a.log'
  2  to '/home/oracle/temp/redo01_a.log';

Database altered.
SYS>alter database rename file '/home/oracle/oradata/testdb/redo01_b.log'
  2  to '/home/oracle/temp/redo01_b.log';

Database altered.

SYS> recover database until time '2010-01-21:14:08:46';

ORA-00279: change 717691 generated at 01/21/2010 01:37:34 needed for thread 1
ORA-00289: suggestion : /data/arc1/35_1_708674033.arc
ORA-00280: change 717691 for thread 1 is in sequence #35

Specify log: {<RET>=suggested | filename | AUTO | CANCEL}
```

```
auto
......................................

Log applied.
Media recovery complete.

SYS>alter database open resetlogs;

Database altered.

SYS>select count(*) from scott.test03;

  COUNT(*)
--------------
      2000
```

3) 잘못된 drop user 장애 복구하기

```
## 현재 user 상황 확인하기

SYS>set line 200;
SYS>col username for a10
SYS>col default_tablespace for a10
SYS>col temporary_tablespace for a10
SYS> select username,default_tablespace DT , temporary_tablespace TT
2  from dba_users

USERNAME            DT                   TT
--------------- ------------------- ------------------------------
SCOTT               USERS                TEMP
ORANGE              USERS                TEMP
TSMSYS              USERS                TEMP
BI                  USERS                TEMP
PM                  USERS                TEMP
MDDATA              USERS                TEMP
IX                  USERS                TEMP
SH                  USERS                TEMP
DIP                 USERS                TEMP
```

```
OE                    USERS               TEMP
HR                    USERS               TEMP
DBSNMP                SYSAUX              TEMP
SYSMAN                SYSAUX              TEMP
MDSYS                 SYSAUX              TEMP
ORDSYS                SYSAUX              TEMP
EXFSYS                SYSAUX              TEMP
DMSYS                 SYSAUX              TEMP
WMSYS                 SYSAUX              TEMP
CTXSYS                SYSAUX              TEMP
ANONYMOUS             SYSAUX              TEMP
XDB                   SYSAUX              TEMP
ORDPLUGINS            SYSAUX              TEMP
SI_INFORMT            SYSAUX              TEMP
N_SCHEMA
OLAPSYS               SYSAUX              TEMP
MGMT_VIEW             SYSTEM              TEMP
SYS                   SYSTEM              TEMP
SYSTEM                SYSTEM              TEMP
OUTLN                 SYSTEM              TEMP

28 rows selected.

# 현재 상태 전체 백업 받기

SYS>select name from v$controlfile;

NAME
--------------------------------------------------------------------------------
/home/oracle/oradata/testdb/control01.ctl
/home/oracle/oradata/testdb/control02.ctl
/home/oracle/oradata/testdb/control03.ctl

SYS>select member from v$logfile;

MEMBER
--------------------------------------------------------------------------------
/home/oracle/oradata/testdb/redo03_a.log
/home/oracle/oradata/testdb/redo03_b.log
```

```
/home/oracle/oradata/testdb/redo02_a.log
/home/oracle/oradata/testdb/redo02_b.log
/home/oracle/oradata/testdb/redo01_a.log
/home/oracle/oradata/testdb/redo01_b.log

6 rows selected.

SYS>@df
TS_NAME    FILE_NAME                                          MB     STATUS
--------- ---------------------------------------------- ------- ----------
SYSTEM     /home/oracle/oradata/testdb/system01.dbf          490    SYSTEM
UNDOTBS1   /home/oracle/oradata/testdb/undotbs01.dbf          35    ONLINE
SYSAUX     /home/oracle/oradata/testdb/sysaux01.dbf          250    ONLINE
USERS      /home/oracle/oradata/testdb/users01.dbf             5    ONLINE
EXAMPLE    /home/oracle/oradata/testdb/example01.dbf         100    ONLINE
TEST       /home/oracle/oradata/testdb/test01.dbf             10    ONLINE

SYS>shutdown immediate;
Database closed.
Database dismounted.
ORACLE instance shut down.

SYS>!cp /home/oracle/oradata/testdb/*  /data/backup/close/

# 신규사용자(tuser) 생성하고 테스트 환경 만들기

SYS>create temporary tablespace temp3
  2  tempfile '/home/oracle/oradata/testdb/temp03.dbf' size 10M;

Tablespace created.

SYS>create user tuser
  2  identified by abcd
  3  default tablespace test
  4  temporary tablespace temp3;
User created.

SYS>grant connect,resource to tuser;
```

```
Grant succeeded.

SYS>conn tuser/abcd;
Connected.

TUSER>create table test04 (no number) ;
Table created.

TUSER>create table test05 (no number);
Table created.

TUSER>insert into test04 values (04);
1 row created.

TUSER>insert into test05 values (05);
1 row created.
TUSER>commit;
Commit complete.

TUSER>select * from test04;

        NO
---------------
         4

TUSER>select * from test05;

        NO
---------------
         5

TUSER>@tt
TO_CHAR(SYSDATE,'YY
--------------------
2010-01-22:04:38:16  ⓴
```

㊵ 이 시간으로 복구하면 되겠죠?

```
# drop user로 장애 발생시킨 후 확인하기

TUSER>conn / as sysdba;
```

```
Connected.

SYS>drop user tuser;
drop user tuser
*
ERROR at line 1:
ORA-01922: CASCADE must be specified to drop 'TUSER'

SYS>drop user tuser cascade;
User dropped.

SYS>@tt
TO_CHAR(SYSDATE,'YY
-----------------------------
2010-01-22:04:39:46
SYS>select * from tuser.test04;
select * from tuser.test04
                    *
ERROR at line 1:
ORA-00942: table or view does not exist

SYS>select * from tuser.test05;
select * from tuser.test05
                    *
ERROR at line 1:
ORA-00942: table or view does not exist

# 임시경로로 파일 복원 후 복구하기(/home/oracle/temp에서 복구하겠습니다)

SYS>shutdown immediate;
Database closed.
Database dismounted.
ORACLE instance shut down.
SYS>!
[oracle@remotedb ~]$ cp /data/backup/close/system01.dbf /home/oracle/temp/
[oracle@remotedb ~]$ cp /data/backup/close/sysaux01.dbf /home/oracle/temp/
[oracle@remotedb ~]$ cp /data/backup/close/undotbs01.dbf /home/oracle/temp/
[oracle@remotedb ~]$ cp /data/backup/close/test01.dbf /home/oracle/temp/
[oracle@remotedb ~]$
```

```
[oracle@remotedb ~]$ cp /home/oracle/oradata/testdb/*.log  /home/oracle/temp/
[oracle@remotedb ~]$ cp /home/oracle/oradata/testdb/*.ctl  /home/oracle/temp/
[oracle@remotedb ~]$
[oracle@remotedb ~]$ vi /home/oracle/product/10g/dbs/inittestdb.ora
..........................................
###########################################################################
# File Configuration
###########################################################################
control_files=("/home/oracle/temp/control01.ctl",
               "/home/oracle/temp/control02.ctl",
               "/home/oracle/temp/control03.ctl")

:wq!
[oracle@remotedb ~]$ exit
Exit

SYS>startup mount;
ORACLE instance started.

Total System Global Area  167772160 bytes
Fixed Size                  1218292 bytes
Variable Size              62916876 bytes
Database Buffers           96468992 bytes
Redo Buffers                7168000 bytes
Database mounted.
SYS>select name from v$controlfile;

NAME
--------------------------------------------------------------------------------
/home/oracle/temp/control01.ctl
/home/oracle/temp/control02.ctl
/home/oracle/temp/control03.ctl

SYS>@df

TS_NAME     FILE_NAME                                        MB     STATUS
--------- ---------------------------------------------- ------- ----------
SYSTEM      /home/oracle/oradata/testdb/system01.dbf        490     SYSTEM
UNDOTBS1    /home/oracle/oradata/testdb/undotbs01.dbf        35     ONLINE
```

```
SYSAUX      /home/oracle/oradata/testdb/sysaux01.dbf        250    ONLINE
USERS       /home/oracle/oradata/testdb/users01.dbf           5    ONLINE
EXAMPLE     /home/oracle/oradata/testdb/example01.dbf       100    ONLINE
TEST        /home/oracle/oradata/testdb/test01.dbf           10    ONLINE

6 rows selected.

SYS>alter database rename file '/home/oracle/oradata/testdb/system01.dbf'
  2  to '/home/oracle/temp/system01.dbf';

Database altered

SYS>alter database rename file '/home/oracle/oradata/testdb/sysaux01.dbf'
  2  to '/home/oracle/temp/sysaux01.dbf';

Database altered.
SYS>alter database rename file '/home/oracle/oradata/testdb/undotbs01.dbf'
  2  to '/home/oracle/temp/undotbs01.dbf';
Database altered.

SYS>alter database rename file '/home/oracle/oradata/testdb/test01.dbf'
  2  to '/home/oracle/temp/test01.dbf';
Database altered.

SYS>alter database datafile '/home/oracle/oradata/testdb/users01.dbf' offline drop;
Database altered.

SYS>alter database datafile '/home/oracle/oradata/testdb/example01.dbf' offline drop;
Database altered.

SYS>@df
TS_NAME     FILE_NAME                                          MB    STATUS
--------- ---------------------------------------------- ------- ----------
SYSTEM      /home/oracle/temp/system01.dbf                  490    SYSTEM
UNDOTBS1    /home/oracle/temp/undotbs01.dbf                  35    ONLINE
SYSAUX      /home/oracle/temp/sysaux01.dbf                  250    ONLINE
USERS       /home/oracle/oradata/testdb/users01.dbf           5    OFFLINE
EXAMPLE     /home/oracle/oradata/testdb/example01.dbf       100    OFFLINE
TEST        /home/oracle/temp/test01.dbf                     10    ONLINE
```

```
6 rows selected.

SYS>recover database until time '2010-01-22:04:38:16';
Media recovery complete.

SYS>alter database open resetlogs;
Database altered.

SYS>select * from tuser.test04;

        NO
---------------
         4

SYS>select * from tuser.test05;

        NO
---------------
        5
```

4) drop tablespace로 잘못 삭제된 테이블 스페이스 복구하기 – 백업 control file 있을 경우

앞에서 계속 보아왔던 복구원리를 다시 한번 정리해 보겠습니다.

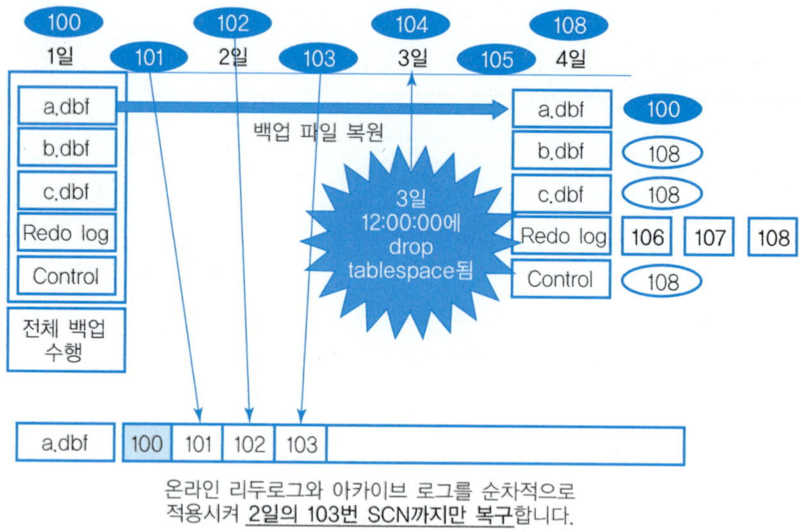

[그림 12-7] **불완전복구**

위 그림에서 우리는 테이블이 삭제되거나 데이터 파일이 삭제되었을 경우 1일에 백업 받아 두었던 데이터 파일을 복원하여 복구를 완료하였습니다. 여기에서 복구 원리를 정리하면 recover → control file → data file → redo/archive log file 이런 순서로 읽어들여서 복구를 하게 되는데 drop tablespace는 기존 방법으로는 복구를 할 수 없습니다.

recover가 시작되면 control file에서 checkpoint 정보를 확인한 후 데이터 파일을 찾아서 그 정보가 동일한지 확인하게 되는데 문제는 데이터 파일의 위치를 control file에서 읽고 가는 것입니다. 그런데 drop table과는 다르게 drop tablespace라는 명령어는 control file 안에 있는 해당 테이블 스페이스의 정보를 삭제해 버립니다. 즉 복구원리를 보면 control file에 등록되지 않은 테이블 스페이스는 복구대상이 아닌 것이라서 실제 데이터 파일이 있다고 하더라도 그 데이터 파일은 복구를 할 수 없습니다. 복구에 사용하는 control file이 어느 시점인지가 매우 중요한데 3일에 drop tablespace a ; 를 수행했다면 4일날의 control file에는 a tablepsace의 내용이 존재하지 않게 됩니다. 즉 4일 시점에 복구를 하기 위해 1일에 백업받았던 a.dbf 데이터 파일을 4일 시점으로 복원한다 하더라도 4일 시점의 control file에 a tablespace의 내용이 없으므로 복구를 할 수 없는 것입니다. 복구의 원리를 꼭 기억해야 합니다.

여기서 중요한 원리가 등장합니다. Drop tablespace로 삭제된 테이블 스페이스를 복구해 내려면 control file에 해당 테이블 스페이스의 정보가 있어야 한다는 것입니다.

그래서 이런 장애를 복구하는 방법이 2가지가 있습니다. 그 하나는 지금부터 살펴볼 백업된 컨트롤 파일을 이용해서 복구하는 방법이고 나머지 하나는 뒷부분에서 살펴볼 삭제된 테이블 스페이스 정보를 redo / archive log 파일을 이용하여 강제로 control file에 등록시키는 방법인데 뒤에서 배울 것입니다.

step 1. 백업된 컨트롤 파일을 사용해서 drop tablespace 복구하기

```
# 현재 상태 확인하기
SYS>@df

TS_NAME     FILE_NAME                                        MB      STATUS
--------- ---------------------------------------------- ------- ----------
SYSTEM      /home/oracle/oradata/testdb/system01.dbf         490     SYSTEM
UNDOTBS1    /home/oracle/oradata/testdb/undotbs01.dbf         35     ONLINE
SYSAUX      /home/oracle/oradata/testdb/sysaux01.dbf         250     ONLINE
USERS       /home/oracle/oradata/testdb/users01.dbf            5     ONLINE
EXAMPLE     /home/oracle/oradata/testdb/example01.dbf        100     ONLINE
TEST        /home/oracle/oradata/testdb/test01.dbf            10     ONLINE

6 rows selected.

SYS>select name from v$controlfile;

NAME
--------------------------------------------------------------------------
/home/oracle/oradata/testdb/control01.ctl
/home/oracle/oradata/testdb/control02.ctl
/home/oracle/oradata/testdb/control03.ctl
SYS>select member from v$logfile;

MEMBER
--------------------------------------------------------------------------
/home/oracle/oradata/testdb/redo03_a.log
/home/oracle/oradata/testdb/redo03_b.log
```

```
/home/oracle/oradata/testdb/redo02_a.log
/home/oracle/oradata/testdb/redo02_b.log
/home/oracle/oradata/testdb/redo01_a.log
/home/oracle/oradata/testdb/redo01_b.log

6 rows selected.

# 현재 상태를 전체 백업 받기(닫힌 백업이나 열린 백업 모두 상관없고 모든 데이터 파일과 컨
  트롤 파일을 백업 받으면 됩니다)

SYS>shutdown immediate;
Database closed.
Database dismounted.
ORACLE instance shut down.
SYS>!
[oracle@remotedb ~]$ cp /home/oracle/oradata/testdb/*  /data/backup/close/

# test 테이블 스페이스를 삭제합니다.
[oracle@remotedb ~]$ exit
exit

SYS>startup
ORACLE instance started.

Total System Global Area  167772160 bytes
Fixed Size                  1218292 bytes
Variable Size              62916876 bytes
Database Buffers           96468992 bytes
Redo Buffers                7168000 bytes
Database mounted.
Database opened.

SYS>@df

TS_NAME     FILE_NAME                                         MB     STATUS
--------- ---------------------------------------------- ------- ----------
SYSTEM      /home/oracle/oradata/testdb/system01.dbf         490     SYSTEM
UNDOTBS1    /home/oracle/oradata/testdb/undotbs01.dbf         35     ONLINE
SYSAUX      /home/oracle/oradata/testdb/sysaux01.dbf         250     ONLINE
```

```
USERS      /home/oracle/oradata/testdb/users01.dbf       5    ONLINE
EXAMPLE    /home/oracle/oradata/testdb/example01.dbf   100    ONLINE
TEST       /home/oracle/oradata/testdb/test01.dbf       10    ONLINE

6 rows selected.

SYS>create table scott.test06 (no number) tablespace test;
Table created.

SYS>insert into scott.test06 values (6);
1 row created.

SYS>commit;
Commit complete.

SYS>select * from scott.test06;

        NO
-----------------
         6

SYS>@tt

TO_CHAR(SYSDATE,'YY
----------------------------
2010-01-22:08:27:38  ㊶

SYS>drop tablespace test including contents and datafiles;

Tablespace dropped.

SYS>select * from scott.test06;
select * from scott.test06
                     *
ERROR at line 1:
ORA-00942: table or view does not exist
```

㊶ 이 시간까지 테이블 스페이스가 있으므로 복구에 사용될 시간입니다.

** 테이블 삭제나 사용자 삭제의 경우에 복구가 가장 힘든 이유는 장애가 발생한

시간을 알 수 없다는 것입니다. 그러나 drop tablespace의 경우에는 alert_SID.log 파일에 tablespace가 삭제된 시간을 정확하게 기록해 주기 때문에 시간을 찾는 것은 훨씬 쉽습니다. 아래처럼 찾아보세요.

```
[oracle@remotedb ~]$ vi /home/oracle/admin/testdb/bdump/alert_testdb.log
Fri Jan 22 08:25:59 2010
ARC2: Archival started
ARC0: STARTING ARCH PROCESSES COMPLETE
ARC0: Becoming the heartbeat ARCH
ARC2 started with pid=18, OS id=11065
..............................................
Completed: ALTER DATABASE OPEN
Fri Jan 22 08:30:15 2010 ㊷
drop tablespace test including contents and datafiles
Fri Jan 22 08:30:19 2010 ㊸
Deleted file /home/oracle/oradata/testdb/test01.dbf
Completed: drop tablespace test including contents and datafiles
```

㊷ 이 시간에 명령이 들어와서 복구해야하는 시간입니다.
㊸ 이 시간에 명령이 완료됨

복구에 필요한 파일을 복원합니다. 여기서는 백업 파일에서 데이터 파일과 컨트롤 파일을 모두 복원해야 복구가 되지만 컨트롤 파일은 복원하지않고 기존 drop table 방법처럼 데이터 파일만 복원한 후 복구를 시도하겠습니다. 복구 경로는 /home/oracle/temp 로 하겠습니다.

```
[oracle@remotedb ~]$ exit
exit
SYS>shutdown immediate;
Database closed.
Database dismounted.
ORACLE instance shut down.
SYS>!

**데이터 파일만 백업 파일에서 복원합니다.
[oracle@remotedb ~]$ cp /data/backup/close/*.dbf   /home/oracle/temp/
[oracle@remotedb ~]$ cp /home/oracle/oradata/testdb/*.log  /home/oracle/temp/
[oracle@remotedb ~]$ cp /home/oracle/oradata/testdb/*.ctl  /home/oracle/temp/
```

```
[oracle@remotedb ~]$ vi /home/oracle/product/10g/dbs/inittestdb.ora
...........................................
###########################################################################
# File Configuration
###########################################################################
control_files=("/home/oracle/temp/control01.ctl",
               "/home/oracle/temp/control02.ctl",
               "/home/oracle/temp/control03.ctl")

:wq!

[oracle@remotedb ~]$ exit
exit
SYS>startup mount;
ORACLE instance started.

Total System Global Area  167772160 bytes
Fixed Size                  1218292 bytes
Variable Size              62916876 bytes
Database Buffers           96468992 bytes
Redo Buffers                7168000 bytes
Database mounted.
SYS>select name from v$controlfile;

NAME
--------------------------------------------------------------------------------
/home/oracle/temp/control01.ctl
/home/oracle/temp/control02.ctl
/home/oracle/temp/control03.ctl
SYS>select name from v$datafile;
NAME
--------------------------------------------------------------------------------
/home/oracle/oradata/testdb/system01.dbf
/home/oracle/oradata/testdb/undotbs01.dbf
/home/oracle/oradata/testdb/sysaux01.dbf
/home/oracle/oradata/testdb/users01.dbf
/home/oracle/oradata/testdb/example01.dbf
                                 ㊹
```

㊹ test01.dbf 파일이 삭제된 것을 알 수 있습니다.

```
SYS>alter database rename file '/home/oracle/oradata/testdb/system01.dbf'
  2  to '/home/oracle/temp/system01.dbf';
Database altered.

SYS>alter database rename file '/home/oracle/oradata/testdb/sysaux01.dbf'
  2  to '/home/oracle/temp/sysaux01.dbf';
Database altered.

SYS>alter database rename file '/home/oracle/oradata/testdb/undotbs01.dbf'
  2  to '/home/oracle/temp/undotbs01.dbf';
Database altered.

SYS>alter database datafile '/home/oracle/oradata/testdb/users01.dbf' offline drop;
Database altered.

SYS>alter database datafile '/home/oracle/oradata/testdb/example01.dbf' offline drop;
Database altered.

SYS>select member from v$logfile;
MEMBER
--------------------------------------------------------------------------
/home/oracle/oradata/testdb/redo03_a.log
/home/oracle/oradata/testdb/redo03_b.log
/home/oracle/oradata/testdb/redo02_a.log
/home/oracle/oradata/testdb/redo02_b.log
/home/oracle/oradata/testdb/redo01_a.log
/home/oracle/oradata/testdb/redo01_b.log

6 rows selected.
SYS>alter database rename file '/home/oracle/oradata/testdb/redo01_a.log'
  2  to '/home/oracle/temp/redo01_a.log ;

Database altered.

SYS> alter database rename file '/home/oracle/oradata/testdb/redo01_b.log'
  2  to '/home/oracle/temp/redo01_b.log' ;

Database altered.
```

```
SYS> alter database rename file '/home/oracle/oradata/testdb/redo02_a.log'
  2  to '/home/oracle/temp/redo02_a.log' ;

Database altered.

SYS> alter database rename file '/home/oracle/oradata/testdb/redo02_b.log'
  2  to '/home/oracle/temp/redo02_b.log' ;

Database altered.

SYS> alter database rename file '/home/oracle/oradata/testdb/redo03_a.log'
  2  to '/home/oracle/temp/redo03_a.log' ;

Database altered.


SYS> alter database rename file '/home/oracle/oradata/testdb/redo03_b.log'
  2  to '/home/oracle/temp/redo03_b.log'

Database altered.

SYS>select member from v$logfile;

MEMBER
--------------------------------------------------------------------------------
/home/oracle/temp/redo03_a.log
/home/oracle/temp/redo03_b.log
/home/oracle/temp/redo02_a.log
/home/oracle/temp/redo02_b.log
/home/oracle/temp/redo01_a.log
/home/oracle/temp/redo01_b.log

6 rows selected.

SYS>recover database until time '2010-01-22:08:27:38';
Media recovery complete.

SYS>@df
```

```
TS_NAME     FILE_NAME                                        MB      STATUS
--------- ------------------------------------------------ ------- ----------
SYSTEM      /home/oracle/temp/system01.dbf                   490     SYSTEM
UNDOTBS1    /home/oracle/temp/undotbs01.dbf                   35     ONLINE
SYSAUX      /home/oracle/temp/sysaux01.dbf                   250     ONLINE
USERS       /home/oracle/oradata/testdb/users01.dbf            5     OFFLINE
EXAMPLE     /home/oracle/oradata/testdb/example01.dbf        100     OFFLINE

SYS>alter database open;
alter database open
*
ERROR at line 1:
ORA-01589: must use RESETLOGS or NORESETLOGS option for database open

SYS>alter database open resetlogs;
Database altered.

SYS>@df
TS_NAME     FILE_NAME                                        MB      STATUS
--------- ------------------------------------------------ ------- ----------
SYSTEM      /home/oracle/temp/system01.dbf                   490     SYSTEM
UNDOTBS1    /home/oracle/temp/undotbs01.dbf                   35     ONLINE
SYSAUX      /home/oracle/temp/sysaux01.dbf                   250     ONLINE
USERS       /home/oracle/oradata/testdb/users01.dbf            5     OFFLINE
EXAMPLE     /home/oracle/oradata/testdb/example01.dbf        100     OFFLINE
TEST        /home/oracle/product/10g/dbs/MISSING00006          0     RECOVER

6 rows selected.
```

윗부분에 음영처리된 부분이 복구가 안 된 부분입니다. 이렇게 만들어지는 이유는 리두 로그 파일에 해당 테이블 스페이스를 만들었다고 기록이 있고 딕셔너리에도 정보가 있는데 컨트롤 파일에 정보가 없어서 파일 이름이 저렇게 나오는 것입니다. 저렇게 나올 경우는 다른 방법으로 복구하여야 하며 뒷부분에서 저 경우를 어떻게 복구하는지 살펴보겠습니다.

여기에서 중요한건 test tablespac가 삭제되었는데 데이터 파일만 백업을 가져오고 control file과 redo log file은 현재 시점의 것을 사용해서 문제가 되는 것입니니다. 그래서 이번에는 정석대로 데이터 파일과 control file 모두 백업에서 가져 와서 다시 복구를 해 보겠습니다. Control file을 백업에서 가져와야 하는 이유는 앞에서 말한대로 현 시점의 control file에는 **drop tablespace test including contents and datafiles ;** 로 삭제된 test tablespace 정보가 없기 때문에 복구에 사용할 수 없어서라는 점을 꼭 기억하세요.

다시 처음부터 복구해 보겠습니다. 복구 경로는 /home/oracle/temp/ 입니다.

```
SYS>shutdown abort;
ORACLE instance shut down.
SYS>!

# 필요한 데이터 파일만 복사합니다.
[oracle@remotedb ~]$ cp /data/backup/close/system01.dbf  /home/oracle/temp/
[oracle@remotedb ~]$ cp /data/backup/close/sysaux01.dbf  /home/oracle/temp/
[oracle@remotedb ~]$ cp /data/backup/close/undotbs01.dbf  /home/oracle/temp/
[oracle@remotedb ~]$ cp /data/backup/close/test01.dbf  /home/oracle/temp/

# 백업 컨트롤 파일도 복사합니다.
[oracle@remotedb ~]$ cp /data/backup/close/control01.ctl  /home/oracle/temp/
[oracle@remotedb ~]$ cp /data/backup/close/control02.ctl  /home/oracle/temp/
[oracle@remotedb ~]$ cp /data/backup/close/control03.ctl  /home/oracle/temp/

[oracle@remotedb ~]$ exit
exit

SYS>startup mount;
ORACLE instance started.

Total System Global Area  167772160 bytes
Fixed Size                  1218292 bytes
Variable Size              62916876 bytes
Database Buffers           96468992 bytes
Redo Buffers                7168000 bytes
Database mounted.
SYS>select name from v$controlfile;
```

```
NAME
--------------------------------------------------------------------------
/home/oracle/temp/control01.ctl
/home/oracle/temp/control02.ctl
/home/oracle/temp/control03.ctl

SYS>select name from v$datafile;
NAME
--------------------------------------------------------------------------
/home/oracle/oradata/testdb/system01.dbf
/home/oracle/oradata/testdb/undotbs01.dbf
/home/oracle/oradata/testdb/sysaux01.dbf
/home/oracle/oradata/testdb/users01.dbf
/home/oracle/oradata/testdb/example01.dbf
/home/oracle/oradata/testdb/test01.dbf

6 rows selected.
SYS>alter database rename file '/home/oracle/oradata/testdb/system01.dbf'
  2  to '/home/oracle/temp/system01.dbf';
Database altered.

SYS>alter database rename file '/home/oracle/oradata/testdb/undotbs01.dbf'
  2  to '/home/oracle/temp/undotbs01.dbf';
Database altered.

SYS>alter database rename file '/home/oracle/oradata/testdb/sysaux01.dbf'
  2  to '/home/oracle/temp/sysaux01.dbf';
Database altered.

SYS>alter database rename file '/home/oracle/oradata/testdb/test01.dbf'
  2  to '/home/oracle/temp/test01.dbf';
Database altered.

# 사용 안 하는 파일 오프라인 처리하기

SYS>alter database datafile '/home/oracle/oradata/testdb/users01.dbf' offline drop;
Database altered.

SYS>alter database datafile '/home/oracle/oradata/testdb/example01.dbf' offline drop;
```

```
Database altered.

# Redo log file 위치 변경하기

SYS>select member from v$logfile;
MEMBER
--------------------------------------------------------------------------
/home/oracle/oradata/testdb/redo03_a.log
/home/oracle/oradata/testdb/redo03_b.log
/home/oracle/oradata/testdb/redo02_a.log
/home/oracle/oradata/testdb/redo02_b.log
/home/oracle/oradata/testdb/redo01_a.log
/home/oracle/oradata/testdb/redo01_b.log

6 rows selected.

SYS>alter database rename file '/home/oracle/oradata/testdb/redo03_a.log'
  2  to '/home/oracle/temp/redo03_a.log';
Database altered.

SYS>alter database rename file '/home/oracle/oradata/testdb/redo03_b.log'
  2  to '/home/oracle/temp/redo03_b.log';
Database altered.

SYS>alter database rename file '/home/oracle/oradata/testdb/redo02_b.log'
  2  to '/home/oracle/temp/redo02_b.log';
Database altered.

SYS>alter database rename file '/home/oracle/oradata/testdb/redo02_a.log'
  2  to '/home/oracle/temp/redo02_a.log';
Database altered.

SYS>alter database rename file '/home/oracle/oradata/testdb/redo01_b.log'
  2  to '/home/oracle/temp/redo01_b.log';
Database altered.

SYS>alter database rename file '/home/oracle/oradata/testdb/redo01_a.log'
  2  to '/home/oracle/temp/redo01_a.log';
Database altered.
```

```
SYS>select member from v$logfile;

MEMBER
--------------------------------------------------------------------------------
/home/oracle/temp/redo03_a.log
/home/oracle/temp/redo03_b.log
/home/oracle/temp/redo02_a.log
/home/oracle/temp/redo02_b.log
/home/oracle/temp/redo01_a.log
/home/oracle/temp/redo01_b.log
```

● 복구하기

복구할 때 주의사항은 현재 컨트롤 파일과 데이터 파일은 예전 백업 파일이고 리두 로그는 현재 파일입니다. 그래서 그냥 복구를 시도하면 리두 로그의 SCN 정보가 control file의 SCN 정보보다 최신이라 old control file이라는 에러가 나오면서 복구가 안됩니다. 아래처럼 말이죠.

```
SYS>recover database until time '2010-01-22:08:27:38' ;
ORA-00283: recovery session canceled due to errors
ORA-01122: database file 4 failed verification check
ORA-01110: data file 4: '/home/oracle/oradata/testdb/users01.dbf'
ORA-01207: file is more recent than control file - old control file
```

그래서 복구 옵션 중에 반드시 using backup control file이라는 옵션을 추가해야 합니다. 이 옵션은 데이터 파일보다 컨트롤 파일이 더 오래 전 것이라는 것을 알고 있다는 것을 오라클에게 알려주는 의미입니다. 이 옵션을 주면 오라클은 컨트롤 파일의 SCN은 무시하고 우리가 설정하는 시간이나 until cancel 옵션으로만 복구 시점을 결정하게 됩니다.

```
SYS>recover database until time '2010-01-22:08:27:38' using backup controlfile;
ORA-00279: change 745479 generated at 01/22/2010 08:28:20 needed for thread 1
ORA-00289: suggestion : /data/arc1/2_1_708941926.arc
ORA-00280: change 745479 for thread 1 is in sequence #2
```

```
Specify log: {<RET>=suggested | filename | AUTO | CANCEL}
auto
Log applied.
Media recovery complete.

SYS>alter database open resetlogs;

SYS>@df

TS_NAME     FILE_NAME                                         MB    STATUS
--------- ---------------------------------------------- ------- ----------
SYSTEM      /home/oracle/temp/system01.dbf                   490    SYSTEM
UNDOTBS1    /home/oracle/temp/undotbs01.dbf                   35    ONLINE
SYSAUX      /home/oracle/temp/sysaux01.dbf                   250    ONLINE
USERS       /home/oracle/oradata/testdb/users01.dbf            5    OFFLINE
EXAMPLE     /home/oracle/oradata/testdb/example01.dbf        100    OFFLINE
TEST        /home/oracle/temp/test01.dbf                      10    ONLINE

6 rows selected.

SYS>select * from scott.test06;

        NO
----------------
         6 ㊺
```

㊺ 복구 완료되었습니다.

위에서 open을 시킬 때 SQL> alter database open Resetlogs ; 에서 Resetlogs 라는 옵션을 사용했는데 이 옵션에 대해서 살펴 보겠습니다.

위와 같은 상황은 복구가 완료되었다 하더라도 데이터 파일과 컨트롤 파일, 리두 로그 파일의 checkpoint SCN 정보가 동일하지 않습니다. 그래서 오라클은 이 상태로 DB를 Open시키지 않습니다. 이때 사용하는 옵션이 Resetlogs 입니다. 이 옵션으로 DB를 Open하게 되면 오라클은 모든 데이터 파일과 리두 로그 파일, 컨트롤 파일에 Resetlogs 정보를 기록합니다.

Resetlogs 옵션으로 Open하게 되면 어떤 일이 일어나는지 간단히 정리해 보겠습니다.

1. 모든 log의 sequence 정보가 0으로 초기화됩니다. 즉 이렇게 되면 이전에 생성되었던 아카이브 로그 파일은 더 이상 복구에 사용될 수 없게 됩니다.

2. 데이터 파일의 checkpoint scn 정보는 open 시점의 scn으로 업데이트 됩니다.

3. 딕셔너리의 데이터 파일 정보와 컨트롤 파일의 데이터 파일의 정보를 비교해서 딕셔너리에 있지만 컨트롤 파일에 없는 파일은 MISSINGXXXXXXX으로 가짜 엔트리를 생성합니다.

Resetlogs 옵션으로 DB가 Open된 경우 이전에 받아 두었던 백업 파일은 사용할 수 없는 경우가 대부분이므로 반드시 다시 백업을 받으셔야 합니다.

연습문제 8 Drop Tablespace 장애 복구하기

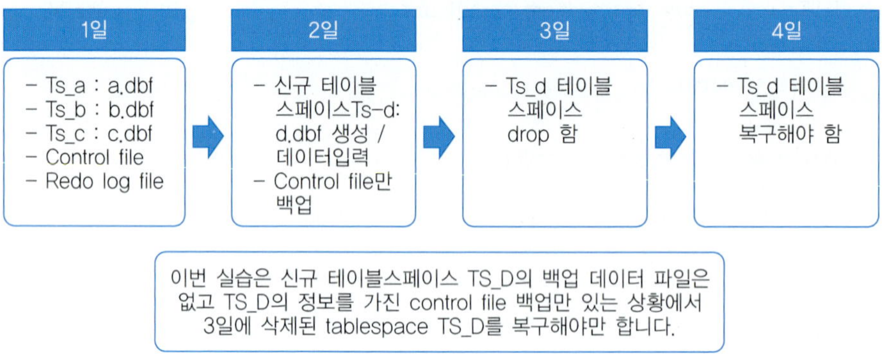

step 1. 장애 발생 전 상황

```
SYS>@df

TS_NAME    FILE_NAME                                          MB   STATUS
---------  ------------------------------------------------ ------- ----------
SYSTEM     /home/oracle/oradata/testdb/system01.dbf          490   SYSTEM
UNDOTBS1   /home/oracle/oradata/testdb/undotbs01.dbf          35   ONLINE
SYSAUX     /home/oracle/oradata/testdb/sysaux01.dbf          250   ONLINE
USERS      /home/oracle/oradata/testdb/users01.dbf             5   ONLINE
EXAMPLE    /home/oracle/oradata/testdb/example01.dbf         100   ONLINE
```

```
SYS>select name from v$controlfile;

NAME
--------------------------------------------------------------------------
/home/oracle/oradata/testdb/control01.ctl
/home/oracle/oradata/testdb/control02.ctl
/home/oracle/oradata/testdb/control03.ctl

SYS>select member from v$logfile;

MEMBER
--------------------------------------------------------------------------
/home/oracle/oradata/testdb/redo03_a.log
/home/oracle/oradata/testdb/redo03_b.log
/home/oracle/oradata/testdb/redo02_a.log
/home/oracle/oradata/testdb/redo02_b.log
/home/oracle/oradata/testdb/redo01_a.log
/home/oracle/oradata/testdb/redo01_b.log

6 rows selected.
```

step 2. 신규 테이블 스페이스 생성 후 컨트롤 파일만 백업받기

```
SYS>create tablespace test
  2  datafile '/home/oracle/oradata/testdb/test01.dbf' size 10M;
Tablespace created.

SYS>create table test7 (no number) tablespace test;
Table created.

SYS>insert into test7 values (7);
1 row created.

SYS>commit;
Commit complete.

SYS>alter database backup controlfile to '/data/backup/open/control01.ctl';
Database altered.
```

step 3. 신규 테이블 스페이스 test 삭제 장애 발생 – 백업을 받지 않은 상태에서 삭제합니다.

```
SYS>@tt
TO_CHAR(SYSDATE,'YY
-------------------
2010-01-22:17:56:12
SYS>drop tablespace test including contents and datafiles;
Tablespace dropped.
```

step 4. 테이블 스페이스가 삭제된 시간을 alert_testdb.log 파일에서 확인합니다.

Alert_testdb.log 파일 마지막 부분을 찾아보세요.

```
SYS>!
[oracle@remotedb ~]$ vi /home/oracle/admin/testdb/bdump/alert_testdb.log
..................................................
Fri Jan 22 17:56:25 2010 ㊻
drop tablespace test including contents and datafiles
Fri Jan 22 17:56:28 2010 ㊼
Deleted file /home/oracle/oradata/testdb/test01.dbf
Completed: drop tablespace test including contents and datafiles
```

㊻ 이 시간에 명령어가 시작되어서 이 시간 전까지 복구하면 됩니다.
㊼ 이 시간에 완료되었습니다.

이 테이블 스페이스를 복구해서 test7 테이블을 복구하세요.

● 연습문제 8번 복구 정답

복구 경로는 /home/oracle/temp 로 하겠습니다.

step 1. db 종료 후 필요한 파일 복원

* 데이터 파일, 컨트롤 파일은 백업 파일을 가져오고 리두 로그는 현재 사용 중인 파일 사용함.

```
SYS>shutdown immediate
Database closed.
Database dismounted.
ORACLE instance shut down.

SYS>exit
Disconnected from Oracle Database 10g Enterprise Edition Release 10.2.0.1.0 - Production
With the Partitioning, OLAP and Data Mining options

# 필요한 데이터 파일만 복원
[oracle@remotedb ~]$ cp /data/backup/close/system01.dbf /home/oracle/temp/
[oracle@remotedb ~]$ cp /data/backup/close/sysaux01.dbf /home/oracle/temp/
[oracle@remotedb ~]$ cp /data/backup/close/undotbs01.dbf /home/oracle/temp/

# 백업된 컨트롤 파일도 복원
[oracle@remotedb ~]$ cp /data/backup/open/control01.ctl /home/oracle/temp/

# Parameter file 내용 수정
[oracle@remotedb ~]$ vi /home/oracle/product/10g/dbs/inittestdb.ora
..........................................................

###########################################################################
# File Configuration
###########################################################################
control_files="/home/oracle/temp/control01.ctl"
..................................................
:wq!

[oracle@remotedb ~]$ sqlplus / as sysdba;

SQL*Plus: Release 10.2.0.1.0 - Production on Fri Jan 22 18:17:11 2010

Copyright (c) 1982, 2005, Oracle.  All rights reserved.

Connected to an idle instance.

SYS>startup mount;
ORACLE instance started.
```

```
Total System Global Area  167772160 bytes
Fixed Size                  1218292 bytes
Variable Size              62916876 bytes
Database Buffers           96468992 bytes
Redo Buffers                7168000 bytes
Database mounted.

SYS>select name from v$controlfile;
NAME
--------------------------------------------------------------------------
/home/oracle/temp/control01.ctl

SYS>select name from v$datafile;

NAME
--------------------------------------------------------------------------
/home/oracle/oradata/testdb/system01.dbf
/home/oracle/oradata/testdb/undotbs01.dbf
/home/oracle/oradata/testdb/sysaux01.dbf
/home/oracle/oradata/testdb/users01.dbf
/home/oracle/oradata/testdb/example01.dbf
/home/oracle/oradata/testdb/test01.dbf
```

** 위에서 /home/oracle/oradata/testdb/test01.dbf 파일이 있는 것처럼 보이지만 control file의 목록에만 있고 실제로는 백업 데이터 파일은 없는 상태입니다.

```
SYS>alter database rename file '/home/oracle/oradata/testdb/system01.dbf'
  2  to '/home/oracle/temp/system01.dbf';
Database altered.

SYS>alter database rename file '/home/oracle/oradata/testdb/undotbs01.dbf'
  2  to '/home/oracle/temp/undotbs01.dbf';
Database altered.

SYS>alter database rename file '/home/oracle/oradata/testdb/sysaux01.dbf'
  2  to '/home/oracle/temp/sysaux01.dbf';
Database altered.
```

```
SYS>alter database rename file '/home/oracle/oradata/testdb/test01.dbf'
  2  to '/home/oracle/temp/test01.dbf';

ERROR at line 1:
ORA-01511: error in renaming log/data files
ORA-01141: error renaming data file 6 - new file
'/home/oracle/temp/test01.dbf' not found
ORA-01110: data file 6: '/home/oracle/oradata/testdb/test01.dbf'
ORA-27037: unable to obtain file status
Linux Error: 2: No such file or directory
Additional information: 3
```

** 위 에러는 데이터 파일 백업이 없어서 발생한 에러입니다. 아래처럼 데이터 파일을 생성해주면 해결됩니다.

```
- 백업 없는 파일 신규 생성하기
SYS>alter database create datafile '/home/oracle/oradata/testdb/test01.dbf'
  2  as '/home/oracle/temp/test01.dbf';
Database altered.

- 복구에 필요없는 파일 offline 하기
SYS>alter database datafile '/home/oracle/oradata/testdb/users01.dbf'
offline drop;
Database altered.

SYS>alter database datafile '/home/oracle/oradata/testdb/example01.dbf'
offline drop;
Database altered.

SYS>@df

TS_NAME    FILE_NAME                                      MB      STATUS
--------- ---------------------------------------------- ------- ----------
SYSTEM     /home/oracle/temp/system01.dbf                  490     SYSTEM
UNDOTBS1   /home/oracle/temp/undotbs01.dbf                  35     ONLINE
SYSAUX     /home/oracle/temp/sysaux01.dbf                  250     ONLINE
USERS      /home/oracle/oradata/testdb/users01.dbf           5     RECOVER
```

```
EXAMPLE      /home/oracle/oradata/testdb/example01.dbf      100      RECOVER
TEST         /home/oracle/temp/test01.dbf                    10      ONLINE

6 rows selected.

# redo log file 경로 변경

SYS>select member from v$logfile;
MEMBER
--------------------------------------------------------------------------
/home/oracle/oradata/testdb/redo03_a.log
/home/oracle/oradata/testdb/redo03_b.log
/home/oracle/oradata/testdb/redo02_a.log
/home/oracle/oradata/testdb/redo02_b.log
/home/oracle/oradata/testdb/redo01_a.log
/home/oracle/oradata/testdb/redo01_b.log

6 rows selected.

SYS>alter database rename file '/home/oracle/oradata/testdb/redo01_a.log'
  2  to '/home/oracle/temp/redo01_a.log';
Database altered.

SYS>alter database rename file '/home/oracle/oradata/testdb/redo01_b.log'
  2  to '/home/oracle/temp/redo01_b.log';
Database altered.

SYS>alter database rename file '/home/oracle/oradata/testdb/redo02_a.log'
  2  to '/home/oracle/temp/redo02_a.log';
Database altered.

SYS>alter database rename file '/home/oracle/oradata/testdb/redo02_b.log'
  2  to '/home/oracle/temp/redo02_b.log';
Database altered.

SYS>alter database rename file '/home/oracle/oradata/testdb/redo03_a.log'
2  to '/home/oracle/temp/redo03_a.log';
Database altered.
```

```
SYS>alter database rename file '/home/oracle/oradata/testdb/redo03_b.log'
  2  to '/home/oracle/temp/redo03_b.log';
Database altered.

# 복구하기

SYS>recover database until time '2010-01-22:17:56:12' using backup controlfile;
ORA-00279: change 745333 generated at 01/22/2010 08:22:17 needed for thread 1
ORA-00289: suggestion : /data/arc1/2_1_708941926.arc
ORA-00280: change 745333 for thread 1 is in sequence #2

Specify log: {<RET>=suggested | filename | AUTO | CANCEL}
auto
Log applied.
Media recovery complete.
SYS>alter database open resetlogs;
Database altered.

SYS>select * from test7;

        NO
---------------
         7 ㊽

SYS>@dd

TABLESPACE      MB      FILE_NAME
------------ -------- --------------------------------------------
EXAMPLE                 /home/oracle/oradata/testdb/example01.dbf
SYSAUX         250      /home/oracle/temp/sysaux01.dbf
SYSTEM         490      /home/oracle/temp/system01.dbf
TEST            10      /home/oracle/temp/test01.dbf
UNDOTBS1        35      /home/oracle/temp/undotbs01.dbf
USERS                   /home/oracle/oradata/testdb/users01.dbf
6 rows selected.
```

㊽ 복구 완료되었습니다.

5) drop tablespace로 잘못 삭제된 테이블 스페이스 복구하기(백업 파일 없을 경우)

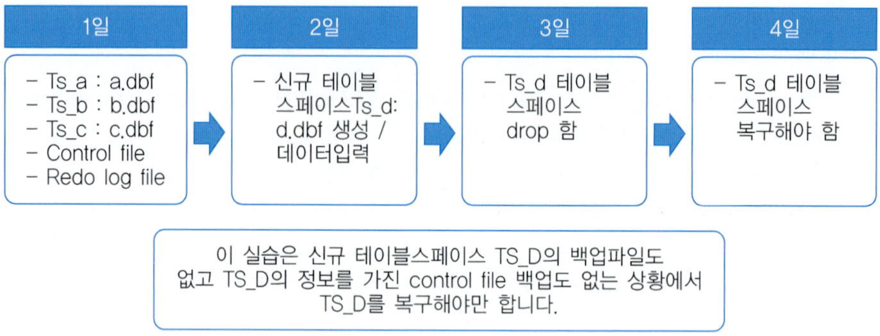

이번 실습은 테이블 스페이스가 삭제되었는데 데이터 파일과 컨트롤 파일의 백업이 모두 없을 경우에 복구하는 방법입니다. 위 그림에서 2일에 TS_D 라는 테이블 스페이스를 생성하고 테이블 생성 후 데이터까지 입력했으나 백업을 받지 못한 상태에서 3일에 `drop tablespace TS_D ;` 로 삭제가 되어버린 것입니다. 만약 TS_D 정보를 가진 control file이 있었다면 위의 5번에서 해결한 방법으로 해결하면 되지만 백업 control file이 없는 상황이라 다른 방법으로 복구해 보겠습니다.

복구 경로는 /home/oracle/temp 로 하겠습니다.

```
# 현재 상태 확인
SYS>select name from v$controlfile;

NAME
--------------------------------------------------------------------------------
/home/oracle/oradata/testdb/control01.ctl
/home/oracle/oradata/testdb/control02.ctl
/home/oracle/oradata/testdb/control03.ctl
SYS>select name from v$datafile;
NAME
--------------------------------------------------------------------------------
/home/oracle/oradata/testdb/system01.dbf
/home/oracle/oradata/testdb/undotbs01.dbf
/home/oracle/oradata/testdb/sysaux01.dbf
```

```
/home/oracle/oradata/testdb/users01.dbf
/home/oracle/oradata/testdb/example01.dbf

SYS>select member from v$logfile;

MEMBER
--------------------------------------------------------------------------
/home/oracle/oradata/testdb/redo03_a.log
/home/oracle/oradata/testdb/redo03_b.log
/home/oracle/oradata/testdb/redo02_a.log
/home/oracle/oradata/testdb/redo02_b.log
/home/oracle/oradata/testdb/redo01_a.log
/home/oracle/oradata/testdb/redo01_b.log

6 rows selected.

# 현재 상황을 전체 백업 받도록 하겠습니다.(close backup / hot backup 상관없습니다)

SYS>@dd

TABLESPACE     MB       FILE_NAME
------------ -------- --------------------------------------------
EXAMPLE        100      /home/oracle/oradata/testdb/example01.dbf
SYSAUX         250      /home/oracle/oradata/testdb/sysaux01.dbf
SYSTEM         490      /home/oracle/oradata/testdb/system01.dbf
UNDOTBS1        35      /home/oracle/oradata/testdb/undotbs01.dbf
USERS            5      /home/oracle/oradata/testdb/users01.dbf

SYS>alter tablespace example begin backup;
Tablespace altered.

SYS>!cp /home/oracle/oradata/testdb/example01.dbf  /data/backup/open/

SYS>alter tablespace example end backup;
Tablespace altered.

SYS>alter tablespace sysaux begin backup;
Tablespace altered.
```

```
SYS>!cp /home/oracle/oradata/testdb/sysaux01.dbf  /data/backup/open/

SYS>alter tablespace sysaux end backup;
Tablespace altered.

SYS>alter tablespace system begin backup;
Tablespace altered.

SYS>!cp /home/oracle/oradata/testdb/system01.dbf  /data/backup/open/

SYS>alter tablespace system end backup;
Tablespace altered.

SYS>alter tablespace undotbs1 begin backup;
Tablespace altered.

SYS>!cp /home/oracle/oradata/testdb/undotbs01.dbf  /data/backup/open/

SYS>alter tablespace undotbs1 end backup;
Tablespace altered.

SYS>alter tablespace users begin backup;
Tablespace altered.

SYS>!cp /home/oracle/oradata/testdb/users01.dbf  /data/backup/open/

SYS>alter tablespace users end backup;
Tablespace altered.

SYS>alter database backup controlfile to  '/data/backup/open/control01.ctl';
Database altered.

# 신규 테이블 스페이스 생성 및 데이터 입력

SYS>create tablespace test
  2  datafile '/home/oracle/oradata/testdb/test01.dbf' size 5M;
Tablespace created.

SYS>create table test8 (no number) tablespace test;
```

```
Table created.

SYS>insert into test8 values (8);
1 row created.

SYS>commit;
Commit complete.

SYS>select * from test8;

        NO
---------------
         8

SYS>@tt

TO_CHAR(SYSDATE,'YY
-------------------
2010-01-22:19:39:06

# 백업 없는 상태인데 테이블 스페이스가 삭제됨

SYS>drop tablespace test including contents and datafiles;
Tablespace dropped.

SYS>select * from test8;
select * from test8
              *
ERROR at line 1:
ORA-00942: table or view does not exist

#alert_testdb.log 파일에서 삭제된 시간 확인하기

SYS>!
[oracle@remotedb ~]$ vi /home/oracle/admin/testdb/bdump/alert_testdb.log
································제일 아래쪽으로 내려가세요.
Fri Jan 22 19:39:47 2010  ㊾
drop tablespace test including contents and datafiles
Fri Jan 22 19:39:51 2010  ㊿
```

㊾ 이 시간에 명령어가 수행되어서 이 시간 전으로 복구하면 됨
㊿ 이 시간에 완료됨

```
Deleted file /home/oracle/oradata/testdb/test01.dbf
Completed: drop tablespace test including contents and datafiles

# 필요한 파일들을 복원합니다. 파일의 위치를 잘 보세요.

SYS>shutdown immediate;
Database closed.
Database dismounted.
ORACLE instance shut down.
SYS>!

# 데이터 파일과 컨트롤 파일은 백업 파일을 가져오고 리두 로그는 현재 쓰던 것을 가져옵니다.

[oracle@remotedb ~]$ cp /data/backup/open/system01.dbf /home/oracle/temp/
[oracle@remotedb ~]$ cp /data/backup/open/sysaux01.dbf /home/oracle/temp/
[oracle@remotedb ~]$ cp /data/backup/open/undotbs01.dbf /home/oracle/temp/
[oracle@remotedb ~]$ cp /data/backup/open/control01.ctl /home/oracle/temp/
[oracle@remotedb ~]$ cp /home/oracle/oradata/testdb/redo*   /home/oracle/temp/

# 파라미터 파일에서 컨트롤 파일의 위치를 복구용 컨트롤 파일로 변경합니다.

[oracle@remotedb ~]$ vi /home/oracle/product/10g/dbs/inittestdb.ora
..............................................................
######################################################################
# File Configuration
######################################################################
control_files="/home/oracle/temp/control01.ctl"
..................................................................................

:wq!

[oracle@remotedb ~]$ exit
exit

SYS>startup mount;
ORACLE instance started.

Total System Global Area  167772160 bytes
Fixed Size                  1218292 bytes
```

```
Variable Size              62916876 bytes
Database Buffers           96468992 bytes
Redo Buffers                7168000 bytes
Database mounted.
SYS>
SYS>select name from v$controlfile;
NAME
--------------------------------------------------------------------------
/home/oracle/temp/control01.ctl

SYS>select name from v$datafile;
NAME
--------------------------------------------------------------------------
/home/oracle/oradata/testdb/system01.dbf
/home/oracle/oradata/testdb/undotbs01.dbf
/home/oracle/oradata/testdb/sysaux01.dbf
/home/oracle/oradata/testdb/users01.dbf
/home/oracle/oradata/testdb/example01.dbf

SYS>alter database rename file '/home/oracle/oradata/testdb/system01.dbf'
  2  to '/home/oracle/temp/system01.dbf';
Database altered.

SYS> alter database rename file '/home/oracle/oradata/testdb/sysaux01.dbf'
  2  to '/home/oracle/temp/sysaux01.dbf'
Database altered.

SYS>alter database rename file '/home/oracle/oradata/testdb/undotbs01.dbf'
  2  to '/home/oracle/temp/undotbs01.dbf';
Database altered.

SYS>alter database datafile '/home/oracle/oradata/testdb/users01.dbf' offline drop;
Database altered.

SYS>alter database datafile '/home/oracle/oradata/testdb/example01.dbf' offline drop;
Database altered.

SYS>@df
```

```
TS_NAME     FILE_NAME                                        MB      STATUS
---------  -------------------------------------------- ------- ----------
SYSTEM      /home/oracle/temp/system01.dbf                  490     SYSTEM
UNDOTBS1    /home/oracle/temp/undotbs01.dbf                  35     ONLINE
SYSAUX      /home/oracle/temp/sysaux01.dbf                  250     ONLINE
USERS       /home/oracle/oradata/testdb/users01.dbf           5     RECOVER
EXAMPLE     /home/oracle/oradata/testdb/example01.dbf       100     RECOVER
```

** 위에서 test 테이블 스페이스 정보가 없는거 확인이 되죠? 이것을 어떻게 복구하는지가 이 실습의 핵심입니다.

```
# redo log file 위치 변경하기
SYS>select member from v$logfile;

MEMBER
--------------------------------------------------------------------------
/home/oracle/oradata/testdb/redo03_a.log
/home/oracle/oradata/testdb/redo03_b.log
/home/oracle/oradata/testdb/redo02_a.log
/home/oracle/oradata/testdb/redo02_b.log
/home/oracle/oradata/testdb/redo01_a.log
/home/oracle/oradata/testdb/redo01_b.log

6 rows selected.

SYS>alter database rename file '/home/oracle/oradata/testdb/redo01_a.log'
  2  to '/home/oracle/temp/redo01_a.log';
Database altered.

SYS>alter database rename file '/home/oracle/oradata/testdb/redo01_b.log'
  2  to '/home/oracle/temp/redo01_b.log';
Database altered.

SYS>alter database rename file '/home/oracle/oradata/testdb/redo02_a.log'
  2  to '/home/oracle/temp/redo02_a.log';
Database altered.
```

```
SYS>alter database rename file '/home/oracle/oradata/testdb/redo02_b.log'
  2  to '/home/oracle/temp/redo02_b.log';
Database altered.

SYS>alter dat abase rename file '/home/oracle/oradata/testdb/redo03_a.log'
  2  to '/home/oracle/temp/redo03_a.log';
Database altered.

SYS>alter database rename file '/home/oracle/oradata/testdb/redo03_b.log'
  2  to '/home/oracle/temp/redo03_b.log';
Database altered.

SYS>@log

GROUP# MEMBER                            MB    ARC    SEQUENCE#   STATUS
------ -------------------------------- ----- ------ ----------- ----------
     1 /home/oracle/temp/redo01_a.log     5    YES             2  INACTIVE
     1 /home/oracle/temp/redo01_b.log     5    YES             2  INACTIVE
     2 /home/oracle/temp/redo02_a.log     5    NO              3  CURRENT
     2 /home/oracle/temp/redo02_b.log     5    NO              3  CURRENT
     3 /home/oracle/temp/redo03_a.log     5    YES             1  INACTIVE
     3 /home/oracle/temp/redo03_b.log     5    YES             1  INACTIVE

6 rows selected.
SYS>recover database until time '2010-01-22:19:39:06' using backup controlfile;
ORA-00279: change 748776 generated at 01/22/2010 19:30:51 needed for thread 1
ORA-00289: suggestion : /data/arc1/3_1_708941926.arc
ORA-00280: change 748776 for thread 1 is in sequence #3

Specify log: {<RET>=suggested | filename | AUTO | CANCEL}
/home/oracle/temp/redo02_a.log  <- CURRENT 로그 파일 이름적어주세요.
ORA-00283: recovery session canceled due to errors
ORA-01244: unnamed datafile(s) added to control file by media recovery
ORA-01110: data file 6: '/home/oracle/oradata/testdb/test01.dbf'  51

ORA-01112: media recovery not started

SYS>select name from v$datafile;
```

51 문제파일을 보여줍니다.

```
NAME
--------------------------------------------------------------------------------
/home/oracle/temp/system01.dbf
/home/oracle/temp/undotbs01.dbf
/home/oracle/temp/sysaux01.dbf
/home/oracle/oradata/testdb/users01.dbf
/home/oracle/oradata/testdb/example01.dbf
/home/oracle/product/10g/dbs/UNNAMED00006  ㊷

6 rows selected.

# 문제가 되는 파일을 원래의 이름으로 변경해줍니다.

SYS>alter database create datafile '/home/oracle/product/10g/dbs/UNNAMED00006'
  2  as '/home/oracle/temp/test01.dbf';
Database altered.

# 다시 위에서 했던 동일한 명령어로 복구합니다.

SYS>recover database until time '2010-01-22:19:39:06' using backup controlfile;
ORA-00279: change 749047 generated at 01/22/2010 19:38:43 needed for thread 1
ORA-00289: suggestion : /data/arc1/3_1_708941926.arc
ORA-00280: change 749047 for thread 1 is in sequence #3
Specify log: {<RET>=suggested | filename | AUTO | CANCEL}
Auto  ㊸

ORA-00308: cannot open archived log '/data/arc1/3_1_708941926.arc'
ORA-27037: unable to obtain file status
Linux Error: 2: No such file or directory
Additional information: 3
ORA-00308: cannot open archived log '/data/arc1/3_1_708941926.arc'
ORA-27037: unable to obtain file status
Linux Error: 2: No such file or directory
Additional information: 3

ORA-01547: warning: RECOVER succeeded but OPEN RESETLOGS would get error below
ORA-01196: file 1 is inconsistent due to a failed media recovery session
ORA-01110: data file 1: '/home/oracle/temp/system01.dbf'
```

㊷ 새로 생성됩니다.

㊸ 이렇게 치면 아래 처럼 에러가 납니다.

```
SYS>recover database until time '2010-01-22:19:39:06' using backup controlfile;
ORA-00279: change 749047 generated at 01/22/2010 19:38:43 needed for thread 1
ORA-00289: suggestion : /data/arc1/3_1_708941926.arc
ORA-00280: change 749047 for thread 1 is in sequence #3

Specify log: {<RET>=suggested | filename | AUTO | CANCEL}
/home/oracle/temp/redo02_a.log  ⑭
Log applied.
Media recovery complete.

SYS>alter database open resetlogs;
Database altered.

SYS>@df

TS_NAME     FILE_NAME                                        MB     STATUS
--------- ---------------------------------------------- ------- ----------
SYSTEM      /home/oracle/temp/system01.dbf                  490     SYSTEM
UNDOTBS1    /home/oracle/temp/undotbs01.dbf                  35     ONLINE
SYSAUX      /home/oracle/temp/sysaux01.dbf                  250     ONLINE
USERS       /home/oracle/oradata/testdb/users01.dbf           5     OFFLINE
EXAMPLE     /home/oracle/oradata/testdb/example01.dbf       100     OFFLINE
TEST        /home/oracle/temp/test01.dbf                     10     ONLINE

6 rows selected.

SYS>select * from test8;
        NO
----------------
         8
```

⑭ Current였던 리두 로그 파일 이름을 치세요.

6) 삭제시간을 모를 경우 – log miner를 이용하여 redo log file에서 삭제 시간 찾기

Log miner(로그 마이너)라는 유틸리티는 오라클의 리두 로그 파일의 내용을 사람이 볼 수 있도록 변환해 주는 유틸리티입니다. 리두 로그 파일이나 아카이브 로그 파일에 있는 내용을 보고 싶을 때 유용하게 사용하는 경우가 많습니다. 우리는 여기서 scott.tt10 테이블을 생성한 후 **drop table scott.tt10**을 수행하여 drop이 발생한 시간을 Redo log file에서 찾아보는 시나리오로 log miner를 연습하겠습니다.

step 1. scott.tt10 테이블 생성하기

```
SQL> conn / as sysdba;
Connected.

SQL> create table scott.tt10 (no number) tablespace example;

Table created.

SQL> insert into scott.tt10 values (1);

1 row created.

SQL> insert into scott.tt10 values (2);

1 row created.

SQL> commit;

Commit complete.

SQL> !vi time.sql

select to_char(sysdate,'YYYY-MM-DD:HH24:MI:SS') from dual
commit
/

:wq!


SQL> @time
TO_CHAR(SYSDATE,'YY
-------------------
2010-05-21:22:12:11
```

step 2. drop table scott.tt10 장애 발생시킴

```
SQL> drop table scott.tt10 purge; ⑮

Table dropped.
```

⑮ 이 시간을 몰라서 로그 마이너로 찾아냅니다.

step 3. 현재 리두 로그 파일 상태 확인

```
SQL> !vi log.sql
set line 200
col group# for 999
col member for a50
col mb for 999
col sequence# for 999
col status for a8

select a.group#,a.member,b.bytes/1024/1024 MB,b.archived,
       b.sequence#,b.status
from v$logfile a, v$log b
where a.group#=b.group#
order by 1,2
/
:wq!

SQL> @log
GROUP# MEMBER                                   MB   ARC   SEQUENCE# STATUS
------ ---------------------------------------- ---- ----- ---------- -------
     1 /home/oracle/oradata/testdb/redo01.log   50   NO            7  CURRENT
     2 /home/oracle/oradata/testdb/redo02.log   50   YES           5  INACTIVE
     3 /home/oracle/oradata/testdb/redo03.log   50   YES           6  INACTIVE
```

위 내용을 보면 scott.tt10 테이블을 생성하고 데이터 입력하고 drop한 내용이 모두 그룹 1번에 들어가 있다는 것을 알 수 있습니다. 즉 log miner로 그룹 1번 파일을 살펴보면 삭제된 시간을 알 수 있다는 의미입니다.

step 4. log miner 설정하기

① parameter file에 dictionary file이 생성될 경로 설정을 추가합니다.

56 경로는 원하는 곳으로 설정하세요.

```
utl_file_dir="/data/logmnr"  56
```

딕셔너리 파일이란 log miner가 리두 로그를 분석할 때 사용하는 target database의 정보를 저장하고 있는 파일입니다. 생성 후에 OS 편집기로 열어서 살펴보면 내용을 확인해 볼 수 있습니다.

② 위 파라미터를 적용시키기 위해 DB를 재시작합니다.

```
SQL> shutdown immediate;
Database closed.
Database dismounted.
ORACLE instance shut down.
SQL> startup
ORACLE instance started.
Total System Global Area  285212672 bytes
Fixed Size                  1267044 bytes
Variable Size              88083100 bytes
Database Buffers          188743680 bytes
Redo Buffers                7118848 bytes
Database mounted.
Database opened.
```

③ 딕셔너리 파일을 생성합니다.

```
SQL> exec dbms_logmnr_d.build ('dict','/data/logmnr');
PL/SQL procedure successfully completed.
```

④ 분석하기를 원하는 로그 파일을 등록합니다.

```
SQL> @log

GROUP# MEMBER                                  MB   ARC   SEQUENCE# STATUS
------ -------------------------------------- ---- ----- ---------- -------
     1 /home/oracle/oradata/testdb/redo01.log  50   NO             7 CURRENT
     2 /home/oracle/oradata/testdb/redo02.log  50   YES            5 INACTIVE
```

```
  3  /home/oracle/oradata/testdb/redo03.log   50   YES        6  INACTIVE

SQL> exec dbms_logmnr.add_logfile('/home/oracle/oradata/testdb/redo01.log',1);

PL/SQL procedure successfully completed.

- 숫자의 의미: 1 - 새 파일 등록, 2 - 기존 파일 삭제, 3 - 다른 파일 추가
```

⑤ 등록한 로그 파일을 분석합니다.

```
SQL> exec dbms_logmnr.start_logmnr(dictfilename=>'/data/logmnr/dict');

PL/SQL procedure successfully completed.
```

⑥ 찾고자 하는 내용을 조회합니다.

```
SQL> set line 200
SQL> col timestamp for a20
SQL> col seg_owner for a10
SQL> col username  for a10
SQL> col sql_redo for a50

SQL>  select timestamp , seg_owner , username , sql_redo
  2  from v$logmnr_contents
  3  where sql_redo like '%drop%'
  4  and seg_owner = 'SCOTT'  ;

TIMESTAMP             SEG_OWNER   USERNAME   SQL_REDO
--------------------- ----------- ---------- -----------------------------
2010-05-21:22:12:52   SCOTT       SYS        drop table scott.tt10 purge;
```

이렇게 시간을 찾을 수 있습니다. 이 방법은 리두 로그 파일 뿐만 아니라 아카이브 로그 파일도 사용 가능합니다. 딕셔너리 파일은 최초에 한번만 만들면 되고 추가로 분석하길 원하는 로그 파일을 등록하거나 필요 없는 파일은 제거하면서 사용하면 됩니다.

12.4 운영 중인 undo tablespace 장애 복구하기

● 장애 상황 설명

DBA 박현영 엔지니어에게 중요 고객사에서 현재 운영 중인 서버의 undo tablespace 장애가 발생했다는 연락을 받았습니다. 긴급으로 undo tablespace를 생성해서 변경하고 장애난 테이블 스페이스는 삭제를 하기 원합니다. 그러나 장애난 undo tablespace에 기존 transaction이 있어서 rollback segment가 active인 상태여서 삭제가 되지 않고 있습니다. 이 문제를 해결해야만 합니다.

아래의 실습 예제는 9i를 기준으로 했지만 10g에서도 동일한 방법으로 복구하면 됩니다.

step 1. 현재 상황 확인

```
SQL> @df
TS_NAME    FILE_NAME                                        MB      STATUS
--------- ------------------------------------------------ ------- ----------
SYSTEM     /home/oracle/oradata/testdb/system01.dbf         380     SYSTEM
UNDOTBS1   /home/oracle/oradata/testdb/undotbs01.dbf        200     ONLINE
CWMLITE    /home/oracle/oradata/testdb/cwmlite01.dbf         20     ONLINE
DRSYS      /home/oracle/oradata/testdb/drsys01.dbf           20     ONLINE
EXAMPLE    /home/oracle/oradata/testdb/example01.dbf        149     ONLINE
INDX       /home/oracle/oradata/testdb/indx01.dbf            25     ONLINE
ODM        /home/oracle/oradata/testdb/odm01.dbf             20     ONLINE
TOOLS      /home/oracle/oradata/testdb/tools01.dbf           10     ONLINE
USERS      /home/oracle/oradata/testdb/users01.dbf           25     ONLINE
XDB        /home/oracle/oradata/testdb/xdb01.dbf             45     ONLINE

10 rows selected.

SQL> show parameter undo;
NAME                         TYPE         VALUE
---------------------------- ------------ ------------------------------
undo_management              string       AUTO
undo_retention               integer      10800
undo_suppress_errors         boolean      FALSE
```

```
undo_tablespace                string        UNDOTBS1
```

step 2. scott 계정으로 DML 수행 – 다른 터미널을 하나 더 열어서 작업하세요.

```
SQL> conn scott/tiger
Connected.

SQL> create table utest01 (no number) ;
Table created.

SQL> insert into utest01 values (1);
1 row created.
```

step 3. sys 계정에서 rollback segment 확인 후 장애 발생

```
SQL> !vi ud.sql
set line 200

select s.sid, s.serial#, s.username, r.name "ROLLBACK SEG"
 from v$session s, v$transaction t, v$rollname r
where s.taddr=t.addr
and t.xidusn = r.usn
/

SQL> @ud
   SID    SERIAL#    USERNAME                ROLLBACK SEG
------- ---------- ------------------- ------------------------
    10          9    SCOTT                   _SYSSMU6$  ㊼

SQL> !rm -fr /home/oracle/oradata/testdb/undotbs01.dbf  ㊽

SQL> !ls /home/oracle/oradata/testdb/undotbs01.dbf
ls: /home/oracle/oradata/testdb/undotbs01.dbf: 그런 파일이나 디렉토리가 없음

SQL> create undo tablespace undo01
  2  datafile '/home/oracle/oradata/testdb/undo01.dbf' size 10M;
Tablespace created.

SQL> alter system set undo_tablespace=undo01;
```

㊼ 사용 중인 롤백 세그먼트 확인하세요.
㊽ 운영 중인 언두 테이블 스페이스가 삭제되는 장애 발생

```
System altered.

SQL> drop tablespace undotbs1;
drop tablespace undotbs1
*
ERROR at line 1:
ORA-30013: undo tablespace 'UNDOTBS1' is currently in use  ⑲

SQL> show parameter undo;
NAME                         TYPE         VALUE
---------------------------- ------------ ------------------------------
undo_management              string       AUTO
undo_retention               integer      10800
undo_suppress_errors         boolean      FALSE
undo_tablespace              string       UNDO01

SQL> shutdown immediate;
ORA-01116: error in opening database file 2
ORA-01110: data file 2: '/home/oracle/oradata/testdb/undotbs01.dbf'
ORA-27041: unable to open file
Linux Error: 2: No such file or directory
Additional information: 3

SQL> shutdown abort;
ORACLE instance shut down.

SQL> !

[oracle@9i oracle]$ vi product/9.2/dbs/inittestdb.ora
undo_management=manual
undo_retention=10800
undo_tablespace=UNDO01
_offline_rollback_segments=(_SYSSMU6$)  ⑳

SQL> startup
ORACLE instance started.

Total System Global Area  605098840 bytes
Fixed Size                   451416 bytes
```

59 _SYSSMU6$가 사용 중이라 안 지워짐

60 사용 중이던 rollback segment를 offline 시킨 후 삭제함

```
Variable Size            251658240 bytes
Database Buffers         352321536 bytes
Redo Buffers                667648 bytes
Database mounted.
ORA-01157: cannot identify/lock data file 2 - see DBWR trace file
ORA-01110: data file 2: '/home/oracle/oradata/testdb/undotbs01.dbf'

SQL> alter database datafile '/home/oracle/oradata/testdb/undotbs01.dbf' offline drop;
Database altered.

SQL> alter database open;
Database altered.

SQL> show parameter undo;
NAME                          TYPE         VALUE
----------------------------- ------------ ------------------------------
undo_management               string       MANUAL
undo_retention                integer      10800
undo_suppress_errors          boolean      FALSE
undo_tablespace               string       UNDO01

SQL> drop tablespace undotbs1 including contents and datafiles;
Tablespace dropped.

SQL> shutdown immediate;
Database closed.
Database dismounted.
ORACLE instance shut down.

SQL> !vi /home/oracle/product/9.2/dbs/inittestdb.ora
undo_management=auto  ㉑
undo_retention=10800
undo_tablespace=UNDO01
#_offline_rollback_segments=(_SYSSMU6$)  ㉒
:wq!

SQL> startup
ORACLE instance started.
```

61 manual에서 auto로 변경합니다.
62 주석처리합니다.

```
Total System Global Area  605098840 bytes
Fixed Size                   451416 bytes
Variable Size             251658240 bytes
Database Buffers          352321536 bytes
Redo Buffers                 667648 bytes
Database mounted.
Database opened.
SQL> show parameter undo;

NAME                           TYPE         VALUE
------------------------------ ------------ ------------------------------
undo_management                string       AUTO
undo_retention                 integer      10800
undo_suppress_errors           boolean      FALSE
undo_tablespace                string       UNDO01
```

이상으로 실무에서 데이터 파일에 문제가 발생했을 경우 복구하는 여러 가지 방법들을 살펴보았습니다. 그냥 예제를 보고 따라 치는 타자연습을 하지 말고 왜 저렇게 해야 하는지를 명확하게 알아야만 합니다.

핵심은 백업 데이터 파일과 아카이브 파일이 있는지와 불완전 복구일 경우 파일을 복원할 때 어떤 파일을 왜 가져와야 하는지를 이해하는 것입니다. 아직 왜 그런지 모른다면 이 장을 다시 한번 더 정독하여서 그 원리를 꼭 깨닫기를 바랍니다.

다음으로 Redo log file에 장애가 발생할 경우 복구하는 방법을 배우도록 하겠습니다.

CHAPTER 13

Redo Log File 장애 복구

13

CHAPTER

Redo Log File 장애 복구

앞에서 살펴본 바와 같이 오라클은 데이터에 변경을 유발하는 모든 내용을 Redo log에 저장해 둡니다. 그리고 나중에 장애가 발생할 경우 저장되어 있는 Redo log의 내용을 이용해서 복구를 하게 됩니다. 사람이 사는 세상에서 보험과 비슷한 역할을 하는 것입니다. 그러나 이렇게 복구를 위해서 마련되어 있는 Redo log에도 장애가 발생할 수 있고 Redo log에 장애가 발생할 경우 치명적인 경우가 많기 때문에 반드시 장애 유형별로 어떻게 복구를 해야 하는지 익혀두어야 합니다. Datafile에 장애가 생기면 Redo log file에 있는 내용으로 복구가 가능하지만 만약 Redo log file에 장애가 생기면 Redo log file에 저장되어 있는 내용은 복구하지 못합니다. 그리고 더 문제는 DB가 종료가 된 상황이라면 startup이 되지 않게 됩니다. 아래에서 Redo log file에 발생할 수 있는 장애 유형을 요약해 보고 각각 어떻게 대처하는지 세부적으로 살펴보도록 하겠습니다.

앞에서 살펴본 그림을 한 번 더 보겠습니다.

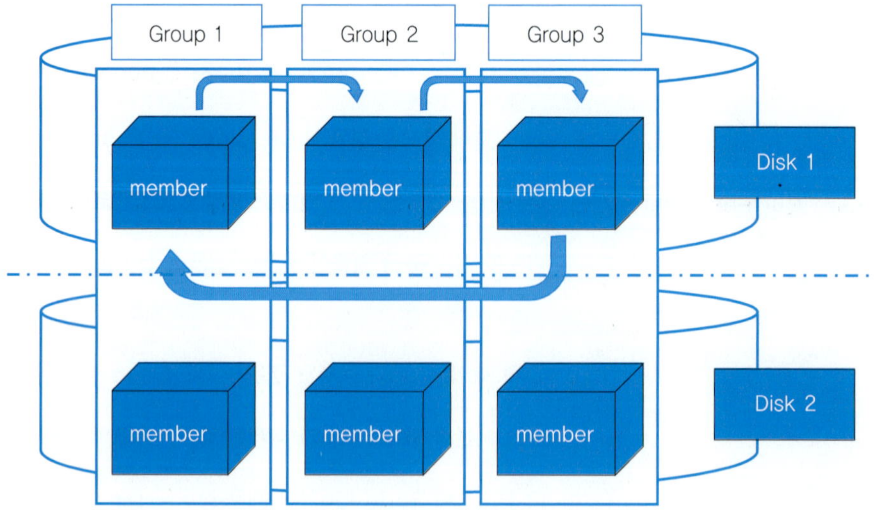

위 그림에서 현재 LGWR이 group 1번에 내용을 내려쓰고 있다고 가정하면 group 1은 상태가 Current일 것입니다. 그리고 group 2에 있는 내용이 아직 DB Buffer Cache에 저장이 안 된 상태라고 하면 group 2번은 Active이고, group 3의 내용은 데이터 파일에 모두 저장되었다고 가정하면 상태는 Inactive 일 것입니다.

Redo log file 관련 장애는 아래와 같이 나눌 수 있습니다.

1. 대기 중인 그룹의 멤버가 1개만 장애 발생할 경우
2. 대기 중인 그룹 중 archive가 완료된 그룹이 지워진 경우
3. 대기 중인 그룹 중 archive가 완료 안 된 그룹이 지워진 경우 – DB Open
4. 대기 중인 그룹 중 archive가 완료 안 된 그룹이 지워진 경우 – DB Close
5. Current 그룹이 삭제된 경우 – DB Open
6. Current 그룹이 삭제된 경우 – Shutdown immediate로 종료됨
7. Current 그룹이 삭제된 경우 – Shutdown abort로 종료 – backup 있음
8. Current 그룹이 삭제된 경우 – Shutdown abort로 종료 – 백업 없음(아카이브 로그 없음)
9. 전체 Redo log가 삭제된 경우 – DB Open 상태
10. 전체 Redo log가 삭제된 경우 – DB Close 상태 – 백업 있는 상태
11. 전체 Redo log가 삭제된 경우 – DB Close 상태 – 백업 없는 상태

그럼 지금부터 위의 11가지 경우를 한 가지씩 자세하게 살펴보겠습니다.

13.1 대기 중인 멤버 1개만 장애 발생하는 경우

```
# 현재 상태 확인

SYS>!vi  redo.sql
set line 200
```

```
col group# for 999
col member for a50
col sequence# for 999
select a.group#, a.member, b.bytes/1024/1024 MB, b.archived, b.sequence# "SEQ#", b.status
from v$logfile a,v$log b
where a.group#=b.group#
order by 1
/
SYS>@redo

GROUP# MEMBER                                      MB    ARC    SEQ#   STATUS
------ ------------------------------------------ ---- ------ ----- --------
  1    /home/oracle/oradata/testdb/redo01_a.log    5    YES    32    INACTIVE
  1    /home/oracle/oradata/testdb/redo01_b.log    5    YES    32    INACTIVE
  2    /home/oracle/oradata/testdb/redo02_a.log    5    YES    33    INACTIVE
  2    /home/oracle/oradata/testdb/redo02_b.log    5    YES    33    INACTIVE
  3    /home/oracle/oradata/testdb/redo03_a.log    5    NO     34    CURRENT
  3    /home/oracle/oradata/testdb/redo03_b.log    5    NO     34    CURRENT

6 rows selected.

# 대기 중인 그룹의 멤버 삭제 후 장애 확인

SYS>!rm -f  /home/oracle/oradata/testdb/redo01_a.log
SYS>!ls  /home/oracle/oradata/testdb/redo01_a.log
ls: /home/oracle/oradata/testdb/redo01_a.log: 그런 파일이나 디렉토리가 없음

SYS>alter system switch logfile;  ❶
System altered.

SYS>/
System altered.

SYS>/
System altered.

SYS>/
System altered.
```

❶ 로그스위치를 일으켜도 이상없음

```
SYS>@redo

GROUP# MEMBER                                      MB   ARC    SEQ#  STATUS
------ ----------------------------------------- ---- ------ ----- --------
     1 /home/oracle/oradata/testdb/redo01_a.log     5 NO        38 CURRENT
     1 /home/oracle/oradata/testdb/redo01_b.log     5 NO        38 CURRENT
     2 /home/oracle/oradata/testdb/redo02_a.log     5 YES       36 INACTIVE
     2 /home/oracle/oradata/testdb/redo02_b.log     5 YES       36 INACTIVE
     3 /home/oracle/oradata/testdb/redo03_a.log     5 YES       37 INACTIVE
     3 /home/oracle/oradata/testdb/redo03_b.log     5 YES       37 INACTIVE

6 rows selected.

# Alert_testdb.log 파일 확인

SYS>!
[oracle@remotedb ~]$ vi /home/oracle/admin/testdb/bdump/alert_testdb.log
Thread 1 advanced to log sequence 35
  Current log# 1 seq# 35 mem# 0: /home/oracle/oradata/testdb/redo01_a.log
  Current log# 1 seq# 35 mem# 1: /home/oracle/oradata/testdb/redo01_b.log
Sun Jan 24 04:51:34 2010
Thread 1 advanced to log sequence 36
  Current log# 2 seq# 36 mem# 0: /home/oracle/oradata/testdb/redo02_a.log
  Current log# 2 seq# 36 mem# 1: /home/oracle/oradata/testdb/redo02_b.log
Sun Jan 24 04:51:34 2010
Errors in file /home/oracle/admin/testdb/bdump/testdb_arc1_29007.trc:
ORA-00313: open failed for members of log group 1 of thread 1
ORA-00312: online log 1 thread 1: '/home/oracle/oradata/testdb/redo01_a.log'
ORA-27037: unable to obtain file status
Linux Error: 2: No such file or directory
Additional information: 3
Sun Jan 24 04:51:34 2010
Errors in file /home/oracle/admin/testdb/bdump/testdb_arc1_29007.trc:
ORA-00313: open failed for members of log group 1 of thread 1
ORA-00312: online log 1 thread 1: '/home/oracle/oradata/testdb/redo01_a.log'
ORA-27037: unable to obtain file status
Linux Error: 2: No such file or directory
Additional information: 3
Thread 1 cannot allocate new log, sequence 37
```

```
Checkpoint not complete
  Current log# 2 seq# 36 mem# 0: /home/oracle/oradata/testdb/redo02_a.log
  Current log# 2 seq# 36 mem# 1: /home/oracle/oradata/testdb/redo02_b.log
Thread 1 advanced to log sequence 37
```

위에서 보는 바와 같이 멤버가 하나 지워져도 운영에는 문제가 없기 때문에 alert log 파일에만 장애를 기록하고 DB에 문제가 생기지는 않습니다. 왜냐하면 오라클의 권장사항은 그룹은 최소 2개만 있으면 되고 각 그룹별로 멤버는 최소 1개만 있으면 문제가 되지 않기 때문입니다. 그러나 이대로 방치하다가 나머지 멤버까지 지워지면 그룹이 삭제되어 큰 문제가 되기에 꼭 평상시에 수시로 alert log 파일을 확인하여 장애를 확인해야 합니다.

장애가 확인된 멤버는 삭제한 후 다시 생성하면 됩니다.

```
SYS>alter database drop logfile member '/home/oracle/oradata/testdb/redo01_a.log';
Database altered.

SYS>alter database add logfile member '/home/oracle/oradata/testdb/redo01_a.log' to group 1;
Database altered.

SYS>@redo

GROUP# MEMBER                                      MB   ARC    SEQ#  STATUS
------ ------------------------------------------ ---- ------ ----- --------
   1   /home/oracle/oradata/testdb/redo01_a.log    5   YES    38   INACTIVE
   1   /home/oracle/oradata/testdb/redo01_b.log    5   YES    38   INACTIVE
   2   /home/oracle/oradata/testdb/redo02_a.log    5   NO     39   CURRENT
   2   /home/oracle/oradata/testdb/redo02_b.log    5   NO     39   CURRENT
   3   /home/oracle/oradata/testdb/redo03_a.log    5   YES    37   INACTIVE
   3   /home/oracle/oradata/testdb/redo03_b.log    5   YES    37   INACTIVE

6 rows selected.

# Alert log 확인

alter database drop logfile member '/home/oracle/oradata/testdb/redo01_a.log'
```

```
Sun Jan 24 04:59:06 2010
Completed: alter database drop logfile member '/home/oracle/oradata/testdb/redo01_a.log'
Sun Jan 24 04:59:19 2010
alter database add logfile member '/home/oracle/oradata/testdb/redo01_a.log' to group 1
Sun Jan 24 04:59:20 2010
Completed: alter database add logfile member '/home/oracle/oradata/testdb/redo01_a.log' to group 1
Sun Jan 24 05:02:37 2010
Thread 1 advanced to log sequence 40
  Current log# 3 seq# 40 mem# 0: /home/oracle/oradata/testdb/redo03_a.log
  Current log# 3 seq# 40 mem# 1: /home/oracle/oradata/testdb/redo03_b.log
Thread 1 advanced to log sequence 41
  Current log# 1 seq# 41 mem# 0: /home/oracle/oradata/testdb/redo01_b.log
  Current log# 1 seq# 41 mem# 1: /home/oracle/oradata/testdb/redo01_a.log
Thread 1 cannot allocate new log, sequence 42
Checkpoint not complete
  Current log# 1 seq# 41 mem# 0: /home/oracle/oradata/testdb/redo01_b.log
  Current log# 1 seq# 41 mem# 1: /home/oracle/oradata/testdb/redo01_a.log
Thread 1 advanced to log sequence 42
  Current log# 2 seq# 42 mem# 0: /home/oracle/oradata/testdb/redo02_a.log
Current log# 2 seq# 42 mem# 1: /home/oracle/oradata/testdb/redo02_b.log
```

아무 에러 없이 로그스위치가 일어남을 확인할 수 있습니다.

13.2 대기 중인 그룹 중 archive가 완료된 그룹이 지워진 경우

```
# 현재 상태 확인

SYS>@redo
GROUP# MEMBER                                        MB   ARC    SEQ#  STATUS
------ --------------------------------------------- ---- ------ ----- --------
     1 /home/oracle/oradata/testdb/redo01_a.log       5   NO     44    CURRENT
     1 /home/oracle/oradata/testdb/redo01_b.log       5   NO     44    CURRENT
     2 /home/oracle/oradata/testdb/redo02_a.log       5   YES    42    INACTIVE
     2 /home/oracle/oradata/testdb/redo02_b.log       5   YES    42    INACTIVE
```

```
  3    /home/oracle/oradata/testdb/redo03_a.log     5    YES    43    ACTIVE
  3    /home/oracle/oradata/testdb/redo03_b.log     5    YES    43    ACTIVE

6 rows selected.

# archive 완료된 그룹 전체 삭제

SYS>!rm -fr /home/oracle/oradata/testdb/redo02_a.log /home/oracle/oradata/testdb/redo02_b.log

SYS>
SYS>!ls  /home/oracle/oradata/testdb/redo02_a.log
ls: /home/oracle/oradata/testdb/redo02_a.log: 그런 파일이나 디렉토리가 없음

SYS>!ls  /home/oracle/oradata/testdb/redo02_b.log
ls: /home/oracle/oradata/testdb/redo02_b.log: 그런 파일이나 디렉토리가 없음

SYS>shutdown abort;
ORACLE instance shut down.
SYS>startup
ORACLE instance started.

Total System Global Area  167772160 bytes
Fixed Size                  1218292 bytes
Variable Size              62916876 bytes
Database Buffers           96468992 bytes
Redo Buffers                7168000 bytes
Database mounted.
ORA-00313: open failed for members of log group 2 of thread 1
ORA-00312: online log 2 thread 1: '/home/oracle/oradata/testdb/redo02_a.log'
ORA-00312: online log 2 thread 1: '/home/oracle/oradata/testdb/redo02_b.log'

SYS>@redo

GROUP# MEMBER                                      MB   ARC    SEQ#  STATUS
------ ----------------------------------------- ---- ------ ----- --------
     1 /home/oracle/oradata/testdb/redo01_a.log     5   NO      44   CURRENT
     1 /home/oracle/oradata/testdb/redo01_b.log     5   NO      44   CURRENT
     2 /home/oracle/oradata/testdb/redo02_a.log     5   YES     42   INACTIVE
     2 /home/oracle/oradata/testdb/redo02_b.log     5   YES     42   INACTIVE
```

```
  3     /home/oracle/oradata/testdb/redo03_a.log    5    YES    43   INACTIVE
  3     /home/oracle/oradata/testdb/redo03_b.log    5    YES    43   INACTIVE

6 rows selected.

# 장애 생긴 그룹 삭제 후 재생성하고 다시 시작

SYS>alter database drop logfile group 2;
Database altered.

SYS>@redo
GROUP# MEMBER                                       MB   ARC   SEQ#  STATUS
------ ------------------------------------------ ---- ------ ----- --------
  1     /home/oracle/oradata/testdb/redo01_a.log    5    NO     44   CURRENT
  1     /home/oracle/oradata/testdb/redo01_b.log    5    NO     44   CURRENT
  3     /home/oracle/oradata/testdb/redo03_a.log    5    YES    43   INACTIVE
  3     /home/oracle/oradata/testdb/redo03_b.log    5    YES    43   INACTIVE

SYS>alter database add logfile group 2
  2  ('/home/oracle/oradata/testdb/redo02_a.log',
  3   '/home/oracle/oradata/testdb/redo02_b.log') size 5M;

Database altered.

SYS>@redo
GROUP# MEMBER                                       MB   ARC   SEQ#  STATUS
------ ------------------------------------------ ---- ------ ----- --------
  1     /home/oracle/oradata/testdb/redo01_a.log    5    NO     44   CURRENT
  1     /home/oracle/oradata/testdb/redo01_b.log    5    NO     44   CURRENT
  2     /home/oracle/oradata/testdb/redo02_a.log    5    YES    0    UNUSED
  2     /home/oracle/oradata/testdb/redo02_b.log    5    YES    0    UNUSED
  3     /home/oracle/oradata/testdb/redo03_a.log    5    YES    43   INACTIVE
  3     /home/oracle/oradata/testdb/redo03_b.log    5    YES    43   INACTIVE

6 rows selected.

SYS>alter database open;
Database altered.
```

13.3 대기 중인 그룹 중 archive가 완료 안 된 그룹이 지워진 경우 – DB Open 상태

```
# 현재 상태 확인

SYS>@redo
GROUP# MEMBER                                       MB   ARC    SEQ#  STATUS
------ -------------------------------------------- ---- ------ ----- --------
   1   /home/oracle/oradata/testdb/redo01_a.log     5    YES    44    INACTIVE
   1   /home/oracle/oradata/testdb/redo01_b.log     5    YES    44    INACTIVE
   2   /home/oracle/oradata/testdb/redo02_a.log     5    NO     45    CURRENT
   2   /home/oracle/oradata/testdb/redo02_b.log     5    NO     45    CURRENT
   3   /home/oracle/oradata/testdb/redo03_a.log     5    YES    43    INACTIVE
   3   /home/oracle/oradata/testdb/redo03_b.log     5    YES    43    INACTIVE

6 rows selected.

# 그룹 삭제
SYS>!rm -f /home/oracle/oradata/testdb/redo01_a.log  /home/oracle/oradata/testdb/redo01_b.log

SYS>!ls  /home/oracle/oradata/testdb/redo01_b.log
ls: /home/oracle/oradata/testdb/redo01_b.log: 그런 파일이나 디렉토리가 없음

SYS>!ls  /home/oracle/oradata/testdb/redo01_a.log
ls: /home/oracle/oradata/testdb/redo01_a.log: 그런 파일이나 디렉토리가 없음

# 장애 확인
SYS>alter system switch logfile;

System altered.

SYS>/

System altered.

SYS>/
```

```
System altered.

SYS>/
System altered.

SYS>/ ❷

alter system switch logfile
*
ERROR at line 1:
ORA-01013: user requested cancel of current operation

SYS>@redo
GROUP# MEMBER                                     MB   ARC   SEQ#  STATUS
------ ------------------------------------------ ---- ------ ----- --------
     1 /home/oracle/oradata/testdb/redo01_a.log      5   NO     47  INACTIVE
     1 /home/oracle/oradata/testdb/redo01_b.log      5   NO     47  INACTIVE
     2 /home/oracle/oradata/testdb/redo02_a.log      5   NO     48  INACTIVE
     2 /home/oracle/oradata/testdb/redo02_b.log      5   NO     48  INACTIVE
     3 /home/oracle/oradata/testdb/redo03_a.log      5   NO     49  CURRENT
     3 /home/oracle/oradata/testdb/redo03_b.log      5   NO     49  CURRENT

6 rows selected.
```

❷ Hang 발생해서 대기상태로 됨. Ctrl + C 키를 눌러 취소시킴.

위에서 arc 부분을 살펴보면 전부 NO임을 확인할 수 있습니다. 이렇게 되는 이유는 아카이브 프로세스는 순차적으로 발생하기 때문입니다. 즉 예를 들어 1번이 아카이빙 완료되면 2번이 아카이빙되고 그게 끝나면 3번이 아카이빙이 되는데 앞에서 1번 그룹을 삭제해서 아카이빙이 완료 안 되었고 그래서 2번과 3번 모두가 아카이빙이 되지 못한 것입니다.

```
# Alert log 확인
Sun Jan 24 05:47:28 2010
Errors in file /home/oracle/admin/testdb/bdump/testdb_arc0_29303.trc:
ORA-00313: open failed for members of log group 1 of thread 1
ORA-00312: online log 1 thread 1: '/home/oracle/oradata/testdb/redo01_a.log'
ORA-27037: unable to obtain file status
```

```
Linux Error: 2: No such file or directory
Additional information: 3
ORA-00312: online log 1 thread 1: '/home/oracle/oradata/testdb/redo01_b.log'
ORA-27037: unable to obtain file status
Linux Error: 2: No such file or directory
Additional information: 3
Sun Jan 24 05:47:28 2010
Errors in file /home/oracle/admin/testdb/bdump/testdb_arc0_29303.trc:
ORA-00313: open failed for members of log group 1 of thread 1
ORA-00312: online log 1 thread 1: '/home/oracle/oradata/testdb/redo01_a.log'
ORA-27037: unable to obtain file status
Linux Error: 2: No such file or directory
Additional information: 3
ORA-00312: online log 1 thread 1: '/home/oracle/oradata/testdb/redo01_b.log'
ORA-27037: unable to obtain file status
Linux Error: 2: No such file or directory
Additional information: 3
Sun Jan 24 05:47:28 2010
............................................
```

위 로그를 보면 1번 그룹이 계속 장애가 발생하는 것을 알 수 있습니다.

❸ 이 명령어를 치면 control file의 정보를 보고 해당 그룹의 멤버를 자동으로 생성합니다.

❹ 다시 Hang 걸림

```
# 장애 해결
SYS>alter database clear unarchived logfile group 1;  ❸
  Database altered.

SYS>alter system switch logfile;
System altered.

SYS>/
System altered.

SYS>/
System altered.

SYS>/  ❹
Alert log를 확인해보면 또다른 에러가 발생함을 알 수 있습니다.
```

```
[oracle@remotedb ~]$ tail -f admin/testdb/bdump/alert_testdb.log
ORA-00314: log 1 of thread 1, expected sequence# 50 doesn't match 0
ORA-00312: online log 1 thread 1: '/home/oracle/oradata/testdb/redo01_b.log'
Sun Jan 24 05:49:53 2010
Errors in file /home/oracle/admin/testdb/bdump/testdb_arc1_29305.trc:
ORA-00314: log 1 of thread 1, expected sequence# 50 doesn't match 0
ORA-00312: online log 1 thread 1: '/home/oracle/oradata/testdb/redo01_a.log'
ORA-00314: log 1 of thread 1, expected sequence# 50 doesn't match 0
ORA-00312: online log 1 thread 1: '/home/oracle/oradata/testdb/redo01_b.log'
Sun Jan 24 05:49:53 2010
ARC1: Failed to archive thread 1 sequence 50 (0)
Sun Jan 24 05:49:58 2010
Errors in file /home/oracle/admin/testdb/bdump/testdb_arc0_29303.trc:
ORA-00314: log 1 of thread 1, expected sequence# 50 doesn't match 0
ORA-00312: online log 1 thread 1: '/home/oracle/oradata/testdb/redo01_a.log'
ORA-00314: log 1 of thread 1, expected sequence# 50 doesn't match 0
ORA-00312: online log 1 thread 1: '/home/oracle/oradata/testdb/redo01_b.log'
Sun Jan 24 05:49:58 2010
….
SYS>alter database clear unarchived logfile group 1;
Database altered.
SYS> alter database drop logfile group 1;
Database altered.
SYS>!
[oracle@remotedb ~]$ rm -fr /home/oracle/oradata/testdb/redo01*
[oracle@remotedb ~]$ ls /home/oracle/oradata/testdb/redo01*
ls: /home/oracle/oradata/testdb/redo01*: 그런 파일이나 디렉토리가 없음

[oracle@remotedb ~]$ exit

SYS>@redo
GROUP# MEMBER                                      MB   ARC   SEQ#  STATUS
------ ------------------------------------------ ---- ------ ----- --------
   2   /home/oracle/oradata/testdb/redo02_a.log     5   NO     53   CURRENT
   2   /home/oracle/oradata/testdb/redo02_b.log     5   NO     53   CURRENT
   3   /home/oracle/oradata/testdb/redo03_a.log     5   YES    52   INACTIVE
   3   /home/oracle/oradata/testdb/redo03_b.log     5   YES    52   INACTIVE

SYS>alter database add logfile group 1
```

```
  2  ('/home/oracle/oradata/testdb/redo01_a.log',
  3   '/home/oracle/oradata/testdb/redo01_b.log') size 5M ;

Database altered.

SYS>@redo
GROUP# MEMBER                                      MB   ARC    SEQ#  STATUS
------ ------------------------------------------ ---- ------ ----- --------
     1 /home/oracle/oradata/testdb/redo01_a.log      5  YES       0  UNUSED
     1 /home/oracle/oradata/testdb/redo01_b.log      5  YES       0  UNUSED
     2 /home/oracle/oradata/testdb/redo02_a.log      5  NO       53  CURRENT
     2 /home/oracle/oradata/testdb/redo02_b.log      5  NO       53  CURRENT
     3 /home/oracle/oradata/testdb/redo03_a.log      5  YES      52  INACTIVE
     3 /home/oracle/oradata/testdb/redo03_b.log      5  YES      52  INACTIVE

6 rows selected.
```

13.4 대기 중인 그룹 중 archive가 완료 안 된 그룹이 지워진 경우 – DB Close 상태

```
# 현재 상태 확인
SYS>@redo
GROUP# MEMBER                                      MB   ARC    SEQ#  STATUS
------ ------------------------------------------ ---- ------ ----- --------
     1 /home/oracle/oradata/testdb/redo01_a.log      5  YES      54  ACTIVE
     1 /home/oracle/oradata/testdb/redo01_b.log      5  YES      54  ACTIVE
     2 /home/oracle/oradata/testdb/redo02_a.log      5  NO       56  CURRENT
     2 /home/oracle/oradata/testdb/redo02_b.log      5  NO       56  CURRENT
     3 /home/oracle/oradata/testdb/redo03_a.log      5  YES      55  ACTIVE
     3 /home/oracle/oradata/testdb/redo03_b.log      5  YES      55  ACTIVE

# 장애 발생시킴
SYS>!rm -fr /home/oracle/oradata/testdb/redo01_a.log /home/oracle/oradata/testdb/redo01_b.log

SYS>!ls /home/oracle/oradata/testdb/redo01_b.log
```

```
ls: /home/oracle/oradata/testdb/redo01_b.log: 그런 파일이나 디렉토리가 없음

SYS>!ls /home/oracle/oradata/testdb/redo01_a.log
ls: /home/oracle/oradata/testdb/redo01_a.log: 그런 파일이나 디렉토리가 없음

SYS>alter system switch logfile;
System altered.

SYS>/
System altered.

SYS>/
System altered.

SYS>/ ❺
```

❺ Hang 발생함

지금 이렇게 Hang이 발생한 상태에서 다른 터미널을 하나 더 열어서 일반 계정으로 접속하면 아래와 같이 에러가 나면서 접속이 안 됩니다. 그리고 이 상태가 지속되면 DB가 비정상 종료가 됩니다.

```
[oracle@remotedb ~]$ sqlplus scott/tiger

SQL*Plus: Release 10.2.0.1.0 - Production on Sun Jan 24 08:54:56 2010

Copyright (c) 1982, 2005, Oracle.  All rights reserved.

ERROR:
ORA-00257: archiver error. Connect internal only, until freed.

Enter user-name:

SYS>/ ❻
alter system switch logfile
*
ERROR at line 1:
ORA-01013: user requested cancel of current operation
```

❻ 원래 Hang이 걸려있던 터미널에서 Ctrl + C를 눌러 작업 취소를 시킵니다.

```
SYS>shutdown abort;
ORACLE instance shut down.

# 재시작시키면 에러가 발생하면서 중단됩니다.
SYS>startup
ORACLE instance started.

Total System Global Area  167772160 bytes
Fixed Size                  1218292 bytes
Variable Size              62916876 bytes
Database Buffers           96468992 bytes
Redo Buffers                7168000 bytes
Database mounted.
ORA-00313: open failed for members of log group 1 of thread 1
ORA-00312: online log 1 thread 1: '/home/oracle/oradata/testdb/redo01_a.log'
ORA-00312: online log 1 thread 1: '/home/oracle/oradata/testdb/redo01_b.log'

SYS>@redo

GROUP# MEMBER                                       MB   ARC    SEQ#  STATUS
------ -------------------------------------------- ---- ------ ----- --------
   1   /home/oracle/oradata/testdb/redo01_a.log      5    NO     73   INACTIVE
   1   /home/oracle/oradata/testdb/redo01_b.log      5    NO     73   INACTIVE
   2   /home/oracle/oradata/testdb/redo02_a.log      5    NO     74   INACTIVE
   2   /home/oracle/oradata/testdb/redo02_b.log      5    NO     74   INACTIVE
   3   /home/oracle/oradata/testdb/redo03_a.log      5    NO     75   CURRENT
   3   /home/oracle/oradata/testdb/redo03_b.log      5    NO     75   CURRENT

6 rows selected.
```

아카이브 로그의 특징을 생각해봤을 때 위에서 SEQ# 번호를 보면 group 1의 번호가 가장 작으므로 1번 그룹에서 문제가 발생해서 모든 그룹이 아카이빙이 안 된 것을 알 수 있습니다.

```
SYS>alter database clear unarchived logfile group 1;
Database altered.
```

```
SYS>@redo
GROUP# MEMBER                                       MB   ARC   SEQ#  STATUS
------ ------------------------------------------ ---- ------ ----- --------
     1 /home/oracle/oradata/testdb/redo01_a.log     5   YES     0   UNUSED
     1 /home/oracle/oradata/testdb/redo01_b.log     5   YES     0   UNUSED
     2 /home/oracle/oradata/testdb/redo02_a.log     5   NO     59   CURRENT
     2 /home/oracle/oradata/testdb/redo02_b.log     5   NO     59   CURRENT
     3 /home/oracle/oradata/testdb/redo03_a.log     5   YES    58   INACTIVE
     3 /home/oracle/oradata/testdb/redo03_b.log     5   YES    58   INACTIVE

6 rows selected.

SYS>alter database open;
Database altered.

# log switch를 발생시켜 문제여부 확인 - 아무 이상 없이 잘 됩니다.

SYS>alter system switch logfile;
System altered.

SYS>/
System altered.

SYS>/
System altered.

SYS>/
System altered.

SYS>/
System altered.
```

위 3번 예제(대기 중인 그룹 삭제됨 — 아카이빙 안 됨 — DB Open)과 4번 예제(대기 중인 그룹 삭제됨 — 아카이빙 안 됨 — DB Close)의 복구 도중에 **alter database clear unarchived logflie group 1 ;** 이라는 명령은 리두 로그 파일이 삭제되어 아카이빙이 안 될 경우 해당 그룹의 멤버들을 신규로 생성시킨 후 로그 스위치를 발생시켜 아카이빙 문제를 해결합니다.

13.5 Current 그룹이 삭제된 경우 – DB Open 상태

```
# 현재 상태 확인

SYS>@redo

GROUP# MEMBER                                          MB   ARC    SEQ#  STATUS
------ ------------------------------------------- ---- ------ ----- --------
   1   /home/oracle/oradata/testdb/redo01_a.log     5    NO     73   INACTIVE
   1   /home/oracle/oradata/testdb/redo01_b.log     5    NO     73   INACTIVE
   2   /home/oracle/oradata/testdb/redo02_a.log     5    NO     74   INACTIVE
   2   /home/oracle/oradata/testdb/redo02_b.log     5    NO     74   INACTIVE
   3   /home/oracle/oradata/testdb/redo03_a.log     5    NO     75   CURRENT
   3   /home/oracle/oradata/testdb/redo03_b.log     5    NO     75   CURRENT

6 rows selected.

# 장애 발생시킴
SYS>!rm -f /home/oracle/oradata/testdb/redo03_a.log  /home/oracle/oradata/testdb/redo03_b.log

SYS>!ls /home/oracle/oradata/testdb/redo03_b.log
ls: /home/oracle/oradata/testdb/redo03_b.log: 그런 파일이나 디렉토리가 없음

SYS>!ls /home/oracle/oradata/testdb/redo03_a.log
ls: /home/oracle/oradata/testdb/redo03_a.log: 그런 파일이나 디렉토리가 없음

SYS>alter system switch logfile;
System altered.

SYS>/
System altered.

SYS>/  ❼

# 장애 해결 (해결방법은 앞의 장애유형 3번과 동일합니다)

SYS>@redo
```

❼ Hang 걸림 Ctrl + C로 취소시킵니다.

```
GROUP# MEMBER                                      MB  ARC   SEQ# STATUS
------ ------------------------------------------- ---- ------ ----- --------
   1   /home/oracle/oradata/testdb/redo01_a.log    5   NO     11  INACTIVE
   1   /home/oracle/oradata/testdb/redo01_b.log    5   NO     11  INACTIVE
   2   /home/oracle/oradata/testdb/redo02_a.log    5   NO     12  CURRENT
   2   /home/oracle/oradata/testdb/redo02_b.log    5   NO     12  CURRENT
   3   /home/oracle/oradata/testdb/redo03_a.log    5   NO     10  INACTIVE
   3   /home/oracle/oradata/testdb/redo03_b.log    5   NO     10  INACTIVE

6 rows selected.
```

위 @redo한 결과의 SEQ# 컬럼을 보면 그룹 3번의 번호가 가장 작으므로 3번 그룹 이후로 아카이빙이 중단이 된 것을 알 수 있습니다. 3번 그룹은 지워지기 전에 Current 상태였습니다. 그래서 이것을 복구하는 방법은 앞에서 봤던 장애유형 3번과 동일합니다.

```
SYS>alter database clear unarchived logfile group 3;
Database altered.

SYS>@redo

GROUP# MEMBER                                      MB  ARC   SEQ# STATUS
------ ------------------------------------------- ---- ------ ----- --------
   1   /home/oracle/oradata/testdb/redo01_a.log    5   NO     11  INACTIVE
   1   /home/oracle/oradata/testdb/redo01_b.log    5   NO     11  INACTIVE
   2   /home/oracle/oradata/testdb/redo02_a.log    5   NO     12  CURRENT
   2   /home/oracle/oradata/testdb/redo02_b.log    5   NO     12  CURRENT
   3   /home/oracle/oradata/testdb/redo03_a.log    5   YES     0  UNUSED
   3   /home/oracle/oradata/testdb/redo03_b.log    5   YES     0  UNUSED

6 rows selected.

SYS>alter database drop logfile group 3;
Database altered.

SYS>!rm -f /home/oracle/oradata/testdb/redo03_a.log  /home/oracle/oradata/testdb/redo03_b.log
```

```
SYS>alter database add logfile group 3
  2  ('/home/oracle/oradata/testdb/redo03_a.log',
  3   '/home/oracle/oradata/testdb/redo03_b.log') size 5M;

Database altered.

SYS>alter system switch logfile;
System altered.

SYS>/
System altered.

SYS>/
System altered.

SYS>/
System altered.

SYS>/
System altered.

SYS>/
System altered.
```

13.6 Current 그룹이 삭제된 경우 – DB Close – Shutdown immediate로 종료됨

```
# 현재 상태 확인

SYS>@redo
GROUP# MEMBER                                      MB   ARC   SEQ#  STATUS
------ ------------------------------------------ ---- ------ ----- --------
     1 /home/oracle/oradata/testdb/redo01_a.log    5   YES    17   INACTIVE
     1 /home/oracle/oradata/testdb/redo01_b.log    5   YES    17   INACTIVE
     2 /home/oracle/oradata/testdb/redo02_a.log    5   NO     18   CURRENT
```

```
  2    /home/oracle/oradata/testdb/redo02_b.log    5    NO     18    CURRENT
  3    /home/oracle/oradata/testdb/redo03_a.log    5    YES    16    INACTIVE
  3    /home/oracle/oradata/testdb/redo03_b.log    5    YES    16    INACTIVE

6 rows selected

# 데이터 입력 후 장애 발생

SYS>create table scott.rtest01 (no number);
Table created.

SYS>insert into scott.rtest01 values (1);
1 row created.

SYS>commit;  ❽
Commit complete.

SYS>@redo

GROUP# MEMBER                                        MB   ARC    SEQ#  STATUS
------ ------------------------------------------- ---- ------ ----- --------
  1    /home/oracle/oradata/testdb/redo01_a.log    5    YES    17    INACTIVE
  1    /home/oracle/oradata/testdb/redo01_b.log    5    YES    17    INACTIVE
  2    /home/oracle/oradata/testdb/redo02_a.log    5    NO     18    CURRENT
  2    /home/oracle/oradata/testdb/redo02_b.log    5    NO     18    CURRENT
  3    /home/oracle/oradata/testdb/redo03_a.log    5    YES    16    INACTIVE
  3    /home/oracle/oradata/testdb/redo03_b.log    5    YES    16    INACTIVE

6 rows selected.

SYS>!rm -f /home/oracle/oradata/testdb/redo02_a.log  /home/oracle/oradata/testdb/redo02_b.log

SYS>!ls /home/oracle/oradata/testdb/redo02_b.log
ls: /home/oracle/oradata/testdb/redo02_b.log: 그런 파일이나 디렉토리가 없음

SYS>!ls /home/oracle/oradata/testdb/redo02_a.log
ls: /home/oracle/oradata/testdb/redo02_a.log: 그런 파일이나 디렉토리가 없음

SYS>shutdown immediate;
```

❽ 테이블을 만들고 1을 넣었다는 내용이 아래 보면 2번 그룹에 들어감을 알 수 있습니다.

```
Database closed.
Database dismounted.

ORACLE instance shut down.

SYS>startup
ORACLE instance started.

Total System Global Area  167772160 bytes
Fixed Size                  1218292 bytes
Variable Size              62916876 bytes
Database Buffers           96468992 bytes
Redo Buffers                7168000 bytes
Database mounted.
ORA-00313: open failed for members of log group 2 of thread 1
ORA-00312: online log 2 thread 1: '/home/oracle/oradata/testdb/redo02_a.log'
ORA-00312: online log 2 thread 1: '/home/oracle/oradata/testdb/redo02_b.log'

SYS>recover database until cancel;
Media recovery complete.

SYS>alter database open resetlogs;
Database altered.

SYS>select * from scott.rtest01;

        NO
-------------
         1 ⑨
```

⑨ 복구 완료됨

위에서 1번이 복구된 이유는 Current Redo log가 삭제되어도 shutdown immediate가 되면 마지막까지 commit된 데이터는 데이터 파일에 저장된 후 정상 종료되기 때문입니다.

13.7 Current 그룹이 삭제된 경우 – DB Close – Shutdown abort로 종료 – data file backup 있음

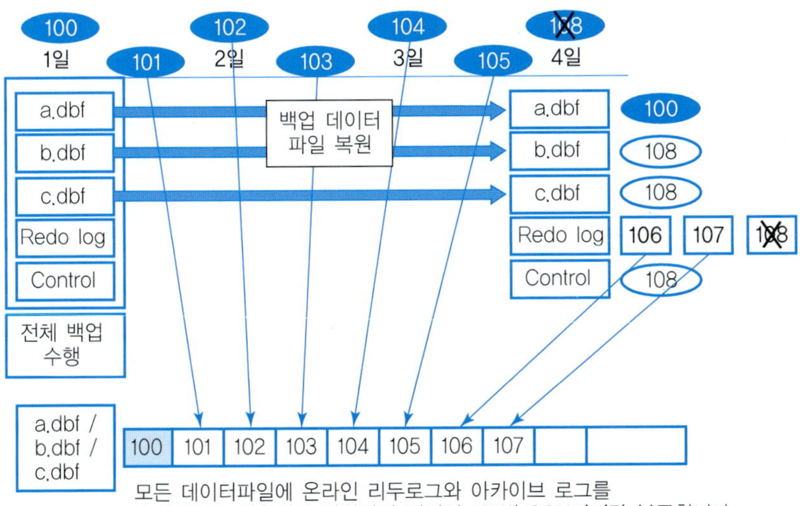

위 그림에서 108번 작업이 Current Redo log file에 저장되어 있었는데 Current Redo log가 삭제되었습니다. 이럴 경우 예전에 백업받아 둔 모든 데이터 파일만 복원하여 아카이브 로그와 리두 로그를 순차적으로 적용시켜 지워지기 직전까지인 107번 작업까지 복구하는 것입니다. 아래에서 실제 작업을 해 보겠습니다.

```
# 현재 상태 확인

SYS>@redo
GROUP# MEMBER                                        MB   ARC    SEQ#  STATUS
------ --------------------------------------------- ---- ------ ----- --------
     1 /home/oracle/oradata/testdb/redo01_a.log      5    NO     14    CURRENT
     1 /home/oracle/oradata/testdb/redo01_b.log      5    NO     14    CURRENT
     2 /home/oracle/oradata/testdb/redo02_a.log      5    YES    13    ACTIVE
     2 /home/oracle/oradata/testdb/redo02_b.log      5    YES    13    ACTIVE
     3 /home/oracle/oradata/testdb/redo03_a.log      5    YES    12    ACTIVE
     3 /home/oracle/oradata/testdb/redo03_b.log      5    YES    12    ACTIVE
```

⑩ 1번 그룹이 current 이므로 1번 그룹에 저장됨

⑪ 3번 그룹에 current 이므로 3번에 저장됨

```
6 rows selected.

SYS>insert into scott.rtest02 values (1); ⑩
1 row created.

SYS>commit;
Commit complete.

SYS>alter system switch logfile;
System altered.

SYS>@redo
GROUP# MEMBER                                     MB   ARC    SEQ#  STATUS
------ ------------------------------------------ ---- ------ ----- --------
  1    /home/oracle/oradata/testdb/redo01_a.log    5   YES     14   ACTIVE
  1    /home/oracle/oradata/testdb/redo01_b.log    5   YES     14   ACTIVE
  2    /home/oracle/oradata/testdb/redo02_a.log    5   YES     13   ACTIVE
  2    /home/oracle/oradata/testdb/redo02_b.log    5   YES     13   ACTIVE
  3    /home/oracle/oradata/testdb/redo03_a.log    5   NO      15   CURRENT
  3    /home/oracle/oradata/testdb/redo03_b.log    5   NO      15   CURRENT

6 rows selected.

SYS>insert into scott.rtest02 values (2); ⑪
1 row created.

SYS>commit;
Commit complete.

SYS>alter system switch logfile;
System altered.

SYS>@redo
GROUP# MEMBER                                     MB   ARC    SEQ#  STATUS
------ ------------------------------------------ ---- ------ ----- --------
  1    /home/oracle/oradata/testdb/redo01_a.log    5   YES     14   ACTIVE
  1    /home/oracle/oradata/testdb/redo01_b.log    5   YES     14   ACTIVE
  2    /home/oracle/oradata/testdb/redo02_a.log    5   NO      16   CURRENT
  2    /home/oracle/oradata/testdb/redo02_b.log    5   NO      16   CURRENT
```

```
  3    /home/oracle/oradata/testdb/redo03_a.log    5    YES    15    ACTIVE
  3    /home/oracle/oradata/testdb/redo03_b.log    5    YES    15    ACTIVE

6 rows selected.

SYS>insert into scott.rtest02 values (3); ⑫
1 row created.
SYS>commit;
Commit complete.

SYS>select * from scott.rtest02;

        NO
----------------
         1 ⑬
         2 ⑭
         3 ⑮

# Current  group 삭제 후 shutdown abort 시킴.

SYS>@redo
GROUP# MEMBER                                      MB   ARC    SEQ#  STATUS
------ ------------------------------------------- ---- ------ ----- --------
  1    /home/oracle/oradata/testdb/redo01_a.log    5    YES    14    INACTIVE
  1    /home/oracle/oradata/testdb/redo01_b.log    5    YES    14    INACTIVE
  2    /home/oracle/oradata/testdb/redo02_a.log    5    NO     16    CURRENT
  2    /home/oracle/oradata/testdb/redo02_b.log    5    NO     16    CURRENT
  3    /home/oracle/oradata/testdb/redo03_a.log    5    YES    15    ACTIVE
  3    /home/oracle/oradata/testdb/redo03_b.log    5    YES    15    ACTIVE

6 rows selected.

SYS>!rm -f /home/oracle/oradata/testdb/redo02_a.log  /home/oracle/oradata/testdb/redo02_b.log

SYS>!ls /home/oracle/oradata/testdb/redo02_b.log
ls: /home/oracle/oradata/testdb/redo02_b.log: 그런 파일이나 디렉토리가 없음

SYS>!ls /home/oracle/oradata/testdb/redo02_a.log
ls: /home/oracle/oradata/testdb/redo02_a.log: 그런 파일이나 디렉토리가 없음
```

⑫ 2번 그룹에 저장됨

⑬ 1번 그룹에 저장됨
⑭ 3번 그룹에 저장됨
⑮ 2번 그룹에 저장됨

```
SYS>shutdown abort;
ORACLE instance shut down.
```

● 복구하기

복구에서 핵심은 과거 백업 받았던 모든 데이터 파일을 전부 복원하여 리두 로그와 아카이브 로그를 적용시켜 데이터를 복구하는 것인데 2번 그룹이 Current 상태에서 삭제되었기 때문에 2번 그룹은 복구를 할 수 없습니다. 그래서 가능한 리두 로그까지만 복구하고 2번 그룹을 찾을 때는 cancel 해야 합니다.

그래서 `recover database until cancel;` 로 복구하며 그렇게 복구되면 장애 발생 전에 scott.rtest02 테이블에는 1, 2, 3이 들어 있었지만 3번은 복구가 안 되는 것을 확인할 수 있습니다.

위에서 Current redo log의 log sequence#가 16번임을 확인해두세요. 아래에서 복구할 때 15번까지는 복구하고 16번을 찾을 때 cancel을 쳐야 합니다.

```
# 데이터 파일 복원하기
SYS>!cp /data/backup/close/*.dbf /home/oracle/oradata/testdb/

SYS>startup mount;
ORACLE instance started.

Total System Global Area  167772160 bytes
Fixed Size                  1218292 bytes
Variable Size              62916876 bytes
Database Buffers           96468992 bytes
Redo Buffers                7168000 bytes
Database mounted.

# 복구하기
SYS>recover database until cancel;
ORA-00279: change 1031581 generated at 01/24/2010 10:27:49 needed for thread 1
ORA-00289: suggestion : /data/arc1/4_1_709122364.arc
ORA-00280: change 1031581 for thread 1 is in sequence #4

Specify log: {<RET>=suggested | filename | AUTO | CANCEL}
```

```
ORA-00279: change 1031818 generated at 01/24/2010 15:05:13 needed for thread 1
ORA-00289: suggestion : /data/arc1/5_1_709122364.arc
ORA-00280: change 1031818 for thread 1 is in sequence #5
ORA-00278: log file '/data/arc1/4_1_709122364.arc' no longer needed for this recovery

Specify log: {<RET>=suggested | filename | AUTO | CANCEL}

ORA-00279: change 1034170 generated at 01/24/2010 16:00:35 needed for thread 1
ORA-00289: suggestion : /data/arc1/6_1_709122364.arc
ORA-00280: change 1034170 for thread 1 is in sequence #6
ORA-00278: log file '/data/arc1/5_1_709122364.arc' no longer needed for this recovery

ORA-00279: change 1046092 generated at 01/24/2010 21:05:54 needed for thread 1
ORA-00289: suggestion : /data/arc1/15_1_709122364.arc
ORA-00280: change 1046092 for thread 1 is in sequence #15
ORA-00278: log file '/data/arc1/14_1_709122364.arc' no longer needed for this recovery

Specify log: {<RET>=suggested | filename | AUTO | CANCEL}

ORA-00279: change 1046513 generated at 01/24/2010 21:08:46 needed for thread 1
ORA-00289: suggestion : /data/arc1/16_1_709122364.arc
ORA-00280: change 1046513 for thread 1 is in sequence #16
ORA-00278: log file '/data/arc1/15_1_709122364.arc' no longer needed for this recovery

Specify log: {<RET>=suggested | filename | AUTO | CANCEL}
cancel
Media recovery cancelled.
SYS>

SYS>alter database open resetlogs;
Database altered.


SYS>select * from scott.rtest02;

        NO
----------------
         1
         2 ⑯
```

⑯ 예상대로 3이 복구가 안 된 것을 알 수 있습니다.

13.8 Current 그룹이 삭제된 경우 – DB close – Shutdown abort로 종료 – 백업 없음(아카이브 로그 없음)

위 7번 방법에서 만약 백업된 데이터 파일이 없거나 아카이브 로그 파일이 없다면 어떻게 될까요? 그런 일이 생긴다면 복구가 불가능합니다. 이번에는 만약 그런 상황일 경우 어떻게 복구할 수 있는지 살펴보겠습니다. 주로 노아카이브 모드에서의 Current Redo log 삭제 등의 경우에 DB를 open시키기 위해서 사용되는 방법입니다. DB를 noarchive log mode 로 변경하고 실습하겠습니다

!! 주의사항 !!

지금 보는 이 방법은 성공률이 높지 않습니다. 그리고 권장하는 방법도 절대 아닙니다. 따라서 이 방법은 최후의 경우에 사용하여야 하며 이 방법으로 실패할 경우 더 이상의 방법이 없습니다. 그러므로 이 방법을 쓰는 일이 생기지 않도록 주의하여야 하며 이 방법으로 실패하는 경우도 많이 있으니 이런 일이 생기지 않도록 아주 조심하여야 합니다.

```
# no archive log로 변경하기

SYS>shutdown immediate;
Database closed.
Database dismounted.
ORACLE instance shut down.

SYS>startup mount;
ORACLE instance started.

Total System Global Area  167772160 bytes
Fixed Size                  1218292 bytes
Variable Size              62916876 bytes
Database Buffers           96468992 bytes
Redo Buffers                7168000 bytes
Database mounted.
```

```
SYS>archive log list;
Database log mode              Archive Mode
Automatic archival             Enabled
Archive destination            /data/arc2
Oldest online log sequence     1
Next log sequence to archive   3
Current log sequence           3

SYS>alter database noarchivelog;
Database altered.

SYS>archive log list;
Database log mode              No Archive Mode
Automatic archival             Disabled
Archive destination            /data/arc2
Oldest online log sequence     1
Current log sequence           3

SYS>alter database open;
Database altered.

# 데이터 입력
SYS>@redo
GROUP# MEMBER                                     MB   ARC    SEQ#  STATUS
------ ------------------------------------------ ---- ------ ----- --------
   1   /home/oracle/oradata/testdb/redo01_a.log    5   YES     2    INACTIVE
   1   /home/oracle/oradata/testdb/redo01_b.log    5   YES     2    INACTIV
   2   /home/oracle/oradata/testdb/redo02_b.log    5   NO      3    CURRENT
   2   /home/oracle/oradata/testdb/redo02_a.log    5   NO      3    CURRENT
   3   /home/oracle/oradata/testdb/redo03_b.log    5   YES     1    INACTIVE
   3   /home/oracle/oradata/testdb/redo03_a.log    5   YES     1    INACTIVE

6 rows selected.

SYS>create table scott.rtest03 (no number);
Table created.

SYS>insert into scott.rtest03 values (1);   ⑰
1 row created.
```

⑰ 2번 그룹이 Current 이므로 2번 그룹에 저장됨

```
SYS>commit;
Commit complete.

SYS>alter system switch logfile;
System altered.

SYS>@redo
GROUP# MEMBER                                      MB   ARC    SEQ#  STATUS
------ ------------------------------------------ ---- ------ ----- --------
     1 /home/oracle/oradata/testdb/redo01_a.log    5    YES     2   INACTIVE
     1 /home/oracle/oradata/testdb/redo01_b.log    5    YES     2   INACTIVE
     2 /home/oracle/oradata/testdb/redo02_b.log    5    NO      3   ACTIVE
     2 /home/oracle/oradata/testdb/redo02_a.log    5    NO      3   ACTIVE
     3 /home/oracle/oradata/testdb/redo03_b.log    5    NO      4   CURRENT
     3 /home/oracle/oradata/testdb/redo03_a.log    5    NO      4   CURRENT

6 rows selected.

SYS>insert into scott.rtest03 values (2);  ⑱
1 row created.

SYS>commit;
Commit complete.

SYS>alter system switch logfile;
System altered.

SYS>@redo
GROUP# MEMBER                                      MB   ARC    SEQ#  STATUS
------ ------------------------------------------ ---- ------ ----- --------
     1 /home/oracle/oradata/testdb/redo01_a.log    5    NO      5   CURRENT
     1 /home/oracle/oradata/testdb/redo01_b.log    5    NO      5   CURRENT
     2 /home/oracle/oradata/testdb/redo02_b.log    5    NO      3   ACTIVE
     2 /home/oracle/oradata/testdb/redo02_a.log    5    NO      3   ACTIVE
     3 /home/oracle/oradata/testdb/redo03_b.log    5    NO      4   ACTIVE
     3 /home/oracle/oradata/testdb/redo03_a.log    5    NO      4   ACTIVE

SYS>insert into scott.rtest03 values (3);  ⑲
1 row created.
```

⑱ 3번 그룹에 저장됨

⑲ 1번 그룹에 저장됨

```
SYS>commit;
Commit complete.

SYS>select * from scott.rtest03;
       NO
------------
        1 ⑳
        2 ㉑
        3 ㉒

# 장애 발생
SYS>@redo
GROUP# MEMBER                                       MB   ARC    SEQ#  STATUS
------ -------------------------------------------- ---- ------ ----- --------
   1   /home/oracle/oradata/testdb/redo01_a.log      5    NO     5    CURRENT
   1   /home/oracle/oradata/testdb/redo01_b.log      5    NO     5    CURRENT
   2   /home/oracle/oradata/testdb/redo02_b.log      5    NO     3    ACTIVE
   2   /home/oracle/oradata/testdb/redo02_a.log      5    NO     3    ACTIVE
   3   /home/oracle/oradata/testdb/redo03_b.log      5    NO     4    ACTIVE
   3   /home/oracle/oradata/testdb/redo03_a.log      5    NO     4    ACTIVE

SYS>!rm -f /home/oracle/oradata/testdb/redo01_a.log  /home/oracle/oradata/testdb/redo01_b.log

SYS>!ls /home/oracle/oradata/testdb/redo01_b.log
ls: /home/oracle/oradata/testdb/redo01_b.log: 그런 파일이나 디렉토리가 없음

SYS>!ls /home/oracle/oradata/testdb/redo01_a.log
ls: /home/oracle/oradata/testdb/redo01_a.log: 그런 파일이나 디렉토리가 없음

SYS>shutdown abort;
ORACLE instance shut down.

# 복구

SYS>startup
ORACLE instance started.

Total System Global Area  167772160 bytes
Fixed Size                  1218292 bytes
```

⑳ 2번 그룹에 저장됨
㉑ 3번 그룹에 저장됨
㉒ 1번 그룹에 저장됨 Current임

```
Variable Size             62916876 bytes
Database Buffers          96468992 bytes
Redo Buffers               7168000 bytes
Database mounted.
ORA-00313: open failed for members of log group 1 of thread 1
ORA-00312: online log 1 thread 1: '/home/oracle/oradata/testdb/redo01_b.log'
ORA-27037: unable to obtain file status
Linux Error: 2: No such file or directory
Additional information: 3
ORA-00312: online log 1 thread 1: '/home/oracle/oradata/testdb/redo01_a.log'
ORA-27037: unable to obtain file status
Linux Error: 2: No such file or directory
Additional information: 3
```

7번 경우에서 데이터 파일 백업이 없다고 가정하고 데이터 파일 복원 없이 recover database until cancel; 로 복구를 시도해보겠습니다.

```
SYS>recover database until cancel;
ORA-00279: change 485583 generated at 01/24/2010 23:05:55 needed for thread 1
ORA-00289: suggestion : /data/arc2/4_1_709164885.arc
ORA-00280: change 485583 for thread 1 is in sequence #4

Specify log: {<RET>=suggested | filename | AUTO | CANCEL}

ORA-00308: cannot open archived log '/data/arc2/4_1_709164885.arc'
ORA-27037: unable to obtain file status
Linux Error: 2: No such file or directory
Additional information: 3

ORA-01547: warning: RECOVER succeeded but OPEN RESETLOGS would get error below
ORA-01194: file 1 needs more recovery to be consistent
ORA-01110: data file 1: '/home/oracle/oradata/testdb/system01.dbf'
```

복구가 안 됨을 볼 수 있습니다. 이유는 데이터 파일과 리두 로그 파일, 컨트롤 파일의 동기화 정보가 달라서 그렇습니다. 이럴 경우 강제로 DB를 Open시키도록 설정하는 히든 파라미터가 있습니다. 이번에는 이 히든 파라미터를 적용시켜서 다시 DB를 Open시켜보겠습니다.

파라미터 파일에 아래의 내용을 추가한 후 다시 Open 시키겠습니다.

```
SYS>shutdown immediate;
ORA-01109: database not open

Database dismounted.
ORACLE instance shut down.

SYS>!
[oracle@remotedb ~]$ vi /home/oracle/product/10g/dbs/inittestdb.ora
    .
    .
    .
_allow_resetlogs_corruption=true  ㉓

:wq!

[oracle@remotedb ~]$ exit
exit

SYS>recover database until cancel;
ORA-00279: change 484870 generated at 01/24/2010 23:52:26 needed for thread 1
ORA-00289: suggestion : /data/arc2/3_1_709164885.arc
ORA-00280: change 484870 for thread 1 is in sequence #3

Specify log: {<RET>=suggested | filename | AUTO | CANCEL}

ORA-00308: cannot open archived log '/data/arc2/3_1_709164885.arc'
ORA-27037: unable to obtain file status
Linux Error: 2: No such file or directory
Additional information: 3

ORA-01547: warning: RECOVER succeeded but OPEN RESETLOGS would get error below
ORA-01194: file 1 needs more recovery to be consistent
ORA-01110: data file 1: '/home/oracle/oradata/testdb/system01.dbf'
```

㉓ 이 히든 파라미터를 기존 내용 밑에 추가하세요.

```
SYS>alter database open resetlogs;
Database altered.

SYS>select * from scott.rtest03;
select * from scott.rtest03
                    *
ERROR at line 1:
ORA-00942: table or view does not exist
```

위의 결과에서 알 수 있듯이 이 방법은 현재 데이터 파일에 저장된 데이터만 살릴 수 있고 리두 로그에 있던 데이터는 복구하지 못할 수도 있습니다. 다시 한 번 더 강조하지만 이 방법은 최후의 수단이며 성공확률도 높지 않기 때문에 정말 최악의 경우에만 사용하길 부탁하며 이 방법으로 실패하는 경우도 많다는 것을 꼭 기억하고 항상 백업에 힘쓰길 당부합니다.

13.9 전체 Redo log가 삭제된 경우 – DB Open 상태(아카이브 모드에서 작업)

시스템 관리자가 DB 서버에서 디스크 공간을 확보하기 위해 확장자가 log로 끝나는 파일을 찾아서 모두 지웠다고 가정하겠습니다. 그런데 문제는 redo log까지 전부 함께 지워지는 장애가 발생했습니다. 다행히 여러분들이(DBA) 즉시 상황을 파악하고 DB가 종료되기 전에 조치를 하려고 합니다.

```
# 현재 상태 확인

SYS>@redo
GROUP# MEMBER                                       MB   ARC   SEQ#  STATUS
------ ------------------------------------------ ---- ------ ----- --------
   1   /home/oracle/oradata/testdb/redo01_a.log     5   YES     5   INACTIVE
   1   /home/oracle/oradata/testdb/redo01_b.log     5   YES     5   INACTIVE
   2   /home/oracle/oradata/testdb/redo02_b.log     5   YES     4   INACTIVE
   2   /home/oracle/oradata/testdb/redo02_a.log     5   YES     4   INACTIVE
   3   /home/oracle/oradata/testdb/redo03_b.log     5   NO      6   CURRENT
```

```
   3    /home/oracle/oradata/testdb/redo03_a.log    5    NO    6    CURRENT

6 rows selected.

SYS>select status from v$instance;

STATUS
------------
OPEN

SYS>!rm -f /home/oracle/oradata/testdb/*.log

SYS>alter system switch logfile;

System altered.

SYS>/
System altered.

SYS>/  ㉔
alter system switch logfile
*
ERROR at line 1:
ORA-01013: user requested cancel of current operation

SYS>@redo
GROUP# MEMBER                                       MB   ARC    SEQ#  STATUS
------ ------------------------------------------ ---- ------ ----- --------
   1    /home/oracle/oradata/testdb/redo01_a.log    5    NO     8    CURRENT
   1    /home/oracle/oradata/testdb/redo01_b.log    5    NO     8    CURRENT
   2    /home/oracle/oradata/testdb/redo02_b.log    5    NO     7    INACTIVE
   2    /home/oracle/oradata/testdb/redo02_a.log    5    NO     7    INACTIVE
   3    /home/oracle/oradata/testdb/redo03_b.log    5    NO     6    INACTIVE
   3    /home/oracle/oradata/testdb/redo03_a.log    5    NO     6    INACTIVE

6 rows selected.
```

㉔ hang 발생 . Ctrl + C 눌러서 취소함

위에서 보면 3번 그룹이 SEQ#이 가장 작은 것이 확인됩니다. 즉 그룹 3번 때문에 이후에 모든 로그 파일이 아카이빙이 안 되고 있는 것입니다.

```
SYS>alter database clear unarchived logfile group 3;
Database altered.

SYS>alter database drop logfile group 3;
Database altered.

SYS>!rm -f /home/oracle/oradata/testdb/redo03_b.log

SYS>!rm -f /home/oracle/oradata/testdb/redo03_a.log
SYS>alter database add logfile group 3
  2  ('/home/oracle/oradata/testdb/redo03_a.log' ,
  3   '/home/oracle/oradata/testdb/redo03_b.log')  size 5M;

Database altered.

SYS>@redo
GROUP# MEMBER                                      MB   ARC    SEQ#  STATUS
------ ------------------------------------------ ---- ------ ----- --------
   1   /home/oracle/oradata/testdb/redo01_a.log    5    NO      8    CURRENT
   1   /home/oracle/oradata/testdb/redo01_b.log    5    NO      8    CURRENT
   2   /home/oracle/oradata/testdb/redo02_b.log    5    NO      7    INACTIVE
   2   /home/oracle/oradata/testdb/redo02_a.log    5    NO      7    INACTIVE
   3   /home/oracle/oradata/testdb/redo03_b.log    5    YES     0    UNUSED
   3   /home/oracle/oradata/testdb/redo03_a.log    5    YES     0    UNUSED

6 rows selected.

SYS>alter system switch logfile;
System altered.

SYS>/  ㉕
alter system switch logfile
*
ERROR at line 1:
ORA-01013: user requested cancel of current operation
```

㉕ 다시 hang이 걸려서 ctrl+c를 눌러 취소합니다.

```
SYS>@redo

GROUP# MEMBER                                      MB   ARC    SEQ#  STATUS
------ ------------------------------------------ ---- ------ ----- --------
   1   /home/oracle/oradata/testdb/redo01_a.log    5    NO     8    ACTIVE
   1   /home/oracle/oradata/testdb/redo01_b.log    5    NO     8    ACTIVE
   2   /home/oracle/oradata/testdb/redo02_b.log    5    NO     7    INACTIVE
   2   /home/oracle/oradata/testdb/redo02_a.log    5    NO     7    INACTIVE
   3   /home/oracle/oradata/testdb/redo03_b.log    5    NO     9    CURRENT
   3   /home/oracle/oradata/testdb/redo03_a.log    5    NO     9    CURRENT

6 rows selected.
```

위에서 그룹 2번이 SEQ#가 가장 작은 것으로 확인됩니다. 즉 그룹 2번 때문에 hang이 발생한 것을 알 수 있습니다.

```
SYS>alter database clear unarchived logfile group 2;
Database altered.

SYS>alter database drop logfile group 2;
Database altered.

SYS>!rm -f /home/oracle/oradata/testdb/redo02_b.log

SYS>!rm -f /home/oracle/oradata/testdb/redo02_a.log

SYS>alter database add logfile group 2 (
  2  '/home/oracle/oradata/testdb/redo02_a.log' ,
  3  '/home/oracle/oradata/testdb/redo02_b.log') size  5M;

Database altered.

SYS>@redo
GROUP# MEMBER                                      MB   ARC    SEQ#  STATUS
------ ------------------------------------------ ---- ------ ----- --------
   1   /home/oracle/oradata/testdb/redo01_a.log    5    NO     8    INACTIVE
   1   /home/oracle/oradata/testdb/redo01_b.log    5    NO     8    INACTIVE
```

```
   2    /home/oracle/oradata/testdb/redo02_b.log    5    YES    0    UNUSED
   2    /home/oracle/oradata/testdb/redo02_a.log    5    YES    0    UNUSED
   3    /home/oracle/oradata/testdb/redo03_b.log    5    NO     9    CURRENT
   3    /home/oracle/oradata/testdb/redo03_a.log    5    NO     9    CURRENT

6 rows selected.

SYS>alter system switch logfile;
System altered.

SYS>/  ㉖
alter system switch logfile
*
ERROR at line 1:
ORA-01013: user requested cancel of current operation

SYS>@redo
GROUP# MEMBER                                      MB   ARC    SEQ#  STATUS
------ ----------------------------------------- ---- ------ ----- --------
   1    /home/oracle/oradata/testdb/redo01_a.log    5    NO     8    INACTIVE
   1    /home/oracle/oradata/testdb/redo01_b.log    5    NO     8    INACTIVE
   2    /home/oracle/oradata/testdb/redo02_b.log    5    NO     10   CURRENT
   2    /home/oracle/oradata/testdb/redo02_a.log    5    NO     10   CURRENT
   3    /home/oracle/oradata/testdb/redo03_b.log    5    NO     9    ACTIVE
   3    /home/oracle/oradata/testdb/redo03_a.log    5    NO     9    ACTIVE

6 rows selected.
```

㉖ 또다시 hang이 발생함. CTRL+C를 눌러서 취소합니다.

위에서 그룹 1번의 SEQ#가 가장 작은 것을 알 수 있으며 그룹 1번에서 hang이 발생함을 의미합니다.

```
SYS>alter database clear unarchived logfile group 1;
Database altered.

SYS>alter database drop logfile group 1;
Database altered.
```

```
SYS>!rm -fr /home/oracle/oradata/testdb/redo01_a.log

SYS>!rm -fr /home/oracle/oradata/testdb/redo01_b.log

SYS>alter database add logfile group 1 (
  2  '/home/oracle/oradata/testdb/redo01_a.log' ,
  3  '/home/oracle/oradata/testdb/redo01_b.log') size 5M;
Database altered.

SYS>@redo
GROUP# MEMBER                                       MB  ARC   SEQ# STATUS
------ ------------------------------------------ ---- ------ ----- --------
   1   /home/oracle/oradata/testdb/redo01_a.log    5   YES     0   UNUSED
   1   /home/oracle/oradata/testdb/redo01_b.log    5   YES     0   UNUSED
   2   /home/oracle/oradata/testdb/redo02_b.log    5   NO     10   CURRENT
   2   /home/oracle/oradata/testdb/redo02_a.log    5   NO     10   CURRENT
   3   /home/oracle/oradata/testdb/redo03_b.log    5   YES     9   INACTIVE
   3   /home/oracle/oradata/testdb/redo03_a.log    5   YES     9   INACTIVE

6 rows selected.

# log switch를 여러 번 발생시켜 이상 유무를 확인합니다.

SYS>alter system switch logfile;
System altered.

SYS>/
System altered.

SYS>/
System altered.
```

13.10 전체 Redo log가 삭제된 경우 – DB Close 상태 – 백업 있는 상태

이 경우는 앞에서 확인한 7번 Current Redo log 삭제 – shutdown abort 종료

– 백업 파일 있음의 경우와 복구 방법이 동일합니다.

13.11 전체 Redo log가 삭제된 경우 – DB Close 상태 – 백업 없는 상태

이 경우는 앞에서 확인한 8번 Current Redo log 삭제 – shutdown abort 종료 – 백업파일 없음의 경우와 복구 방법이 동일합니다.

이상으로 Redo log file 관련된 장애들을 전부 살펴보았습니다. Redo log file에 장애가 발생하면 DB에 치명적이므로 적절한 그룹과 멤버의 개수와 위치를 잘 결정하여서 운영하길 당부합니다.

CHAPTER 14

Control File 장애 복구

14 CHAPTER Control File 장애 복구

앞에서 control file에 어떤 내용이 들어있는지는 자세하게 살펴보았듯이 DB 서버를 운영하는 필수적인 중요한 정보가 저장되어 있는 파일이 control file입니다. 이렇게 중요한 파일이기에 오라클에서는 control file을 하나만 사용하기보다는 여러 곳에 다중화해서 사용하길 권장하고 있습니다. 다중화하는 방법은 앞부분에서 봤고 여기서는 control file 관련 장애가 어떤 것이 있으며 또 어떻게 복구하는지를 살펴보도록 하겠습니다.

```
SQ>startup -> parameter file (no mount) -> control file (mount) -> data/redo log file (open)
```

위에서 본 것처럼 startup 명령어를 치면 parameter file을 읽어서 instance를 생성하고 그 후에 control file의 위치를 확인해서 메모리로 불러들이게 됩니다. 이 순서를 기억하면서 아래에 control file 관련 장애를 자세하게 살펴보겠습니다.

14.1 control file 장애 1 – 경로가 틀린 경우

Control file의 위치는 parameter file에 있는데 parameter file에 있는 control file의 위치와 실제 control file의 위치가 다를 경우입니다.

```
SYS>shutdown immediate;
Database closed.
Database dismounted.
ORACLE instance shut down.
SYS>!
```

```
[oracle@remotedb ~]$ vi /home/oracle/product/10g/dbs/inittestdb.ora
###########################################
# File Configuration
###########################################
control_files=("/home/oracle/oradata/testdb/control01.ctl",
               "/home/oracle/oradata/testdb/control02.ctl",
               "/home/oracle/oradata/testdb/control03.ctl")
```

Parameter file에서는 위와 같이 3개의 파일이 있다고 해 두고 장애를 위해서 control03.ctl 파일을 삭제하겠습니다.

```
[oracle@remotedb ~]$ rm -f /home/oracle/oradata/testdb/control03.ctl
[oracle@remotedb ~]$ ls /home/oracle/oradata/testdb/control03.ctl
ls: /home/oracle/oradata/testdb/control03.ctl: 그런 파일이나 디렉토리가 없음

[oracle@remotedb ~]$ exit
exit

SYS>startup
ORACLE instance started.

Total System Global Area  167772160 bytes
Fixed Size                  1218292 bytes
Variable Size              62916876 bytes
Database Buffers           96468992 bytes
Redo Buffers                7168000 bytes
ORA-00205: error in identifying control file, check alert log for more info  ❶
```

❶ 에러 발생함

Alert_testdb.log 파일을 확인해 보겠습니다.

```
SYS>!vi /home/oracle/admin/testdb/bdump/alert_testdb.log
.
..

Mon Jan 25 02:30:33 2010
starting up 1 dispatcher(s) for network address '(ADDRESS=(PARTIAL=YES)(PROTOCOL=TCP))'...
MMNL started with pid=12, OS id=12917
```

```
Mon Jan 25 02:30:34 2010
starting up 1 shared server(s) ...
Mon Jan 25 02:30:34 2010
ALTER DATABASE   MOUNT
Mon Jan 25 02:30:34 2010
ORA-00202: control file: '/home/oracle/oradata/testdb/control03.ctl'  ❷
ORA-27037: unable to obtain file status
Linux Error: 2: No such file or directory
Additional information: 3
Mon Jan 25 02:30:37 2010
ORA-205 signalled during: ALTER DATABASE   MOUNT...
```

❷ 장애 내용

이런 장애가 생긴 이유는 parameter file에는 control03.ctl이 있다고 적어두고 실제 파일은 없어서 그런 것입니다. Database를 startup하게 되면 서버 프로세스가 지정된 경로에서 파라미터 파일을 찾아서 읽고 인스턴스 생성 등의 작업을 한 후 parameter file에 적혀 있는 경로대로 control file을 찾으러 가게 됩니다. 지금 발생한 에러는 parameter file에 있는 경로 모두에 control file이 있어야 하는데 control03.ctl 파일이 없기 때문에 발생한 것입니다. 해결 방법은 parameter file의 내용을 수정하든지 control03.ctl을 만들어주던지 하면 됩니다.

여기선 control03.ctl을 만들도록 하겠습니다.

```
SYS>select status from v$instance;
STATUS
------------------------
STARTED

SYS>!cp /home/oracle/oradata/testdb/control01.ctl  /home/oracle/oradata/testdb/control03.ctl

SYS>alter database mount;

Database altered.

SYS>alter database open;
Database altered.
```

14.2 control file 장애 2 – Version 에러 복구하기

모든 컨트롤 파일끼리는 정보가 동일해야 합니다. 두 번째 장애는 컨트롤 파일끼리 정보가 달라서 발생하는 version error를 보겠습니다.

```
# 현재 상태 확인
SYS>select name from v$controlfile;

NAME
--------------------------------------------------------------------------
/home/oracle/oradata/testdb/control01.ctl
/home/oracle/oradata/testdb/control02.ctl
/home/oracle/oradata/testdb/control03.ctl

SYS>shutdown immediate;
Database closed.
Database dismounted.
ORACLE instance shut down.

SYS>!vi /home/oracle/product/10g/dbs/inittestdb.ora
...
...
...
######################################################################
# File Configuration
######################################################################
control_files=("/home/oracle/oradata/testdb/control01.ctl",
               "/home/oracle/oradata/testdb/control02.ctl")
            #  "/home/oracle/oradata/testdb/control03.ctl")  ❸
```

❸ 사용 못하게 주석 처리함.

즉 control03.ctl은 사용 못하게 설정을 변경했습니다.

```
SYS>startup
ORACLE instance started.

Total System Global Area  167772160 bytes
```

```
Fixed Size                  1218292 bytes
Variable Size              62916876 bytes
Database Buffers           96468992 bytes
Redo Buffers                7168000 bytes
Database mounted.
Database opened.
SYS>select name from v$controlfile;

NAME
--------------------------------------------------------------------------------
/home/oracle/oradata/testdb/control01.ctl
/home/oracle/oradata/testdb/control02.ctl

SYS>alter system checkpoint;

System altered.

SYS>/

System altered.

SYS>/

System altered.

SYS>/

System altered.

SYS>shutdown immediate;
Database closed.
Database dismounted.
ORACLE instance shut down.

SYS>!
[oracle@remotedb ~]$ vi /home/oracle/product/10g/dbs/inittestdb.ora
..
..
```

```
##########################################################################
# File Configuration
##########################################################################
control_files=("/home/oracle/oradata/testdb/control01.ctl",
               "/home/oracle/oradata/testdb/control02.ctl",
               "/home/oracle/oradata/testdb/control03.ctl")  ❹

:wq!

[oracle@remotedb ~]$ exit
exit

SYS>startup
ORACLE instance started.
Total System Global Area  167772160 bytes
Fixed Size                  1218292 bytes
Variable Size              62916876 bytes
Database Buffers           96468992 bytes
Redo Buffers                7168000 bytes
ORA-00214: control file '/home/oracle/oradata/testdb/control01.ctl' version
644 inconsistent with file '/home/oracle/oradata/testdb/control03.ctl'
version 631
```

❹ 3번을 다시 사용하게 설정함

위의 에러를 보면 control01.ctl은 버전이 644인데 control03.ctl은 버전이 631이라는 에러를 보이고 있습니다. 즉 컨트롤 파일끼리 정보가 달라서 생기는 에러인 것입니다. 이 숫자는 실습할 때 본문과 다르게 나올 수 있습니다. 해결방법은 일반적으로는 번호가 큰 파일이 최신이기 때문에 번호가 큰 파일을 작은 파일에 덮어쓰면 됩니다.

```
SYS>!cp /home/oracle/oradata/testdb/control01.ctl  /home/oracle/oradata/testdb/control03.ctl

SYS>alter database mount;
Database altered.

SYS>alter database open;
Database altered.
```

```
SYS>select name from v$controlfile;
NAME
--------------------------------------------------------------------------------
/home/oracle/oradata/testdb/control01.ctl
/home/oracle/oradata/testdb/control02.ctl
/home/oracle/oradata/testdb/control03.ctl
```

14.3 control file 장애 3 (old control file / control file 재생성하기)

```
# 현재 상태 확인
SYS>select name from v$controlfile;

NAME
--------------------------------------------------------------------------------
/home/oracle/oradata/testdb/control01.ctl
/home/oracle/oradata/testdb/control02.ctl
/home/oracle/oradata/testdb/control03.ctl

SYS>shutdown immediate;
Database closed.
Database dismounted.
ORACLE instance shut down.
SYS>
SYS>!
[oracle@remotedb ~]$ vi /home/oracle/product/10g/dbs/inittestdb.ora
###########################################################################
# File Configuration
###########################################################################
control_files=("/home/oracle/oradata/testdb/control01.ctl",
               "/home/oracle/oradata/testdb/control02.ctl")
             #"/home/oracle/oradata/testdb/control03.ctl")  ⑤

:wq!

[oracle@remotedb ~]$ exit
```

⑤ 사용 못하게 주석 처리함

```
exit

SYS>startup
ORACLE instance started.

Total System Global Area  167772160 bytes
Fixed Size                  1218292 bytes
Variable Size              62916876 bytes
Database Buffers           96468992 bytes
Redo Buffers                7168000 bytes
Database mounted.
Database opened.

SYS>select name from v$controlfile;

NAME
--------------------------------------------------------------------------
/home/oracle/oradata/testdb/control01.ctl
/home/oracle/oradata/testdb/control02.ctl

SYS>alter system checkpoint;

System altered.

SYS>/

System altered.

SYS>/

System altered.

SYS>/

System altered.

SYS>/

System altered.
```

```
SYS>/

System altered.

SYS>shutdown immediate;
Database closed.
Database dismounted.
ORACLE instance shut down.
SYS>!
[oracle@remotedb ~]$ vi /home/oracle/product/10g/dbs/inittestdb.ora
######################################################################
# File Configuration
######################################################################
control_files=("/home/oracle/oradata/testdb/control01.ctl",
               "/home/oracle/oradata/testdb/control02.ctl",
               "/home/oracle/oradata/testdb/control03.ctl")  ❻
:wq!

[oracle@remotedb ~]$ exit
exit

SYS>startup
ORACLE instance started.

Total System Global Area  167772160 bytes
Fixed Size                  1218292 bytes
Variable Size              62916876 bytes
Database Buffers           96468992 bytes
Redo Buffers                7168000 bytes
ORA-00214: control file '/home/oracle/oradata/testdb/control01.ctl' version 669
inconsistent with file '/home/oracle/oradata/testdb/control03.ctl' version 654

SYS>!cp /home/oracle/oradata/testdb/control03.ctl /home/oracle/oradata/testdb/control01.ctl
SYS>alter database mount;
alter database mount
*
ERROR at line 1:
ORA-00214: control file '/home/oracle/oradata/testdb/control02.ctl' version 669
inconsistent with file '/home/oracle/oradata/testdb/control01.ctl' version 654
```

❻ 다시 사용하게 변경함

```
SYS>!cp /home/oracle/oradata/testdb/control01.ctl /home/oracle/oradata/testdb/control02.ctl

SYS>alter database mount;

Database altered.

SYS>alter database open;
alter database open
*
ERROR at line 1:
ORA-01122: database file 1 failed verification check
ORA-01110: data file 1: '/home/oracle/oradata/testdb/system01.dbf'
ORA-01207: file is more recent than control file - old control file
```

이 에러의 원인은 control file의 체크포인트 정보가 데이터 파일의 체크포인트 정보보다 예전 내용이기 때문입니다. 이 문제를 해결하는 방법은 2가지가 있는데 한 가지는 using backup controlfile 옵션으로 recovery 하는 것이고 그 방법이 불가할 경우 부득이하게 control file을 재생성해야 합니다. 정리를 하면 old control file 장애 해결방법은 아래의 두 가지 case로 구분이 됩니다.

Case 1. Redo log와 archive log , data file 백업 있을 경우 복구하기 – using backup control file

Case 2. Redo log와 archive log, data file 백업 없을 경우 복구하기 – 재생성하기

위 두 가지 경우에 해결하는 방법을 한 가지씩 자세히 실습을 통해 살펴보겠습니다.

Case 1. Redo log와 archive log, data file 백업 있을 경우 복구하기

step 1. 전체 백업 수행합니다.

```
SYS>select name from v$datafile;

NAME
--------------------------------------------------------------------------------
/home/oracle/oradata/testdb/system01.dbf
/home/oracle/oradata/testdb/undotbs01.dbf
```

```
/home/oracle/oradata/testdb/sysaux01.dbf
/home/oracle/oradata/testdb/users01.dbf
/home/oracle/oradata/testdb/example01.dbf
/home/oracle/oradata/testdb/pos01.dbf

6 rows selected.

SYS>select name from v$controlfile;

NAME
--------------------------------------------------------------------------
/home/oracle/oradata/testdb/control01.ctl
/home/oracle/oradata/testdb/control02.ctl
/home/oracle/oradata/testdb/control03.ctl

SYS>select member from v$logfile;

MEMBER
--------------------------------------------------------------------------
/home/oracle/oradata/testdb/redo03_a.log
/home/oracle/oradata/testdb/redo03_b.log
/home/oracle/oradata/testdb/redo02_a.log
/home/oracle/oradata/testdb/redo02_b.log
/home/oracle/oradata/testdb/redo01_a.log
/home/oracle/oradata/testdb/redo01_b.log
6 rows selected.

SYS>shutdown immediate;
Database closed.
Database dismounted.
ORACLE instance shut down.
SYS>!
[oracle@rcclient ~]$ cp /home/oracle/oradata/testdb/*  /data/backup/close/
```

step 2. 장애 발생시킵니다.

```
SYS>!
[oracle@rcclient ~]$ vi /home/oracle/product/10g/dbs/inittestdb.ora
………….
```

```
######################################################################
# File Configuration
######################################################################
control_files=("/home/oracle/oradata/testdb/control01.ctl",
               "/home/oracle/oradata/testdb/control02.ctl")
               #"/home/oracle/oradata/testdb/control03.ctl")  ⑦

:wq!

[oracle@rcclient ~]$ exit
exit

SYS>startup
ORACLE instance started.

Total System Global Area  285212672 bytes
Fixed Size                  1267044 bytes
Variable Size              88083100 bytes
Database Buffers          188743680 bytes
Redo Buffers                7118848 bytes
Database mounted.
Database opened.

SYS>alter system checkpoint;
System altered.

SYS>/
System altered.

SYS>/
System altered.

SYS>/
System altered.

SYS>/
System altered.

SYS>shutdown immediate;
```

⑦ 사용안하게 주석 처리함

```
Database closed.
Database dismounted.
ORACLE instance shut down.

SYS>!
[oracle@rcclient ~]$ vi /home/oracle/product/10g/dbs/inittestdb.ora
………..
######################################################################
# File Configuration
######################################################################
control_files=("/home/oracle/oradata/testdb/control01.ctl",
               "/home/oracle/oradata/testdb/control02.ctl",
               "/home/oracle/oradata/testdb/control03.ctl")  ❽

:wq!

SYS>startup
ORACLE instance started.

Total System Global Area  285212672 bytes
Fixed Size                  1267044 bytes
Variable Size              88083100 bytes
Database Buffers          188743680 bytes
Redo Buffers                7118848 bytes
ORA-00214: control file '/home/oracle/oradata/testdb/control01.ctl' version 3443
inconsistent with file '/home/oracle/oradata/testdb/control03.ctl' version 3405

SYS>!cp /home/oracle/oradata/testdb/control03.ctl /home/oracle/oradata/testdb/control01.ctl

SYS>alter database mount;
alter database mount
*
ERROR at line 1:
ORA-00214: control file '/home/oracle/oradata/testdb/control02.ctl' version 3443
inconsistent with file '/home/oracle/oradata/testdb/control01.ctl' version 3405

SYS>!cp /home/oracle/oradata/testdb/control01.ctl /home/oracle/oradata/testdb/control02.ctl

SYS>alter database mount;
```

❽ 다시 사용하게 수정함

```
Database altered.

SYS>alter database open;
alter database open
*
ERROR at line 1:
ORA-01122: database file 1 failed verification check
ORA-01110: data file 1: '/home/oracle/oradata/testdb/system01.dbf'
ORA-01207: file is more recent than control file - old control file ❾
```

❾ 에러 발생

step 3. 백업 데이터 파일 복원 후 복구 시작

```
SYS>shutdown immediate;
ORA-01109: database not open

Database dismounted.
ORACLE instance shut down.

SYS>!cp /data/backup/close/*.dbf  /home/oracle/oradata/testdb/ ❿

SYS>startup mount;
ORACLE instance started.

Total System Global Area  285212672 bytes
Fixed Size                  1267044 bytes
Variable Size              88083100 bytes
Database Buffers          188743680 bytes
Redo Buffers                7118848 bytes
Database mounted.

SYS>recover database until cancel using backup controlfile;
ORA-00279: change 1050076 generated at 04/24/2010 00:36:50 needed for thread 1
ORA-00289: suggestion : /data/arc2/18_1_717121833.arc
ORA-00280: change 1050076 for thread 1 is in sequence #18

Specify log: {<RET>=suggested | filename | AUTO | CANCEL}
auto
ORA-00308: cannot open archived log '/data/arc2/18_1_717121833.arc'
ORA-27037: unable to obtain file status
```

❿ 데이터 파일만 복원함

```
Linux Error: 2: No such file or directory
Additional information: 3

ORA-00308: cannot open archived log '/data/arc2/18_1_717121833.arc'
ORA-27037: unable to obtain file status
Linux Error: 2: No such file or directory
Additional information: 3

SYS>alter database open resetlogs;

Database altered.  ⓫
```

⓫ open되었습니다.

Case 2. Redo log와 archive log, data file 백업 없을 경우 복구하기 – 재생성하기

Control file을 재생성하는 경우는 몇 가지가 있는데 대표적인 경우는
① control file이 전부 삭제되었을 때
② old control file 에러 발생시에
③ DB Name 변경하고 싶을 때
④ 최대 데이터 파일 개수와 리두 로그 파일 개수를 변경하고 싶을 때 등입니다.

step 1. 장애 상태 만들기

```
SYS>shutdown immediate;
Database closed.
Database dismounted.
ORACLE instance shut down.
SYS>!
[oracle@rcclient ~]$ vi /home/oracle/product/10g/dbs/inittestdb.ora
###########################################################################
# File Configuration
###########################################################################
control_files=("/home/oracle/oradata/testdb/control01.ctl",
               "/home/oracle/oradata/testdb/control02.ctl")
               #"/home/oracle/oradata/testdb/control03.ctl")  ⓬

:wq!
```

⓬ 사용 안 하게 주석 처리함

```
[oracle@rcclient ~]$ exit
exit
SYS>startup
ORACLE instance started.

Total System Global Area  285212672 bytes
Fixed Size                  1267044 bytes
Variable Size              88083100 bytes
Database Buffers          188743680 bytes
Redo Buffers                7118848 bytes
Database mounted.
Database opened.

SYS>select name from v$controlfile;

NAME
--------------------------------------------------------------------------
/home/oracle/oradata/testdb/control01.ctl
/home/oracle/oradata/testdb/control02.ctl

SYS>alter system checkpoint;

System altered.

SYS>/

System altered.

SYS>/

System altered.

SYS>/

System altered.

SYS>shutdown immediate;
Database closed.
Database dismounted.
```

```
ORACLE instance shut down.

SYS>!

[oracle@rcclient ~]$ vi /home/oracle/product/10g/dbs/inittestdb.ora
###########################################################################
# File Configuration
###########################################################################
control_files=("/home/oracle/oradata/testdb/control01.ctl",
               "/home/oracle/oradata/testdb/control02.ctl",
               "/home/oracle/oradata/testdb/control03.ctl")  ⑬

:wq!

[oracle@rcclient ~]$ exit
exit

SYS>startup
ORACLE instance started.

Total System Global Area  285212672 bytes
Fixed Size                  1267044 bytes
Variable Size              88083100 bytes
Database Buffers          188743680 bytes
Redo Buffers                7118848 bytes
ORA-00214: control file '/home/oracle/oradata/testdb/control01.ctl' version 3637
inconsistent with file '/home/oracle/oradata/testdb/control03.ctl' version 3626

SYS>!cp /home/oracle/oradata/testdb/control03.ctl /home/oracle/oradata/testdb/control01.ctl

SYS>alter database mount;
alter database mount
*
ERROR at line 1:
ORA-00214: control file '/home/oracle/oradata/testdb/control02.ctl' version  3637
inconsistent with file '/home/oracle/oradata/testdb/control01.ctl' version  3626

SYS>!cp /home/oracle/oradata/testdb/control01.ctl /home/oracle/oradata/testdb/control02.ctl
```

⑬ 다시 사용하게 설정합니다.

```
SYS>alter database mount;

Database altered.

SYS>alter database open;
alter database open
*
ERROR at line 1:
ORA-01122: database file 1 failed verification check
ORA-01110: data file 1: '/home/oracle/oradata/testdb/system01.dbf'
ORA-01207: file is more recent than control file - old control file
```

백업 데이터 파일이 없다고 가정하고 지금부터 control file을 재생성해보겠습니다. Control file을 재생성을 하려면 No mount 상태에서 DB를 재생성하는 명령어를 입력하면 되는데 그 명령어가 너무 길어서 스크립트로 만들어서 생성하는 방법을 사용하겠습니다. Control file을 재생성하는 스크립트는 현재 old control file로부터 trace해서 만들게 되며 아래의 방법으로 하면 됩니다.

```
SYS>select status from v$instance;

STATUS
------------
MOUNTED

SYS>alter database backup controlfile to trace as '/home/oracle/recon.sql'; ⑭

Database altered.

SYS>shutdown immediate;
ORA-01109: database not open

Database dismounted.
ORACLE instance shut down.

SYS>!
```

⑭ 스크립트 생성하기

Control file을 다시 만들 수 있는 스크립트인 recon.sql 파일을 열어보겠습니다. 내용이 상당히 많은데 --로 시작하는 부분은 주석이고 크게 no resetlogs 모드용 control file 생성과 resetlogs 모드용 control file 생성 부분으로 나뉘게 됩니다. 각 모드별로 필요한 부분만 남기고 나머지는 전부 삭제한 후 다른 파일로 저장하면 됩니다.

```
[oracle@remotedb ~]$ vi /home/oracle/recon.sql

-- The following are current System-scope REDO Log Archival related
-- parameters and can be included in the database initialization file.
--
-- LOG_ARCHIVE_DEST=''
-- LOG_ARCHIVE_DUPLEX_DEST=''
--
-- LOG_ARCHIVE_FORMAT=%s_%t_%r.arc
--
-- DB_UNIQUE_NAME="testdb"
--
-- LOG_ARCHIVE_CONFIG='SEND, RECEIVE, NODG_CONFIG'
-- LOG_ARCHIVE_MAX_PROCESSES=2
-- STANDBY_FILE_MANAGEMENT=MANUAL
-- STANDBY_ARCHIVE_DEST=-/dbs/arch
-- FAL_CLIENT=''
-- FAL_SERVER=''
--
-- LOG_ARCHIVE_DEST_2='LOCATION=/data/arc2'
-- LOG_ARCHIVE_DEST_2='OPTIONAL REOPEN=300 NODELAY'
-- LOG_ARCHIVE_DEST_2='ARCH NOAFFIRM NOEXPEDITE NOVERIFY SYNC'
-- LOG_ARCHIVE_DEST_2='REGISTER NOALTERNATE NODEPENDENCY'
-- LOG_ARCHIVE_DEST_2='NOMAX_FAILURE NOQUOTA_SIZE NOQUOTA_USED
-- NODB_UNIQUE_NAME'
-- LOG_ARCHIVE_DEST_2='VALID_FOR=(PRIMARY_ROLE,ONLINE_LOGFILES)'
-- LOG_ARCHIVE_DEST_STATE_2=ENABLE
--
-- LOG_ARCHIVE_DEST_1='LOCATION=/data/arc1'
-- LOG_ARCHIVE_DEST_1='OPTIONAL REOPEN=300 NODELAY'
-- LOG_ARCHIVE_DEST_1='ARCH NOAFFIRM NOEXPEDITE NOVERIFY SYNC'
```

```
-- LOG_ARCHIVE_DEST_1='REGISTER NOALTERNATE NODEPENDENCY'
-- LOG_ARCHIVE_DEST_1='NOMAX_FAILURE NOQUOTA_SIZE NOQUOTA_USED
-- NODB_UNIQUE_NAME'
-- LOG_ARCHIVE_DEST_1='VALID_FOR=(PRIMARY_ROLE,ONLINE_LOGFILES)'
-- LOG_ARCHIVE_DEST_STATE_1=ENABLE

--
-- Below are two sets of SQL statements, each of which creates a new
-- control file and uses it to open the database. The first set opens
-- the database with the NORESETLOGS option and should be used only if
-- the current versions of all online logs are available. The second
-- set opens the database with the RESETLOGS option and should be used
-- if online logs are unavailable.
-- The appropriate set of statements can be copied from the trace into
-- a script file, edited as necessary, and executed when there is a
-- need to re-create the control file.
--
-- Set #1. NORESETLOGS case : noresetlogs 모드의 경우에 사용되는 control file 을
-- 생성하는 부분입니다. 주로 DB 이름 변경이나 파일 관련 설정 값 변경시에 사용됩니다.
--
-- The following commands will create a new control file and use it
-- to open the database.
-- Data used by Recovery Manager will be lost.
-- Additional logs may be required for media recovery of offline
-- Use this only if the current versions of all online logs are
-- available.

-- After mounting the created controlfile, the following SQL
-- statement will place the database in the appropriate
-- protection mode:
--  ALTER DATABASE SET STANDBY DATABASE TO MAXIMIZE PERFORMANCE

STARTUP NOMOUNT  ⑮
CREATE CONTROLFILE REUSE DATABASE "TESTDB" NORESETLOGS  ARCHIVELOG
    MAXLOGFILES 16
    MAXLOGMEMBERS 3
    MAXDATAFILES 100
    MAXINSTANCES 8
    MAXLOGHISTORY 292
```

⑮ 여기서부터 실제 필요한 스크립트 부분이므로 이전까지는 전부 지우세요.

```
LOGFILE
  GROUP 1 (
    '/home/oracle/oradata/testdb/redo01_a.log',
    '/home/oracle/oradata/testdb/redo01_b.log'
  ) SIZE 5M,
  GROUP 2 (
    '/home/oracle/oradata/testdb/redo02_a.log',
    '/home/oracle/oradata/testdb/redo02_b.log'
  ) SIZE 5M,
  GROUP 3 (
    '/home/oracle/oradata/testdb/redo03_a.log',
    '/home/oracle/oradata/testdb/redo03_b.log'
  ) SIZE 5M
-- STANDBY LOGFILE ⑯
                   ⑰
DATAFILE
  '/home/oracle/oradata/testdb/system01.dbf',
  '/home/oracle/oradata/testdb/undotbs01.dbf',
  '/home/oracle/oradata/testdb/sysaux01.dbf',
  '/home/oracle/oradata/testdb/users01.dbf',
  '/home/oracle/oradata/testdb/example01.dbf'
CHARACTER SET KO16KSC5601
; ⑱
-- Commands to re-create incarnation table
-- Below log names MUST be changed to existing filenames on
-- disk. Any one log file from each branch can be used to
-- re-create incarnation records.
-- ALTER DATABASE REGISTER LOGFILE '/data/arc2/1_1_562360180.arc';
-- ALTER DATABASE REGISTER LOGFILE '/data/arc2/1_1_709164885.arc';
-- ALTER DATABASE REGISTER LOGFILE '/data/arc2/1_1_709171023.arc';
-- ALTER DATABASE REGISTER LOGFILE '/data/arc2/1_1_709172131.arc';
-- Recovery is required if any of the datafiles are restored backups,
-- or if the last shutdown was not normal or immediate.
RECOVER DATABASE

-- All logs need archiving and a log switch is needed.
ALTER SYSTEM ARCHIVE LOG ALL;

-- Database can now be opened normally.
```

⑯ 이 부분도 삭제해야 합니다.

⑰ 이 부분도 삭제해야 합니다. 공백이 없어야 합니다.

⑱ noresetlogs 옵션으로 만들 경우라면 여기까지만 필요합니다.

```
ALTER DATABASE OPEN;

-- Commands to add tempfiles to temporary tablespaces.
-- Online tempfiles have complete space information.
-- Other tempfiles may require adjustment.
ALTER TABLESPACE TEMP ADD TEMPFILE '/home/oracle/oradata/testdb/temp01.dbf' REUSE;
-- End of tempfile additions.
--
-- Set #2. RESETLOGS case ⑲
--
-- The following commands will create a new control file and use it
-- to open the database.
-- Data used by Recovery Manager will be lost.
-- The contents of online logs will be lost and all backups will
-- be invalidated. Use this only if online logs are damaged.

-- After mounting the created controlfile, the following SQL
-- statement will place the database in the appropriate
-- protection mode:
--  ALTER DATABASE SET STANDBY DATABASE TO MAXIMIZE PERFORMANCE

STARTUP NOMOUNT ⑳
CREATE CONTROLFILE REUSE DATABASE "TESTDB" RESETLOGS  ARCHIVELOG
    MAXLOGFILES 16
    MAXLOGMEMBERS 3
    MAXDATAFILES 100
    MAXINSTANCES 8
    MAXLOGHISTORY 292
LOGFILE
  GROUP 1 (
    '/home/oracle/oradata/testdb/redo01_a.log',
    '/home/oracle/oradata/testdb/redo01_b.log'
  ) SIZE 5M,
  GROUP 2 (
    '/home/oracle/oradata/testdb/redo02_a.log',
    '/home/oracle/oradata/testdb/redo02_b.log'
  ) SIZE 5M,
  GROUP 3 (
    '/home/oracle/oradata/testdb/redo03_a.log',
```

⑲ 여긴 resetlogs 옵션에서 사용될 control file을 생성합니다.

⑳ 여기서부터 실제 필요한 스크립트입니다.

㉑ 이 부분 지우세요.
㉒ 이 부분 지우세요. 공백이 없어야 합니다.

㉓ 여기까지만 필요합니다. 여기 밑으로는 전부 지우세요.

```
    '/home/oracle/oradata/testdb/redo03_b.log'
  ) SIZE 5M
-- STANDBY LOGFILE  ㉑
                    ㉒
DATAFILE
  '/home/oracle/oradata/testdb/system01.dbf',
  '/home/oracle/oradata/testdb/undotbs01.dbf',
  '/home/oracle/oradata/testdb/sysaux01.dbf',
  '/home/oracle/oradata/testdb/users01.dbf',
  '/home/oracle/oradata/testdb/example01.dbf'
CHARACTER SET KO16KSC5601
;  ㉓

-- Commands to re-create incarnation table
-- Below log names MUST be changed to existing filenames on
-- disk. Any one log file from each branch can be used to
-- re-create incarnation records.
-- ALTER DATABASE REGISTER LOGFILE '/data/arc2/1_1_562360180.arc';
-- ALTER DATABASE REGISTER LOGFILE '/data/arc2/1_1_709164885.arc';
-- ALTER DATABASE REGISTER LOGFILE '/data/arc2/1_1_709171023.arc';
-- ALTER DATABASE REGISTER LOGFILE '/data/arc2/1_1_709172131.arc';
-- Recovery is required if any of the datafiles are restored backups,
-- or if the last shutdown was not normal or immediate.
RECOVER DATABASE USING BACKUP CONTROLFILE

-- Database can now be opened zeroing the online logs.
ALTER DATABASE OPEN RESETLOGS;

-- Commands to add tempfiles to temporary tablespaces.
-- Online tempfiles have complete space information.
-- Other tempfiles may require adjustment.
ALTER TABLESPACE TEMP ADD TEMPFILE '/home/oracle/oradata/testdb/temp01.dbf' REUSE;
-- End of tempfile additions.
--
```

그럼 위 스크립트에서 지금 상황(old control file 에러 발생 또는 모든 컨트롤 파일 삭제됨)에 맞는 control file을 새로 생성하겠습니다. 이런 상황이라면 resetlogs 옵션으로 DB를 open해야 합니다. 따라서 #2 RESETLOGS 옵션에 있는 스크립트를 이용하겠습니다.

앞부분은 전부 삭제하고

```
STARTUP NOMOUNT
CREATE CONTROLFILE REUSE DATABASE "TESTDB"  RESETLOGS  ARCHIVELOG
    MAXLOGFILES 16
    MAXLOGMEMBERS 3
    MAXDATAFILES 100
    MAXINSTANCES 8
    MAXLOGHISTORY 292
LOGFILE
  GROUP 1 (
    '/home/oracle/oradata/testdb/redo01_a.log',
    '/home/oracle/oradata/testdb/redo01_b.log'
  ) SIZE 5M,
  GROUP 2 (
    '/home/oracle/oradata/testdb/redo02_a.log',
    '/home/oracle/oradata/testdb/redo02_b.log'
  ) SIZE 5M,
  GROUP 3 (
    '/home/oracle/oradata/testdb/redo03_a.log',
    '/home/oracle/oradata/testdb/redo03_b.log'
  ) SIZE 5M
DATAFILE
  '/home/oracle/oradata/testdb/system01.dbf',
  '/home/oracle/oradata/testdb/undotbs01.dbf',
  '/home/oracle/oradata/testdb/sysaux01.dbf',
  '/home/oracle/oradata/testdb/users01.dbf',
  '/home/oracle/oradata/testdb/example01.dbf'
CHARACTER SET KO16KSC5601
;
```

뒷부분도 전부 삭제하고 위 내용만 남겨두고 :w /home/oracle/recon2.sql <-/home/oracle/recon2.sql 로 저장하겠습니다.

위 스크립트의 내용 중 주의사항을 정리하겠습니다.

1. DB가 Resetlogs 로 open되는지 No resetlogs로 open되는지 정확히 구분하세요.
2. 스크립트 안에 주석이나 공백이 있으면 생성 도중에 에러 납니다.
3. 스크립트 내부의 Redo log는 실제 파일이 없어도 Resetlogs로 open될 때 생성됩니다.
4. 데이터 파일은 반드시 그 경로에 있어야 합니다.
5. control file의 생성 위치는 파라미터 파일에 지정된 경로입니다. 그 경로에 control file이 이미 존재하고 있으면 생성이 안 되고 에러납니다.

위 5가지 사항을 주의해서 control file을 재생성해 주세요. 지금부터 스크립트로 control file을 재생성하겠습니다.

```
[oracle@remotedb ~]$ sqlplus / as sysdba;

SQL*Plus: Release 10.2.0.1.0 - Production on Mon Jan 25 04:36:31 2010
Copyright (c) 1982, 2005, Oracle.  All rights reserved.
Connected to an idle instance.

SYS>@/home/oracle/recon2.sql
ORACLE instance started.
Total System Global Area  167772160 bytes
Fixed Size                  1218292 bytes
Variable Size              62916876 bytes
Database Buffers           96468992 bytes
Redo Buffers                7168000 bytes

Control file created.

SYS>alter database open resetlogs;
Database altered.

SYS>select name from v$controlfile;
NAME
--------------------------------------------------------------------------------
/home/oracle/oradata/testdb/control01.ctl
/home/oracle/oradata/testdb/control02.ctl
/home/oracle/oradata/testdb/control03.ctl
```

Control file이 재생성되어 DB가 정상적으로 Open되는 것을 확인할 수 있습니다. Control file을 재생성하는 작업은 어렵지는 않지만 신중하여야 합니다. Control file을 재생성하면 RMAN 백업도 사용 못하게 될 수 있고 FlashBack 기능도 사용 못하게 될 수 있습니다.

14.4 종합 복구 문제

데이터 파일만 백업 있고 사용 중이던 control file과 Redo log file 전부 다 삭제가 되었을 경우 복구

● 장애 상황 설명

DBA 박현영 엔지니어에게 고객 사이트에서 긴급복구 요청을 했습니다. 현재상황은 운영 중인 서버의 RAID 장애로 모든 파일(데이터 파일, 리두 로그 파일, 컨트롤 파일)이 소실되었으며 현재 가지고 있는 파일은 어제 백업 받았던 전체 데이터 파일과 2개월 전에 백업 받았던 컨트롤 파일밖에 없다고 합니다. 고객 사이트에서는 어제까지의 데이터라도 복구해 달라고 요청을 합니다. 어제의 데이터 파일들과 2개월 전의 컨트롤 파일만 가지고 어제 상태로 복구하세요.

step 1. 현재상태 확인 후 데이터 파일만 백업합니다. 이 작업 전에 미리 컨트롤 파일만 백업 받으세요. 즉 데이터 파일보다 컨트롤 파일을 먼저 백업 받아야 합니다.

```
SYS>select name from v$datafile;

NAME
--------------------------------------------------------------------------
/home/oracle/oradata/testdb/system01.dbf
/home/oracle/oradata/testdb/undotbs01.dbf
/home/oracle/oradata/testdb/sysaux01.dbf
/home/oracle/oradata/testdb/users01.dbf
/home/oracle/oradata/testdb/example01.dbf
/home/oracle/oradata/testdb/test01.dbf
/home/oracle/oradata/testdb/ts_sms01.dbf
```

```
SYS>select name from v$controlfile;
NAME
--------------------------------------------------------------------------
/home/oracle/oradata/testdb/control01.ctl
/home/oracle/oradata/testdb/control02.ctl
/home/oracle/oradata/testdb/control03.ctl

SYS>select member from v$logfile;
MEMBER
--------------------------------------------------------------------------
/home/oracle/oradata/testdb/redo03.log
/home/oracle/oradata/testdb/redo02.log
/home/oracle/oradata/testdb/redo01.log

SYS>!
[oracle@rcclient ~]$ cp /home/oracle/oradata/testdb/*.dbf   /data/backup/close/
```

step 2. 장애 발생

```
[oracle@rcclient ~]$ rm -f /home/oracle/oradata/testdb/*.log  ㉔
[oracle@rcclient ~]$ rm -f /home/oracle/oradata/testdb/*.ctl  ㉕
```

㉔ 모든 리두 로그 파일 삭제함
㉕ 모든 컨트롤 파일 삭제함

이 상황에서 복구를 해 보세요.

종합 복구 문제 정답 – control file 재생성해서 복구

step 1. 복구를 위한 파일 복원

복구 작업은 /data/temp/imsy/ 디렉토리에 하겠습니다. 복구를 위해 필요한 파일은 백업 데이터 파일과 예전에 백업 받았던 컨트롤 파일입니다.

```
[oracle@rcclient ~]$ mkdir /data/temp/imsy/

[oracle@rcclient ~]$ cp /data/backup/close/*.dbf  /data/temp/imsy/

[oracle@rcclient ~]$ cp /data/backup/close/*.ctl  /data/temp/imsy/
```

step 4. 컨트롤 파일 위치 변경 후 마운트

```
[oracle@rcclient ~]$ sqlplus / as sysdba;

SQL*Plus: Release 10.2.0.4.0 - Production on Wed Apr 21 17:36:14 2010
Copyright (c) 1982, 2007, Oracle.  All Rights Reserved.
Connected to an idle instance.

SYS>startup
ORACLE instance started.

Total System Global Area  285212672 bytes
Fixed Size                  1267044 bytes
Variable Size              88083100 bytes
Database Buffers          188743680 bytes
Redo Buffers                7118848 bytes
Database mounted.
ORA-01190: control file or data file 1 is from before the last RESETLOGS
ORA-01110: data file 1: '/home/oracle/oradata/testdb/system01.dbf'  ㉖
```

㉖ 당연히 에러 발생함

step 5. Control file 재생성

```
SYS>alter database backup controlfile to trace as '/home/oracle/recon.sql';

Database altered.


SYS>shutdown immediate;
ORA-01109: database not open

Database dismounted.
ORACLE instance shut down.

SYS>!
[oracle@rcclient ~]$ vi recon.sql

 STARTUP NOMOUNT
 CREATE CONTROLFILE REUSE DATABASE "TESTDB" RESETLOGS  ARCHIVELOG
     MAXLOGFILES 16
     MAXLOGMEMBERS 3
```

```
    MAXDATAFILES 100
    MAXINSTANCES 8
    MAXLOGHISTORY 292
LOGFILE
  GROUP 1 '/home/oracle/oradata/testdb/redo01.log'  SIZE 50M,
  GROUP 2 '/home/oracle/oradata/testdb/redo02.log'  SIZE 50M,
  GROUP 3 '/home/oracle/oradata/testdb/redo03.log'  SIZE 50M
DATAFILE
  '/home/oracle/oradata/testdb/system01.dbf',
  '/home/oracle/oradata/testdb/undotbs01.dbf',
  '/home/oracle/oradata/testdb/sysaux01.dbf',
  '/home/oracle/oradata/testdb/users01.dbf',
  '/home/oracle/oradata/testdb/example01.dbf',
  '/home/oracle/oradata/testdb/test01.dbf'
CHARACTER SET KO16KSC5601
;
```

데이터 파일만 있으므로 Open시킬 때 Resetlogs 옵션을 써야 합니다. 즉 Case 2. Resetlogs 옵션으로 사용될 내용만 위와 같이 남기고 다 지운 후 아래와 같이 로그와 데이터 파일 위치를 변경합니다.

```
STARTUP NOMOUNT
CREATE CONTROLFILE REUSE DATABASE "TESTDB" RESETLOGS  ARCHIVELOG
    MAXLOGFILES 16
    MAXLOGMEMBERS 3
    MAXDATAFILES 100
    MAXINSTANCES 8
    MAXLOGHISTORY 292
LOGFILE
  GROUP 1 '/data/temp/imsy/redo01.log'  SIZE 5M,
  GROUP 2 '/data/temp/imsy/redo02.log'  SIZE 5M,
  GROUP 3 '/data/temp/imsy/redo03.log'  SIZE 5M
DATAFILE
  '/data/temp/imsy/system01.dbf',
  '/data/temp/imsy/undotbs01.dbf',
  '/data/temp/imsy/sysaux01.dbf',
  '/data/temp/imsy/users01.dbf',
```

```
'/data/temp/imsy/example01.dbf',
'/data/temp/imsy/test01.dbf'
CHARACTER SET KO16KSC5601
;

:wq!

[oracle@rcclient ~]$ exit
exit

SYS>@/home/oracle/recon.sql
ORACLE instance started.

Total System Global Area  285212672 bytes
Fixed Size                  1267044 bytes
Variable Size              88083100 bytes
Database Buffers          188743680 bytes
Redo Buffers                7118848 bytes

Control file created.

SYS>select name from v$datafile;

NAME
--------------------------------------------------------------------------
/data/temp/imsy/system01.dbf
/data/temp/imsy/undotbs01.dbf
/data/temp/imsy/sysaux01.dbf
/data/temp/imsy/users01.dbf
/data/temp/imsy/example01.dbf
/data/temp/imsy/test01.dbf

6 rows selected.
```

step 6. Open

```
SYS>alter database open resetlogs;

Database altered.
```

```
SYS>@dd

TABLESPACE      MB       FILE_NAME
------------ -------- ------------------------------------------
     TEST      5        /data/temp/imsy/test01.dbf
     EXAMPLE  100       /data/temp/imsy/example01.dbf
     USERS    11.25     /data/temp/imsy/users01.dbf
     SYSAUX   480       /data/temp/imsy/sysaux01.dbf
     UNDOTBS1 40        /data/temp/imsy/undotbs01.dbf
     SYSTEM   500       /data/temp/imsy/system01.dbf

6 rows selected.

SYS>set line 200
SYS>col member for a40
SYS>select a.group#,a.member,b.bytes/1024/1024 MB,b.archive,b.status
  2  from v$logfile a, v$log b
  3  where a.group#=b.group#
  4  order by 1,2 ;

GROUP# MEMBER                                         MB      ARC     STATUS
------ ---------------------------------------- -------- ------- -----------
     1  /data/temp/imsy/redo01.log                     5       NO      CURRENT
     2  /data/temp/imsy/redo02.log                     5       YES     UNUSED
     3  /data/temp/imsy/redo03.log                     5       YES     UNUSED
```

이 실습의 핵심은 데이터 파일과 checkpoint SCN 정보가 다른 old control file을 이용해서 어떻게 현재 데이터 파일을 복구해 내느냐입니다. 즉 컨트롤 파일 생성을 할 수 있어야 해결할 수 있는 장애 상황이었습니다.

CHAPTER 15

Export와 import

15 CHAPTER Export와 import

15.1 개념 잡기

지금까지 배웠던 백업과 복구 방법은 물리적인 장애가 발생했을 때 각 해당 파일 전체를 백업하고 복구했습니다.

만약 10G 테이블 스페이스에서 1M 밖에 안되는 고객 테이블 1개만 백업 받고 싶다든지 반대로 10G 백업파일에서 1M 밖에 안되는 고객 테이블만 복구하고 싶다든지 한다면 지금까지 했던 방법으로는 불가능합니다. 또한 no archive mode에서 open 상태에서 DB를 백업 받아야 하는 상황일 경우에도 불가능합니다. 이럴 경우에 사용하는 것이 논리적인 백업툴인 export이며 export로 백업받은 파일을 복구하는 툴이 import인 것입니다. 원래 export와 import는 백업용 툴이 아니며 데이터를 이동시키는 용도로 개발된 툴입니다. 그러나 그 사용법이 쉽고 기능 또한 막강하여 백업 및 복구 툴로 이용되고 있습니다.

논리적인 백업인 export는 데이터베이스 안에 있는 데이터는 복사하지만 데이터의 위치는 기록하지 않습니다. 즉 내용은 가지고 오지만 데이터 파일에 대한 정보는 가져오지 않습니다. Export 유틸리티는 데이터와 데이터베이스의 정의를 복사하고 이 내용을 오라클 내부 포맷의 바이너리 파일로 변환해서 OS 파일로 저장해 줍니다. 이렇게 저장된 바이너리 파일을 Import 유틸리티가 읽어서 다시 데이터베이스에 저장해 주는 것입니다.

Export와 import 유틸리티는 DB가 Open된 상태에서만 사용 가능합니다. 그리고 export와 import는 OS 기종이나 오라클 버전이 달라도 데이터를 이동시킬 수 있기 때문에 이식성이 아주 좋습니다. 단 export와 import는 데이터가 많을 경우 물리적인 백업보다 시간이 많이 걸릴 수 있습니다. 실제로 export의 단점 중 하나가 시간이 많이 소요된다는 것입니다.

우리가 full export를 수행하면 수많은 오브젝트를 export하게 되는데 아래의 순서로 해당 object를 export합니다.

1. Tablespaces
2. Profiles
3. Users
4. Roles
5. System Privilege Grants
6. Role Grants
7. Default Roles
8. Tablespace Quotas
9. Resource Costs
10. Rollback Segments
11. Database Links
12. Sequences (includes Grants)
13. Snapshots (includes grants, auditing)
14. Snapshot logs
15. Job Queues
16. Refresh Groups
17. Cluster Definitions
18. Tables(includes grants,column grants,comments,indexes,constraints,auditing)
19. Referential Integrity
20. POSTTABLES actions
21. Synonyms
22. Views
23. Stored Procedures
24. Triggers
25. Default and System Auditing

15.2 Conventional Path export와 Direct Path export

Export는 conventional path export와 direct path export로 구분되며 기본값은 conventional Path export입니다. 아래 그림을 보고 비교를 해 보겠습니다.

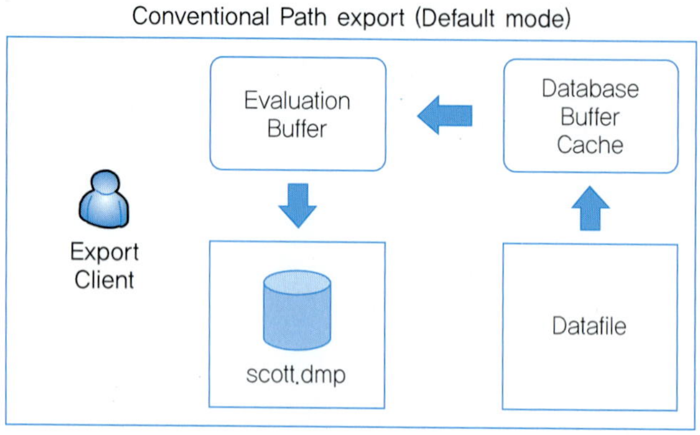

[그림 15-1] conventional Path export

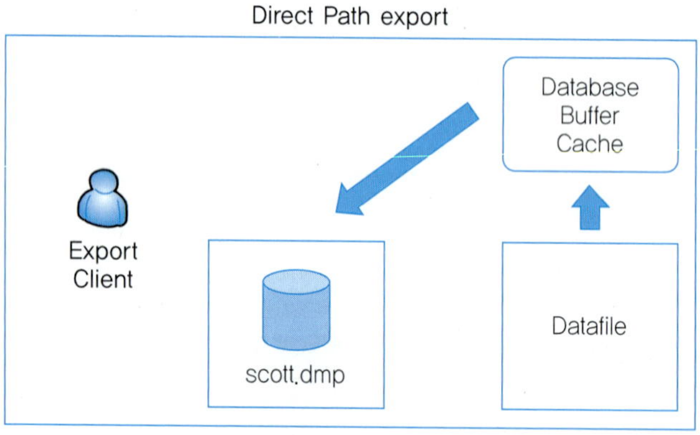

[그림 15-2] direct Path export

위 그림에서 알 수 있듯이 conventional path export는 export 명령어가 수행되면 Export client가 메모리에 evaluation buffer라는 곳을 만들고 DB buffer cache에 있는 데이터를 evaluation buffer로 가져온 후 이곳이 다 차면 다시 디스크에 파일로 저장을 합니다. 이렇게 하는 이유는 direct path load는 원본 테이블에 여러 process가 동시에 접근을 못하는 단점이 있는데 conventional path load는 그 부분을 해결할 수 있습니다. 그 외에도 동시성 문제 등에서 direct path가 문제가 있어서 오라클은 기본적으로 여러 사람이 동시에 사용하는 DB이기 때문에 conventional path 모드로 작동하게 되어 있습니다. 그러나 conventional path는 direct path에 비해 과정이 다소 복잡하기 때문에 속도가 저하됩니다.

15.3 export 옵션들

옵션 명	Default value	의미
userid	없음	Export를 수행하는 사용자의 계정과 암호
Buffer	Os에 따라 다름	Evaluation Buffer 크기를 바이트 단위로 지정
file	expdat.dmp	Export 결과를 저장할 파일명
grants	Yes	해당 스키마에 설정된 권한을 export 받을 것인가 유무
indexes	Yes	인덱스를 export 받을 것인가 유무
rows	Yes	데이터를 받을 것인가 유무
constraints	Yes	제약조건을 받을 것인가 유무
Compress	Yes	Export 받을 때 데이터를 하나의 셋으로 압축할 지 유무
Full	No	전체 데이터베이스를 export 받을 것인가 유무
Owner	Current user	Export 받을 사용자 이름 지정
tables	없음	Export 받을 테이블 이름 지정
tablespaces	없음	Export 받을 테이블 스페이스 이름 지정
recordlength	Os에 따라 다름	파일레코드의 바이트 단위 길이. Evaluation buffer에서 데이터 파일로 저장할 때 운반바이트 단위 지정
inctype	없음	증분 export의 유형설정 complete, cumulative, incremental
record	Yes	증분 export 내용을 기록할지 지정 .sys.incvid, sys.incexp
parfile	없음	Export 파라미터 파일을 지정

15.4 export 모드 및 export 수행하기

Export 유틸리티를 수행하려면 sys 스키마의 catalog.sql 이 실행되어 있어야 합니다. 이 스크립트 안에 catexp.sql 이라는 스크립트가 포함이 되어 있습니다.

1) database 전체 백업 받기

전체 데이터베이스를 export 받으려면 export를 수행하는 사용자가 DBA 권한을 가지고 있거나 또는 exp_full_database라는 롤을 가지고 있어야 합니다. DBA권한을 가진 system 사용자로 export 받을 때 full=y 옵션을 주면 전체 데이터베이스를 백업받을 수 있습니다. 참고로 export와 import는 temporary tablespace 공간을 사용하기 때문에 temporary tablespace가 문제가 있으면 temporary tablespace empty라는 에러를 발생하면서 작업이 수행이 안 되고 에러납니다. 미리 확인하고 작업하세요. 위에서 export 모드가 conventional Path와 Direct Path가 있다고 했고 여러 가지 옵션들이 있었는데 전체 데이터베이스를 백업 받으면서 테스트해보겠습니다. 테스트 환경은 oracle 10g R2 기준입니다.

실무 실습 ㉓ conventional Path로 Full export 받기(기본 모드)

```
[oracle@remotedb ~]$ time exp system/oracle full=y log=full_log.log
                    file=/home/oracle/full_test01.dmp

Export: Release 10.2.0.1.0 - Production on Mon Jan 25 14:31:01 2010

Copyright (c) 1982, 2005, Oracle.  All rights reserved.
Connected to: Oracle Database 10g Enterprise Edition Release 10.2.0.1.0 -
Production
With the Partitioning, OLAP and Data Mining options
Export done in KO16KSC5601 character set and AL16UTF16 NCHAR character set

About to export the entire database ...
```

```
. exporting tablespace definitions
........................................
. exporting materialized views
. exporting snapshot logs
. exporting job queues
. exporting refresh groups and children
. exporting dimensions
. exporting post-schema procedural objects and actions
. exporting user history table
. exporting default and system auditing options
. exporting statistics
Export terminated successfully with warnings.

real    6m55.271s ❶
user    0m8.464s
sys     0m55.826s
```

❶ conventional Path로 export를 수행하니까 대략 6분 55초가 수행된 것을 알 수 있습니다.

실무 실습 ㉔ Direct Path로 Database Full export 받기

```
[oracle@remotedb ~]$ time exp system/oracle full=y  file=/home/oracle/full_test02.dmp ₩
                     direct=y
Export: Release 10.2.0.1.0 - Production on Mon Jan 25 14:31:01 2010

Copyright (c) 1982, 2005, Oracle.  All rights reserved.

Connected to: Oracle Database 10g Enterprise Edition Release 10.2.0.1.0 - Production
With the Partitioning, OLAP and Data Mining options
Export done in KO16KSC5601 character set and AL16UTF16 NCHAR character set

About to export the entire database ...
. exporting tablespace definitions
..................................
. exporting operators
. exporting indextypes
. exporting bitmap, functional and extensible indexes
. exporting posttables actions
```

```
. exporting triggers
. exporting materialized views
. exporting snapshot logs
. exporting job queues
. exporting refresh groups and children
. exporting dimensions
. exporting post-schema procedural objects and actions
. exporting user history table
. exporting default and system auditing options
. exporting statistics
Export terminated successfully with warnings.

real    3m38.731s  ❷
user    0m1.522s
sys     0m39.485s
```

❷ test1에서 conventional Path가 대략 7분 정도 소요된 것보다 많이 빨라진 것을 알 수 있습니다.

실무 실습 ㉕ export를 저장하는 백업파일을 분할해서 받기

Export를 수행하다 보면 백업파일 하나가 너무 크게 받아져서 후속 작업이 어려운 경우가 종종 있습니다. 여기서는 큰 파일 하나를 여러 개의 작은 파일로 분할해서 백업 받도록 하겠습니다.

```
[oracle@remotedb ~]$ time  exp  system/oracle  full=y
                    file=(/data/backup/export/test03_1.dmp ,₩
>                         /data/backup/export/test03_2.dmp ,₩
>                         /data/backup/export/test03_3.dmp ,₩
>                         /data/backup/export/test03_4.dmp )₩
>                        filesize=100M   direct=y

Export: Release 10.2.0.1.0 - Production on Mon Jan 25 14:31:01 2010

Copyright (c) 1982, 2005, Oracle.  All rights reserved.

Connected to: Oracle Database 10g Enterprise Edition Release 10.2.0.1.0 - Production
With the Partitioning, OLAP and Data Mining options
```

```
Export done in KO16KSC5601 character set and AL16UTF16 NCHAR character set

About to export the entire database ...
. exporting tablespace definitions

............
. exporting snapshot logs
. exporting job queues
. exporting refresh groups and children
. exporting dimensions
. exporting post-schema procedural objects and actions
. exporting user history table
. exporting default and system auditing options
. exporting statistics
Export terminated successfully without warnings.

real    5m50.345s
user    0m3.050s
sys     0m37.219s

[oracle@remotedb ~]$ cd /data/backup/export
[oracle@remotedb export]$ ls -lSh
합계 284M
-rw-r--r--  1 oracle dba 100M  1월 25 14:52 test03_1.dmp
-rw-r--r--  1 oracle dba 100M  1월 25 14:53 test03_2.dmp
-rw-r--r--  1 oracle dba  84M  1월 25 14:56 test03_3.dmp
```

실무 실습 ㉖ 특정 테이블 스페이스만 받기

```
[oracle@remotedb ~]$ exp system/oracle   file=/data/backup/export/ex_un.dmp ₩
tablespaces=(example , undotbs1)

Export: Release 10.2.0.1.0 - Production on Mon Jan 25 15:12:27 2010

Copyright (c) 1982, 2005, Oracle.  All rights reserved.
```

```
Connected to: Oracle Database 10g Enterprise Edition Release 10.2.0.1.0 - Production
With the Partitioning, OLAP and Data Mining options
Export done in KO16KSC5601 character set and AL16UTF16 NCHAR character set

About to export selected tablespaces ...
For tablespace EXAMPLE ...
. exporting cluster definitions
. exporting table definitions
. . exporting table                      COUNTRIES         25 rows exported
. . exporting table                    DEPARTMENTS         27 rows exported
. . exporting table                      EMPLOYEES        107 rows exported
. . exporting table                           JOBS         19 rows exported
.........................................
. . exporting partition               SALES_Q1_2003          0 rows exported
. . exporting partition               SALES_Q2_2003          0 rows exported
. . exporting partition               SALES_Q3_2003          0 rows exported
. . exporting partition               SALES_Q4_2003          0 rows exported
. . exporting table      SUPPLEMENTARY_DEMOGRAPHICS       4500 rows exported
. . exporting table                           TIMES       1826 rows exported
. . exporting table                    ONLINE_MEDIA          9 rows exported
. . exporting table                     PRINT_MEDIA          4 rows exported
. . exporting table               TEXTDOCS_NESTEDTAB         12 rows exported
For tablespace UNDOTBS1 ...
. exporting cluster definitions
. exporting table definitions
. exporting referential integrity constraints
. exporting triggers
Export terminated successfully without warnings.
```

실무 실습 ㉗ 특정 사용자 백업 받기 (여러 사용자를 동시에 백업 받기)

```
[oracle@remotedb ~]$  exp system/oracle file=/data/backup/export/scott_hr.dmp ₩
owner=(scott,hr)

Export: Release 10.2.0.1.0 - Production on Mon Jan 25 15:15:08 2010
```

```
Copyright (c) 1982, 2005, Oracle.  All rights reserved.

Connected to: Oracle Database 10g Enterprise Edition Release 10.2.0.1.0 - Production
With the Partitioning, OLAP and Data Mining options
Export done in KO16KSC5601 character set and AL16UTF16 NCHAR character set

About to export specified users ...
. exporting pre-schema procedural objects and actions
. exporting foreign function library names for user SCOTT
. exporting foreign function library names for user HR
.....................................................
. exporting indextypes
. exporting bitmap, functional and extensible indexes
. exporting posttables actions
. exporting materialized views
. exporting snapshot logs
. exporting job queues
. exporting refresh groups and children
. exporting dimensions
. exporting post-schema procedural objects and actions
. exporting statistics
Export terminated successfully without warnings.
```

실무 실습 ㉘ evaluation Buffer 값을 조정하면서 특정 테이블만 export 수행

(1) evaluation Buffer 값을 설정하지 않고 export 수행

```
[oracle@remotedb ~]$ time exp scott/tiger  file=/data/backup/export/test02.dmp ₩
                       tables=test01

Export: Release 10.2.0.1.0 - Production on Mon Jan 25 15:22:56 2010

Copyright (c) 1982, 2005, Oracle.  All rights reserved.

Connected to: Oracle Database 10g Enterprise Edition Release 10.2.0.1.0 - Production
With the Partitioning, OLAP and Data Mining options
```

```
Export done in KO16KSC5601 character set and AL16UTF16 NCHAR character set

About to export specified tables via Conventional Path ...
. . exporting table                          TEST01    12800000 rows exported
Export terminated successfully without warnings.

real    1m6.404s ❸
user    0m4.703s
sys     0m10.627s
```

❸ 대략 1분 6초 정도 소요됨

(2) evaluation Buffer 값을 1M로 설정 후 export 수행

```
[oracle@remotedb ~]$ time exp scott/tiger  file=/data/backup/export/test01.dmp ₩
                         buffer=1024000  tables=test01

Export: Release 10.2.0.1.0 - Production on Mon Jan 25 15:20:14 2010

Copyright (c) 1982, 2005, Oracle.  All rights reserved.

Connected to: Oracle Database 10g Enterprise Edition Release 10.2.0.1.0 - Production
With the Partitioning, OLAP and Data Mining options
Export done in KO16KSC5601 character set and AL16UTF16 NCHAR character set

About to export specified tables via Conventional Path ...
. . exporting table                          TEST01    12800000 rows exported
Export terminated successfully without warnings.

real    1m11.893s ❹
user    0m13.212s
sys     0m16.185s
```

❹ 대략 1분 11초 정도 소요됨

(3) evaluation Buffer 값을 10M로 설정 후 export 수행

```
[oracle@remotedb ~]$ time exp scott/tiger  file=/data/backup/export/test03.dmp ₩
                         buffer=10240000  tables=test01

Export: Release 10.2.0.1.0 - Production on Mon Jan 25 15:25:41 2010

Copyright (c) 1982, 2005, Oracle.  All rights reserved.
```

```
Connected to: Oracle Database 10g Enterprise Edition Release 10.2.0.1.0 - Production
With the Partitioning, OLAP and Data Mining options
Export done in KO16KSC5601 character set and AL16UTF16 NCHAR character set

About to export specified tables via Conventional Path ...
. . exporting table                        TEST01    12800000 rows exported
Export terminated successfully without warnings.

real     0m48.626s  ⑤
user     0m11.985s
sys      0m8.333s
```

⑤ 대략 48초 정도 소요됨

(4) evaluation Buffer 값을 20M로 설정 후 export 수행

```
[oracle@remotedb ~]$ time exp scott/tiger  file=/data/backup/export/test05.dmp ₩
                        buffer=20480000  tables=test01

Export: Release 10.2.0.1.0 - Production on Mon Jan 25 15:28:39 2010

Copyright (c) 1982, 2005, Oracle.  All rights reserved.

Connected to: Oracle Database 10g Enterprise Edition Release 10.2.0.1.0 - Production
With the Partitioning, OLAP and Data Mining options
Export done in KO16KSC5601 character set and AL16UTF16 NCHAR character set
About to export specified tables via Conventional Path ...
. . exporting table                        TEST01    12800000 rows exported
Export terminated successfully without warnings.

real     0m53.611s  ⑥
user     0m12.268s
sys      0m8.364s
```

⑥ 대략 53초 소요됨

(5) direct Path로 export 수행

```
[oracle@remotedb ~]$ time exp scott/tiger  file=/data/backup/export/test06.dmp ₩
                        direct=y   tables=test01

Export: Release 10.2.0.1.0 - Production on Mon Jan 25 15:31:23 2010
```

```
Copyright (c) 1982, 2005, Oracle.  All rights reserved.

Connected to: Oracle Database 10g Enterprise Edition Release 10.2.0.1.0 - Production
With the Partitioning, OLAP and Data Mining options
Export done in KO16KSC5601 character set and AL16UTF16 NCHAR character set

About to export specified tables via Direct Path ...
. . exporting table                    TEST01    12800000 rows exported
Export terminated successfully without warnings.

real    0m58.701s ⑦
user    0m0.116s
sys     0m3.917s
```

⑦ 대략 58초 정도 소요됨

위 5가지의 실습결과를 볼 때 evaluation Buffer의 크기를 조절하면서 export를 수행하는 것이 속도에 영향을 미친다는 것을 알 수 있습니다. 또한 temporary tablespace의 크기 또한 exp/imp에 영향을 많이 주니 작업 전에 미리 큰 temporary tablespace를 확보한 후 작업하세요.

실무 실습 ㉙ 일반 사용자(여기서는 scott 사용자)로 full export 수행

```
# scott 사용자가 어떤 롤을 가지고 있는지 확인

SYS>select * from dba_role_privs where grantee='SCOTT';
GRANTEE        GRANTED_ROLE                ADM       DEF
------------ -------------------------- --------- ----------
SCOTT          RESOURCE                    NO        YES
SCOTT          CONNECT                     NO        YES

SYS>grant exp_full_database to scott;
Grant succeeded.

SYS>select * from dba_role_privs where grantee='SCOTT';
GRANTEE        GRANTED_ROLE                ADM       DEF
```

```
------------ ------------------------- --------- ----------
SCOTT        RESOURCE                  NO        YES
SCOTT        EXP_FULL_DATABASE         NO        YES ❽
SCOTT        CONNECT                   NO        YES
```

❽ 권한이 추가되었습니다.

원래 일반사용자는 DB 전체를 백업받지 못합니다. 만약 일반사용자로 DB 전체를 백업받으려면 1) DBA 권한을 주던지 2) exp_full_database라는 롤을 주던지 해야 합니다. DBA 권한을 주는 것은 너무 위험하기에 2번 방법으로 전체 백업을 수행하겠습니다.

```
[oracle@remotedb ~]$ time  exp  scott/tiger  full=y  ₩
                       file=/data/backup/export/test7.dmp  buffer=10240000

 Export: Release 10.2.0.1.0 - Production on Mon Jan 25 15:31:23 2010

Copyright (c) 1982, 2005, Oracle.  All rights reserved.

Connected to: Oracle Database 10g Enterprise Edition Release 10.2.0.1.0 - Production
With the Partitioning, OLAP and Data Mining options
Export done in KO16KSC5601 character set and AL16UTF16 NCHAR character set
.....................................................

. exporting referential integrity constraints
. exporting stored procedures
. exporting operators
. exporting indextypes
. exporting bitmap, functional and extensible indexes
. exporting posttables actions
. exporting triggers
. exporting materialized views
. exporting snapshot logs
. exporting job queues
. exporting refresh groups and children
. exporting dimensions
. exporting post-schema procedural objects and actions
. exporting user history table
. exporting default and system auditing options
```

```
. exporting statistics
Export terminated successfully with warnings.

real    4m53.024s
user    0m31.349s
sys     0m47.477s
```

실무 실습 ㉚ parameter file을 이용한 export 수행하기

```
[oracle@remotedb ~]$ vi par_full.dat
file=/data/backup/export/test09.dmp
full=y
direct=y

:wq!
[oracle@remotedb ~]$ exp system/oracle parfile=par_full.dat
Export: Release 10.2.0.1.0 - Production on Wed Jan 27 01:23:56 2010

Copyright (c) 1982, 2005, Oracle.  All rights reserved.
Connected to: Oracle Database 10g Enterprise Edition Release 10.2.0.1.0 - Production
With the Partitioning, OLAP and Data Mining options
Export done in KO16KSC5601 character set and AL16UTF16 NCHAR character set

About to export the entire database ...
. exporting tablespace definitions
. exporting profiles
. exporting user definitions
. exporting roles
. exporting resource costs
. exporting rollback segment definitions
. exporting database links
. exporting sequence numbers
.........................................................................
. exporting snapshot logs
. exporting job queues
. exporting refresh groups and children
```

```
. exporting dimensions
. exporting post-schema procedural objects and actions
. exporting user history table
. exporting default and system auditing options
. exporting statistics
Export terminated successfully with warnings.
```

실무 실습 ㉛ 특정 조건만 export 받기 – query 옵션 사용하기(8i부터 사용 가능함)

- emp 테이블에서 이름 첫글자가 F인 사람만 export 받기

(OS에서 사용하는 ‘, ”, 〈 등의 문자를 쓸 경우 ₩(escape 문자)를 꼭 써줘야 합니다)

```
[oracle@remotedb ~]$ exp scott/tiger query=₩"where ename like ₩'F%₩'₩" tables=emp ₩
>                                  file=/data/backup/export/emp.dmp

Export: Release 10.2.0.1.0 - Production on Wed Jan 27 06:51:10 2010

Copyright (c) 1982, 2005, Oracle.  All rights reserved.

Connected to: Oracle Database 10g Enterprise Edition Release 10.2.0.1.0 - Production
With the Partitioning, OLAP and Data Mining options
Export done in KO16KSC5601 character set and AL16UTF16 NCHAR character set

About to export specified tables via Conventional Path ...
. . exporting table                          EMP          1 rows exported
Export terminated successfully without warnings.
```

- emp 테이블에서 job이 CLERK이고 급여가 1000 이상인 사람만 export 받기

```
[oracle@remotedb ~]$ exp scott/tiger  query=₩"where job=₩'CLERK₩' and sal ₩> 1000
                                      ₩" file=/data/backup/export/scott2.dmp
                                      tables=emp

Export: Release 10.2.0.1.0 - Production on Wed Jan 27 07:08:37 2010
```

```
Copyright (c) 1982, 2005, Oracle.  All rights reserved.

Connected to: Oracle Database 10g Enterprise Edition Release 10.2.0.1.0 - Production
With the Partitioning, OLAP and Data Mining options
Export done in KO16KSC5601 character set and AL16UTF16 NCHAR character set

About to export specified tables via Conventional Path ...
. . exporting table                    EMP          2 rows exported
Export terminated successfully without warnings.
```

- parameter file에서 query 옵션 사용하기 – escape 문자 안 써도 됨

```
[oracle@remotedb ~]$ vi par_q.dat
tables=emp  query="where job='CLERK'  and  sal > 1000"
:wq!

[oracle@remotedb ~]$ exp scott/tiger parfile=par_q.dat

Export: Release 10.2.0.1.0 - Production on Wed Jan 27 07:17:39 2010
Copyright (c) 1982, 2005, Oracle.  All rights reserved.
Connected to: Oracle Database 10g Enterprise Edition Release 10.2.0.1.0 - Production
With the Partitioning, OLAP and Data Mining options
Export done in KO16KSC5601 character set and AL16UTF16 NCHAR character set
About to export specified tables via Conventional Path ...
. . exporting table                    EMP          2 rows exported
Export terminated successfully without warnings.
```

15.5 Import 수행하기

Import는 export를 수행해서 만든 파일을 다시 데이터베이스로 넣는 작업을 수행합니다. 그래서 export와 거의 옵션이 비슷합니다.

(1) import의 옵션들

옵션명	Default value	설명
userid	없음	Import를 수행하는 username/password
buffer	OS에 따라 다름	Evaluation Buffe의 크기. Export와 동일함
file	expdat.dmp	Impor t할 export 파일명
show	no	데이터를 import 하지 않고 내용만 확인함
ignore	no	Import 도중 에러나도 무시하고 계속 진행함
grants	Yes	권한도 import 할 것인지 설정
rows	Yes	데이터를 import 할 것인지 설정
indexes	Yes	Index를 import 할 것인지 설정
full	No	전체 파일을 import 할 것인지 설정
Fromuser	없음	Export 할 당시 오브젝트의 소유자를 지정함
touser	없음	import 할 오브젝트의 새 owner 이름
tables	없음	Import 할 테이블 목록
recordhength	OS별로 다름	한번에 import 할 record의 길이를 지정
inctype	없음	증분 import의 유형 지정. System과 restore가 적당함
commit	no	각 array의 입력 후 commit 할 것인가 결정. 디폴트는 array가 아니라 테이블 전체가 입력 완료된 후 커밋을 함. Array는 한번 입력되는 단위를 의미함
parfile	없음	Import의 파라미터를 적어둔 파라미터 파일을 지정함

(2) import 수행하기

Import 작업은 DDL과 DML을 수행하는 것이므로 Redo log와 undo segment를 사용하게 됩니다. 따라서 대량의 데이터를 import 할 때는 반드시 큰 undo tablespace를 준비해서 작업하여야 합니다. 만약 undo tablespace의 용량이 부족할 경우에는 마지막에 에러가 나면서 전부 rollback 될 수도 있습니다. 이런 위험을 줄이려면 import 할 때 commit=y로 변경하고 import를 수행하면 array 단위로 commit을 수행하기 때문에 전체가 rollback되는 현상을 막을 수 있습니다. 또한 DBA로 export를 받은 파일은 반드시 DBA로 import를 해야 합니다. 아래는 DBA로 export 받은 파일을 scott 계정으로 import를 시도하니까 에러가 발생합니다.

```
[oracle@remotedb export]$ imp  scott/tiger  file=test01.dmp  ignore=y

Import: Release 10.2.0.1.0 - Production on Wed Jan 27 01:36:42 2010

Copyright (c) 1982, 2005, Oracle.  All rights reserved.

Connected to: Oracle Database 10g Enterprise Edition Release 10.2.0.1.0 - Production
With the Partitioning, OLAP and Data Mining options

Export file created by EXPORT:V10.02.01 via conventional path
IMP-00013: only a DBA can import a file exported by another DBA  ⑨
IMP-00000: Import terminated unsuccessfully
```

⑨ 에러 발생함

우선 전체 full export를 다시 수행하겠습니다.

```
[oracle@remotedb export]$ exp  system/oracle  file=/data/backup/export/full01.dmp  full=y ₩
                              direct=y
..............................................................
. exporting triggers
. exporting materialized views
. exporting snapshot logs
. exporting job queues
. exporting refresh groups and children
. exporting dimensions
. exporting post-schema procedural objects and actions
. exporting user history table
. exporting default and system auditing options
. exporting statistics
Export terminated successfully without warnings.
[oracle@remotedb export]$ imp system/oracle file=/data/backup/export/full01.dmp ignore=y ₩
                              full=y
```

실무 실습 ㉜ DBA로 전체 데이터 import 수행하기

이 작업은 DB 전체를 이동할 때 사용할 수 있습니다. 그러나 A서버의 데이터를 B서버로 import로 이동시킬 때 B서버에 같은 테이블이나 데이터가 존재한다면 추가를 하게 됩니다. 그래서 만약 B서버에 제약조건이나 index가 존재한다면 — unique index나 Primary Key 등이 존재할 경우 — 데이터가 추가되지 않고 에러가 발생하게 됩니다.

실무 실습 ㉝ 특정 사용자의 데이터만 import 수행하기

DBA로 전체 export 받은 full01.dmp 파일에서 scott 사용자의 test01 테이블만 import 합니다.

```
[oracle@remotedb ~]$ imp system/oracle file=/data/backup/export/full01.dmp fromuser=scott ₩
>                          tables=test01   ignore=y

 Import: Release 10.2.0.1.0 - Production on Wed Jan 27 06:11:06 2010

Copyright (c) 1982, 2005, Oracle.  All rights reserved.

Connected to: Oracle Database 10g Enterprise Edition Release 10.2.0.1.0 - Production
With the Partitioning, OLAP and Data Mining options

Export file created by EXPORT:V10.02.01 via direct path
import done in KO16KSC5601 character set and AL16UTF16 NCHAR character set
. importing SCOTT's objects into SCOTT
. . importing table                    "TEST01"   12800000 rows imported
Import terminated successfully without warnings.
```

실무 실습 ㉞ scott 사용자의 test02 테이블을 hr 사용자소유로 변경하기

● 테스트 테이블 생성합니다.

```
SCOTT>create table test02 (no number ,addr varchar2(10));
Table created.
SCOTT>begin
2  for i in 1..1000 loop
3   insert into test02 values (i,dbms_random.string('A',10));
4  end loop;
5  commit;
6  end;
7  /

PL/SQL procedure successfully completed.

SCOTT>select count(*) from test02;

 COUNT(*)
------------
  1000

 [oracle@remotedb ~]$ exp scott/tiger file=/data/backup/export/test02.dmp tables=test02

Export: Release 10.2.0.1.0 - Production on Wed Jan 27 08:50:21 2010

Copyright (c) 1982, 2005, Oracle.  All rights reserved.

Connected to: Oracle Database 10g Enterprise Edition Release 10.2.0.1.0 - Production
With the Partitioning, OLAP and Data Mining options
Export done in KO16KSC5601 character set and AL16UTF16 NCHAR character set

About to export specified tables via Conventional Path ...
. . exporting table                          TEST02       1000 rows exported
Export terminated successfully without warnings.
```

import 수행하기

```
[oracle@remotedb ~]$ imp system/oracle  file=/data/backup/export/test02.dmp ₩
>                                fromuser=scott  touser=hr ignore=y

Import: Release 10.2.0.1.0 - Production on Wed Jan 27 08:52:46 2010

Copyright (c) 1982, 2005, Oracle.  All rights reserved.

Connected to: Oracle Database 10g Enterprise Edition Release 10.2.0.1.0 - Production
With the Partitioning, OLAP and Data Mining options

Export file created by EXPORT:V10.02.01 via conventional path

Warning: the objects were exported by SCOTT, not by you

import done in KO16KSC5601 character set and AL16UTF16 NCHAR character set
. importing SCOTT's objects into HR
. . importing table                    "TEST02"       1000 rows imported
Import terminated successfully without warnings.
```

실무 실습 ㉟ 실제 데이터는 import 하지 않고 DDL 문장만 추출하기

두 가지 방법이 있는데 한 가지는 show=y 옵션을 사용하는 것이고, 한 가지는 indexfile 옵션을 사용하는 방법입니다. 이 중에서 indexfile 옵션 사용하는 방법은 아래 36번 예제에서 설명하고 show=y 옵션을 사용해서 추출하는 방법을 보겠습니다. Import 옵션 중에 show=y 라고 주면 export 파일의 모든 내용들이 보여지는데 log 옵션을 주면 그 내용들이 전부 로그 파일에 저장됩니다. 그 후에 그 로그 파일을 편집하면 됩니다.

```
[oracle@remotedb ~]$ imp  system/oracle  file=/data/backup/export/test02.dmp  full=y  ₩
                         show=y    log=test02.log

Import: Release 10.2.0.1.0 - Production on Wed Jan 27 09:07:17 2010
```

```
Copyright (c) 1982, 2005, Oracle.  All rights reserved.

Connected to: Oracle Database 10g Enterprise Edition Release 10.2.0.1.0 - Production
With the Partitioning, OLAP and Data Mining options

Export file created by EXPORT:V10.02.01 via conventional path

Warning: the objects were exported by SCOTT, not by you

import done in KO16KSC5601 character set and AL16UTF16 NCHAR character set
. importing SCOTT's objects into SYSTEM
. importing SCOTT's objects into SYSTEM
 "CREATE TABLE "TEST02" ("NO" NUMBER, "ADDR" VARCHAR2(10))  PCTFREE 10 PCTUSE"
 "D 40 INITRANS 1 MAXTRANS 255 STORAGE(INITIAL 65536 FREELISTS 1 FREELIST GRO"
 "UPS 1 BUFFER_POOL DEFAULT) TABLESPACE "USERS" LOGGING NOCOMPRESS"
. . skipping table "TEST02"

Import terminated successfully without warnings.
```

⑩ 로그 파일을 열어서 편집하면 됩니다.

```
[oracle@remotedb ~]$ vi test02.log  ⑩

Connected to: Oracle Database 10g Enterprise Edition Release 10.2.0.1.0 - Production
With the Partitioning, OLAP and Data Mining options

Export file created by EXPORT:V10.02.01 via conventional path

Warning: the objects were exported by SCOTT, not by you

import done in KO16KSC5601 character set and AL16UTF16 NCHAR character set
. importing SCOTT's objects into SYSTEM
. importing SCOTT's objects into SYSTEM
 "CREATE TABLE "TEST02" ("NO" NUMBER, "ADDR" VARCHAR2(10))  PCTFREE 10 PCTUSE"
 "D 40 INITRANS 1 MAXTRANS 255 STORAGE(INITIAL 65536 FREELISTS 1 FREELIST GRO"
 "UPS 1 BUFFER_POOL DEFAULT) TABLESPACE "USERS" LOGGING NOCOMPRESS"
. . skipping table "TEST02"

Import terminated successfully without warnings.
~
```

실무 실습 ㊱ import 할 때 테이블과 index를 분리해내기

오라클 권장사항은 테이블과 인덱스는 서로 다른 테이블 스페이스에 저장해야 성능이 좋아집니다. 그런데 그렇지 못한 경우가 많아서 export 후 import 할 때 같은 테이블 스페이스에 있던 테이블과 인덱스를 다른 테이블 스페이스로 분리하려고 합니다. 만약 인덱스 생성 스크립트가 있다면 import 할 때 indexes=n 옵션으로 import를 해서 import한 후 나중에 인덱스 스크립트를 수정해서 생성될 테이블 스페이스를 변경하고 실행하면 인덱스가 간단히 분리될 수 있습니다.

그러나 인덱스 생성 스크립트가 없다면 좀 더 복잡해집니다. 이럴 경우는 import 옵션 중에 indexfile이라는 옵션을 사용하면 인덱스 생성 스크립트를 만들어 줍니다. 이 스크립트에는 테이블 생성 스크립트까지 같이 포함되어 있습니다. 아래 스크립트에서 테이블 생성하는 부분의 REM은 주석이란 뜻이며 필요하면 REM을 삭제한 후 사용하면 됩니다.

테스트해 보겠습니다.

```
[oracle@remotedb ~]$ sqlplus  scott/tiger

SQL*Plus: Release 10.2.0.1.0 - Production on Wed Jan 27 09:17:10 2010

Copyright (c) 1982, 2005, Oracle.  All rights reserved.
Connected to:
Oracle Database 10g Enterprise Edition Release 10.2.0.1.0 - Production
With the Partitioning, OLAP and Data Mining options

SCOTT>create index idx_test02_addr on test02(addr);  ⑪

Index created.

SCOTT>exit
[oracle@remotedb ~]$ exp  scott/tiger  file=/data/backup/export/test02_index.dmp ₩
                         tables=test02

Export: Release 10.2.0.1.0 - Production on Wed Jan 27 09:18:05 2010
```

⑪ 인덱스를 테이블과 같은 장소에 생성합니다.

```
Copyright (c) 1982, 2005, Oracle.  All rights reserved.

Connected to: Oracle Database 10g Enterprise Edition Release 10.2.0.1.0 - Production
With the Partitioning, OLAP and Data Mining options
Export done in KO16KSC5601 character set and AL16UTF16 NCHAR character set

About to export specified tables via Conventional Path ...
. . exporting table                          TEST02       1000 rows exported
Export terminated successfully without warnings.

 [oracle@remotedb ~]$ imp  system/oracle  file=/data/backup/export/test02_index.dmp ₩
                                indexfile=test02_index.sql full=y

Import: Release 10.2.0.1.0 - Production on Wed Jan 27 09:31:00 2010

Copyright (c) 1982, 2005, Oracle.  All rights reserved.

Connected to: Oracle Database 10g Enterprise Edition Release 10.2.0.1.0 - Production
With the Partitioning, OLAP and Data Mining options

Export file created by EXPORT:V10.02.01 via conventional path

Warning: the objects were exported by SCOTT, not by you

import done in KO16KSC5601 character set and AL16UTF16 NCHAR character set
. . skipping table "TEST02"

Import terminated successfully without warnings.
[oracle@remotedb ~]$ vi test02_index.sql

REM  CREATE TABLE "SYSTEM"."TEST02" ("NO" NUMBER, "ADDR" VARCHAR2(10))
REM  PCTFREE 10 PCTUSED 40 INITRANS 1 MAXTRANS 255 STORAGE(INITIAL 65536
REM  FREELISTS 1 FREELIST GROUPS 1 BUFFER_POOL DEFAULT) TABLESPACE "USERS"
REM  LOGGING NOCOMPRESS ;
REM  ... 1000 rows
CONNECT SYSTEM;
CREATE INDEX "SYSTEM"."IDX_TEST02_ADDR" ON "TEST02" ("ADDR" ) PCTFREE 10
INITRANS 2 MAXTRANS 255 STORAGE(INITIAL 65536 FREELISTS 1 FREELIST GROUPS
1 BUFFER_POOL DEFAULT)  TABLESPACE  "USERS"  LOGGING ;
~
```

위 내용을 보면 테이블과 인덱스 모두 users 테이블 스페이스에 생성된 것을 볼 수 있습니다. 원하는 인덱스 테이블 스페이스로 수정해서 실행하면 됩니다.

(3) export와 import에 대한 일반적인 궁금증들 모음

Q1) Export 시 화면에 내용이 안 나오게 하는 방법 ⑫
여기에서는 RedHat Linux를 기준으로 설명하겠습니다.

⑫ Os별로 조금 다릅니다.

A1)

```
[oracle@remotedb ~]$ exp  scott/tiger  file=/data/backup/export/test02.dmp ₩
                                       tables=test01  > /dev/null 2>&1
[oracle@remotedb ~]$ ls -l  /data/backup/export/test02.dmp
-rw-r--r--  1 oracle dba 24576  1월 27 10:04 /data/backup/export/test02.dmp
- CShell : exp  ……   > &/dev/null
- Ksh , Bsh , Bash :  exp …..  >/dev/null > 2>&1
```

Q2) export 시 Buffer와 Recordlength의 차이는 무엇인가요?

A2) export 시 Conventional Path를 이용할 경우 (기본값) 메모리에 evaluation Buffer를 생성하고 DB Buffer Cache에 있는 내용을 evaluation buffer로 가져온 후 다른 부가작업을 해서 Os 파일로 저장을 하게 됩니다. 여기서 Buffer란 evaluation Buffer 크기를 결정하는 파라미터이고 recordlength는 buffer의 내용을 OS 파일로 내려쓸 때 사용하는 레코드의 크기를 결정하는 파라미터입니다. 이 두 가지 파라미터의 크기는 OS 블록의 배수로 설정하시는 것이 좋습니다. 그리고 DB Buffer Cache의 내용을 evaluation buffer로 가져올 때 한 건씩 가져오는 것이 아니라 여러 건의 데이터를 한꺼번에 가져오게 되는데 그것을 Array fetch라고 합니다.

Q3) 큰 데이터를 export 또는 import 할 때 화면이 정지된 것 같이 보이는데 입력되고 있는지 아닌지 알 수 있는 방법이 있을까요?

A3) export / import 옵션 중에 feedback이라는 옵션이 있습니다. feedback=정수값 이렇게 사용하며 진행되는 과정을 눈에 보여줍니다.

Q4) export 할 때 한 건씩이 아니라 Array Fetch로 추출된다고 하는데 한 번에 몇 개의 Row가 추출되나요?

A4) 이 값은 Buffer(evaluation buffer) 크기와 관련이 있습니다. 하나의 row가 export 시 차지하는 양은 각 column 크기의 합 + 4 X (column 개수)로 구해집니다. 이 자료를 기준으로 해서 한 번 Fetch될 때 Row 수는 Buffer size / 1 row size 입니다. 이를 이용하면 export 된 파일의 총 크기는 1 row size X row 수 입니다.

Q5) import를 수행하다보면 가끔 core dump/segmentation fault가 발생합니다. 원인은 무엇이며 해결은 어떻게 하나요?

A5) 오라클은 데이터를 저장하기 때문에 character set이라는 것이 있습니다.
국내는 주로 US7ASCII 또는 KO16KSC5601, KO16MSWIN949를 사용하는 데 export 받은 DB와 import 하는 DB의 캐릭터 셋이 다를 경우 위와 같은 에러가 발생합니다. 해결방법은 캐릭터 셋을 일치시킨 후 export를 받는게 정석이지만 이미 받아버린 덤프파일이라면 convert 프로그램을 이용하여 import 하는 곳의 캐릭터 셋과 동일하게 변경한 후 import를 수행하면 됩니다.

참고) 오라클 캐릭터 셋 종류

한글을 지원하는 캐릭터 셋은 아래와 같이 4가지가 있습니다. 각각 특색이 다르므로 잘 확인하고 사용해야 합니다.

1. KO16KSC5601 : 완성형 한글. 한글 2350 글자, 한자: 4888 글자, 히라카나, 카타카나, 영문, 특수기호.
2. KO16MSWIN949 : 확장완성형. 위 1번을 모두 포함하고 8822 글자 추가됨.
3. UTF8 / AL32UTF8 : 가변길이 한글. 현대 한글 11172 글자 표현 가능함.

Q6) Array Fetch란 무엇인가요?

A6) export는 select 문장을 만들어서 DB Buffer Cache에 있는 데이터를 evaluation buffer로 가져옵니다. 만약 한 번에 한 문장씩 가져와서 파일로 내려쓴다면 시간이 너무 오래 걸리고 파일에 I/O 하는 횟수도 아주 많아질 것입니다. 그래서 export는 evaluation Buffer에 일정량의 데이터가 쌓이게 되면 한꺼번에 파일에 내려씁니다. 즉 만약 10개의 row를 파일에 export 해야 한다면 1번에 1개씩 하면 10번 I/O가 발생하지만 10개를 한 번에 내려쓴다면 I/O는 한 번만 일어나면 되겠죠. 이렇게 해서 I/O를 줄여서 속도를 높이는 방법이 array fetch라는 기법입니다.

Q7) import 시에 array insert는 무엇인가요?

A7) export와 마찬가지로 import 시에도 한 번에 1 row씩 insert를 하게 되면 너무 비효율적입니다. 그래서 import할 때도 여러 건의 데이터를 한꺼번에 insert 하게 되는데 이것이 array insert 입니다.

Q8) import 시에 "ABNORMAL END OF FILE" 라는 에러 메시지는 어떤 의미인가요?

A8) 이 에러는 export 받은 파일에 문제가 있음을 의미합니다. 다시 export 받아야 합니다.

Q9) sys 소유자의 객체는 왜 export가 안되나요?

A9) sys 계정은 dictionary 객체들을 소유하고 있습니다. 새로운 데이터베이스는 이미 고유의 딕셔너리를 가지고 있을 것입니다. Sys 계정은 DB를 관리하는 계정으로 sys 계정의 객체를 export 하고 import 한다는 것은 아주 큰 위험 부담이 있고 부하도 많이 걸리는 작업이라 sys 계정은 export를 수행할 수 없도록 되어 있습니다. 또 개인적인 업무를 하기 위해 sys 계정으로 접속하는 것은 권장사항이 아니므로 주의하여야 합니다.

Q10) A 사용자 소유의 테이블에 B 사용자가 인덱스를 만들었다면 A 사용자가 export 받을 때 B 사용자의 인덱스도 함께 export 받을 수 있나요?

A10) A 사용자 계정으로 export를 수행하면 받을 수 없으나 DBA 권한으로 받으면 받을 수 있습니다.

Q11) offline 상태의 테이블 스페이스도 export 받을 수 있나요?

A11) 아닙니다. 아래를 보세요.

```
[oracle@remotedb ~]$ exp system/oracle tablespaces=test01 ₩
                        file=/data/backup/export/test01_ts.dmp  full=y

Export: Release 10.2.0.1.0
   - Production on Wed Jan 27 12:07:07 2010

Copyright (c) 1982, 2005, Oracle.  All rights reserved.

Connected to: Oracle Database 10g Enterprise Edition Release 10.2.0.1.0 -
Production
With the Partitioning, OLAP and Data Mining options
EXP-00026: conflicting modes specified  ⑬
EXP-00000: Export terminated unsuccessfully
```

⑬ 에러납니다.

CHAPTER 16

무정지 상태에서의 복구

CHAPTER 16 무정지 상태에서의 복구

16.1 clone db와 exp/imp를 이용한 데이터 복구 예제 1 - drop table

● 장애상황

DBA 박현영 엔지니어는 외부에서 작업 도중에 고객 사이트로부터 긴급 장애 호출을 받았습니다. 개발자가 실수로 아주 중요한 고객 테이블을 삭제했다는 것입니다. 삭제 시간은 거의 알고 있고 백업 파일과 아카이브 리두 로그 파일도 전부 있습니다. 문제는 여분의 서버도 없고 지금 즉시 긴급으로 복구해야 할 상황입니다. 백업 파일과 아카이브 파일의 용량을 보니 4T 정도되어서 외부로 이동도 할 수 없는 상황입니다. 지금 운영 중인 서버를 중단할 수도 없습니다.

● 복구 방법

여분의 서버도 없고 4T 용량의 파일을 이동하는데만 몇 시간이 소요될 것 같아서 현재 운영 중인 서버에 하나의 인스턴스를 더 생성해서 장애난 테이블을 시간기반 불완전 복구로 즉시 복구한 후 export 받고 운영서버에 import 하는 방법(Clone DB)을 사용하기로 결정하였습니다.

작업 순서는 아래와 같습니다.

**** 전제 조건**

- 백업 파일 경로 : /data/backup/close/
- 운영DB SID : testdb
- clone DB SID : testdb2 (복구용 DB)

– clone DB 파일 경로 : /data/temp/clone/

** 작업 순서

1. 장애 상황 발생

   1) 테스트용 테이블 스페이스 생성(여기서는 test01이라고 하겠습니다)
   2) 테스트용 테이블 생성(여기서는 gogak이라고 하겠습니다) 후 데이터 입력
   3) 테이블 삭제(시간을 확보해 둡니다)

2. Clone DB용 파라미터 파일 생성(pfile을 사용하겠습니다)

3. 백업 데이터 파일을 복원

4. 컨트롤 파일 재생성

5. 장애난 시점 직전까지 시간기반 복구로 테이블 복구

6. Export 수행 후 운영 DB로 import 수행

7. 복구 확인

step 1. 장애 상황 만들기

```
SYS>create tablespace test01
  2  datafile '/home/oracle/oradata/testdb/test01.dbf' size 10M;

Tablespace created.
SQL> shutdown immediate;
Database closed.
Database dismounted.
ORACLE instance shut down.
SQL> !
[oracle@localhost ~]$ cp /home/oracle/oradata/testdb/*  /data/backup/close/  ❶
[oracle@localhost ~]$ exit
exit

SQL> startup
ORACLE instance started.

Total System Global Area  285212672 bytes
```

❶ 전체 백업

```
Fixed Size                  1267044 bytes
Variable Size              88083100 bytes
Database Buffers          188743680 bytes
Redo Buffers                7118848 bytes
Database mounted.
Database opened.
SYS> conn scott/tiger ;

SCOTT>create table gogak (no number, name varchar2(10),tel number(11))
  2  tablespace test01;

Table created.

SCOTT>begin
  2  for i in 1..100 loop
  3   insert into gogak values (i,dbms_random.string('A',10),dbms_random.value(1,10));
  4   end loop;
  5  commit;
  6  end;
  7  /
PL/SQL procedure successfully completed.

SCOTT>select * from gogak;

        NO        NAME                TEL
------------ ------------------ ---------
         1        ybFcwUhyTq            6
         2        bJDoIDvXJv            4
         3        oueTDlhNEz            4
         4        IzHSIAGdKJ            6
         5        CbsOSrCOSw            6
         6        duJNeimxiZ            6
         7        icMoOgGgjy            9
         8        hJxKFzAKhc            3
         9        rNlBvxpCpr            2
        10        OQHvZXlMKd            8
    ........................................

100 rows selected.
```

```
SCOTT>commit ;
Commit complete.

SCOTT>select to_char(sysdate,'YYYY-MM-DD:HH24:MI:SS') from dual;

TO_CHAR(SYSDATE,'YY
-------------------
2010-04-17:17:39:46

SCOTT>save  s.sql  ❷
Created file s.sql

SCOTT>@s

TO_CHAR(SYSDATE,'YY
----------------------------
2010-04-17:17:40:13  ❸

SCOTT>drop table gogak purge;

Table dropped.

SCOTT>select * from gogak;  ❹
select * from gogak
                    *
       ERROR at line 1:
       ORA-00942: table or view does not exist

SCOTT>conn / as sysdba;
Connected.

SYS>alter system switch logfile;

System altered.

SYS>/

System altered.
```

❷ 앞으로 현재시간 확인할 때 s.sql을 실행하겠습니다.

❸ 이 시간으로 복구하면 됨

❹ 테이블 삭제되어 내용 조회 안 됨

```
SYS>/

System altered.

SYS>/

System altered.

SYS>/
```

step 2. 복구 서버(testdb2)용 파라미터 파일 생성

```
SYS>!
[oracle@localhost ~]$
[oracle@localhost ~]$ cd /home/oracle/product/10g/dbs/
[oracle@localhost dbs]$ ls
hc_testdb.dat  init.ora  initdw.ora  inittestdb.ora  lkTESTDB  orapwtestdb
[oracle@localhost dbs]$ cp inittestdb.ora  inittestdb2.ora  ❺

[oracle@localhost dbs]$ vi inittestdb2.ora
#######################################################################
db_domain=""
db_name=testdb2  ❻
#######################################################################
.................................................
#######################################################################
# File Configuration
#######################################################################
control_files=("/data/temp/clone/control01.ctl",
              "/data/temp/clone/control02.ctl",
              "/data/temp/clone/control03.ctl")
#######################################################################
```

> ❺ 복사해서 testdb2 파라미터 파일 생성 파라미터 파일 생성 후 db_name과 control_files 값을 clone db로 변경해야 합니다.
> ❻ testdb2로 변경

step 3. Testdb2용 control file 생성

Control file을 재생성하기 위해 생성 스크립트를 testdb에서 만들고 수정합니다. 그리고 control file을 생성하려면 데이터 파일은 존재해야 하기에 백업파일을 복원해야 합니다.

```
[oracle@localhost ]$ mkdir  -p  /data/temp/clone
[oracle@localhost ]$ cp  /data/backup/close/*.dbf   /data/temp/clone/
[oracle@localhost dbs]$ exit
exit
SYS>select instance_name from v$instance;

INSTANCE_NAME
----------------
testdb

SYS>alter database backup controlfile to trace as '/home/oracle/re.sql';

Database altered.

SYS>!
[oracle@localhost ~]$ vi /home/oracle/re.sql  ❼
```

❼ resetlogs로 생성 스크립트 만듭니다.

```
STARTUP NOMOUNT
CREATE CONTROLFILE REUSE DATABASE "TESTDB" RESETLOGS  ARCHIVELOG
    MAXLOGFILES 16
    MAXLOGMEMBERS 3
    MAXDATAFILES 100
    MAXINSTANCES 8
    MAXLOGHISTORY 292
LOGFILE
  GROUP 1 '/home/oracle/oradata/testdb/redo01.log'  SIZE 50M,
  GROUP 2 '/home/oracle/oradata/testdb/redo02.log'  SIZE 50M,
  GROUP 3 '/home/oracle/oradata/testdb/redo03.log'  SIZE 50M
DATAFILE
  '/home/oracle/oradata/testdb/system01.dbf',
  '/home/oracle/oradata/testdb/undotbs01.dbf',
  '/home/oracle/oradata/testdb/sysaux01.dbf',
  '/home/oracle/oradata/testdb/users01.dbf',
  '/home/oracle/oradata/testdb/example01.dbf',
  '/home/oracle/oradata/testdb/test01.dbf'
CHARACTER SET KO16KSC5601
;
```

위 내용에서 변경할 사항을 음영으로 표시했습니다.

1. DB 이름 변경
2. Redo logfile 경로 변경
3. Data file 경로 변경해야 합니다.

아래처럼 만드세요.

```
STARTUP NOMOUNT
CREATE CONTROLFILE SET DATABASE "TESTDB2" RESETLOGS  ARCHIVELOG
    MAXLOGFILES 16
    MAXLOGMEMBERS 3
    MAXDATAFILES 100
    MAXINSTANCES 8
    MAXLOGHISTORY 292
LOGFILE
  GROUP 1 '/data/temp/clone/redo01.log'  SIZE 5M,
  GROUP 2 '/data/temp/clone/redo02.log'  SIZE 5M,
  GROUP 3 '/data/temp/clone/redo03.log'  SIZE 5M
DATAFILE
  '/data/temp/clone/system01.dbf',
  '/data/temp/clone/undotbs01.dbf',
  '/data/temp/clone/sysaux01.dbf',
  '/data/temp/clone/users01.dbf',
  '/data/temp/clone/example01.dbf',
  '/data/temp/clone/test01.dbf'
CHARACTER SET KO16KSC5601
;

:wq!
```

❽ testdb2를 시작시키기 위해 접속합니다.

```
[oracle@localhost ~]$ export ORACLE_SID=testdb2   ❽
[oracle@localhost ~]$ sqlplus / as sysdba;

SQL*Plus: Release 10.2.0.4.0 - Production on Sat Apr 17 17:23:51 2010
Copyright (c) 1982, 2007, Oracle.  All Rights Reserved.
Connected to an idle instance.
```

```
SQL> @/home/oracle/re.sql
ORACLE instance started.

Total System Global Area  285212672 bytes
Fixed Size                  1267044 bytes
Variable Size              88083100 bytes
Database Buffers          188743680 bytes
Redo Buffers                7118848 bytes
Control file created.

SQL> select name from v$controlfile;
NAME
--------------------------------------------------------------------------
/data/temp/clone/control01.ctl
/data/temp/clone/control02.ctl
/data/temp/clone/control03.ctl
```

step 4. Drop된 gogak 테이블 복구하기

```
SQL> recover database until time '2010-04-17:17:40:13' using backup controlfile;
ORA-00279: change 526296 generated at 04/17/2010 17:32:27 needed for thread 1
ORA-00289: suggestion : /data/arc2/9_1_716569897.arc
ORA-00280: change 526296 for thread 1 is in sequence #9

Specify log: {<RET>=suggested | filename | AUTO | CANCEL}
auto
Log applied.
Media recovery complete.

SQL> alter database open resetlogs;

Database altered.

SQL> select instance_name from v$instance;

INSTANCE_NAME
----------------
testdb2
```

```
SQL> select count(*) from scott.gogak;

  COUNT(*)
-------------
       100 ❾
```

❾ testdb2에서 복구 완료되었습니다.

step 5. 복구된 gogak 테이블을 운영서버(testdb)로 이동하기

```
[oracle@localhost ~]$ export ORACLE_SID=testdb2
[oracle@localhost ~]$ exp scott/tiger file=gogak.dmp  tables=gogak

Export: Release 10.2.0.4.0 - Production on Sat Apr 17 17:50:42 2010

Copyright (c) 1982, 2007, Oracle.  All rights reserved.

Connected to: Oracle Database 10g Enterprise Edition Release 10.2.0.4.0 - Production
With the Partitioning, OLAP, Data Mining and Real Application Testing options
Export done in KO16KSC5601 character set and AL16UTF16 NCHAR character set

About to export specified tables via Conventional Path ...
. . exporting table                          GOGAK        100 rows exported
Export terminated successfully without warnings.

[oracle@localhost ~]$ export ORACLE_SID=testdb
[oracle@localhost ~]$ imp scott/tiger file=gogak.dmp ignore=y

Import: Release 10.2.0.4.0 - Production on Sat Apr 17 17:51:49 2010

Copyright (c) 1982, 2007, Oracle.  All rights reserved.

Connected to: Oracle Database 10g Enterprise Edition Release 10.2.0.4.0 - Production
With the Partitioning, OLAP, Data Mining and Real Application Testing options

Export file created by EXPORT:V10.02.01 via conventional path
import done in KO16KSC5601 character set and AL16UTF16 NCHAR character set
. importing SCOTT's objects into SCOTT
. importing SCOTT's objects into SCOTT
. . importing table                        "GOGAK"        100 rows imported
Import terminated successfully without warnings.
```

```
[oracle@localhost ~]$ sqlplus / as sysdba;

SQL*Plus: Release 10.2.0.4.0 - Production on Sat Apr 17 17:52:58 2010

Copyright (c) 1982, 2007, Oracle.  All Rights Reserved.

Connected to:
Oracle Database 10g Enterprise Edition Release 10.2.0.4.0 - Production
With the Partitioning, OLAP, Data Mining and Real Application Testing options

SQL> select instance_name from v$instance;

INSTANCE_NAME
----------------
testdb
SQL> select count(*) from scott.gogak;

  COUNT(*)
-------------
       100 ⑩
```

⑩ 운영서버(testdb)에서도 복구 완료됨

Clone DB를 이용한 연습문제 2 –drop tablespace 복구하기

DBA 박현영 엔지니어에게 고객사에서 긴급 복구 요청이 들어왔습니다. 고객의 실수로 테이블 스페이스가 삭제되면서 중요한 gogak 테이블이 삭제된 것입니다. 테이블 스페이스가 삭제된 시간은 대략 알고 있으나(alert log에 기록됨) 현재 상태를 확인하던 도중에 지워진 테이블 스페이스의 데이터 파일 백업이 없다는 것을 발견했습니다. 다행히 아카이브 로그 파일은 존재하고 있습니다. 여분의 백업 서버도 없어서 운영서버에서 지금 즉시 복구를 해야 합니다. Clone DB로 복구해보세요.

장애 상황을 그림으로 정리해 보겠습니다.

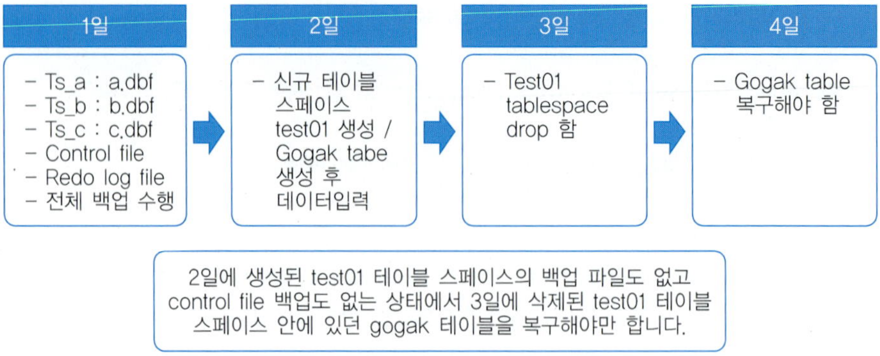

● 전제 조건

1. 백업파일 경로 : /data/backup/close/
2. 운영 서버 SID : testdb
3. 복구 서버 SID : testdb2
4. 복구 서버 파일 경로 : /data/temp/clone

1. 장애 상황 생성

step 1. 현재상황 확인

```
[oracle@localhost ~]$ export ORACLE_SID=testdb
[oracle@localhost ~]$
[oracle@localhost ~]$
[oracle@localhost ~]$ sqlplus / as sysdba;

SQL*Plus: Release 10.2.0.4.0 - Production on Sat Apr 17 18:06:42 2010

Copyright (c) 1982, 2007, Oracle.  All Rights Reserved.

Connected to:
Oracle Database 10g Enterprise Edition Release 10.2.0.4.0 - Production
With the Partitioning, OLAP, Data Mining and Real Application Testing options

SQL> !vi ddf.sql
```

```
set line 200
col tablespace_name for a10
col file_name for a50

select tablespace_name, bytes/1024/1024 MB , file_name
from dba_data_files
/

:wq!

SQL> @ddf

TABLESPACE       MB     FILE_NAME
------------ -------- --------------------------------------------
USERS             5     /home/oracle/oradata/testdb/users01.dbf
SYSAUX          250     /home/oracle/oradata/testdb/sysaux01.dbf
UNDOTBS1         30     /home/oracle/oradata/testdb/undotbs01.dbf
SYSTEM          480     /home/oracle/oradata/testdb/system01.dbf
EXAMPLE         100     /home/oracle/oradata/testdb/example01.dbf

5 rows selected.
```

step 2. 전체 파일을 열린 백업을 받겠습니다.

```
SQL> !vi ob.sql
conn / as sysdba;

alter tablespace system begin backup;
!cp -av /home/oracle/oradata/testdb/system01.dbf  /data/backup/open/
alter tablespace system end backup;

alter tablespace sysaux begin backup;
!cp -av /home/oracle/oradata/testdb/sysaux01.dbf  /data/backup/open/
alter tablespace sysaux end backup;

alter tablespace undotbs1 begin backup;
!cp -av /home/oracle/oradata/testdb/undotbs01.dbf  /data/backup/open/
alter tablespace undotbs1 end backup;
```

```
alter tablespace example  begin backup;
!cp -av /home/oracle/oradata/testdb/example01.dbf  /data/backup/open/
alter tablespace example end backup;

alter tablespace users begin backup;
!cp -av /home/oracle/oradata/testdb/users01.dbf  /data/backup/open/
alter tablespace users end backup;

alter database backup controlfile to '/data/backup/open/control.ctl';
:wq!

SQL> @ob.sql
Connected.
Tablespace altered.
`/home/oracle/oradata/testdb/system01.dbf' -> `/data/backup/open/system01.dbf'
Tablespace altered.

Tablespace altered.
`/home/oracle/oradata/testdb/sysaux01.dbf' -> `/data/backup/open/sysaux01.dbf'
Tablespace altered.

Tablespace altered.
`/home/oracle/oradata/testdb/undotbs01.dbf' -> `/data/backup/open/undotbs01.dbf'
Tablespace altered.

Tablespace altered.
`/home/oracle/oradata/testdb/example01.dbf' -> `/data/backup/open/example01.dbf'
Tablespace altered.

Tablespace altered.
`/home/oracle/oradata/testdb/users01.dbf' -> `/data/backup/open/users01.dbf'
Tablespace altered.

Database altered.
```

step 3. Test01 테이블 스페이스 생성 후 gogak 테이블 생성하고 데이터 입력

```
SQL> @ddf
```

```
TABLESPACE       MB      FILE_NAME
------------ -------- --------------------------------------------
USERS             5      /home/oracle/oradata/testdb/users01.dbf
SYSAUX          250      /home/oracle/oradata/testdb/sysaux01.dbf
UNDOTBS1         30      /home/oracle/oradata/testdb/undotbs01.dbf
SYSTEM          480      /home/oracle/oradata/testdb/system01.dbf
EXAMPLE         100      /home/oracle/oradata/testdb/example01.dbf

SQL> create tablespace test01
  2  datafile '/home/oracle/oradata/testdb/test01.dbf' size 10M

Tablespace created.

SQL> conn scott/tiger
Connected.

SQL> create table gogak (no number, name varchar2(10) , tel number(11))
  2  tablespace test01;

Table created.

SQL> begin
  2  for  i  in  1..100  loop
  3  insert  into  gogak values (i , dbms_random.string('A',10) , dbms_random.value(1,100));
  4  end loop;
  5  commit;
  6  end;
  7  /

PL/SQL procedure successfully completed.

SQL> select count(*) from gogak;

  COUNT(*)
----------
       100

 SQL> @s
```

```
TO_CHAR(SYSDATE,'YY
---------------------------
2010-04-17:18:25:21
```

2. 장애 발생

```
SQL> conn / as sysdba;
Connected.

SQL> drop tablespace test01 including contents and datafiles;

Tablespace dropped.

SQL> alter system switch logfile;

System altered.

SQL> /
System altered.

SQL> /
System altered.

SQL>/
System altered.

SQL> /
System altered.

SQL> @s

TO_CHAR(SYSDATE,'YY
---------------------------
2010-04-17:18:29:55
```

Alert log에서 삭제된 시간을 확인하겠습니다.

```
SQL> !
[oracle@localhost ~]$ vi /home/oracle/admin/testdb/bdump/alert_testdb.log
...........................................
Sat Apr 17 18:29:53 2010 ⑪
drop tablespace test01 including contents and datafiles
Sat Apr 17 18:29:54 2010 ⑫
Deleted file /home/oracle/oradata/testdb/test01.dbf
Completed: drop tablespace test01 including contents and datafiles
```

⑪ 이 시간에 삭제 명령어가 시작되었습니다. 이 시간 이전으로 복구
⑫ 이 시간에 삭제가 완료되었습니다.

복구해보세요.

복구 정답

● 복구 순서 요약

1. 복구 서버용 파라미터 파일 생성
2. 백업 데이터 파일 복원
3. 컨트롤 파일 재생성
4. 불완전복구 시작
5. Test01.dbf 파일 내용 수정하고 다시 복구 시작
6. 복구 완료되면 export 후 운영서버에 import 수행

– 복구 작업 시작 –

step 1. 복구 서버용 파라미터 파일 생성

```
[oracle@localhost ~]$ cd /home/oracle/product/10g/dbs/
[oracle@localhost dbs]$ ls
hc_testdb.dat  init.ora  initdw.ora  inittestdb.ora  lkTESTDB  orapwtestdb

[oracle@localhost dbs]$ cp inittestdb.ora  inittestdb2.ora
[oracle@localhost dbs]$ vi inittestdb2.ora
.................................................................
###########################################################################
```

⓭ testdb에서 testdb2로 변경하기

```
db_domain=""
db_name=testdb2 ⓭
###########################################################################

###########################################################################
# File Configuration
###########################################################################
control_files=("/data/temp/clone/control01.ctl",
               "/data/temp/clone/control02.ctl",
               "/data/temp/clone/control03.ctl")
:wq!
```

step 2. 백업 데이터 파일 복원

```
[oracle@localhost ~]$ cp /data/backup/open/*.dbf  /data/temp/clone/
```

step 3. 컨트롤 파일 재생성

```
[oracle@localhost ~]$ export ORACLE_SID=testdb
[oracle@localhost ~]$ sqlplus / as sysdba;

SQL*Plus: Release 10.2.0.4.0 - Production on Sat Apr 17 18:43:12 2010

Copyright (c) 1982, 2007, Oracle.  All Rights Reserved.

Connected to:
Oracle Database 10g Enterprise Edition Release 10.2.0.4.0 - Production
With the Partitioning, OLAP, Data Mining and Real Application Testing options

SQL> select instance_name from v$instance;

INSTANCE_NAME
--------------------
testdb

SQL> alter database backup controlfile to trace as '/home/oracle/re2.sql';

Database altered.
```

```
SQL> exit
Disconnected from Oracle Database 10g Enterprise Edition Release 10.2.0.4.0 - Production
With the Partitioning, OLAP, Data Mining and Real Application Testing options
[oracle@localhost ~]$ vi re2.sql
STARTUP NOMOUNT
CREATE  CONTROLFILE  SET  DATABASE  "TESTDB2"  RESETLOGS  ARCHIVELOG
    MAXLOGFILES 16
    MAXLOGMEMBERS 3
    MAXDATAFILES 100
    MAXINSTANCES 8
    MAXLOGHISTORY 292
LOGFILE
  GROUP 1 '/data/temp/clone/redo01.log'  SIZE 5M,
  GROUP 2 '/data/temp/clone/redo02.log'  SIZE 5M,
  GROUP 3 '/data/temp/clone/redo03.log'  SIZE 5M
DATAFILE
  '/data/temp/clone/system01.dbf',
  '/data/temp/clone/undotbs01.dbf',
  '/data/temp/clone/sysaux01.dbf',
  '/data/temp/clone/users01.dbf',
  '/data/temp/clone/example01.dbf'
CHARACTER SET KO16KSC5601
;
:wq!

[oracle@localhost ~]$ export ORACLE_SID=testdb2
[oracle@localhost ~]$ sqlplus / as sysdba;

SQL*Plus: Release 10.2.0.4.0 - Production on Sat Apr 17 18:48:45 2010

Copyright (c) 1982, 2007, Oracle.  All Rights Reserved.

Connected to an idle instance.

SQL> @/home/oracle/re2.sql
ORACLE instance started.

Total System Global Area  285212672 bytes
Fixed Size                  1267044 bytes
```

```
Variable Size              88083100 bytes
Database Buffers          188743680 bytes
Redo Buffers                7118848 bytes

Control file created.

SQL> recover database until time '2010-04-17:18:29:40' using backup controlfile;
ORA-00279: change 528258 generated at 04/17/2010 18:18:11 needed for thread 1
ORA-00289: suggestion : /data/arc2/14_1_716569897.arc
ORA-00280: change 528258 for thread 1 is in sequence #14

Specify log: {<RET>=suggested | filename | AUTO | CANCEL}
auto
ORA-00283: recovery session canceled due to errors
ORA-01244: unnamed datafile(s) added to control file by media recovery
ORA-01110: data file 6: '/home/oracle/oradata/testdb/test01.dbf'  ⑭

ORA-01112: media recovery not started

SQL> select name from v$datafile;

NAME
--------------------------------------------------------------------------------
/data/temp/clone/system01.dbf
/data/temp/clone/undotbs01.dbf
/data/temp/clone/sysaux01.dbf
/data/temp/clone/users01.dbf
/data/temp/clone/example01.dbf
/home/oracle/product/10g/dbs/UNNAMED00006  ⑮

6 rows selected.

SQL> alter database create datafile '/home/oracle/product/10g/dbs/UNNAMED00006'
  2  as '/data/temp/clone/test01.dbf';

Database altered.

SQL> recover database until time '2010-04-17:18:29:40' using backup controlfile;  ⑯
```

⑭ 이 파일에서 에러 납니다.

⑮ 이 파일의 내용 수정 후 다시 시도

⑯ 같은 명령 한 번 더

```
ORA-00279: change 528386 generated at 04/17/2010 18:20:35 needed for thread 1
ORA-00289: suggestion : /data/arc2/14_1_716569897.arc
ORA-00280: change 528386 for thread 1 is in sequence #14

Specify log: {<RET>=suggested | filename | AUTO | CANCEL}
auto
Log applied.
Media recovery complete.

SQL> alter database open resetlogs;

Database altered.

SQL> select instance_name from v$instance;
INSTANCE_NAME
--------------------
testdb2

SQL> select count(*) from scott.gogak;

  COUNT(*)
--------------
       100 ⑰

SQL> exit
Disconnected from Oracle Database 10g Enterprise Edition Release 10.2.0.4.0 - Production
With the Partitioning, OLAP, Data Mining and Real Application Testing options
[oracle@localhost ~]$ export ORACLE_SID=testdb2

[oracle@localhost ~]$ exp scott/tiger file=gogak2.dmp tables=gogak

Export: Release 10.2.0.4.0 - Production on Sat Apr 17 18:59:21 2010

Copyright (c) 1982, 2007, Oracle.  All rights reserved.

Connected to: Oracle Database 10g Enterprise Edition Release 10.2.0.4.0 - Production
With the Partitioning, OLAP, Data Mining and Real Application Testing options
Export done in KO16KSC5601 character set and AL16UTF16 NCHAR character set
```

⑰ 복구됨

```
About to export specified tables via Conventional Path ...
. . exporting table                          GOGAK        100 rows exported
Export terminated successfully without warnings.

[oracle@localhost ~]$ export ORACLE_SID=testdb
[oracle@localhost ~]$ sqlplus / as sysdba;

SQL*Plus: Release 10.2.0.4.0 - Production on Sat Apr 17 19:00:09 2010

Copyright (c) 1982, 2007, Oracle.  All Rights Reserved.

Connected to:
Oracle Database 10g Enterprise Edition Release 10.2.0.4.0 - Production
With the Partitioning, OLAP, Data Mining and Real Application Testing options
SQL> select instance_name from v$instance;

INSTANCE_NAME
--------------------
testdb

SQL> select count(*) from scott.gogak;  ⑱
select count(*) from scott.gogak
                     *
ERROR at line 1:
ORA-00942: table or view does not exist

SQL> !
[oracle@localhost ~]$ export ORACLE_SID=testdb
[oracle@localhost ~]$ imp scott/tiger file=gogak2.dmp ignore=y
Import: Release 10.2.0.4.0 - Production on Sat Apr 17 19:01:42 2010
Copyright (c) 1982, 2007, Oracle.  All rights reserved.

Connected to: Oracle Database 10g Enterprise Edition Release 10.2.0.4.0 - Production
With the Partitioning, OLAP, Data Mining and Real Application Testing options

Export file created by EXPORT:V10.02.01 via conventional path
import done in KO16KSC5601 character set and AL16UTF16 NCHAR character set
. importing SCOTT's objects into SCOTT
. importing SCOTT's objects into SCOTT
```

⑱ 아직 복구가 안 되어서 테이블이 없습니다.

```
. . importing table                    "GOGAK"        100 rows imported
Import terminated successfully without warnings.

[oracle@localhost ~]$ exit
exit

SQL> select instance_name from v$instance;

INSTANCE_NAME
------------------
testdb

SQL> select count(*) from scott.gogak;

  COUNT(*)
-------------
       100 ⓳
```

⓳ 복구 완료되었습니다.

이 문제 외에도 drop user / delete / truncate 등등, 모든 문제를 clone DB를 이용해 복구할 수 있습니다. 잘 활용하기 바랍니다.

지금까지는 clone DB로 복구하고 export /import 방법으로 데이터를 이동시켰습니다.

이번에는 이 방법보다 더 쉽고 빠른 DB Link라는 기술로 데이터를 이동시키는 실습을 해 보겠습니다.

16.2 clone db로 복구 후 DB link를 이용해서 이동하기

1) drop table 복구하기

이번 경우는 앞에서 배운 clone DB를 이용해서 데이터를 복구하고 exp/imp 방법이 아닌 dblink라는 기술을 이용해서 보다 빠르고 손쉽게 데이터를 복구하는 방법을 배우도록 합니다.

이 실습의 목표는 Clone DB 기술을 완벽하게 익히고 Database Link라는 기술까지 배우는 것입니다. DB Link라는 기술은 원격지의 데이터베이스를 마치 local DB인 것처럼 연결해 주는 기술을 의미하며 local db server의 tnsnames.ora 파일과 원격지 DB 서버의 listener.ora 파일의 설정을 사용하며 두 서버 사이는 당연히 네트워킹이 되어야 합니다. DB Link는 이 실습의 뒷부분에 자세하게 나옵니다.

step 1. 현재 상태 확인 후 전체 begin backup 수행

```
SYS>archive log list;
Database log mode              Archive Mode
Automatic archival             Enabled
Archive destination            /data/arc2
Oldest online log sequence     35
Next log sequence to archive   37
Current log sequence           37

SYS>create tablespace clone_test
  2  datafile '/home/oracle/oradata/testdb/clone_test01.dbf' size 5M
  3  autoextend on;

Tablespace created.

SYS>@dd
TABLESPACE         MB     FILE_NAME
------------ -------- ------------------------------------------------
CLONE_TEST          6     /home/oracle/oradata/testdb/clone_test01.dbf
EXAMPLE           100     /home/oracle/oradata/testdb/example01.dbf
USERS           11.25     /home/oracle/oradata/testdb/users01.dbf
SYSAUX            480     /home/oracle/oradata/testdb/sysaux01.dbf
UNDOTBS1           40     /home/oracle/oradata/testdb/undotbs01.dbf
SYSTEM            500     /home/oracle/oradata/testdb/system01.dbf

- 현재 데이터 파일을 begin 백업 받기

SYS>@dd
```

```
TABLESPACE       MB       FILE_NAME
------------ -------- --------------------------------------------------
CLONE_TEST        6       /home/oracle/oradata/testdb/clone_test01.dbf
EXAMPLE         100       /home/oracle/oradata/testdb/example01.dbf
USERS         11.25       /home/oracle/oradata/testdb/users01.dbf
SYSAUX          480       /home/oracle/oradata/testdb/sysaux01.dbf
UNDOTBS1         40       /home/oracle/oradata/testdb/undotbs01.dbf
SYSTEM          500       /home/oracle/oradata/testdb/system01.dbf

SYS>alter tablespace clone_test begin backup;
Tablespace altered.
SYS>!cp /home/oracle/oradata/testdb/clone_test01.dbf  /data/backup/open/
SYS>alter tablespace clone_test end backup;
Tablespace altered.

SYS>alter tablespace example begin backup;
Tablespace altered.
SYS>!cp /home/oracle/oradata/testdb/example01.dbf  /data/backup/open/
SYS>alter tablespace example end backup;
Tablespace altered.

SYS>alter tablespace users begin backup;
Tablespace altered.
SYS>!cp /home/oracle/oradata/testdb/users01.dbf  /data/backup/open/
SYS>alter tablespace users end backup;
Tablespace altered.

SYS>alter tablespace sysaux begin backup;
Tablespace altered.
SYS>!cp /home/oracle/oradata/testdb/sysaux01.dbf  /data/backup/open/
SYS>alter tablespace sysaux end backup;
Tablespace altered.

SYS>alter tablespace undotbs1 begin backup;
Tablespace altered.
SYS>!cp /home/oracle/oradata/testdb/undotbs01.dbf  /data/backup/open/
SYS>alter tablespace undotbs1 end backup;
Tablespace altered.
```

```
SYS>alter tablespace system begin backup;
Tablespace altered.
SYS>!cp /home/oracle/oradata/testdb/system01.dbf  /data/backup/open/
SYS>alter tablespace system end backup;
Tablespace altered.
```

step 2. 테이블 생성하고 데이터 입력하기

```
SYS>@ddf

TABLESPACE       MB     FILE_NAME
------------ -------- ------------------------------------------------
CLONE_TEST        5     /home/oracle/oradata/testdb/clone_test01.dbf
EXAMPLE         100     /home/oracle/oradata/testdb/example01.dbf
USERS         11.25     /home/oracle/oradata/testdb/users01.dbf
SYSAUX          480     /home/oracle/oradata/testdb/sysaux01.dbf
UNDOTBS1         40     /home/oracle/oradata/testdb/undotbs01.dbf
SYSTEM          500     /home/oracle/oradata/testdb/system01.dbf

6 rows selected.

SYS>create table scott.ctest01
  2  (no number,
  3   name varchar2(10),
  4   address varchar2(20)) tablespace clone_test;

Table created.

SYS>begin
  2  for i in 1..100000  loop
  3   insert into scott. ctest01  values (i,dbms_random.string('A',10),dbms_random.string('A',20)) ;
  4  end loop;
  5  commit;
  6  end ;
7  /

PL/SQL procedure successfully completed.

SYS>select count(*) from  scott.ctest01;
```

```
  COUNT(*)
-----------------
    100000

SYS>select to_char(sysdate,'YYYY-MM-DD:HH24:MI:SS') "Time"
  2  from dual;

Time
-------------------
2010-04-21:19:49:57

SYS>save time.sql
Created file time.sql
```

step 3. Drop table ctest01 장애 발생

```
SYS>drop table scott.ctest01 purge;

Table dropped.

SYS>
SYS>select count(*) from scott.ctest01;
select count(*) from scott.ctest01
                           *
ERROR at line 1:
ORA-00942: table or view does not exist
SYS>alter system switch logfile;

System altered.
SYS>/

System altered.
SYS>/

System altered.

SYS>/

System altered.
```

```
SYS>/

System altered.

SYS>/

System altered.
```

테이블 스페이스를 만들고 테이블을 생성하고 데이터를 입력했다는 내용이 Redo log file에 있는데 log switch를 발생시켜서 아카이브 로그로 저장을 시킵니다. 그리고 이 내용을 이용해서 복구를 하는 것입니다. 로그스위치를 충분히 일으켜 주세요.

step 4. Clone db용 parameter file 생성하기

- clone DB의 SID = clone1로 합니다.
- clone DB의 복구 경로를 /data/temp/clone1 로 합니다.

```
SYS>!
[oracle@rcclient ~]$
[oracle@rcclient ~]$ cd /home/oracle/product/10g/dbs/
[oracle@rcclient dbs]$ cp inittestdb.ora  initclone1.ora
[oracle@rcclient dbs]$ vi initclone1.ora
###########################################################################
db_domain=""
db_name=clone1  ⑳
...
###########################################################################
# File Configuration
###########################################################################
control_files=("/data/temp/clone1/control01.ctl",  ㉑
               "/data/temp/clone1/control02.ctl",
               "/data/temp/clone1/control03.ctl")

:wq!
```

⑳ db name을 변경합니다.

㉑ control file을 변경합니다.

step 5. Clone DB용 control file 생성

```
SYS>alter database backup controlfile to trace as '/home/oracle/ctl_clone.sql';
Database altered.
SYS> !
[oracle@rcclient ~]$ cp /data/backup/open/*.dbf   /data/temp/clone1/
[oracle@rcclient ~]$ vi  /home/oracle/ctl_clone.sql

STARTUP NOMOUNT
CREATE  CONTROLFILE  SET  DATABASE  "CLONE1"  RESETLOGS  ARCHIVELOG
    MAXLOGFILES 16
    MAXLOGMEMBERS 3
    MAXDATAFILES 100
    MAXINSTANCES 8
    MAXLOGHISTORY 292
LOGFILE
  GROUP 1 (
    '/data/temp/clone1/redo01_a.log',
    '/data/temp/clone1/redo01_b.log'
  ) SIZE 5M,
  GROUP 2 (
    '/data/temp/clone1/redo02_a.log',
    '/data/temp/clone1/redo02_b.log'
  ) SIZE 5M,
  GROUP 3 (
    '/data/temp/clone1/redo03_a.log',
    '/data/temp/clone1/redo03_b.log'
  ) SIZE 5M
DATAFILE
  '/data/temp/clone1/system01.dbf',
  '/data/temp/clone1/undotbs01.dbf',
  '/data/temp/clone1/sysaux01.dbf',
  '/data/temp/clone1/users01.dbf',
  '/data/temp/clone1/example01.dbf',
  '/data/temp/clone1/clone_test01.dbf'
CHARACTER SET KO16KSC5601
;

:wq!
[oracle@rcclient ~]$ export ORACLE_SID=clone1
```

```
[oracle@rcclient ~]$ sqlplus / as sysdba;

SQL*Plus: Release 10.2.0.4.0 - Production on Wed Apr 21 19:25:00 2010

Copyright (c) 1982, 2007, Oracle.  All Rights Reserved.

Connected to an idle instance.

SYS>@/home/oracle/ctl_clone.sql
ORACLE instance started.

Total System Global Area  285212672 bytes
Fixed Size                  1267044 bytes
Variable Size              88083100 bytes
Database Buffers          188743680 bytes
Redo Buffers                7118848 bytes

Control file created.
```

step 6. 복구하기

```
SYS>recover database until time '2010-04-21:19:49:57' using backup controlfile;
ORA-00279: change 956313 generated at 04/21/2010 19:43:00 needed for thread 1
ORA-00289: suggestion : /data/arc2/59_1_716926011.arc
ORA-00280: change 956313 for thread 1 is in sequence #59

Specify log: {<RET>=suggested | filename | AUTO | CANCEL}
auto
ORA-00279: change 956733 generated at 04/21/2010 19:48:54 needed for thread 1
ORA-00289: suggestion : /data/arc2/60_1_716926011.arc
ORA-00280: change 956733 for thread 1 is in sequence #60
ORA-00278: log file '/data/arc2/59_1_716926011.arc' no longer needed for this
recovery

…< 중간 생략 >

ORA-00279: change 957562 generated at 04/21/2010 19:49:19 needed for thread 1
ORA-00289: suggestion : /data/arc2/69_1_716926011.arc
ORA-00280: change 957562 for thread 1 is in sequence #69
```

```
ORA-00278: log file '/data/arc2/68_1_716926011.arc' no longer needed for this
recovery

Log applied.
Media recovery complete.

SYS>alter database open resetlogs;

Database altered.

SYS>select name from v$database;

NAME
---------
CLONE1

SYS>select count(*) from scott.ctest01;

  COUNT(*)
--------------
    100000  ㉒
```

㉒ clone1 DB에서 복구 완료되었습니다.

step 7. 운영서버(testdb)에서 clone DB로 DB link 생성하기

– 운영서버의 /home/oracle/product/10g/network/admin/tnsnames.ora 수정하기

```
clonedb =
       (DESCRIPTION =
          (ADDRESS_LIST =
            (ADDRESS = (PROTOCOL = TCP)(HOST = 192.168.234.129)(PORT = 1522))
          )
          (CONNECT_DATA =
            (SERVICE_NAME = clone1)
          )
       )
```

기존 내용 밑에 위 내용을 추가하고 저장하세요. 다음으로 운영서버에서 clone

DB로 접속 테스트를 하겠습니다. 사실 지금은 운영서버든 clone DB든 하나의 머신에서 작동하기 때문에 같은 서버를 의미합니다.

아래는 /home/oracle/product/10g/network/admin/listener.ora 파일의 내용입니다. 기존 내용에 음영부분을 추가했습니다. 그리고 Clone DB를 위해서 Listener2를 생성하고 서비스 port를 1522 번으로 변경했습니다.

```
[oracle@rcclient admin]$ pwd
/home/oracle/product/10g/network/admin

[oracle@rcclient admin]$ ls
listener.ora  rcserver  samples  shrept.lst  tnsnames.ora

[oracle@rcclient admin]$ vi  listener.ora
# listener.ora Network Configuration File: /home/oracle/product/10g/network/admin/listener.ora
# Generated by Oracle configuration tools.

SID_LIST_LISTENER =
  (SID_LIST =
    (SID_DESC =
      (SID_NAME = testdb)
      (ORACLE_HOME = /home/oracle/product/10g)
      (PROGRAM = extproc)
    )
  )
LISTENER =
  (DESCRIPTION_LIST =
    (DESCRIPTION =
      (ADDRESS = (PROTOCOL = TCP)(HOST = rcclient)(PORT = 1521))
      (ADDRESS = (PROTOCOL = IPC)(KEY = EXTPROC0))
    )
  )

LISTENER2 = ㉓
  (DESCRIPTION_LIST =
    (DESCRIPTION =
      (ADDRESS = (PROTOCOL = TCP)(HOST = rcclient ㉔)(PORT = 1522))
    )
```

㉓ clone DB를 서비스 하기 위해 listener2를 새로 생성합니다.
㉔ /etc/hosts 파일에 rcclient 서버의 정보가 등록되어 있어야 합니다.

```
  )
SID_LIST_LISTENER2 =
  (SID_LIST =
    (SID_DESC =
      (SID_NAME = clone1)
      (ORACLE_HOME = /home/oracle/product/10g)
    )
  )
```

- 운영서버에서 clone DB로 연결하는 DB link 생성합니다.

```
SQL> create  database  link  clink  ㉕
  2  connect  to  scott  identified  by  tiger  ㉖
  3  using  'clonedb';  ㉗

Database link created.

SQL> exit
Disconnected from Oracle Database 10g Enterprise Edition Release 10.2.0.4.0 - Production
With the Partitioning, OLAP, Data Mining and Real Application Testing options
```

㉕ 이 이름은 마음대로 정하세요.
㉖ clone DB로 연결할 계정과 암호 설정합니다.
㉗ 이 이름은 tnsnames.ora 파일에 있는 이름을 사용하여야 합니다.

step 8. Clone DB로 접속 테스트를 합니다.

이 테스트를 하려면 서버의 listener가 실행되고 있어야 하며 우리는 위에서 clone DB용으로 Listener2를 생성했으므로 서버 쪽에 listener2가 실행되고 있어야 합니다. 우선 listener를 실행시키지 않고 테스트하겠습니다.

```
[oracle@rcclient ~]$ lsnrctl  ㉘

LSNRCTL for Linux: Version 10.2.0.4.0 - Production on 21-APR-2010 21:23:52

Copyright (c) 1991, 2007, Oracle.  All rights reserved.

Welcome to LSNRCTL, type "help" for information.

LSNRCTL> stop  listener2  ㉙
Connecting to (DESCRIPTION=(ADDRESS=(PROTOCOL=TCP)(HOST=rcclient)(PORT=1522)))
The command completed successfully
```

㉘ 리스너를 관리하는 명령어입니다.
㉙ listener2를 중지시킵니다.

```
LSNRCTL> status listener2
Connecting to (DESCRIPTION=(ADDRESS=(PROTOCOL=TCP)(HOST=rcclient)(PORT=1522)))
TNS-12541: TNS:no listener
 TNS-12560: TNS:protocol adapter error
  TNS-00511: No listener
   Linux Error: 111: Connection refused
 LSNRCTL> exit

[oracle@rcclient ~]$ tnsping clonedb ㉚

TNS Ping Utility for Linux: Version 10.2.0.4.0 - Production on 21-APR-2010 21:25:11

Copyright (c) 1997, 2007, Oracle.  All rights reserved.

Used parameter files:

Used TNSNAMES adapter to resolve the alias
Attempting to contact (DESCRIPTION = (ADDRESS_LIST = (ADDRESS = (PROTOCOL = TCP)(HOST
= 192.168.234.128)(PORT = 1522))) (CONNECT_DATA = (SERVICE_NAME = clone1)))
TNS-12541: TNS:no listener ㉛
```

㉚ clone DB 이름은 tnsnames.ora 파일에 있는 이름임

㉛ 에러납니다.

이번엔 listener2를 실행시키고 다시 테스트해 보겠습니다.

```
[oracle@rcclient ~]$ lsnrctl

LSNRCTL for Linux: Version 10.2.0.4.0 - Production on 21-APR-2010 21:26:27
Copyright (c) 1991, 2007, Oracle.  All rights reserved.

Welcome to LSNRCTL, type "help" for information.

LSNRCTL> start  listener2
Starting /home/oracle/product/10g/bin/tnslsnr: please wait...

TNSLSNR for Linux: Version 10.2.0.4.0 - Production
System parameter file is /home/oracle/product/10g/network/admin/listener.ora
Log messages written to /home/oracle/product/10g/network/log/listener2.log
Listening on: (DESCRIPTION=(ADDRESS=(PROTOCOL=tcp)(HOST=rcclient)(PORT=1522)))
```

```
Connecting to (DESCRIPTION=(ADDRESS=(PROTOCOL=TCP)(HOST=rcclient)(PORT=1522)))
STATUS of the LISTENER
------------------------------------------------------------------------
Alias                     listener2
Version                   TNSLSNR for Linux: Version 10.2.0.4.0 - Production
Start Date                21-APR-2010 21:26:31
Uptime                    0 days 0 hr. 0 min. 0 sec
Trace Level               off
Security                  ON: Local OS Authentication
SNMP                      OFF
Listener Parameter File   /home/oracle/product/10g/network/admin/listener.ora
Listener Log File         /home/oracle/product/10g/network/log/listener2.log
Listening Endpoints Summary...
  (DESCRIPTION=(ADDRESS=(PROTOCOL=tcp)(HOST=rcclient)(PORT=1522)))
Services Summary...
Service "clone1" has 1 instance(s).
  Instance "clone1", status UNKNOWN, has 1 handler(s) for this service...
The command completed successfully

LSNRCTL> status listener2
Connecting to (DESCRIPTION=(ADDRESS=(PROTOCOL=TCP)(HOST=rcclient)(PORT=1522)))
STATUS of the LISTENER
------------------------------------------------------------------------
Alias                     listener2
Version                   TNSLSNR for Linux: Version 10.2.0.4.0 - Production
Start Date                21-APR-2010 21:26:31
Uptime                    0 days 0 hr. 0 min. 7 sec
Trace Level               off
Security                  ON: Local OS Authentication
SNMP                      OFF
Listener Parameter File   /home/oracle/product/10g/network/admin/listener.ora
Listener Log File         /home/oracle/product/10g/network/log/listener2.log
Listening Endpoints Summary...
  (DESCRIPTION=(ADDRESS=(PROTOCOL=tcp)(HOST=rcclient)(PORT=1522)))
Services Summary...
Service "clone1" has 1 instance(s).
  Instance "clone1", status UNKNOWN, has 1 handler(s) for this service...
The command completed successfully
```

```
[oracle@rcclient admin]$ tnsping  clonedb

TNS Ping Utility for Linux: Version 10.2.0.4.0 - Production on 21-APR-2010 21:11:36

Copyright (c) 1997,  2007, Oracle.  All rights reserved.

Used parameter files:

Used TNSNAMES adapter to resolve the alias
Attempting to contact (DESCRIPTION = (ADDRESS_LIST = (ADDRESS = (PROTOCOL = TCP)(HOST
= 192.168.234.128)(PORT = 1522))) (CONNECT_DATA = (SERVICE_NAME = clone1)))
OK (0 msec) ㉜

[oracle@rcclient admin]$ sqlplus / as sysdba

SQL*Plus: Release 10.2.0.4.0 - Production on Wed Apr 21 21:11:42 2010

Copyright (c) 1982, 2007, Oracle.  All Rights Reserved.

Connected to:
Oracle Database 10g Enterprise Edition Release 10.2.0.4.0 - Production
With the Partitioning, OLAP, Data Mining and Real Application Testing
options

SQL> select count(*) from scott.ctest01@clink;

  COUNT(*)
------------
    100000

SQL> select name from v$database;

NAME
---------
TESTDB
```

㉜ 에러 안 나고 성공했습니다.

step 9. Scott.ctest01 테이블을 운영서버(testdb)로 가져옵니다.

```
SQL> create table scott.ctest01
```

```
  2  as select  *
  3     from scott.ctest01@clink;

Table created.

SQL> select count(*) from scott.ctest01;

  COUNT(*)
---------------
    100000

SQL> select name from v$database;

NAME
---------
TESTDB
```

복구 완료했습니다. 이 실습의 핵심은 앞에서 말한 바와 같이 clone DB 생성 복구와 DB Link 설정하는 것이므로 완벽하게 연습하기 바랍니다.

이어서 이 방법의 연습문제로 drop tablespace 복구, drop user 복구, DML 에러 복구 등을 진행하도록 하겠습니다. 답을 보지 말고 꼭 본인의 실력으로 풀어 나가길 바랍니다.

연습문제 ❾ Drop user 장애를 clone db로 복구 후 db link로 이전하기

● 장애 상황 설명

DBA 전준범 엔지니어는 고객 사이트에서 운영 중인 서버에서 중요한 계정이 삭제되어 복구를 해달라는 요청을 받았습니다. 모든 상황이 clone DB를 이용할 수 밖에 없는 상황이며 apos라는 계정을 복구하고 그 계정의 gogak, sangpum table을 반드시 복구해야 한다고 합니다. 다행히 장애가 발생한 시간은 알고 있습니다.

step 1. 현재 상황 확인

```
SYS>@dd

TABLESPACE        MB     FILE_NAME
------------ -------- --------------------------------------------
EXAMPLE          100     /home/oracle/oradata/testdb/example01.dbf
USERS          16.25     /home/oracle/oradata/testdb/users01.dbf
SYSAUX           480     /home/oracle/oradata/testdb/sysaux01.dbf
UNDOTBS1          40     /home/oracle/oradata/testdb/undotbs01.dbf
SYSTEM           500     /home/oracle/oradata/testdb/system01.dbf

SYS>select name from v$controlfile;

NAME
----------------------------------------------------------------------------
/home/oracle/oradata/testdb/control01.ctl
/home/oracle/oradata/testdb/control02.ctl
/home/oracle/oradata/testdb/control03.ctl

SYS>select member from v$logfile;

MEMBER
----------------------------------------------------------------------------
/home/oracle/oradata/testdb/redo03_a.log
/home/oracle/oradata/testdb/redo03_b.log
/home/oracle/oradata/testdb/redo02_a.log
/home/oracle/oradata/testdb/redo02_b.log
/home/oracle/oradata/testdb/redo01_a.log
/home/oracle/oradata/testdb/redo01_b.log

## 현재 상태를 확인한 후 전체 open 백업을 수행합니다.

SYS>!vi ob.sql
conn / as sysdba;

alter tablespace system begin backup;
!cp -av /home/oracle/oradata/testdb/system01.dbf  /data/backup/open/
alter tablespace system end backup;
```

```
alter tablespace sysaux begin backup;
!cp -av /home/oracle/oradata/testdb/sysaux01.dbf  /data/backup/open/
alter tablespace sysaux end backup;

alter tablespace undotbs1 begin backup;
!cp -av /home/oracle/oradata/testdb/undotbs01.dbf  /data/backup/open/
alter tablespace undotbs1 end backup;

alter tablespace example  begin backup;
!cp -av /home/oracle/oradata/testdb/example01.dbf  /data/backup/open/
alter tablespace example end backup;

alter tablespace users begin backup;
!cp -av /home/oracle/oradata/testdb/users01.dbf  /data/backup/open/
alter tablespace users end backup;

:wq!

SYS>@ob
Connected.

Tablespace altered.
'/home/oracle/oradata/testdb/system01.dbf' -> '/data/backup/open/system01.dbf'
Tablespace altered.

Tablespace altered.
'/home/oracle/oradata/testdb/sysaux01.dbf' -> '/data/backup/open/sysaux01.dbf'
Tablespace altered.

Tablespace altered.
'/home/oracle/oradata/testdb/undotbs01.dbf' -> '/data/backup/open/undotbs01.dbf'
Tablespace altered.

Tablespace altered.
'/home/oracle/oradata/testdb/example01.dbf' -> '/data/backup/open/example01.dbf'
Tablespace altered.

Tablespace altered.
'/home/oracle/oradata/testdb/users01.dbf' -> '/data/backup/open/users01.dbf'
```

```
Tablespace altered.

## apos 계정 생성하고 gogak , sangpum table을 생성합니다.

SYS>create  tablespace  pos
  2  datafile  '/home/oracle/oradata/testdb/pos01.dbf'  size  5M
  3  autoextend  on ;

Tablespace created.

SYS>create  temporary  tablespace  temp_pos
  2  tempfile  '/home/oracle/oradata/testdb/temp_pos01.dbf' size 10M;

Tablespace created.

SYS>create user apos
  2  identified by apos
  3  default tablespace pos
  4  temporary tablespace temp_pos;

User created.

SYS>grant connect, resource to apos;

Grant succeeded.
SYS>conn apos/apos;
Connected.

APOS>create table gogak
  2  ( no number ,
  3    name varchar2(10),
  4    address varchar2(20));
Table created.

APOS>create table sangpum
  2  ( no number ,
  3    name varchar2(10),
  4    qty number);
Table created.
```

```
APOS>begin
  2  for i in  1.. 1000 loop
  3   insert into gogak values (i,dbms_random.string('A',10),dbms_random.string('K',10));
  4  end loop;
  5  commit;
  6  end;
  7  /

PL/SQL procedure successfully completed.

APOS>begin
  2  for i in 1..1000 loop
  3   insert into sangpum values (i,dbms_random.string('A',10),dbms_random.value(1,9));
  4  end loop;
  5  commit;
  6  end;
  7  /

PL/SQL procedure successfully completed.

APOS>select count(*) from gogak;
  COUNT(*)
---------------
      1000
APOS>select count(*) from sangpum;
  COUNT(*)
---------------
      1000

APOS>conn / as sysdba;
Connected.

SYS>@time

Time
-------------------
2010-04-22:15:22:27

SYS>drop user apos cascade;
```

```
User dropped.

SYS>select * from apos.gogak;
select * from apos.gogak
                  *
ERROR at line 1:
ORA-00942: table or view does not exist

SYS>select * from apos.sangpum;
select * from apos.sangpum
                  *
ERROR at line 1:
ORA-00942: table or view does not exist
```

지워진 apos 사용자를 복구해서 sangpum table, gogak table을 복구해 보세요.

㉝ 여러 번 수행하세요.

```
SYS> alter system switch logfile;  ㉝
```

● 연습 문제 8번 정답

1. Clone DB용 파라미터 파일 생성

- clone DB SID = cl_duser 로 하겠습니다.
- 복구 경로는 /data/temp/clone_duser 로 하겠습니다.

㉞ DB name 변경합니다.

```
SYS>!
[oracle@rcclient ~]$ cd /home/oracle/product/10g/dbs/
[oracle@rcclient dbs]$ cp  inittestdb.ora    initcl_duser.ora
[oracle@rcclient dbs]$ vi  initcl_duser.ora
###########################################################################
# Database Identification
###########################################################################
db_domain=""
db_name=cl_duser  ㉞
```

```
….
######################################################################
# File Configuration
######################################################################
control_files=("/data/temp/clone_duser/control01.ctl",
               "/data/temp/clone_duser/control02.ctl",
               "/data/temp/clone_duser/control03.ctl")
```

2. Control file을 생성합니다.

```
[oracle@rcclient ~]$ mkdir  /data/temp/clone_duser
[oracle@rcclient ~]$ cp  /data/backup/open/*.dbf  /data/temp/clone_duser/

[oracle@rcclient ~]$ exit
exit

SYS>alter database backup controlfile to trace as '/home/oracle/ctl_duser.sql';

Database altered.

SYS>!

[oracle@rcclient ~]$ vi /home/oracle/ctl_duser.sql

STARTUP NOMOUNT
CREATE CONTROLFILE SET DATABASE "CL_DUSER" RESETLOGS  ARCHIVELOG
    MAXLOGFILES 16
    MAXLOGMEMBERS 3
    MAXDATAFILES 100
    MAXINSTANCES 8
    MAXLOGHISTORY 292
LOGFILE
  GROUP 1 (
    '/data/temp/clone_duser/redo01_a.log',
    '/data/temp/clone_duser/redo01_b.log'
  ) SIZE 5M,
  GROUP 2 (
    '/data/temp/clone_duser/redo02_a.log',
    '/data/temp/clone_duser/redo02_b.log'
```

```
  ) SIZE 5M,
  GROUP 3 (
    '/data/temp/clone_duser/redo03_a.log',
    '/data/temp/clone_duser/redo03_b.log'
  ) SIZE 5M
DATAFILE
  '/data/temp/clone_duser/system01.dbf',
  '/data/temp/clone_duser/undotbs01.dbf',
  '/data/temp/clone_duser/sysaux01.dbf',
  '/data/temp/clone_duser/users01.dbf',
  '/data/temp/clone_duser/example01.dbf'
CHARACTER SET KO16KSC5601
;

:wq!
```

** 주의 사항 : 위 스크립트에서 pos01.dbf는 빠져야 합니다. 백업 파일이 없기 때문에 그 문장을 넣게 되면 컨트롤 파일 재생성이 실패합니다.

```
SYS>@/home/oracle/ctl_duser.sql
ORACLE instance started.

Total System Global Area  285212672 bytes
Fixed Size                  1267044 bytes
Variable Size              88083100 bytes
Database Buffers          188743680 bytes
Redo Buffers                7118848 bytes

Control file created.
```

3. 복구합니다. 이때 pos01.dbf는 백업파일이 없는데 어떻게 복구하는지 앞에서 본 것과 동일한 방법으로 복구해냅니다.

```
SYS>recover database until time '2010-04-22:15:22:27' using backup controlfile;
ORA-00279: change 986692 generated at 04/22/2010 15:13:50 needed for thread 1
ORA-00289: suggestion : /data/arc2/85_1_716926011.arc
ORA-00280: change 986692 for thread 1 is in sequence #85
```

```
Specify log: {<RET>=suggested | filename | AUTO | CANCEL}
auto
ORA-00283: recovery session canceled due to errors
ORA-01244: unnamed datafile(s) added to control file by media recovery
ORA-01110: data file 6: '/home/oracle/oradata/testdb/pos01.dbf'

ORA-01112: media recovery not started

SYS>select name from v$datafile;

NAME
--------------------------------------------------------------------------
/data/temp/clone_duser/system01.dbf
/data/temp/clone_duser/undotbs01.dbf
/data/temp/clone_duser/sysaux01.dbf
/data/temp/clone_duser/users01.dbf
/data/temp/clone_duser/example01.dbf
/home/oracle/product/10g/dbs/UNNAMED00006

6 rows selected.
SYS>alter database create datafile '/home/oracle/product/10g/dbs/UNNAMED00006'
  2  as  '/data/temp/clone_duser/pos01.dbf'

Database altered.

SYS>select name from v$datafile;

NAME
--------------------------------------------------------------------------
/data/temp/clone_duser/system01.dbf
/data/temp/clone_duser/undotbs01.dbf
/data/temp/clone_duser/sysaux01.dbf
/data/temp/clone_duser/users01.dbf
/data/temp/clone_duser/example01.dbf
/data/temp/clone_duser/pos01.dbf

6 rows selected.

SYS>recover database until time '2010-04-22:15:22:27' using backup controlfile;
```

```
ORA-00279: change 987192 generated at 04/22/2010 15:22:38 needed for thread 1
ORA-00289: suggestion : /data/arc2/85_1_716926011.arc
ORA-00280: change 987192 for thread 1 is in sequence #85

Specify log: {<RET>=suggested | filename | AUTO | CANCEL}

Log applied.

Media recovery complete.

SYS>alter database open resetlogs;

Database altered.

SYS>conn apos/apos
Connected.

APOS>select * from tab;

TNAME                 TABTYPE    CLUSTERID
-------------------- ----------- ----------------
SANGPUM               TABLE
GOGAK                 TABLE

APOS>select count(*) from gogak;

  COUNT(*)
--------------
      1000

APOS>select count(*) from sangpum;

  COUNT(*)
--------------
      1000

APOS>conn / as sysdba;
Connected.
```

```
SYS>select name from v$database;

NAME
---------
CL_DUSER
```

4. DB Link를 생성해서 CL_Duser DB에서 복구된 데이터를 운영 DB인 testdb로 가져옵니다.

- testdb에서 cl_duser DB로 연결하는 DB Link를 생성합니다. 이 작업을 위해서 listener3을 생성하겠습니다. Cl_duser DB 서비스 포트는 1523번으로 하겠습니다.
- tnsnames.ora 파일과 listener.ora 파일에 등록이 되어야 합니다. 아래 내용을 보세요.
- /home/oracle/product/10g/network/admin/tnsnames.ora 내용입니다.

```
[oracle@rcclient ~]$ vi /home/oracle/product/10g/network/admin/tnsnames.ora

# tnsnames.ora Network Configuration File:
    /home/oracle/product/10g/network/admin/tnsnames.ora
# Generated by Oracle configuration tools.

CLONEDB =
  (DESCRIPTION =
    (ADDRESS_LIST =
      (ADDRESS = (PROTOCOL = TCP)(HOST = 192.168.234.128)(PORT = 1522))
    )
    (CONNECT_DATA =
      (SERVICE_NAME = clone1)
    )
  )

CL_DUSER =
  (DESCRIPTION =
    (ADDRESS_LIST =
```

```
      (ADDRESS = (PROTOCOL = TCP)(HOST = 192.168.234.128)(PORT = 1523))
    )
    (CONNECT_DATA =
      (SERVICE_NAME = cl_duser)
    )
  )
```

음영으로 표시한 부분을 추가하고 저장했습니다. 이번엔 listener.ora 파일을 보겠습니다.

```
[oracle@rcclient ~]$ vi /home/oracle/product/10g/network/admin/listener.ora
# listener.ora Network Configuration File: /home/oracle/product/10g/network/admin/listener.ora
# Generated by Oracle configuration tools.

LISTENER2 =
  (DESCRIPTION_LIST =
    (DESCRIPTION =
      (ADDRESS = (PROTOCOL = TCP)(HOST = rcclient)(PORT = 1522))
    )
  )

SID_LIST_LISTENER2 =
  (SID_LIST =
    (SID_DESC =
      (SID_NAME = clone1)
      (ORACLE_HOME = /home/oracle/product/10g)
    )
  )

LISTENER3 =
  (DESCRIPTION_LIST =
    (DESCRIPTION =
      (ADDRESS = (PROTOCOL = TCP)(HOST = rcclient)(PORT = 1523))
    )
  )

```

```
SID_LIST_LISTENER3 =
  (SID_LIST =
    (SID_DESC =
      (SID_NAME = cl_duser)
      (ORACLE_HOME = /home/oracle/product/10g)
    )
  )
```

역시 음영으로 표시한 부분을 추가했습니다. 이제 listener3을 시작하고 테스트 해보겠습니다.

```
[oracle@rcclient ~]$ lsnrctl

LSNRCTL for Linux: Version 10.2.0.4.0 - Production on 22-APR-2010 16:44:19

Copyright (c) 1991, 2007, Oracle.  All rights reserved.

Welcome to LSNRCTL, type "help" for information.

LSNRCTL> start  listener3
Starting /home/oracle/product/10g/bin/tnslsnr: please wait...

TNSLSNR for Linux: Version 10.2.0.4.0 - Production
System parameter file is /home/oracle/product/10g/network/admin/listener.ora
Log messages written to /home/oracle/product/10g/network/log/listener3.log
Listening on: (DESCRIPTION=(ADDRESS=(PROTOCOL=tcp)(HOST=rcclient)(PORT=1523)))

Connecting to (DESCRIPTION=(ADDRESS=(PROTOCOL=TCP)(HOST=rcclient)(PORT=1523)))
STATUS of the LISTENER
------------------------------------------------------------------------
Alias                     listener3
Version                   TNSLSNR for Linux: Version 10.2.0.4.0 - Production
Start Date                22-APR-2010 16:49:50
Uptime                    0 days 0 hr. 0 min. 0 sec
Trace Level               off
Security                  ON: Local OS Authentication
SNMP                      OFF
```

```
Listener Parameter File    /home/oracle/product/10g/network/admin/listener.ora
Listener Log File          /home/oracle/product/10g/network/log/listener3.log
Listening Endpoints Summary...
  (DESCRIPTION=(ADDRESS=(PROTOCOL=tcp)(HOST=rcclient)(PORT=1523)))
Services Summary...
Service "cl_duser" has 1 instance(s).
  Instance "cl_duser", status UNKNOWN, has 1 handler(s) for this service...
The command completed successfully
```

㉟ 접속 테스트합니다.

```
[oracle@rcclient ~]$ tnsping  cl_duser  ㉟

TNS Ping Utility for Linux: Version 10.2.0.4.0 - Production on 22-APR-2010 16:43:12

Copyright (c) 1997,  2007, Oracle.  All rights reserved.

Used parameter files:

Used TNSNAMES adapter to resolve the alias
Attempting to contact (DESCRIPTION = (ADDRESS_LIST = (ADDRESS = (PROTOCOL = TCP)(HOST
= 192.168.234.128)(PORT = 1523))) (CONNECT_DATA = (SERVICE_NAME = cl_duser)))
OK (0 msec)
[oracle@rcclient ~]$ ps -ef  | grep tns
 oracle    4450     1  0 16:43 ?    00:00:00 /home/oracle/product/10g/bin/tnslsnr
listener3 -inherit
 oracle    4451  4450  0 16:43 ?    00:00:00 /home/oracle/product/10g/bin/tnslsnr
listener3 -inherit
 oracle    4452  4451  0 16:43 ?    00:00:00 /home/oracle/product/10g/bin/tnslsnr
listener3 -inherit
 oracle    4453  4451  0 16:43 ?    00:00:00 /home/oracle/product/10g/bin/tnslsnr
listener3 -inherit
 oracle    4456  4378  0 16:43 pts/2    00:00:00 grep tns
```

- DB link 생성합니다.

testdb에서 cl_duser로 연결하는 DB Link이며 Link 이름은 duser로 하겠습니다.

```
SYS>select  name  from  v$database;

NAME
---------
TESTDB

SYS>create database link duser
  2  connect to apos identified by apos
  3  using 'cl_duser';

Database link created.

SYS>select count(*) from apos.gogak;  ㊱
select count(*) from apos.gogak
                              *
ERROR at line 1:
ORA-00942: table or view does not exist

SYS>select count(*) from apos.sangpum;  ㊲
select count(*) from apos.sangpum
                              *
ERROR at line 1:
ORA-00942: table or view does not exist
SYS>select count(*) from apos.gogak@duser;  ㊳

  COUNT(*)
----------
      1000

SYS>select count(*) from apos.sangpum@duser;  ㊴

  COUNT(*)
----------
      1000

SYS>select name from v$database;

SYS>@dd
```

㊱ local DB에서 조회하니까 당연히 에러 납니다.

㊲ local DB에서 조회하니까 당연히 에러 납니다.

㊳ DB Link를 이용해 조회하니까 성공합니다.

㊴ DB Link를 이용해 조회하니까 성공합니다.

```
TABLESPACE       MB     FILE_NAME
------------ -------- ---------------------------------------------
POS                 5   /home/oracle/oradata/testdb/pos01.dbf
EXAMPLE           100   /home/oracle/oradata/testdb/example01.dbf
USERS           16.25   /home/oracle/oradata/testdb/users01.dbf
SYSAUX            480   /home/oracle/oradata/testdb/sysaux01.dbf
UNDOTBS1           40   /home/oracle/oradata/testdb/undotbs01.dbf
SYSTEM            500   /home/oracle/oradata/testdb/system01.dbf

6 rows selected.

SYS>create user apos
  2  identified by apos
  3  default tablespace pos
  4  temporary tablespace temp;

User created.

SYS>grant connect ,resource to apos;

Grant succeeded.
SYS>create table apos.gogak
  2  as select * from apos.gogak@duser;

Table created.

SYS>select count(*) from apos.gogak;

  COUNT(*)
----------
      1000

SYS>create table apos.sangpum
  2  as select * from apos.sangpum@duser;

Table created.

SYS>select count(*) from apos.sangpum;
```

```
  COUNT(*)
----------
      1000
```

복구 완료되었습니다.

이번 연습문제 역시 Clone DB로 운영 DB의 종료 없이 데이터를 복구시켜 DB Link를 이용해서 데이터를 이동시켰습니다. 많이 연습하여서 이 책을 보지 않고 해낼 수 있어야 한다는 것을 꼭 명심하세요. 이 외에도 drop tablespace, truncate tablespace 등도 동일한 방법으로 복구하면 됩니다.

이 실습의 핵심은 Clone DB를 얼마나 잘 익히느냐와 DB Link를 얼마나 잘 생성하고 사용하느냐 입니다. Clone DB를 생성하는 방법을 완전하게 숙지하고 DB Link를 생성해서 이용하는 방법도 완벽하게 숙지해서 잘 사용하기 바랍니다. 그리고 DB Link는 오라클 버전이 달라도 생성하는 것은 상관없지만 일반적으로 버전이 높은 곳에서 낮은 곳으로 연결하는 것을 권장합니다. 즉 10g와 9i를 연결해야 한다면 10g 쪽에서 create database link 명령어로 생성하는 것을 권장한다는 의미입니다.

CHAPTER 17

백업파일끼리 SCN 다르고 아카이브 로그 없는 경우 복구하기

17

CHAPTER

백업파일끼리 SCN 다르고 아카이브 로그 없는 경우 복구하기

이번 장에서는 정말 일어나서는 안 될 장애가 발생했을 경우를 가정해서 복구하는 연습을 하겠습니다. 그 장애는 데이터 파일 백업을 잘못 수행해서 백업된 데이터 파일끼리 SCN 정보가 다르고 아카이브 로그조차도 없는 최악의 상황일 경우에 발생한 장애입니다. 당연히 이런 장애는 없어야 하고 또 여기서 언급하는 방법으로 100% 복구가 되는 것도 아님을 미리 밝혀 둡니다. 이런 장애가 발생하지 않도록 최선을 다해서 관리하기 바랍니다.

```
SQL> startup mount;
ORACLE instance started.

Total System Global Area  285212672 bytes
Fixed Size                  1267044 bytes
Variable Size              88083100 bytes
Database Buffers          188743680 bytes
Redo Buffers                7118848 bytes
Database mounted.

SQL> alter database noarchivelog;
Database altered.

SQL> alter database open;
Database altered.

SQL> archive log list;
Database log mode              No Archive Mode  ❶
Automatic archival             Disabled
Archive destination            /data/arc2
Oldest online log sequence     18
```

❶ 아카이브 로그 없는 노아카이브 모드

```
Current log sequence           20

SQL> select name from v$datafile;

NAME
--------------------------------------------------------------------------
/home/oracle/oradata/testdb/system01.dbf
/home/oracle/oradata/testdb/undotbs01.dbf
/home/oracle/oradata/testdb/sysaux01.dbf
/home/oracle/oradata/testdb/users01.dbf
/home/oracle/oradata/testdb/example01.dbf

SQL> !mkdir /data/backup/temp
```

– Begin backup 없이 그냥 copy로 백업 받습니다. 백업파일의 SCN 정보가 다를 것입니다.

```
SQL> !cp /home/oracle/oradata/testdb/system01.dbf  /data/backup/temp/
SQL> !cp /home/oracle/oradata/testdb/undotbs01.dbf /data/backup/temp/
SQL> !cp /home/oracle/oradata/testdb/sysaux01.dbf  /data/backup/temp/
SQL> !cp /home/oracle/oradata/testdb/users01.dbf  /data/backup/temp/
SQL> !cp /home/oracle/oradata/testdb/example01.dbf  /data/backup/temp/

SQL> conn scott/tiger
Connected.
SQL> create table test02 (no number) tablespace example;

Table created.

SQL> insert into test02 values (1);

1 row created.

SQL> insert into test02 values (2);

1 row created.
```

```
SQL> commit;
Commit complete.

SQL> conn / as sysdba;
Connected.
SQL> select name from v$datafile;

NAME
--------------------------------------------------------------------------
/home/oracle/oradata/testdb/system01.dbf
/home/oracle/oradata/testdb/undotbs01.dbf
/home/oracle/oradata/testdb/sysaux01.dbf
/home/oracle/oradata/testdb/users01.dbf
/home/oracle/oradata/testdb/example01.dbf
```

❷ 장애 발생함

```
SQL> !rm -fr /home/oracle/oradata/testdb/example01.dbf  ❷

SQL> shutdown abort;
ORACLE instance shut down.
SQL> startup
ORACLE instance started.

Total System Global Area  285212672 bytes
Fixed Size                  1267044 bytes
Variable Size              88083100 bytes
Database Buffers          188743680 bytes
Redo Buffers                7118848 bytes
Database mounted.
ORA-01157: cannot identify/lock data file 5 - see DBWR trace file
ORA-01110: data file 5: '/home/oracle/oradata/testdb/example01.dbf'
```

DB SID를 testdb3로 하고 /data/backup/temp/ 아래에서 복구를 하겠습니다.

step 1. Testdb3용 파라미터 파일 생성

```
[oracle@localhost ~]$ cd /home/oracle/product/10g/dbs/
[oracle@localhost dbs]$ cp inittestdb.ora inittestdb3.ora
[oracle@localhost dbs]$ vi inittestdb3.ora
```

```
######################################################################
# Database Identification
######################################################################
db_domain=""
db_name=testdb3 ❸
######################################################################
.....................................................
######################################################################
# File Configuration
######################################################################
control_files=("/data/backup/temp/control01.ctl",
               "/data/backup/temp/control02.ctl",
               "/data/backup/temp/control03.ctl")

:wq!
```

❸ 수정하기

step 2. Control file 재생성

```
[oracle@localhost ~]$ vi re.sql
STARTUP NOMOUNT
CREATE CONTROLFILE SET DATABASE "TESTDB3" RESETLOGS  ARCHIVELOG
    MAXLOGFILES 16
    MAXLOGMEMBERS 3
    MAXDATAFILES 100
    MAXINSTANCES 8
    MAXLOGHISTORY 292
LOGFILE
  GROUP 1 '/data/backup/temp/redo01.log'  SIZE 5M,
  GROUP 2 '/data/backup/temp/redo02.log'  SIZE 5M,
  GROUP 3 '/data/backup/temp/redo03.log'  SIZE 5M
DATAFILE
  '/data/backup/temp/system01.dbf',
  '/data/backup/temp/undotbs01.dbf',
  '/data/backup/temp/sysaux01.dbf',
  '/data/backup/temp/users01.dbf',
  '/data/backup/temp/example01.dbf',
  '/data/backup/temp/test01.dbf'
CHARACTER SET KO16KSC5601
;
```

```
:wq!

[oracle@localhost ~]$ export ORACLE_SID=testdb3
[oracle@localhost ~]$ sqlplus / as sysdba;

SQL*Plus: Release 10.2.0.4.0 - Production on Sat Apr 17 19:33:33 2010

Copyright (c) 1982, 2007, Oracle.  All Rights Reserved.

Connected to an idle instance.

SQL> @/home/oracle/re.sql
ORACLE instance started.

Total System Global Area  285212672 bytes
Fixed Size                  1267044 bytes
Variable Size              88083100 bytes
Database Buffers          188743680 bytes
Redo Buffers                7118848 bytes

Control file created.

SQL> recover database using backup controlfile;
ORA-00279: change 551196 generated at 04/17/2010 19:17:13 needed for thread 1
ORA-00289: suggestion : /data/arc2/20_1_716569897.arc
ORA-00280: change 551196 for thread 1 is in sequence #20

Specify log: {<RET>=suggested | filename | AUTO | CANCEL}
auto
ORA-00308: cannot open archived log '/data/arc2/20_1_716569897.arc'
ORA-27037: unable to obtain file status
Linux Error: 2: No such file or directory  ❹
Additional information: 3

ORA-00308: cannot open archived log '/data/arc2/20_1_716569897.arc'
ORA-27037: unable to obtain file status
Linux Error: 2: No such file or directory
Additional information: 3
```

❹ 아카이브 파일이 없어서 복구가 안 되고 에러남

step 3. 파라미터 파일에 히든 파라미터 적용하기

```
[oracle@localhost ~]$ vi /home/oracle/product/10g/dbs/inittestdb3.ora

_offline_rollback_segments=(_SYSSMU1$,_SYSSMU2$,_SYSSMU3$,_SYSSMU4$,_SYSSMU5$
,_SYSSMU6$,_SYSSMU7$,_SYSSMU8$,_SYSSMU9$,_SYSSMU10$)
_corrupted_rollback_segments=true

_allow_resetlogs_corruption=true

:wq!

[oracle@localhost ~]$ exit
exit

SQL> shutdown abort;  ⑤
ORACLE instance shut down.

SQL> startup mount;
ORACLE instance started.

Total System Global Area  285212672 bytes
Fixed Size                  1267044 bytes
Variable Size              88083100 bytes
Database Buffers          188743680 bytes
Redo Buffers                7118848 bytes
Database mounted.

SQL> alter session set  events  '10015  trace  name  adjust_scn  level  1' ;

Session altered.

SQL> recover database until cancel using backup controlfile;
ORA-00279: change 551196 generated at 04/17/2010 19:17:13 needed for thread 1
ORA-00289: suggestion : /data/arc2/20_1_716569897.arc
ORA-00280: change 551196 for thread 1 is in sequence #20

Specify log: {<RET>=suggested | filename | AUTO | CANCEL}
cancel
ORA-01547: warning: RECOVER succeeded but OPEN RESETLOGS would get error below
```

⑤ 변경한 파라미터 파일을 적용시키기 위해서 종료하고 다시 시작함

```
ORA-01194: file 1 needs more recovery to be consistent
ORA-01110: data file 1: '/data/backup/temp/system01.dbf'

ORA-01112: media recovery not started

SQL> alter database open resetlogs;

Database altered.
```

이렇게 open이 된 후에는 파라미터 파일에서 위 3개의 히든 파라미터를 지워주어야 합니다. 만약 startup이 안 된다면 **alter session set events '10015 trace name adjust_scn level 1'** 에서 숫자를 2, 3으로 계속 증가시켜서 시도하면 됩니다. 단 이 방법은 최악의 상황에서 해야 한다는 것을 꼭 기억하고 이렇게 복구한 후에는 반드시 전체 데이터베이스를 export로 백업을 받아야 합니다.

CHAPTER 18

Datapump

18 CHAPTER Datapump

Oracle datapump는 oracle 10g 버전부터 등장한 export/import의 향상된 유틸리티입니다. Export / import는 사용하기 편하고 성능도 뛰어나지만 속도가 느리고 작업시간을 예측하기도 어려운 등의 여러 가지 단점을 가지고 있었으나 datapump는 매우 뛰어난 속도 향상과 사용자의 편의성을 가지고 있습니다. 지금부터 datapump를 자세히 살펴보겠습니다.

Datapump는 export / import와 다르게 유틸리티가 직접 OS 파일에 I/O를 할 수 없고 오라클에 directory라는 객체를 통해서 간접으로 접근이 가능합니다. 그래서 datapump를 사용하려면 미리 directory가 만들어져 있어야 하며 datapump를 수행하는 사용자는 그 디렉토리에 접근할 수 있는 권한이 있어야 합니다.

18.1 환경 설정하기

Datapump를 사용하기 위해서 디렉토리를 생성하고 권한 설정을 하도록 하겠습니다.

```
[oracle@localhost ~]$ mkdir /data/datapump
[oracle@localhost ~]$ sqlplus / as sysdba;

SQL*Plus: Release 10.2.0.4.0 - Production on Sat Apr 17 19:59:37 2010

Copyright (c) 1982, 2007, Oracle.  All Rights Reserved.

Connected to:
```

```
Oracle Database 10g Enterprise Edition Release 10.2.0.4.0 - Production
With the Partitioning, OLAP, Data Mining and Real Application Testing options

SQL> create or replace directory datapump as '/data/datapump';
Directory created.
SQL> grant read,write on directory datapump to scott;  ❶
Grant succeeded.

SQL> grant create any directory to scott;
Grant succeeded.
```

❶ scott에게 datapump 디렉토리에 접근할 수 있는 권한을 설정함.

Datapump는 기존 export와 구분하기 위해 expdp로, import와 구분하기 위해 impdp라는 명령을 사용합니다.

실무 실습 ㊲ scott 계정의 emp, dept 테이블만 백업 받기

```
[oracle@localhost ~]$ expdp scott/tiger tables=emp,dept directory=datapump job_name=test1 ₩
                          dumpfile=emp_dept

Export: Release 10.2.0.4.0 - Production on Saturday, 17 April, 2010 20:20:23

Copyright (c) 2003, 2007, Oracle.  All rights reserved.

Connected to: Oracle Database 10g Enterprise Edition Release 10.2.0.4.0 - Production
With the Partitioning, OLAP, Data Mining and Real Application Testing options
Starting "SCOTT"."TEST1":  scott/******** tables=emp,dept directory=datapump job_name=test1
dumpfile=emp_dept
Estimate in progress using BLOCKS method...
Processing object type TABLE_EXPORT/TABLE/TABLE_DATA
Total estimation using BLOCKS method: 128 KB
Processing object type TABLE_EXPORT/TABLE/TABLE
Processing object type TABLE_EXPORT/TABLE/INDEX/INDEX
Processing object type TABLE_EXPORT/TABLE/CONSTRAINT/CONSTRAINT
Processing object type TABLE_EXPORT/TABLE/CONSTRAINT/REF_CONSTRAINT
. . exported "SCOTT"."DEPT"                            5.656 KB       4 rows
```

```
. . exported "SCOTT"."EMP"                              7.820 KB      14 rows
Master table "SCOTT"."TEST1" successfully loaded/unloaded
******************************************************************************
Dump file set for SCOTT.TEST1 is:
  /data/datapump/emp_dept.dmp
Job "SCOTT"."TEST1" successfully completed at 20:20:41
```

실무 실습 38 scott schema 전부 백업 받기

```
[oracle@localhost ~]$ expdp scott/tiger  schemas=scott  directory=datapump ₩
                         dumpfile=scott01.dmp

Export: Release 10.2.0.4.0 - Production on Saturday, 17 April, 2010 20:24:05
Copyright (c) 2003, 2007, Oracle.  All rights reserved.

Connected to: Oracle Database 10g Enterprise Edition Release 10.2.0.4.0 - Production
With the Partitioning, OLAP, Data Mining and Real Application Testing options
Starting "SCOTT"."SYS_EXPORT_SCHEMA_01":  scott/******** schemas=scott directory=datapump
dumpfile=scott01.dmp
Estimate in progress using BLOCKS method...
Processing object type SCHEMA_EXPORT/TABLE/TABLE_DATA
Total estimation using BLOCKS method: 192 KB
Processing object type SCHEMA_EXPORT/PRE_SCHEMA/PROCACT_SCHEMA
Processing object type SCHEMA_EXPORT/TABLE/TABLE
Processing object type SCHEMA_EXPORT/TABLE/INDEX/INDEX
Processing object type SCHEMA_EXPORT/TABLE/CONSTRAINT/CONSTRAINT
Processing object type SCHEMA_EXPORT/TABLE/INDEX/STATISTICS/INDEX_STATISTICS
Processing object type SCHEMA_EXPORT/TABLE/COMMENT
Processing object type SCHEMA_EXPORT/TABLE/CONSTRAINT/REF_CONSTRAINT
. . exported "SCOTT"."DEPT"                             5.656 KB       4 rows
. . exported "SCOTT"."EMP"                              7.820 KB      14 rows
. . exported "SCOTT"."SALGRADE"                         5.585 KB       5 rows
. . exported "SCOTT"."BONUS"                                0 KB       0 rows
Master table "SCOTT"."SYS_EXPORT_SCHEMA_01" successfully loaded/unloaded
******************************************************************************
Dump file set for SCOTT.SYS_EXPORT_SCHEMA_01 is:
```

```
  /data/datapump/scott01.dmp
Job "SCOTT"."SYS_EXPORT_SCHEMA_01" successfully completed at 20:24:34
```

실무 실습 ㊴ DB 전체를 백업 받기

```
[oracle@localhost ~]$ expdp system/oracle  full=y directory=datapump dumpfile=full01.dmp ₩
                        job_name=a

Export: Release 10.2.0.4.0 - Production on Saturday, 17 April, 2010 20:26:22

Copyright (c) 2003, 2007, Oracle.  All rights reserved.

Connected to: Oracle Database 10g Enterprise Edition Release 10.2.0.4.0 - Production
With the Partitioning, OLAP, Data Mining and Real Application Testing options
Starting "SYSTEM"."SYS_EXPORT_FULL_01":  system/******** full=y directory=datapump
dumpfile=full01.dmp
Estimate in progress using BLOCKS method...
Processing object type DATABASE_EXPORT/SCHEMA/TABLE/TABLE_DATA
.................................
. . exported "SYSTEM"."REPCAT$_USER_AUTHORIZATIONS"      0 KB       0 rows
. . exported "SYSTEM"."REPCAT$_USER_PARM_VALUES"         0 KB       0 rows
. . exported "SYSTEM"."SQLPLUS_PRODUCT_PROFILE"          0 KB       0 rows
. . exported "TSMSYS"."SRS$"                             0 KB       0 rows
Master table "SYSTEM"."A" successfully loaded/unloaded
******************************************************************************
Dump file set for SYSTEM.A is:
  /data/datapump/full01.dmp
Job "SYSTEM"."A" completed with 1 error(s) at 20:30:12
```

실무 실습 ㊵ 일시 중단 후 다시 작업하기

Expdp를 수행하다 보면 서버에 부하를 많이 줘서 일시 중단했다가 나중에 이어서 다시 작업할 때가 있습니다. 그런 상황일 때 어떻게 하는지 살펴보겠습니다.

DB 전체를 백업 받다가 중간에 Ctrl+c를 눌러 취소하겠습니다.

```
[oracle@localhost ~]$ expdp  system/oracle  full=y  directory=datapump  ₩
                      dumpfile=full02.dmp  job_name=a

Export: Release 10.2.0.4.0 - Production on Saturday, 17 April, 2010 20:33:19

Copyright (c) 2003, 2007, Oracle.  All rights reserved.

Connected to: Oracle Database 10g Enterprise Edition Release 10.2.0.4.0 - Production
With the Partitioning, OLAP, Data Mining and Real Application Testing options
Starting "SYSTEM"."A":  system/******** full=y directory=datapump dumpfile=full02.dmp
job_name=a
Estimate in progress using BLOCKS method...
Processing object type DATABASE_EXPORT/SCHEMA/TABLE/TABLE_DATA  ❷
Export> status

Job: A
 Operation: EXPORT
 Mode: FULL
 State: EXECUTING
 Bytes Processed: 0
 Current Parallelism: 1
 Job Error Count: 0
 Dump File: /data/datapump/full02.dmp
 bytes written: 4,096
Worker 1 Status:
State: EXECUTING
Object Schema: SYSMAN
Object Name: MGMT_SQL_REUSE
Object Type: DATABASE_EXPORT/SCHEMA/TABLE/TABLE_DATA
Completed Objects: 480
```

❷ Ctrl + C 를 눌러서 취소했습니다.

```
Worker Parallelism: 1

Export> stop_job ❸
Are you sure you wish to stop this job ([yes]/no): 엔터

[oracle@localhost ~]$ sqlplus / as sysdba;

SQL*Plus: Release 10.2.0.4.0 - Production on Sat Apr 17 20:35:29 2010

Copyright (c) 1982, 2007, Oracle.  All Rights Reserved.

Connected to:
Oracle Database 10g Enterprise Edition Release 10.2.0.4.0 - Production
With the Partitioning, OLAP, Data Mining and Real Application Testing options

SQL> col owner_name for a10
SQL> col job_name for a10
SQL> col operation for a10
SQL> col job_mode for a10
SQL> select owner_name , job_name,operation,job_mode,state
  2  from dba_datapump_jobs;

OWNER_NAME  JOB_NAME    OPERATION     JOB_MODE     STATE
----------- ----------- ------------- ------------ ---------------------
SYSTEM      A           EXPORT        FULL         NOT RUNNING

[oracle@localhost ~]$ expdp system/oracle attach=system.a ❹

Export: Release 10.2.0.4.0 - Production on Saturday, 17 April, 2010 20:40:15

Copyright (c) 2003, 2007, Oracle.  All rights reserved.

Connected to: Oracle Database 10g Enterprise Edition Release 10.2.0.4.0 - Production
With the Partitioning, OLAP, Data Mining and Real Application Testing options

Job: A
  Owner: SYSTEM
  Operation: EXPORT
  Creator Privs: FALSE
```

❸ 일시 중단시킴

❹ 일시 중단된 작업에 다시 접속

```
  GUID: 846E1836D9AD4309E040007F0100696A
  Start Time: Saturday, 17 April, 2010 20:40:18
  Mode: FULL
  Instance: testdb
  Max Parallelism: 1
  EXPORT Job Parameters:
  Parameter Name      Parameter Value:
     CLIENT_COMMAND       system/******** full=y directory=datapump dumpfile=full02.dmp
job_name=a
  State: IDLING
  Bytes Processed: 0
  Current Parallelism: 1
  Job Error Count: 0
  Dump File: /data/datapump/full02.dmp
    bytes written: 1,626,112

Worker 1 Status:
  State: UNDEFINED

Export> start_job

Export> exit

[oracle@localhost ~]$ sqlplus / as sysdba;

SQL*Plus: Release 10.2.0.4.0 - Production on Sat Apr 17 20:41:41 2010

Copyright (c) 1982, 2007, Oracle.  All Rights Reserved.

Connected to:
Oracle Database 10g Enterprise Edition Release 10.2.0.4.0 - Production
With the Partitioning, OLAP, Data Mining and Real Application Testing options

SQL> col owner_name for a10
SQL> col job_name for a10
SQL> col operation for a10
SQL> col job_mode for a10

SQL>  select owner_name , job_name,operation,job_mode,state
```

```
  2  from dba_datapump_jobs ;

OWNER_NAME   JOB_NAME    OPERATION      JOB_MODE     STATE
----------- ----------- -------------- ------------ ----------------------
SYSTEM       A           EXPORT         FULL         EXECUTING
```

Export > 상태에서 만약 해당 작업을 완전히 취소하고 싶으면 kill_job 입력하면 됩니다.

실무 실습 ㊶ 병렬 expdp 작업하기

```
[oracle@localhost ~]$ expdp system/oracle full=y directory=datapump dumpfile=full04.dmp ₩
                                job_name=a    parallel=4
```

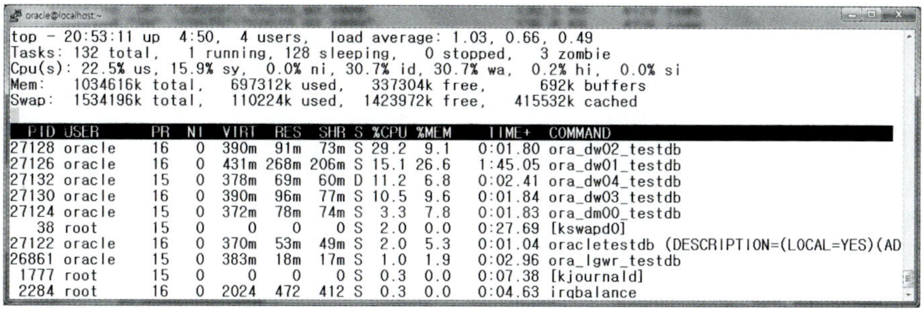

실무 실습 ㊷ 파일 위치 다르게 병렬로 expdp 작업하기

```
[oracle@localhost ~]$ expdp    system/oracle    full=y    parallel=4 ₩
                               dumpfile=DATADIR1:full1%U.dat,  ₩
                                     DATADIR2:full2%U.dat, ₩
                                     DATADIR3:full3%U.dat, ₩
                                     DATADIR4:full4%U.dat  ₩
                                     filesize=100M
```

당연히 DATADIR1-4까지는 미리 만들어져 있어야 합니다.

실무 실습 43 파라미터 파일 사용해서 expdp 수행 – 여러 개의 파일로 분할 expdp

```
[oracle@testdb ~]$ vi expdp_pump.par
userid=system/oracle
directory=datapump
job_name=datapump
logfile=expdp.log
dumpfile=expdp_%U.dmp
filesize=100M
full=y
:wq!

[oracle@localhost ~]$ expdp parfile=expdp_pump.par

Export: Release 10.2.0.4.0 - Production on Saturday, 17 April, 2010 22:35:55

Copyright (c) 2003, 2007, Oracle.  All rights reserved.

Connected to: Oracle Database 10g Enterprise Edition Release 10.2.0.4.0 - Production
With the Partitioning, OLAP, Data Mining and Real Application Testing options
Starting "SYSTEM"."DATAPUMP":  parfile=expdp_pump.par
Estimate in progress using BLOCKS method...
Processing object type DATABASE_EXPORT/SCHEMA/TABLE/TABLE_DATA
.........................................
```

실무 실습 44 parameter 파일 이용해서 scott.test 테이블 impdp 작업하기

```
[oracle@localhost ~]$ vi impdp.par
userid=scott/tiger
directory=datapump
job_name=datapump
logfile=impdp_pump.log
dumpfile=expdp_%U.dmp
tables=test
table_exists_action=append
```

```
[oracle@localhost ~]$ impdp parfile=impdp.par
```

실무 실습 ㊺ Impdp 병렬 작업하기

```
[oracle@localhost ~]$impdp  system/manager    parallel=4   ₩
                        dumpfile= DATADIR1:full1%U.dat,  ₩
                                  DATADIR2:full2%U.dat,  ₩
                                  DATADIR3:full3%U.dat,  ₩
                                  DATADIR4:full4%U.dat   ₩
                                  Table_exists_action=append
```

실무 실습 ㊻ Import 수행하지 않고 DDL 문장만 추출하기

```
[oracle@localhost ~]$ impdp   system/oracle   directory=datapump ₩
                      dumpfile=expdp_%U.dmp  sqlfile=datapump.dat
```

실무 실습 ㊼ 작업 예상시간 추출하기

```
[oracle@localhost ~]$ sqlplus / as sysdba
SQL> select sid,serial#,sofar,totalwork
2    from v$session_longops
3    where opname='DATAPUMP2'  ⑤
4    and sofar != totalwork ;

   SID     SERIAL#     SOFAR     TOTALWORK
--------- ----------- ---------- ----------------
   159         69          0          52  ⑥
```

⑤ job_name을 대문자로 입력하세요.

⑥ 대략 52초가 남았다는 의미입니다.

CHAPTER 19

Flashback

19 CHAPTER

Flashback

FLASHBACK 기능은 사용자의 논리적인 오류를 아주 빠르게 복구해 낼 수 있는 방법입니다. Oracle 9i 버전부터 등장했으나 10g 버전부터 획기적인 여러 가지 기능을 추가로 지원해서 사용자의 논리적인 실수를 복구하는데 거의 혁명적이라고 할 만큼 획기적인 기능입니다. 그러나 여러 가지 장점이 있음에도 불구하고 반드시 기억해야 할 점은 Flashback 기능은 물리적인 장애 — 즉 파일의 손상이나 디스크 손상 등 — 에서는 사용할 수 없고 사용자의 실수로 테이블 삭제나 DML 오류 등의 논리적인 장애만 복구할 수 있다는 것을 꼭 기억해야 합니다. 또한 논리적인 장애라 할지라도 Flashback 기능으로 복구할 수 없는 경우도 많이 있으니 반드시 잘 알고 사용하길 바랍니다.

그럼 Flashback 기능에 대해서 자세하게 살펴보도록 하겠습니다. 먼저 아래 그림을 보겠습니다.

이름	주소	Tel
홍길동	서울	111
이순신	전남	222
강감찬	강원	333

회원 테이블

I_code	I_name	qty
100	새우	100
101	문어	50
102	오징어	20

입고 테이블

P_date	P_code	qty
100110	100	90
100228	101	45
100301	102	19

판매 테이블

위 그림을 보면 3개의 테이블이 있습니다. 이 테이블들에 장애가 발생할 경우를 가정해서 살펴보겠습니다.

19.1 Flashback의 종류

Flashback 명령어는 3가지 Level (방법)이 있고 아래와 같습니다.

1. Row Leve Flashback
2. Table Level Flashback
3. Database Level Flashback

한 가지씩 자세하게 살펴보겠습니다.

1) Row Level Flashback

Row Level Flashback란 특정 테이블의 특정 Row만 Flashback 해주는 기능입니다. 예를 들어 위의 3개의 테이블이 있는데 다른 테이블은 복구하지 않고 오로지 회원 테이블의 홍길동 데이터만 과거의 특정 시점으로 돌리는 것을 의미합니다. 즉 회원 테이블의 다른 Row조차도 변경시키지 않고 오로지 홍길동 데이터만 과거 특정 시점으로 돌리는 것을 Row Level Flashback라고 하는 것입니다. 이 기능은 Undo data의 정보를 이용해서 복구를 하게 됩니다.

실무 실습 48 Row Level Flashback 실습

우선 위와 같이 테스트 테이블을 만들고 데이터를 입력하겠습니다. 여기서 우리가 또 한 가지 알아야 하는 중요한 사실은 Flashback 기능은 commit된 데이터만 복구가 된다는 것입니다.

```
SQL> conn scott/tiger
Connected.
SQL> create table 회원
  2  (이름 varchar2(10) ,
  3   주소 varchar2(10) ,
  4   Tel varchar2(15));
```

```
Table created.

SQL> insert into 회원 values ('김유신','경주',111);

1 row created.

SQL> insert into 회원 values ('이순신','전남',222);

1 row created.

SQL> insert into 회원 values ('강감찬','강원',333);

1 row created.

SQL> commit;

Commit complete.

SQL> select * from 회원;

이름       주소       TEL
---------- ---------- -------------
김유신     경주       111
이순신     전남       222
강감찬     강원       333

SQL> update 회원
  2  set 이름='홍길동'
  3  where 이름='김유신';

1 row updated.

SQL> commit;

Commit complete.

SQL> update 회원
  2  set 이름='이율곡'
  3  where 이름='이순신';
```

```
1 row updated.

SQL> commit;
Commit complete.

SQL> select * from 회원;

이름         주소        TEL
---------- ---------- -------------
홍길동        경주        111  ❶
이율곡        전남        222  ❷
강감찬        강원        333
```

❶ 김유신이 홍길동으로 변경된 후
❷ 이순신이 이율곡으로 변경되었습니다.

여기서 홍길동 데이터를 원래 값인 김유신으로 돌려보겠습니다. 이 작업을 하기 위해서 우리가 알아야 할 쿼리가 2가지가 있습니다. 만약 우리가 홍길동 이전의 데이터가 김유신인지 모른다고 가정하고 고객이 홍길동을 원래 데이터로 복구해 달라고 한다면 난감할 것입니다. 이럴 경우 해당 데이터의 과거 변경이력을 전부 찾아주는 쿼리가 있는데 이 쿼리를 Flashback Version Query라고 합니다. 그리고 변경사항을 취소시켜 이전 값으로 돌려주는 쿼리를 찾아주는 쿼리를 Flashback Transaction Query라고 합니다. 이 두 가지 쿼리를 이용하여 해당 Row를 이전 상태로 돌려보겠습니다.

아울러 여기서 한 가지 더 살펴볼 것은 김유신을 홍길동으로 변경한 후 이순신이 이율곡으로 변경되었습니다. 이때 김유신을 홍길동으로 복구할 경우 이율곡의 데이터가 이순신으로 변경되는지 아니면 그대로 있는지를 보아야 합니다. 지금부터 변경이력을 찾는 Flashback Version Query를 수행하겠습니다.

```
SQL> select versions_startscn st_scn,versions_endscn endscn,
  2  versions_xid txid,versions_operation opt,이름
  3  from 회원 versions between scn minvalue and maxvalue
  4  where tel=111;

ST_SCN      ENDSCN     TXID                    O   이름
----------- ---------- ----------------------- --- ----------
611071                 05002E004A010000        U   홍길동
```

```
611043          611071     0A001F00E3000000        I     김유신
```

위 내용은 아랫줄부터가 먼저 변경된 내역입니다. 즉 김유신이 Insert 되었다가 홍길동으로 Update 되었다는 의미인 것입니다. 위처럼 version query를 수행해서 원하는 변경내역을 찾으면 되지만 문제는 하나의 테이블에 여러 건의 변경이 있을 경우 어떤 변경사항이 현재 찾는 변경사항인지 구분을 해야 할 경우가 종종 있습니다. 이럴 때는 해당 변경사항이 발생한 시간으로 짐작할 수 있습니다. 해당 시간은 scn_to_timestamp( ) 라는 함수를 사용하여 추적할 수 있습니다.

```
SQL> select scn_to_timestamp(611043) from dual;

SCN_TO_TIMESTAMP(611043)
---------------------------------------------------------------------------
18-APR-10 05.37.01.000000000 AM
```

위 내용을 보면 611043번 SCN은 2010년 4월 18일 오전 5시 37분 1초에 발생한 것을 알 수 있습니다. 이렇게 SCN을 시간으로 변경해서 조회를 해 보면 대략적으로 원하는 SCN과 변경사항을 찾아낼 수 있을 것입니다. 이렇게 변경 사항을 찾은 뒤 tracsaction Query를 수행해서 원래 데이터로 돌리면 됩니다.

Flashback Version Query는 일반 사용자도 별다른 권한 없이 수행할 수 있지만 Flashback transaction Query는 Flashback_transaction_query라는 뷰를 select 할 수 있는 권한이 있는 사람만 사용할 수 있습니다. 그래서 우리는 scott 사용자에게 select any transaction 이라는 권한을 할당하고 scott 계정으로 계속 실습하겠습니다. 만약 select any transaction 권한이 없이 transaction query를 수행하면 아래와 같이 권한에러가 발생하게 됩니다.

```
SQL> select undo_sql from flashback_transaction_query
  2  where table_name='회원'
  3  and commit_scn between 611043 and 611071
  4  order by start_timestamp desc;
select undo_sql from flashback_transaction_query
                     *
```

```
ERROR at line 1:
ORA-01031: insufficient privileges
```

이번엔 권한을 할당하고 다시 수행해 보겠습니다.

```
SQL> conn / as sysdba;
Connected.
SQL> grant select any transaction to scott;

Grant succeeded.

SQL> conn scott/tiger
Connected.
SQL> select undo_sql from flashback_transaction_query
  2  where table_name='회원'
  3   and commit_scn between 611043 and 611071
  4   order by start_timestamp desc;

UNDO_SQL
----------------------------------------------------------------------------
update "SCOTT"."회원" set "이름" = '김유신' where ROWID = 'AAANGzAAEAAAAGEAAA';
delete from "SCOTT"."회원" where ROWID = 'AAANGzAAEAAAAGEAAB';
delete from "SCOTT"."회원" where ROWID = 'AAANGzAAEAAAAGEAAA';
delete from "SCOTT"."회원" where ROWID = 'AAANGzAAEAAAAGEAAC';
```

위 undo_sql을 찾아주는 쿼리가 Flashback Transaction query인 것입니다. 가장 위의 쿼리가 우리가 원하는 작업의 쿼리이므로 실행시키면 됩니다.

```
SQL> select * from scott.회원;

이름       주소       TEL
---------- ---------- -------------
홍길동     경주       111
이율곡     전남       222
강감찬     강원       333
```

```
SQL> update "SCOTT"."회원" set "이름" = '김유신' where ROWID = 'AAANGzAAEAAAAGEAAA';

1 row updated.

SQL> select * from scott.회원;

이름          주소          TEL
---------- ---------- -------------
김유신        경주          111
이율곡        전남          222
강감찬        강원          333
```

여기서 알 수 있는 것은 김유신 → 홍길동 작업 후에 이순신 → 이율곡 작업을 했지만 홍길동 → 김유신 작업을 해도 그 이후에 수행되었던 다른 Row의 데이터는 변경이 없다는 점을 알 수 있습니다.

즉, Row level Flashback 기능은 말 그대로 해당 Row의 커밋된 데이터만 변경시킬 뿐 다른 테이블이나 다른 Row의 데이터는 변경시키지 않는다는 것을 확인할 수 있습니다.

실무 실습 ㊾ Undo segment와의 관계

Row Level Flashback 기능은 Undo data의 정보를 이용합니다. 만약 Undo segment를 다른 트랜잭션에서 재사용해버린다면 이 기능을 이용하여 Flashback 할 수 없게 됩니다. 아래의 실습에서 실습용 undo tablespace를 생성하고 스위칭하겠습니다.

```
SQL> conn / as sysdba;
Connected.

SQL> create undo tablespace undo_flashback
  2  datafile '/home/oracle/oradata/testdb/undo_flashback.dbf' size 256k;
Tablespace created.
```

```
SQL> alter system set undo_tablespace=undo_flashback;

System altered.

SQL> alter system set undo_retention=3;

System altered.

SQL> show parameter undo;

NAME                                 TYPE        VALUE
------------------------------------ ----------- ------------------------------
undo_management                      string      AUTO
undo_retention                       integer     3
undo_tablespace                      string      UNDO_FLASHBACK
```

실습 방법

1. scott 사용자로 테이블 생성 후 데이터 업데이트 후 커밋 수행
2. B 사용자로 테이블 생성 후 많은 양의 데이터 입력시켜 scott 사용자의 언두 세그먼트를 재사용시킴
3. scott 사용자의 언두 세그먼트가 B 사용자에게 덮어써 졌을 때 Flashback 기능이 되는지 확인

실습 시작

1. scott 사용자로 ibgo 테이블 생성 후 데이터 입력 후 커밋 수행

```
SCOTT>create table ibgo
  2  (i_code number(5),
  3   i_name varchar2(10),
  4   qty number(5));

Table created.

SCOTT>insert into ibgo values (100,'새우',100);
```

```
1 row created.
SCOTT>commit;
Commit complete.

SCOTT>insert into ibgo values (101,'문어',50);
1 row created.

SCOTT>commit;
Commit complete.

SCOTT>insert into ibgo values (102,'오징어',20);
1 row created.

SCOTT>commit;
Commit complete.

SCOTT>select * from ibgo;

 I_CODE       I_NAME       QTY
------------ ------------- ----------
    100       새우          100
    101       문어           50
    102       오징어         20

SCOTT>!vi vq.sql
select versions_startscn st_scn,versions_endscn endscn,
 versions_xid txid,versions_operation opt ,I_code ,I_name ,qty
 from ibgo versions between scn minvalue and maxvalue
/

SCOTT>@vq

ST_SCN     ENDSCN     TXID                    O     I_CODE     I_NAME     QTY
-------- --------- ---------------------- ----- ---------- --------- -------
615764                0B001D000A000000        I       102      오징어      20
615757                0B001C000A000000        I       101      문어        50
615746                0B001B000A000000        I       100      새우       100
```

사용자 scott가 어떤 언두 세그먼트를 사용 중인지 확인하겠습니다.

```
SCOTT> conn / as sysdba;

SYS> select s.sid, s.serial#, s.username, r.name "ROLLBACK SEG"
  2  from v$session s , v$transaction t, v$rollname r
  3  where s.taddr=t.addr
  4  and t.xidusn=r.usn;

no rows selected

SYS>    select    segment_name,owner,tablespace_name,status    from
dba_rollback_segs;

SEGMENT_NAME         OWNER    TABLESPACE_NAME        STATUS
-------------------- -------- ---------------------- ----------------
SYSTEM               SYS      SYSTEM                 ONLINE
_SYSSMU10$           PUBLIC   UNDOTBS1               OFFLINE
_SYSSMU9$            PUBLIC   UNDOTBS1               OFFLINE
_SYSSMU8$            PUBLIC   UNDOTBS1               OFFLINE
_SYSSMU7$            PUBLIC   UNDOTBS1               OFFLINE
_SYSSMU6$            PUBLIC   UNDOTBS1               OFFLINE
_SYSSMU5$            PUBLIC   UNDOTBS1               OFFLINE
_SYSSMU4$            PUBLIC   UNDOTBS1               OFFLINE
_SYSSMU3$            PUBLIC   UNDOTBS1               OFFLINE
_SYSSMU2$            PUBLIC   UNDOTBS1               OFFLINE
_SYSSMU1$            PUBLIC   UNDOTBS1               OFFLINE
_SYSSMU11$           PUBLIC  UNDO_FLASHBACK          ONLINE

12 rows selected.
```

위 내용을 보면 _SYSSMU11$ 만 online 되어 있는 것을 알 수 있습니다. 즉 사용자 A는 데이터가 commit 되기 전에 _SYSSMU11$를 사용했을 것입니다. 지금 상황에서 사용자 A가 작업한 ibgo 테이블의 Flashback Version Query를 수행해 보겠습니다.

```
SYS>conn scott/tiger

Connected.

SCOTT>@vq
ST_SCN     ENDSCN    TXID                   O     I_CODE     I_NAME    QTY
-------- --------- ---------------------- ----- ---------- --------- -------
615764              0B001D000A000000        I       102     오징어      20
615757              0B001C000A000000        I       101     문어        50
615746              0B001B000A000000        I       100     새우       100
```

이제 다른 일반 사용자를 하나 생성해서 대량의 DML을 발생시켜 scott 사용자의 undo segment를 덮어 쓰게 만들겠습니다.

```
SCOTT>conn / as sysdba;
Connected.
SYS>create user userb identified by userb
  2  default tablespace users
  3  temporary tablespace temp ;

User created.

SYS>grant connect , resource to userb;

Grant succeeded.

SYS>conn userb/userb;
Connected.

USERB>create table panmae
  2  (p_date date default sysdate,
  3   p_code number(5) ,
  4   qty  number(5));

Table created.

USERB>begin
```

```
  2  for i in 1..600 loop
  3   insert into panmae (p_code,qty) values (i,dbms_random.value(1,100));
  4  end loop ;
  5  end;  ❸
  6  /
PL/SQL procedure successfully completed.

USERB>select count(*) from panmae;

  COUNT(*)
------------
       600

USERB>insert into panmae select * from panmae;

600 rows created.

USERB>/

1200 rows created.

USERB>/

2400 rows created.

USERB>/
insert into panmae select * from panmae
*
ERROR at line 1:
ORA-30036: unable to extend segment by 8 in undo tablespace 'UNDO_FLASHBACK'  ❹
```

❸ 일부러 commit 안함

❹ undo 에러

Userb가 어떤 언두 세그먼트를 사용했는지 확인해보겠습니다.

```
USERB>conn / as sysdba;
Connected.

SYS>select s.sid, s.serial#, s.username, r.name "ROLLBACK SEG"
```

```
  2  from v$session s , v$transaction t, v$rollname r
  3  where s.taddr=t.addr  and t.xidusn=r.usn;

no rows selected
```

이번엔 각 데이터 파일의 사용량을 확인해보겠습니다.

```
SYS>!vi df.sql
set line 200
col file# for 999
col ts_name for a10
col total_blocks for 9999999
col userd_blocks for 9999999
col pct_used for a10

select distinct d.file_id              file#,
       d.tablespace_name               ts_name,
       d.bytes/1024/1024               MB,
       d.bytes/8192                    total_blocks,
       sum(e.blocks)                   used_blocks,
       to_char(nvl(round(sum(e.blocks)/(d.bytes/8192),4),0) *100,'09.99')||' %' pct_used
from dba_extents e ,dba_data_files d
where d.file_id=e.file_id(+)
group by d.file_id,d.tablespace_name,d.bytes
order by 1,2
/

SYS>@df

FILE#  TS_NAME                 MB  TOTAL_BLOCKS  USED_BLOCKS     PCT_USED
------ ------------------ ------- ------------- ---------------- -----------
     1 SYSTEM                 500         64000            61408     95.95 %
     2 UNDOTBS1                30          3840             2584     67.29 %
     3 SYSAUX                 260         33280            32000     96.15 %
     4 USERS                    5           640              408     63.75 %
     5 EXAMPLE                100         12800             8728     68.19 %
     6 TEST01                  10          1280                      00.00 %
```

```
    7   UNDO_FLASHBACK     .25           32        24      75.00 %

7 rows selected.
```

현재 상태를 정리하면

1. scott 사용자가 테이블 생성 후 DML수행 → undo segment 사용함
2. userb 사용자가 대량의 DML 발생시켜 undo tablespace full 에러 발생함

지금 상태에서 scott 사용자의 flashback Version Query가 작동하는지 테스트 해보겠습니다.

```
SCOTT>@vq

ST_SCN    ENDSCN    TXID                    0     I_CODE     I_NAME    QTY
-------- --------- ---------------------- ----- ---------- --------- -------
                                                  100       새우       100
       여기 이 부분의 내용이 조회가 안 됩니다.         101       문어        50
                                                  102       오징어      20
```

Userb 사용자가 대량의 DML을 발생시켜 scott 사용자가 사용했었던 _SYSSMU11$ segment를 덮어썼기 때문에 version query의 내용이 보이지 않는 것입니다. 이 상태에서 다시 scott 사용자로 데이터를 insert한 후 Flashback Version Query를 수행해 보겠습니다.

```
SCOTT>insert into ibgo values (105,'쭈꾸미',50);

1 row created.
```

SCOTT>@vq <- commit 하지 않고 version query를 조회하면 아래처럼 내역이 안 나옵니다.

```
ST_SCN    ENDSCN    TXID                    0     I_CODE     I_NAME    QTY
```

```
-------- --------- --------------------- ----- ---------- --------- -------
                                                    100    새우         100
                                                    101    문어          50
                                                    102    오징어        20

SCOTT>commit;

Commit complete.

SCOTT>@vq ⑤

ST_SCN     ENDSCN   TXID                  O    I_CODE     I_NAME      QTY
-------- --------- --------------------- ----- ---------- --------- -------
634854              0B001F0013000000      I       105    쭈꾸미        50
                                                    100    새우         100
                                                    101    문어          50
                                                    102    오징어        20
```

⑤ commit 후 조회하면 아래처럼 조회가 됩니다.

위 내용처럼 Flashback Version Query는 undo tablespace의 정보를 사용하기 때문에 undo segment를 누군가가 덮어 써 버리면 정보를 가져올 수 없게 됩니다. 이것은 commit이 발생한 지 오래 지난 데이터나 트랜잭션이 많이 일어나는 경우 undo segment를 다른 사용자가 재사용할 확률이 높은 경우에는 이 방법으로 복구가 불가능할 가능성이 높다는 것을 의미하게 됩니다. 아주 중요한 내용이므로 반드시 기억하여야 합니다.

2) Table Level Flashback

DML 에러가 발생했을 때 테이블 전체를 장애 발생 전 상태로 flashback 하는 방법입니다. 이 방법은 Row Level Flashback과는 달리 장애 난 테이블 전체의 내용이 변경이 됩니다. 물론 다른 테이블의 내용은 변경되지 않습니다. Table level Flashback 은 아래와 같이 2가지 종류가 있으며 복구 기술이 다릅니다.

실무 실습 50 SCN으로 DML 에러 복구하기 - undo data 사용

위 예제인 scott 계정의 ibgo 테이블을 이용해서 테스트해보겠습니다.

```
SCOTT>select * from ibgo;

 I_CODE       I_NAME        QTY
------------ ------------- ----------
    100       새우          100
    101       문어           50
    102       오징어         20
    100       쭈꾸미         50

SCOTT>conn / as sysdba;

Connected.

SYS>grant dba to scott;

Grant succeeded.

SYS>conn scott/tiger
Connected.

SCOTT>select current_scn from v$database;

CURRENT_SCN
------------------
     640524

SCOTT>select * from ibgo;

 I_CODE       I_NAME        QTY
------------ ------------- ----------
    100       새우          100
    101       문어           50
    102       오징어         20
```

```
    100       쭈꾸미          50

SCOTT>update  ibgo  set  i_name='왕새우'  where  i_name='새우';

1 row updated.

SCOTT>commit;

Commit complete.

SCOTT>select * from ibgo;

 I_CODE       I_NAME        QTY
------------ ------------- ----------
    100       왕새우         100
    101       문어            50
    102       오징어          50
    105       쭈꾸미          50

SCOTT>select current_scn from v$database;

CURRENT_SCN
----------------
     640601  ⑥

SCOTT>update  ibgo  set  i_name='대왕문어'  where  i_name='문어';

1 row updated.

SCOTT>commit;

Commit complete.

SCOTT>select current_scn from v$database;

CURRENT_SCN
-------------------
     640620  ⑦
```

⑥ 새우를 왕새우로 변경한 후 scn 입니다.

⑦ 문어를 대왕문어로 업데이트 한 SCN 입니다.

```
SCOTT>delete from ibgo;  ⑧
4 rows deleted.

SCOTT>commit;

Commit complete.

SCOTT>select current_scn from v$database;

CURRENT_SCN
------------------
     640736  ⑨

SCOTT>select * from ibgo;

no rows selected  ⑩
```

⑧ 모든 데이터를 삭제합니다.

⑨ 모든 데이터 삭제 후 SCN 입니다.

⑩ 현재 데이터 한 건도 없습니다.

지금 상태는 ibgo 테이블에 데이터가 한 건도 없습니다. 그런데 만약 사용자가 100번 새우가 있던 시절로 테이블을 복구해 달라고 요청을 했다고 가정하겠습니다. Flashback 기능이 안 된다면 시간기반 불완전 복구를 이용해서 복구해야 하지만 Flashback 기능으로 간단히 복구가 가능합니다. 윗부분을 보면 새우가 있던 시점의 Current_scn이 640524번임을 알 수 있습니다.

```
SCOTT>flashback table ibgo to scn '640524';  ⑪
flashback table ibgo to scn '640524'
                *
ERROR at line 1:
ORA-08189: cannot flashback the table because row movement is not enabled
```

⑪ 640524 시점으로 테이블 전체를 복구합니다.

이 기능을 사용하려면 테이블에 row movement라는 속성이 enable되어 있어야 합니다. 해당 기능을 추가하고 다시 시도하겠습니다.

```
SCOTT>alter table ibgo enable row movement;

Table altered.
```

```
SCOTT>flashback table ibgo to scn '640524';

Flashback complete.

SCOTT>select * from ibgo;

 I_CODE       I_NAME        QTY
------------ ------------- ----------
     100      새우          100
     101      문어           50
     102      오징어         20
     100      쭈꾸미         50
```

거짓말같이 복구가 쉽게 되었습니다. 만약 사용자가 지금 상태에서 문어가 대왕문어인 시점으로 복구해 달라고 다시 요청했다고 하면 해당 시점의 SCN이 640620이므로 그 시점으로 flashback 하면 됩니다.

```
SCOTT>flashback table ibgo to scn '640620';

Flashback complete.

SCOTT>select * from ibgo;

 I_CODE       I_NAME        QTY
------------ ------------- ----------
     100      왕새우        100
     101      대왕문어       50
     102      오징어         20
     100      쭈꾸미         50
```

이것도 간단하게 복구된 것을 알 수 있습니다. 이처럼 Flashback 기능을 이용해서 해당 테이블의 SCN을 알기만 하면 금방 복구할 수 있습니다. 그럼 만약 해당 시점의 SCN을 모를 경우에는 어떻게 할까요? 두 가지 방법이 있습니다. 첫 번째는 앞에서 배운 대로 Flashback Version Query를 이용해서 SCN을 찾아내서 작업하면 됩니다. 이 부분은 앞에서 해 봤기 때문에 실습은 여러분들의 몫으로 돌리고 두 번째 방법은 아래의 실습 51번처럼 시간으로 추측해서 복구하는 방법입니다.

실무 실습 51 시간으로 DML 에러 복구하기 – undo data 사용

```
SCOTT>select * from ibgo;

  I_CODE        I_NAME        QTY
------------ ------------- ----------
     100        왕새우        100
     101        대왕문어        50
     102        오징어         20
     100        쭈꾸미         50

SCOTT>update ibgo set i_name='대왕오징어' where i_code=102;

1 row updated.

SCOTT>commit ;

Commit complete.

SCOTT>select * from ibgo;

  I_CODE        I_NAME        QTY
------------ ------------- ----------
     100        왕새우        100
     101        대왕문어        50
     102        대왕오징어       20
     105        쭈꾸미         50

SCOTT>update  ibgo  set  i_name='대왕쭈꾸미'  where  i_code=105;

1 row updated.

SCOTT>commit;
```

```
Commit complete.

SCOTT>select * from ibgo;

 I_CODE       I_NAME        QTY
------------ ------------- ----------
      100     왕새우          100
      101     대왕문어          50
      102     대왕오징어        20
      105     대왕쭈꾸미        50

SCOTT>delete from ibgo where i_code=105;

1 row deleted.

SCOTT>commit;

Commit complete.

SCOTT>select * from ibgo;

 I_CODE       I_NAME        QTY
------------ ------------- ----------
      100     왕새우          100
      101     대왕문어          50
      102     대왕오징어        20
```

대왕 쭈꾸미가 지워지기 전으로 복구해 보겠습니다.

```
SCOTT>flashback table ibgo to timestamp (systimestamp - interval '5' minute);

Flashback complete.

SCOTT>select * from ibgo;

 I_CODE       I_NAME        QTY
------------ ------------- ----------
```

```
     100        왕새우          100
     101        대왕문어         50
     102        대왕오징어       20
     100        쭈꾸미           50   ⑫

SCOTT>flashback table ibgo to timestamp (systimestamp - interval '4' minute);   ⑬

Flashback complete.

SCOTT>select * from ibgo;

  I_CODE        I_NAME          QTY
------------ ------------- ----------
     100        왕새우          100
     101        대왕문어         50
     102        대왕오징어       20
                                        ⑭

SCOTT>flashback table ibgo to timestamp (systimestamp - interval '5' minute);   ⑮

Flashback complete.

SCOTT>select * from ibgo;

  I_CODE        I_NAME          QTY
------------ ------------- ----------
     100        왕새우          100
     101        대왕문어         50
     102        대왕오징어       20
     105        쭈꾸미           50

SCOTT>flashback table ibgo to timestamp (systimestamp - interval '5' minute);

Flashback complete.

SCOTT>select * from ibgo;

  I_CODE        I_NAME          QTY
------------ ------------- ----------
```

⑫ 우리가 원하는 데이터가 아닙니다. 너무 많이 돌아갔네요.
⑬ 다시 시도합니다.

⑭ 이번엔 삭제 후 시점으로 돌렸네요.
⑮ 다시 시도합니다.

⑯ 원하는 데이터를 찾았습니다.

```
100        왕새우        100
101        대왕문어       50
102        대왕오징어     20
105        대왕쭈꾸미     50  ⑯
```

Interval 뒤의 시간은 분, 초 모두 가능합니다.

위 명령어에서 systimestamp는 쿼리를 수행하는 지금 시점의 시간을 의미하고 원하는 데이터를 찾을 때까지 반복할 수 있으나 이 방법 역시 undo data를 이용하기 때문에 오래 전 데이터는 flashback 할 수 없을 가능성도 많이 있다는 거 꼭 기억하여야 합니다.

아래의 예를 보세요. (undo 에러 발생으로 복구 안 되는 경우)

```
SCOTT>flashback table ibgo to timestamp(systimestamp - interval '70' minute);
flashback table ibgo to timestamp(systimestamp - interval '70' minute)
                           *
ERROR at line 1:
ORA-00604: error occurred at recursive SQL level 1
ORA-12801: error signaled in parallel query server P000
ORA-01555: snapshot too old: rollback segment number 11 with name "_SYSSMU11$" too small
```

너무 오래 전 시간으로 돌리니까 undo 에러가 발생합니다. 즉 undo data를 사용한다는 것을 알 수 있습니다.

또한 이 방법의 한계점은 테이블의 구조가 alter 명령어로 변경되면 변경 이전의 데이터는 복구할 수 없습니다. 아래의 실습을 보세요.

```
SCOTT>alter table ibgo
2  add (price number);

Table altered.

SCOTT>flashback table ibgo to timestamp(systimestamp - interval '10' minute);
```

```
Flashback complete.

SCOTT>select * from ibgo;

 I_CODE       I_NAME        QTY       PRICE
------------ ------------- --------- ---------
    100       왕새우         100
    101       대왕문어        50
    102       대왕오징어      20
    105       대왕쭈꾸미      50

SCOTT>update ibgo set i_name='흰수염고래';  ⑰

4 rows updated.

SCOTT>commit;  ⑱

Commit complete.

SCOTT>select * from ibgo;

 I_CODE       I_NAME        QTY       PRICE
------------ ------------- --------- ---------
    100       흰수염고래     100
    101       흰수염고래      50
    102       흰수염고래      20
    105       흰수염고래      50

SCOTT>alter table ibgo
2  drop column price;  ⑲

Table altered.
```

⑰ 잘못된 update 수행합니다.

⑱ 커밋합니다.

⑲ 테이블에서 price 컬럼 삭제합니다. 즉 구조를 변경합니다.

Price 컬럼을 삭제, 즉 컬럼의 구조를 변경한 후 컬럼 삭제 전에 행한 흰수염고래로 update된 부분을 flashback으로 잘못된 update 전으로 복구되는지 테스트해 보겠습니다.

```
SCOTT>select * from ibgo;

  I_CODE      I_NAME       QTY
------------ ------------- ----------
     100     흰수염고래    100
     101     흰수염고래     50
     102     흰수염고래     20
     105     흰수염고래     50

SCOTT>flashback table ibgo to timestamp (systimestamp - interval '2' minute);
flashback table ibgo to timestamp (systimestamp - interval '2' minute)
                *
ERROR at line 1:
ORA-01466: unable to read data - table definition has changed  ⑳

SCOTT>flashback table ibgo to timestamp (systimestamp - interval '2' minute);

Flashback complete.

SCOTT>select * from ibgo;

  I_CODE      I_NAME       QTY
------------ ------------- ----------
     100     흰수염고래    100
     101     흰수염고래     50
     102     흰수염고래     20
     105     흰수염고래     50  ㉑

SCOTT>flashback table ibgo to timestamp (systimestamp - interval '6' minute);
flashback table ibgo to timestamp (systimestamp - interval '6' minute)
                *
ERROR at line 1:
ORA-01466: unable to read data - table definition has changed

SCOTT>flashback table ibgo to timestamp (systimestamp - interval '5' minute);

Flashback complete.

SCOTT>select * from ibgo;
```

⑳ 테이블 구조변경으로 Flashback 할 수 없다는 에러 메시지가 나옵니다. 잠시 기다렸다가 다시 명령어 수행하겠습니다.

㉑ flashback이 수행은 되지만 데이터가 돌아가지 않습니다.

```
 I_CODE      I_NAME      QTY
------------ ------------- ----------
    100      흰수염고래    100
    101      흰수염고래     50
    102      흰수염고래     20
    105      흰수염고래     50
```

위 결과에서 볼 수 있듯이 위 방법은 undo data를 사용하는 것이므로 다른 사용자가 undo segment를 덮어 쓴다든지 테이블 구조가 변경이 된다든지 하는 상황이 되면 복구할 수 없습니다.

실무 실습 52 Drop table 복구하기 - 휴지통 기술 이용

현재 사용자의 테이블 상황을 먼저 보겠습니다.

```
SCOTT>select * from tab;

TNAME                          TABTYPE      CLUSTERID
------------------------------ ------------ ---------------
DEPT                           TABLE
EMP                            TABLE
BONUS                          TABLE
SALGRADE                       TABLE
IBGO                           TABLE
SYS_TEMP_FBT                   TABLE
회원                           TABLE

7 rows selected.
```

Ibgo 테이블을 삭제하겠습니다.

```
SCOTT>drop table ibgo;
```

```
Table dropped.

SCOTT>select * from tab;

TNAME                          TABTYPE      CLUSTERID
------------------------------ ------------ ---------------
DEPT                           TABLE
EMP                            TABLE
BONUS                          TABLE
SALGRADE                       TABLE
SYS_TEMP_FBT                   TABLE
회원                           TABLE
BIN$hHtcCsOSMv/gQAB/AQA3HQ==$0 TABLE ㉒

7 rows selected.
```

㉒ ibgo 테이블이 삭제되면서 휴지통으로 옮겨진 것입니다.

휴지통의 내용을 살펴보겠습니다.

```
SCOTT>show recyclebin

ORIGINAL NAME  RECYCLEBIN NAME                OBJECT TYPE  DROP TIME
------------ ------------------------------ ---------- --------------------
IBGO         BIN$hHtcCsOSMv/gQAB/AQA3HQ==$0 TABLE        2010-04-18:12:22:51
```

여기서 알 수 있듯이 10g부터는 마치 윈도에서 파일을 지우면 휴지통으로 옮겨지듯이 오라클에서도 휴지통 기능이 등장해서 테이블을 지우게 되면 휴지통으로 옮겨지게 됩니다. 휴지통이 어디에 있는지 지금부터 테스트해 보겠습니다.

〈drop table의 경우 recyclebin 위치 확인한 것〉

1. 테스트 상황 설명

- 임의의 테이블 스페이스(여기선 ts_c)에 테이블을 만들고 대량 데이터를 입력한 뒤 크기를 측정합니다.
- Drop table 해서 크기를 측정합니다. 용량이 줄어든 것이 확인됩니다.

- 그 상태에서 다른 테이블을 같은 테이블 스페이스에 만듭니다. 일정 용량 이상이 될 경우 recyclebin에서 지워진 테이블이 더 이상 조회되지 않음을 확인합니다. 즉 flashback drop이 되지 않게 된다는 의미입니다.

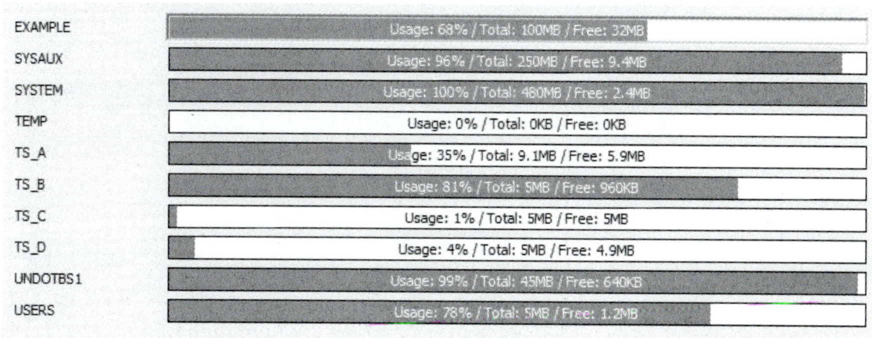

[그림 19-1] 현재 상태

위에서 ts_c 테이블 스페이스가 총 5M이며 현재 1% 사용 중임을 알 수 있습니다. Autoextend off 상태이고 on이어도 동일한 결과가 나옵니다.

```
  1  create table z250 (no number ,name varchar2(20))
  2* tablespace ts_c
SCOTT>/

Table created.

SCOTT>begin
  2  for i in 1..80000 loop
  3    insert into z250 values (i,'No name~!!!!!');
  4  end loop;
  5  commit;
  6  end;
  7  /

PL/SQL procedure successfully completed.

SCOTT>
```

[그림 19-2] 테이블 생성

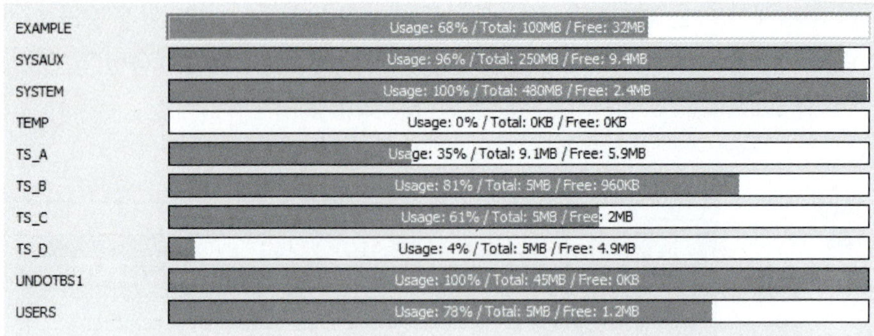

[그림 19-3] 테이블 생성 후 현재 상태 조회

Ts_c 테이블 스페이스가 사용률이 61%로 늘어난 것을 알 수 있습니다.

```
SCOTT>
SCOTT>drop table z250;

Table dropped.

SCOTT>show recyclebin;
ORIGINAL NAME    RECYCLEBIN NAME                OBJECT TYP
E  DROP TIME
---------------- ------------------------------ ----------
-- -------------------
Z250             BIN$fLXIXOwJvMLgQAB/AQANIQ==$0 TABLE
   2010-01-09:16:18:54
SCOTT>
```

[그림 19-4] drop table z250 후 recyclebin 확인

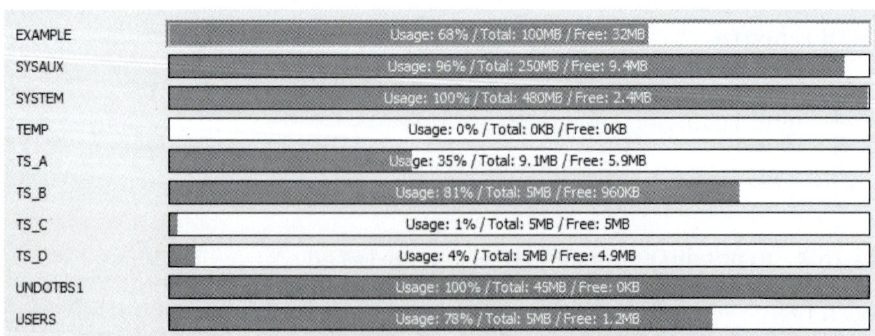

[그림 19-5] drop table z250 후 데이터 파일 용량 확인

Ts_c 테이블 스페이스의 용량이 줄어든 것을 볼 수 있습니다. 즉 테이블을 지우니

까 당연히 해당 테이블 스페이스의 용량이 줄어든 것입니다. 그럼 지워진 테이블은 휴지통으로 옮겨졌겠지만 휴지통이 어디 있느냐면 그 테이블이 있던 테이블 스페이스에 있습니다. 이 상태 — z250 테이블 지워진 상태 — 에서 새로운 테이블을 만들고 데이터를 입력해보면서 테스트를 해보겠습니다.

```
SCOTT>create table z260 (no number ,name varchar2(20))
  2  tablespace ts_c;

Table created.

SCOTT>begin
  2  for i in 1..10000 loop
  3    insert into z260 values (i,'No name~!!!!') ;
  4  end loop;
  5  commit;
  6  end;
  7  /

PL/SQL procedure successfully completed.

SCOTT>show recyclebin;
ORIGINAL NAME    RECYCLEBIN NAME                OBJECT TYPE  DROP TIME
---------------- ------------------------------ ------------ -------------------
-
Z250             BIN$fLXIXOwJvMLgQAB/AQANIQ==$0 TABLE        2010-01-09:16:18:5
4
```

[그림 19-6] z260 테이블을 만들고 데이터 입력 후 휴지통 확인

1만 건 입력 후 휴지통 조회하니까 보입니다.

```
SCOTT>/

PL/SQL procedure successfully completed.

SCOTT>show recyclebin;
ORIGINAL NAME    RECYCLEBIN NAME                OBJECT TYPE  DROP TIME
---------------- ------------------------------ ------------ -------------------
-
Z250             BIN$fLXIXOwJvMLgQAB/AQANIQ==$0 TABLE        2010-01-09:16:18:5
4
SCOTT>/

PL/SQL procedure successfully completed.

SCOTT>show recycebin;
SP2-0158: unknown SHOW option "recycebin"
SCOTT>show recyclebin;
ORIGINAL NAME    RECYCLEBIN NAME                OBJECT TYPE  DROP TIME
---------------- ------------------------------ ------------ -------------------
-
Z250             BIN$fLXIXOwJvMLgQAB/AQANIQ==$0 TABLE        2010-01-09:16:18:5
4
SCOTT>/

PL/SQL procedure successfully completed.

SCOTT>show recyclebin;
SCOTT>
```

[그림 19-7] 데이터 추가 후 다시 조회함

일정량의 데이터가 신규로 들어가서 기존에 있던 z250 테이블이 사용하던 저장공간을 덮어 써버려서 휴지통을 조회해도 보이지 않게 됩니다.

정리를 하면 테이블이 지워지면 휴지통으로 옮겨지고 모든 데이터도 그대로 살아 있습니다. 그 휴지통은 해당 테이블 스페이스에 있습니다. 사용자가 테이블을 지우게 되면 오라클은 테이블 이름을 BIN$...로 시작하는 이름으로 변경하고 점유하고 있던 공간을 할당해제합니다. 그러나 데이터는 지우지 않고 보관하고 있으면서 `flashback table to before drop`이란 명령어가 수행되면 복구를 시켜주는 것입니다. 그러다가 만약 다른 테이블이 먼저 지워졌던 테이블이 있는 공간을 사용할 상황이 되면 그때 데이터를 지우고 신규 테이블에게 공간을 할당해 줍니다. 즉 이 말은 drop table 기능도 휴지통에 테이블을 영원히 저장하고 있다가 복구시킨다는 의미가 아니라 특정 시간이 지나 테이블이 차지하던 공간이 다른 테이블에 의해 재사용이 되는 시점이 되면 더 이상 복구할 수 없게 된다는 의미입니다.

휴지통을 비우려면 purge 명령어를 사용하면 됩니다.

```
SCOTT>show recyclebin;
ORIGINAL NAME  RECYCLEBIN NAME                 OBJECT TYPE  DROP TIME
------------ ------------------------------ ---------- -------------------
TEST1          BIN$hHzplacDvOLgQAB/AQA6oA==$0   TABLE       2010-04-18:15:25:40
TEST3          BIN$hHzplacEvOLgQAB/AQA6oA==$0   TABLE       2010-04-18:15:25:45

SCOTT>purge table test1; ㉓

Table purged.

SCOTT>show recyclebin;
ORIGINAL NAME  RECYCLEBIN NAME                 OBJECT TYPE  DROP TIME
------------ ------------------------------ ---------- -------------------
TEST3          BIN$hHzplacEvOLgQAB/AQA6oA==$0   TABLE       2010-04-18:15:25:45

SCOTT>purge  recyclebin; ㉔

Recyclebin purged.

SCOTT>show recyclebin;
```

㉓ test1 테이블만 휴지통에서 삭제하기

㉔ 휴지통 전체를 비우는 방법입니다.

```
데이터가 없습니다.
SCOTT>drop table 회원 purge; ㉕

Table dropped.

SCOTT>show recyclebin;
```

㉕ 휴지통에 안 넣고 완전히 삭제하는 방법입니다.

실무 실습 ㊸ 인덱스가 있는 테이블 drop 후 복구하기

예제 테이블을 생성합니다.

```
SCOTT>create  table  과자
  2  ( no number , name varchar2(20) , price number(10));

Table created.

SCOTT>insert into 과자 values (1,'새우짱',500);

1 row created.

SCOTT>insert into 과자 values (2,'감자짱',400);

1 row created.

SCOTT>insert into 과자 values (3,'맛큰산',800);

1 row created.

SCOTT>commit;

Commit complete.

SCOTT>select * from 과자;
```

```
 NO      NAME            PRICE
------- ------------- -----------
   1     새우짱              500
   2     감자짱              400
   3     맛큰산              800

SCOTT>create index idx_과자_name on 과자(name);
Index created.

SCOTT>set line 200
SCOTT>col table_name for a10
SCOTT>col column_name for a10
SCOTT>col index_name for a30
SCOTT>select table_name, column_name, index_name
  2  from user_ind_columns
  3  where table_name='과자';

TABLE_NAME         COLUMN_NAM         INDEX_NAME
---------------- ------------------ -----------------------
과자               NAME               IDX_과자_NAME

SCOTT>save index.sql
Created file index.sql

SCOTT> drop table 과자;
SCOTT>select * from tab;
TNAME                            TABTYPE    CLUSTERID
------------------------------ ------------ ---------------
DEPT                             TABLE
EMP                              TABLE
BONUS                            TABLE
SALGRADE                         TABLE
SYS_TEMP_FBT                     TABLE
회원                              TABLE
BIN$hHtcCsOUMv/gQAB/AQA3HQ==$0   TABLE

7 rows selected.

SCOTT>show recyclebin;
```

```
ORIGINAL NAME  RECYCLEBIN NAME                  OBJECT TYPE  DROP TIME
------------ ------------------------------ ---------- --------------------
과자           BIN$hHtcCsOUMv/gQAB/AQA3HQ==$0   TABLE      2010-04-18:12:50:00

SCOTT>@index

no rows selected

SCOTT>flashback table 과자 to before drop;

Flashback complete.

SCOTT>select * from tab;

TNAME                          TABTYPE      CLUSTERID
------------------------------ ------------ ---------------
DEPT                           TABLE
EMP                            TABLE
BONUS                          TABLE
SALGRADE                       TABLE
과자                           TABLE   ㉖
SYS_TEMP_FBT                   TABLE
회원                           TABLE

7 rows selected.
```

㉖ 정상으로 복구되었습니다.

테이블은 정상적으로 복구되었으나 인덱스는 복구는 되었지만 이름이 휴지통에 있던 이름 그대로인 것을 확인할 수 있습니다. 인덱스 이름을 원래 이름으로 변경해줘야 합니다.

```
SCOTT>@index

TABLE_NAME        COLUMN_NAM          INDEX_NAME
---------------- ------------------ ------------------------------------
과자               NAME                BIN$hHtcCsOTMv/gQAB/AQA3HQ==$0

SCOTT>alter index "BIN$hHtcCsOTMv/gQAB/AQA3HQ==$0" rename to idx_과자_name;
```

```
Index altered.

SCOTT>@index

TABLE_NAME       COLUMN_NAM         INDEX_NAME
---------------- ------------------ -----------------------
과자             NAME               IDX_과자_NAME
```

실무 실습 54 같은 이름일 경우 복구 우선순위

이번에는 휴지통에 같은 이름의 테이블이 여러 개 있을 경우 어떤 것이 복구되는지 테스트해 보겠습니다.

```
SCOTT>create table test1 (no1 number);

Table created.

SCOTT>insert into test1 values (1);

1 row created.

SCOTT>commit;

Commit complete.

SCOTT>drop table test1;

Table dropped.

SCOTT>create table test1 (no2 number);

Table created.

SCOTT>insert into test1 values (2);
```

```
1 row created.

SCOTT>commit;
Commit complete.
SCOTT>drop table test1;

Table dropped.

SCOTT>show recyclebin;

ORIGINAL NAME RECYCLEBIN NAME                OBJECT TYPE DROP TIME
------------ ------------------------------ ---------- --------------------
TEST1        BIN$hHvq++tP5lHgQAB/AQA5TA==$0  TABLE      2010-04-18:14:14:55
TEST1        BIN$hHvq++t05lHgQAB/AQA5TA==$0  TABLE      2010-04-18:14:14:25
```

위 내용을 보면 휴지통에 test1 테이블이 2개 있습니다. 복구하면 나중에 지워진 테이블(no2 컬럼을 가진 test1 테이블)이 먼저 복구됩니다.

```
SCOTT>flashback table test1 to before drop;
Flashback complete.

SCOTT>select * from test1;

       NO2 ㉗
--------------
         2
```

㉗ 나중에 지워진 test1 테이블입니다.

이번에는 복구하려고 할 때 같은 이름의 테이블이 이미 존재할 경우 어떻게 되는지 살펴보겠습니다.

```
SCOTT>select * from tab;
TNAME                          TABTYPE      CLUSTERID
------------------------------ ------------ ---------------
DEPT                           TABLE
EMP                            TABLE
```

```
BONUS                          TABLE
SALGRADE                       TABLE
과자                           TABLE
SYS_TEMP_FBT                   TABLE
회원                           TABLE
BIN$hHvq++t05lHgQAB/AQA5TA==$0 TABLE
TEST1                          TABLE ㉘
9 rows selected.
SCOTT>show recyclebin;
ORIGINAL NAME RECYCLEBIN NAME                OBJECT TYPE DROP TIME
------------ ------------------------------ ---------- --------------------
TEST1        BIN$hHvq++t05lHgQAB/AQA5TA==$0 TABLE      2010-04-18:14:14:25

SCOTT>flashback table test1 to before drop;
flashback table test1 to before drop
*
ERROR at line 1:
ORA-38312: original name is used by an existing object ㉙

SCOTT>flashback table test1 to before drop rename to test3;
Flashback complete.

SCOTT>select * from test3;
       NO1 ㉚
---------------
         1
```

㉘ 이미 test1 테이블이 있는 상태에서 휴지통 복원하겠습니다.

㉙ 에러나고 복구가 안 됩니다. 이 테이블을 복구하려면 복구할 때 이름을 바꾸어서 복구해야 합니다.

㉚ 먼저 지워진 test1 테이블인 것을 알 수 있습니다.

3) Database Level Flashback

이 방법은 앞에서 배웠던 불완전 복구와 비슷합니다. 즉 Database 전체를 과거의 특정 시점으로 돌리는 것입니다.

(1) 그림으로 복구 원리

Flashback database의 원리를 그림으로 전통적인 복구방식과 비교해 보겠습니다.

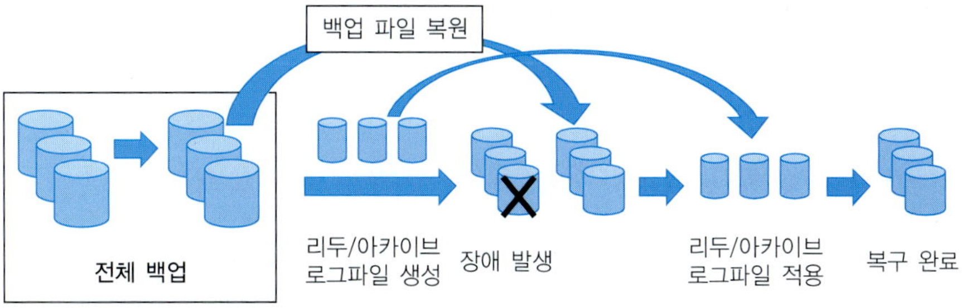

[그림 19-8] 전통적인 복구 방식

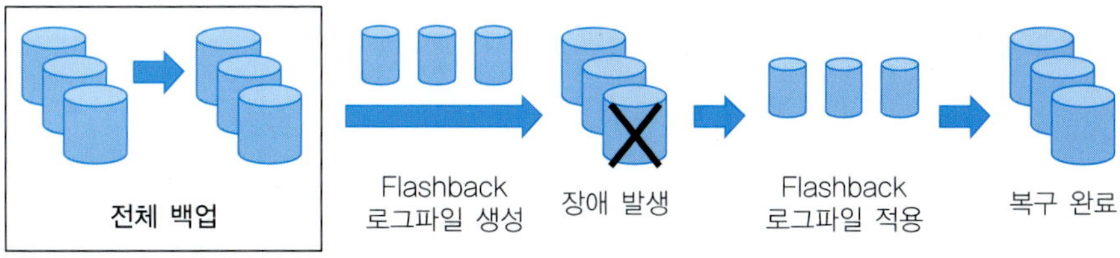

[그림 19-9] Flashback database 복구 방식

위 두 가지 방식의 차이점은 전통적인 복구방식은 장애 발생시에 백업된 데이터 파일을 복원해서 리두로그와 아카이브 로그를 적용시켜 복구하는 반면 Flashback database 방식은 장애 난 데이터 파일에 Flashback log라는 것을 바로 적용시켜 복구를 합니다. 즉 백업 파일을 복원하는 데 시간이 안 걸리기 때문에 훨씬 더 빨리 복구할 수 있는 것입니다. 위에서 본 것처럼 Flashback database라는 명령어는 기존 방식의 redo log와 archive log 대신에 Flashback log라는 것을 사용하게 됩니다. 그래서 Flashback database 명령어를 사용하려면 Flashback log 에 대한 설정이 먼저 되어있어야 하고 DB도 아카이브 로그 모드이면서 Flashback Database mode로 설정되어 있어야 합니다. 즉 앞에서 살펴본 Flashback version Query / transaction Query와 Flashback table 명령어는 별도의 설정이 없어도 오라클 10g 버전부터 사용 가능하지만 Flashback database 명령어는 특별한 설정이 있어야만 사용가능하다는 것입니다.

(2) 환경 설정하기

우선 파라미터 파일에 db_recovery_file_dest와 db_recovery_file_dest_size, db_flashback_retention_target : 분 단위 파라미터가 설정이 되어 있어야 합니다.

❸❶ 기본값이 2G입니다.
❸❷ 추가했습니다.

```
[oracle@localhost ~]$ vi  /home/oracle/product/10g/dbs/inittestdb.ora
.
.
.
###########################################################################
# File Configuration
###########################################################################
control_files=("/home/oracle/oradata/testdb/control01.ctl", "/home/oracle/oradata/testdb/control02.ctl",
"/home/oracle/oradata/testdb/control03.ctl")
db_recovery_file_dest=/home/oracle/flash_recovery_area
db_recovery_file_dest_size=2147483648  ❸❶
db_flashback_retention_target=30  ❸❷

:wq!

SYS>shutdown immediate;
Database closed.
Database dismounted.
ORACLE instance shut down.
SYS>startup mount;
ORACLE instance started.

Total System Global Area  285212672 bytes
Fixed Size                  1267044 bytes
Variable Size              88083100 bytes
Database Buffers          188743680 bytes
Redo Buffers                7118848 bytes
Database mounted.

SYS>alter database archivelog;
Database altered.

SYS>alter database flashback on;
Database altered
SYS>alter database open;

Database altered.

SYS>select flashback_on from v$database;
```

```
FLASHBACK_ON
------------------
YES
```

이제 실제 flashback log가 쌓이는 경로를 확인해보겠습니다.

```
SYS>!

[oracle@localhost ~]$ cd /home/oracle/flash_recovery_area/
[oracle@localhost flash_recovery_area]$ ls
TESTDB
[oracle@localhost flash_recovery_area]$ cd TESTDB
[oracle@localhost TESTDB]$ ls
flashback  onlinelog
[oracle@localhost TESTDB]$ cd flashback/
[oracle@localhost flashback]$ ls -lSh
합계 7.9M
-rw-r-----  1 oracle dba 7.9M  4월 18 14:53 o1_mf_5wo714x1_.flb ㉝
```

㉝ 이 파일이 flashback log입니다.

준비는 다 되었습니다. Flashback database를 테스트해보겠습니다.

실무 실습 ㊺ truncate table 장애 복구하기

앞에서 만들었던 과자 예제 테이블을 truncate 명령어를 수행해서 장애를 발생시키고 복구해 보겠습니다.

```
SCOTT>select * from tab;

TNAME                          TABTYPE      CLUSTERID
------------------------------ ------------ ---------------
DEPT                           TABLE
EMP                            TABLE
```

```
BONUS                          TABLE
SALGRADE                       TABLE
과자                           TABLE
SYS_TEMP_FBT                   TABLE
회원                           TABLE
TEST3                          TABLE
TEST1                          TABLE

9 rows selected.

SCOTT>select * from 과자;

   NO      NAME          PRICE
------- ------------- -----------
    1     새우짱          500
    2     감자짱          400
    3     맛큰산          800

SCOTT>truncate table 과자;

Table truncated.

SCOTT>select * from 과자;

no rows selected
```

이 장애를 앞에서 배웠던 Flashback table 명령어로 복구 시도해 보겠습니다.

```
SCOTT>flashback table 과자 to timestamp(systimestamp - interval '1' minute);

Flashback complete.

SCOTT>select * from 과자;

no rows selected ㉞

SCOTT>flashback table 과자 to timestamp(systimestamp - interval '2' minute);
```

㉞ 데이터가 복구되지 않았습니다.

```
Flashback complete.

SCOTT>select * from 과자;

no rows selected ㉟

SCOTT>flashback table 과자 to timestamp(systimestamp - interval '3' minute);
flashback table 과자 to timestamp(systimestamp - interval '3' minute) ㊱
                *
ERROR at line 1:
ORA-01466: unable to read data - table definition has changed
```

㉟ 역시 데이터가 복구되지 않았습니다.

㊱ 자료가 없습니다.

위에서 알 수 있듯이 truncate 명령어는 flashback table 명령어로 복구할 수 없어서 flashback database 명령어를 사용해야 합니다. drop user 같은 장애도 마찬가지입니다. Flashback database 명령어를 수행해서 복구를 시도해보겠습니다.

```
SCOTT>flashback database to timestamp (systimestamp - interval '5' minute);
flashback database to timestamp (systimestamp - interval '5' minute)
*
ERROR at line 1:
ORA-01031: insufficient privileges

SCOTT>conn / as sysdba;
Connected.

SYS>flashback database to timestamp (systimestamp - interval '5' minute);
flashback database to timestamp (systimestamp - interval '5' minute)
*
ERROR at line 1:
ORA-38757: Database must be mounted and not open to FLASHBACK. ㊲
SYS>shutdown immediate;
Database closed.
Database dismounted.
ORACLE instance shut down.
SYS>startup mount;
ORACLE instance started.
```

㊲ mount 상태에서 수행해야 합니다.

```
Total System Global Area  285212672 bytes
Fixed Size                  1267044 bytes
Variable Size              88083100 bytes
Database Buffers          188743680 bytes
Redo Buffers                7118848 bytes
Database mounted.

SYS>flashback database to timestamp (systimestamp - interval '5' minute);
Flashback complete.

SYS>alter database open ;
alter database open
*
ERROR at line 1:
ORA-01589: must use RESETLOGS or NORESETLOGS option for database open
```

Flashback database 명령어는 모든 데이터 파일을 불완전복구처럼 과거 특정시간으로 돌리게 됩니다. 즉 데이터 파일과 리두 로그 파일, 컨트롤 파일의 SCN 정보가 다르게 된다는 의미입니다. 그래서 OPEN시킬 때 반드시 Resetlogs 옵션을 주고 Open을 시켜야 합니다.

㊳ 데이터가 복구되었는지 확인했지만 복구가 안 되었습니다.

㊴ 마운트 상태에서 다시 시도합니다.

```
SYS>alter database open resetlogs;
Database altered.

SYS>select * from scott.과자;  ㊳

no rows selected
SYS>shutdown immediate;.

SYS>startup mount;  ㊴
ORACLE instance started.

Total System Global Area  285212672 bytes
Fixed Size                  1267044 bytes
Variable Size              88083100 bytes
Database Buffers          188743680 bytes
Redo Buffers                7118848 bytes
```

```
Database mounted.
SYS>flashback database to timestamp (systimestamp - interval '10' minute);
Flashback complete.

SYS>alter database open resetlogs;
Database altered.

SYS>select  *  from  scott.과자;
   NO      NAME            PRICE
------- ------------- -----------
     1      새우짱            500
     2      감자짱            400
     3      맛큰산            800
```

이렇게 여러 번 작업을 하여 원하는 데이터를 살려낼 수 있습니다.

4) Flashback 명령어의 주의사항

아래의 경우에는 Flashback 명령어를 사용할 수 없으니 주의하여야 합니다.

1. 물리적인 장애 – 파일(data file, redo log file, control file)이 삭제된 경우
2. System tablespace에 있던 테이블이 삭제되면 flashback table to before drop 안 됨.
3. Control file을 재생성하면 Flashback database 명령어 사용할 수 없음.
4. Tablespace가 drop되면 Flashback 명령어로 복구 안 됨.
5. Data file이 shrunk 되면 Flashback database 명령어로 복구 안 됨.
6. Alter table로 테이블 구조가 변경되면 Version query로 복구 안 됨.
7. System tables과 통계정보는 Flashback 명령어로 복구 안 됨.
8. Purge된 테이블은 flashback 명령어로 복구 안 됨.
9. 테이블과 별도로 삭제된 인덱스는 복구 안 됨.
10. Mview 복구 안 됨.

이상으로 Flashback 기능을 자세하게 살펴보았습니다. Flashback 기능이 아주 획기적이고 강력한 복구 도구인 것은 사실이지만 복구 불가한 경우도 많이 있기 때문에 꼭 전통적인 방법들과 병행해서 데이터를 안전하게 지켜내길 바랍니다.

CHAPTER 20

Recovery Manager

CHAPTER 20

Recovery Manager

20.1 Recovery Manager란?

오라클 데이터베이스에서 백업,복원 및 복구작업을 수행하는 유틸리티로 Oracle 8 이상에서 지원됩니다.

● 주요기능

- 자주 실행하는 작업을 스크립트로 저장(Recovery Catalog를 사용할 경우에만 지원됩니다)
- 증분 블록 레벨 백업 기능 지원
- 백업작업의 병렬화로 시간 절약
- 사용되지 않은 블록 건너뛰고 백업 수행
- 백업 수행 중 훼손된 블록 감지

20.2 Recovery Manager 구성도

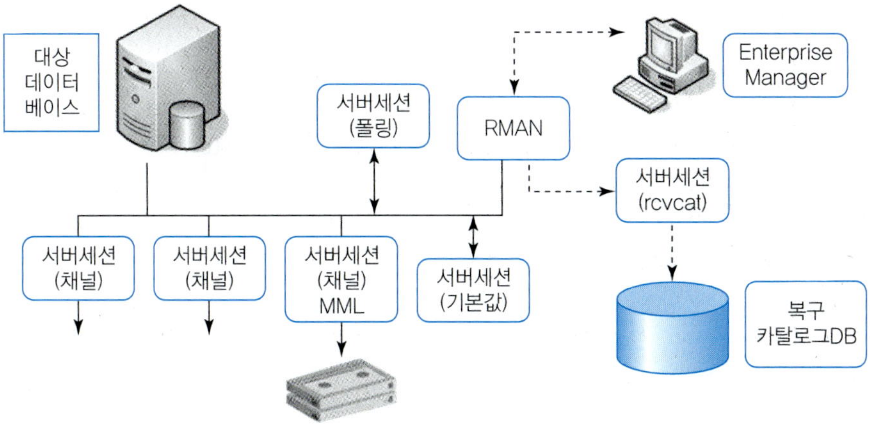

[그림 20-1] RMAN 구성도

위 [그림 20-1]에서 관리자가 RMAN 유틸리티에게 백업이나 복구를 명령하면 RMAN 유틸리티는 관리자를 대신하여 대상 서버(target database)에 접속하여 서버 프로세스에게 백업을 수행하게 합니다. 그리고 관련 정보를 Recovery Catalog Server가 있으면 Catalog Database에 저장하고 만약 없다면 Target Database의 Control file에 기록하게 됩니다. 여기서 중요한 점은 기존의 전통적인 방법은 관리자가 직접 백업을 하고 — 즉 백업상태로 설정하고, 파일을 복사하고, 백업상태 해제하는 등의 작업을 하고 — 복구가 필요한 경우가 생기면 필요한 파일을 찾아서 복원하고 복구를 했지만 RMAN을 이용할 경우 관리자는 RMAN에게 명령을 내리고 세부적인 사항은 RMAN이 찾아서 적절하게 수행해 준다는 것입니다. 백업복구원리를 몰라도 RMAN 사용법만 익히면 얼마든지 백업복구를 수행할 수 있을 만큼 쉽다는 장점이 있습니다.

20.3 Recovery Catalog(복구 카탈로그)란?

Recovery catalog란 RMAN 사용시에 RMAN으로 백업 복구 작업을 하고 관련 정보를 저장해 두는 저장소입니다. Recovery Catalog Server가 없을 경우

RMAN은 백업 서버의 control file에 해당 정보를 저장하게 되고 Recovery catalog Server가 있을 경우 Recovery catalog에 정보를 저장합니다. Recovery Catalog에 저장되는 정보는 다음과 같습니다.

1. 데이터 파일 및 아카이브 리두로그 파일의 백업셋과 copy된 이미지 정보
2. 백업 대상서버의 물리적인 구조
3. 자주 사용하는 백업 스크립트(Recovery Catalog Server를 사용할 경우만 해당)

이제부터 사용되는 실습은 모두 Catalog Server가 있다고 가정하고 실습을 진행하게 됩니다. 뒷부분에 Recovery Catalog Server를 어떻게 만드는지 자세히 나와있으니 참고하세요. 다만 Catalog Server를 생성하지 않고 사용하길 원하면 RMAN에 접속할 때의 명령어만 아래처럼 하고 나머지 실습들은 모두 동일하니 특별한 언급이 없으면 그대로 하면 됩니다.

- Catalog Server 사용시 접속 방법: rman target / catalog rcuser / rcuser @rcserver
- Catalog Server 사용 안 할 경우 접속 방법: rman target /

윈도 계열은 안 그런데 유닉스 계열에서 가끔 RMAN을 실행시키면 에러가 나고 실행이 안 되는 경우가 있습니다. 그 이유는 원래 실행되는 RMAN 실행화일은 **$ORACLE_HOME/bin/rman** 인데 리눅스의 경우 oracle을 설치한 후 RMAN 파일을 조회해 보면 다른 경로를 보이는 경우가 있습니다. 아래의 예처럼 조치하면 잘 됩니다.

❶ root 계정으로 변신
❷ root 암호 입력하세요.

```
[oracle@rcclient ~]$ which  rman
[oracle@rcclient ~]$ su -  ❶
Password:                  ❷
[root@rcclient ~]# cp /home/oracle/product/10g/bin/rman   /usr/X11R6/bin/
cp: overwrite `/usr/X11R6/bin/rman'- y
[root@rcclient ~]# exit
logout
[oracle@rcclient ~]$ rman target /
Recovery Manager: Release 10.2.0.4.0 - Production on Wed Apr 21 16:38:15 2010
```

```
Copyright (c) 1982, 2007, Oracle.  All rights reserved.
connected to target database: TESTDB (DBID=2499898020)
RMAN>
```

20.4 Recovery Catalog Server 구성하기

이번 절에서는 복구 카탈로그를 대상 데이터베이스의 control file이 아닌 별도의 DB에 저장하는 복구 카탈로그 서버와 관련된 내용을 살펴보도록 하겠습니다.

1) Recovery Catalog DB 생성하기

이 실습을 하려면 oracle이 설치되어 있는 서버가 2대 있어야 합니다. Recovery catalog 서버를 rcserver로 하고 client server를 rcclient라고 하겠습니다.

** 여기서부터는 Rcserver에서 작업합니다.

step 1. 복구 카탈로그를 저장할 테이블 스페이스(rc_tbs01)를 생성합니다.

```
SYS>set line 200
SYS>col  tablespace_name for a10
SYS>col file_name for a50
SYS> select  tablespace_name,bytes/1024/1024 MB , file_name
 2   from  dba_data_files ;

TABLESPACE        MB     FILE_NAME
------------ --------- --------------------------------------------------
EXAMPLE          100     /home/oracle/oradata/testdb/example01.dbf
USERS          11.25     /home/oracle/oradata/testdb/users01.dbf
SYSAUX           480     /home/oracle/oradata/testdb/sysaux01.dbf
UNDOTBS1          40     /home/oracle/oradata/testdb/undotbs01.dbf
SYSTEM           500     /home/oracle/oradata/testdb/system01.dbf

SYS>select instance_name from v$instance;
```

```
INSTANCE_NAME
----------------------
Rcserver

SYS>create tablespace rc_tbs01
2  datafile '/home/oracle/oradata/testdb/rc_tbs01.dbf' size 10M
3  autoextend on;
Tablespace created.
```

step 2. 복구 카탈로그를 관리할 사용자계정(rcuser)을 생성하고 권한을 설정합니다.

```
SYS>create user rcuser identified by rcuser
2  default tablespace rc_tbs01
3  temporary tablespace temp;

User created.

SYS>grant connect,resource,recovery_catalog_owner to rcuser;

Grant succeeded.

SYS>conn rcuser/rcuser;
Connected.
```

** 여기서부터는 rcclient에서 작업합니다.

step 3. $ORACLE_HOME/network/admin/tnsnames.ora 파일 수정 (rcserver의 정보를 등록해야 합니다)

```
[oracle@rcclient ~]$ vi /home/oracle/product/10g/network/admin/tnsnames.ora
# tnsnames.ora Network Configuration File:
#/home/oracle/product/10g/network/admin/tnsnames.ora
# Generated by Oracle configuration tools.

rcserver =
  (DESCRIPTION =
```

```
      (ADDRESS_LIST =
        (ADDRESS = (PROTOCOL = TCP)(HOST = 192.168.234.129)(PORT = 1521))
      )
      (CONNECT_DATA =
        (SERVICE_NAME = rcserver)
      )
    )

:wq!
```

HOST=의 IP 주소는 적절하게 수정해서 사용하세요.

step 4. rcclient에서 rcserver로 접속이 되는지 테스트합니다.(이 테스트가 성공하려면 rcserver 쪽에 listener가 실행되고 있어야 합니다.)

```
[oracle@RCserver ~]$ lsnrctl start ❸
LSNRCTL for Linux: Version 10.2.0.4.0 - Production on 19-APR-2010 20:06:29
Copyright (c) 1991, 2007, Oracle.  All rights reserved.
Starting /home/oracle/product/10g/bin/tnslsnr: please wait...

TNSLSNR for Linux: Version 10.2.0.4.0 - Production
Log messages written to /home/oracle/product/10g/network/log/listener.log
Listening on: (DESCRIPTION=(ADDRESS=(PROTOCOL=tcp)(HOST=rcserver)(PORT=1521)))
Connecting to (ADDRESS=(PROTOCOL=tcp)(HOST=)(PORT=1521))
STATUS of the LISTENER
------------------------------------------------------------------------
Alias                     LISTENER
Version                   TNSLSNR for Linux: Version 10.2.0.4.0 - Production
Start Date                19-APR-2010 20:06:30
Uptime                    0 days 0 hr. 0 min. 0 sec
Trace Level               off
Security                  ON: Local OS Authentication
SNMP                      OFF
Listener Log File         /home/oracle/product/10g/network/log/listener.log
Listening Endpoints Summary...
  (DESCRIPTION=(ADDRESS=(PROTOCOL=tcp)(HOST=rcserver)(PORT=1521)))
The listener supports no services
The command completed successfully
```

❸ rcserver에서 listener 실행시킵니다.

❹ rcclient에서 접속 테스트를 수행합니다.

```
[oracle@rcclient ~]$ tnsping  rcserver  ❹

TNS Ping Utility for Linux: Version 10.2.0.4.0 - Production on 19-APR-2010 20:04:54

Copyright (c) 1997,  2007, Oracle.  All rights reserved.
Used parameter files:

Used TNSNAMES adapter to resolve the alias
 )SERVICE_NAME = rcserver)P)(HOST = 192.168.234.129)(PORT = 1521))
OK (40 msec)  ❺
```

❺ 접속이 잘 되는 것이 확인되었습니다.

step 5. rcclient 서버에 rman으로 접속하되 recovery catalog 서버에 접속합니다.

```
[oracle@rcclient ~]$ rman target / catalog rcuser/rcuser@rcserver

Recovery Manager: Release 10.2.0.4.0 - Production on Mon Apr 19 20:12:41 2010

Copyright (c) 1982, 2007, Oracle.  All rights reserved.

connected to target database: TESTDB (DBID=2499898020)
connected to recovery catalog database

RMAN> create catalog tablespace rc_tbs01 ;  ❻

recovery catalog created
```

❻ 복구 카탈로그 생성합니다.

복구 서버에 현재 rcclient 서버가 등록되었는지 확인하겠습니다. Rcclient 서버의 SID는 testdb입니다.

```
[oracle@RCserver ~]$ sqlplus rcuser/rcuser

SQL*Plus: Release 10.2.0.4.0 - Production on Mon Apr 19 20:16:01 2010

Copyright (c) 1982, 2007, Oracle.  All Rights Reserved.

Connected to:
```

```
Oracle Database 10g Enterprise Edition Release 10.2.0.4.0 - Production
With the Partitioning, OLAP, Data Mining and Real Application Testing options
RCUSER>select * from rc_database;

no rows selected  ❼
```

❼ 아직 rcclient 서버의 SID가 등록되지 않았습니다.

rcclient에서 rcserver에 DB를 등록하겠습니다.

```
[oracle@Rcclient ~]$ rman target / catalog rcuser/rcuser@rcserver

Recovery Manager: Release 10.2.0.4.0 - Production on Tue May 25 10:47:40 2010

Copyright (c) 1982, 2007, Oracle.  All rights reserved.

connected to target database: TESTDB (DBID=2502911935)
connected to recovery catalog database

RMAN> register database;  ❽

database registered in recovery catalog
starting full resync of recovery catalog
full resync complete
```

❽ rcclient에서 하는 작업입니다.

rcserver에서 rcclient가 등록되었는지 확인해보겠습니다.

```
RCUSER>select * from rc_database;

DB_KEY  DBINC_KEY   DBID          NAME    RESETLOGS_CHANGE#   RESETLOGS_TI
------- ----------- ------------- ------- ------------------- --------------
      1           2 2499898020    TESTDB              649564  18-APR-10
```

정상적으로 등록된 것을 알 수 있습니다.

데이터 파일도 조회해 보겠습니다. Rcclient 서버에서 먼저 조회하고 catalog server에서 조회해서 서로 비교해보겠습니다.

```
SYS>set line 200
SYS>col tablespace_name for a20
SYS>col file_name for a50
SYS>select tablespace_name,bytes/1024/1024 MB, file_name  from dba_data_files;

TABLESPACE        MB     FILE_NAME
------------ --------- ------------------------------------------------
USERS          11.25     /home/oracle/oradata/testdb/users01.dbf
SYSAUX           480     /home/oracle/oradata/testdb/sysaux01.dbf
UNDOTBS1          40     /home/oracle/oradata/testdb/undotbs01.dbf
SYSTEM           500     /home/oracle/oradata/testdb/system01.dbf
EXAMPLE          100     /home/oracle/oradata/testdb/example01.dbf
TEST01            10     /home/oracle/oradata/testdb/test01.dbf
UNDO_FLASHBACK   .25     /home/oracle/oradata/testdb/undo_flashback.dbf
7 rows selected.
```

이번에는 catalog server에서 조회해 보겠습니다.

```
RCUSER>set line 200
RCUSER>col db_name for a10
RCUSER>col tablespace_name for a20.
RCUSER>col file_name for a50
RCUSER>select db_name,tablespace_name,name "file_name"
  2  from rc_datafile;

DB_NAME    TABLESPACE_NAME    file_name
--------- ------------------ ------------------------------------------------
TESTDB     SYSTEM             /home/oracle/oradata/testdb/system01.dbf
TESTDB     UNDOTBS1           /home/oracle/oradata/testdb/undotbs01.dbf
TESTDB     SYSAUX             /home/oracle/oradata/testdb/sysaux01.dbf
TESTDB     USERS              /home/oracle/oradata/testdb/users01.dbf
TESTDB     EXAMPLE            /home/oracle/oradata/testdb/example01.dbf
TESTDB     TEST01             /home/oracle/oradata/testdb/test01.dbf
TESTDB     UNDO_FLASHBACK     /home/oracle/oradata/testdb/undo_flashback.dbf

7 rows selected.  ⑨
```

⑨ 동일한 것을 알 수 있습니다. 즉 rcclient의 내용이 rcserver에 정상적으로 모두 등록된 것을 알 수 있습니다.

step 6. 테스트

Recover catalog 서버가 정상적으로 작동하는지 간단히 테스트해 보겠습니다. 테스트 방법은 현재 복구 서버에 접속한 상태에서 rcclient에서 전체백업을 수행합니다. 그 후 rcclient에서 모든 control file을 삭제한 후 DB를 종료하겠습니다. 이 장애는 catalog server를 사용하지 않으면 복구가 안 되는 장애이므로 catalog server를 이용해서 복구해 보겠습니다.

① Rcclient에서 전체 백업을 수행합니다.

```
[oracle@rcclient ~]$ rman target / catalog rcuser/rcuser@rcserver

Recovery Manager: Release 10.2.0.4.0 - Production on Mon Apr 19 20:44:43 2010

Copyright (c) 1982, 2007, Oracle.  All rights reserved.

connected to target database: TESTDB (DBID=2499898020)
connected to recovery catalog database
RMAN> backup database;

Starting backup at 19-APR-10
allocated channel: ORA_DISK_1
channel ORA_DISK_1: sid=146 devtype=DISK
channel ORA_DISK_1: starting full datafile backupset
channel ORA_DISK_1: specifying datafile(s) in backupset
input datafile fno=00001 name=/home/oracle/oradata/testdb/system01.dbf
input datafile fno=00003 name=/home/oracle/oradata/testdb/sysaux01.dbf
input datafile fno=00005 name=/home/oracle/oradata/testdb/example01.dbf
input datafile fno=00002 name=/home/oracle/oradata/testdb/undotbs01.dbf
input datafile fno=00004 name=/home/oracle/oradata/testdb/users01.dbf
input datafile fno=00006 name=/home/oracle/oradata/testdb/test01.dbf
input datafile fno=00007 name=/home/oracle/oradata/testdb/undo_flashback.dbf
channel ORA_DISK_1: starting piece 1 at 19-APR-10
channel ORA_DISK_1: finished piece 1 at 19-APR-10
piece
handle=/home/oracle/flash_recovery_area/TESTDB/backupset/2010_04_19/o1_mf_nn
ndf_TAG20100419T204454_5wrjkpxz_.bkp tag=TAG20100419T204454 comment=NONE
channel ORA_DISK_1: backup set complete, elapsed time: 00:01:05
```

```
channel ORA_DISK_1: starting full datafile backupset
channel ORA_DISK_1: specifying datafile(s) in backupset
including current control file in backupset
channel ORA_DISK_1: starting piece 1 at 19-APR-10
channel ORA_DISK_1: finished piece 1 at 19-APR-10
piece
handle=/home/oracle/flash_recovery_area/TESTDB/backupset/2010_04_19/o1_mf_nc
nnf_TAG20100419T204454_5wrjmsvz_.bkp tag=TAG20100419T204454 comment=NONE
channel ORA_DISK_1: backup set complete, elapsed time: 00:00:02
Finished backup at 19-APR-10
```

② 모든 컨트롤 파일을 삭제하는 장애 발생 후 DB를 종료시킵니다.

```
[oracle@rcclient ~]$ sqlplus / as sysdba;

SQL*Plus: Release 10.2.0.4.0 - Production on Mon Apr 19 20:48:03 2010

Copyright (c) 1982, 2007, Oracle.  All Rights Reserved.

Connected to:
Oracle Database 10g Enterprise Edition Release 10.2.0.4.0 - Production
With the Partitioning, OLAP, Data Mining and Real Application Testing options
SYS>select name from v$controlfile;

NAME
--------------------------------------------------------------------------
/home/oracle/oradata/testdb/control01.ctl
/home/oracle/oradata/testdb/control02.ctl
/home/oracle/oradata/testdb/control03.ctl

SYS>!rm -fr /home/oracle/oradata/testdb/control*.ctl

SYS>shutdown abort;
ORACLE instance shut down.

SYS>startup
ORACLE instance started.
Total System Global Area  285212672 bytes
Fixed Size                  1267044 bytes
```

```
Variable Size              88083100 bytes
Database Buffers          188743680 bytes
Redo Buffers                7118848 bytes
ORA-00205: error in identifying control file, check alert log for more info  ⑩
```

⑩ 장애발생함.

③ Rman으로 catalog server에 접속해서 복구 시작합니다.

```
[oracle@rcclient ~]$ rman target / catalog rcuser/rcuser@rcserver

Recovery Manager: Release 10.2.0.4.0 - Production on Mon Apr 19 20:51:13 2010

Copyright (c) 1982, 2007, Oracle.  All rights reserved.

connected to target database: testdb (not mounted)  ⑪
connected to recovery catalog database

RMAN> restore controlfile;  ⑫

Starting restore at 19-APR-10
allocated channel: ORA_DISK_1
channel ORA_DISK_1: sid=156 devtype=DISK

channel ORA_DISK_1: starting datafile backupset restore
channel ORA_DISK_1: restoring control file
channel ORA_DISK_1: reading from backup piece
/home/oracle/flash_recovery_area/TESTDB/backupset/2010_04_19/o1_mf_ncnnf_TAG
20100419T204454_5wrjmsvz_.bkp
channel ORA_DISK_1: restored backup piece 1
piece
handle=/home/oracle/flash_recovery_area/TESTDB/backupset/2010_04_19/o1_mf_nc
nnf_TAG20100419T204454_5wrjmsvz_.bkp tag=TAG20100419T204454
channel ORA_DISK_1: restore complete, elapsed time: 00:00:04
output filename=/home/oracle/oradata/testdb/control01.ctl
output filename=/home/oracle/oradata/testdb/control02.ctl
output filename=/home/oracle/oradata/testdb/control03.ctl
Finished restore at 19-APR-10

RMAN> alter database mount;
```

⑪ 마운트도 안 된 상태임.

⑫ control file을 복구합니다.

```
database mounted
released channel: ORA_DISK_1

RMAN> alter database open resetlogs;

RMAN-00571: ===========================================================
RMAN-00569: =============== ERROR MESSAGE STACK FOLLOWS ===============
RMAN-00571: ===========================================================
RMAN-03002: failure of alter db command at 04/19/2010 20:53:10
ORA-01194: file 1 needs more recovery to be consistent
ORA-01110: data file 1: '/home/oracle/oradata/testdb/system01.dbf'  ⓭

RMAN> recover database;  ⓮

Starting recover at 19-APR-10
Starting implicit crosscheck backup at 19-APR-10
allocated channel: ORA_DISK_1
channel ORA_DISK_1: sid=156 devtype=DISK
Crosschecked 6 objects
Finished implicit crosscheck backup at 19-APR-10

Starting implicit crosscheck copy at 19-APR-10
using channel ORA_DISK_1
Finished implicit crosscheck copy at 19-APR-10

searching for all files in the recovery area
cataloging files...
cataloging done

List of Cataloged Files
=======================================================================
File Name: /home/oracle/flash_recovery_area/TESTDB/backupset/2010_04_19/
o1_mf_ncnnf_TAG20100419T204454_5wrjmsvz_.bkp

using channel ORA_DISK_1

starting media recovery
archive log thread 1 sequence 10 is already on disk as file
 /home/oracle/oradata/testdb/redo01.log
```

⓭ 데이터 파일 에러로 복구가 안 됩니다. DB가 비정상종료(shutdown abort)이기 때문에 그렇습니다.

⓮ 복구를 시작합니다.

```
archive log filename=/home/oracle/oradata/testdb/redo01.log thread=1 sequence=10
media recovery complete, elapsed time: 00:00:03
Finished recover at 19-APR-10

RMAN> alter database open resetlogs; ⑮
database opened
new incarnation of database registered in recovery catalog
starting full resync of recovery catalog
full resync complete ⑯
```

⑮ 컨트롤 파일이 삭제되었기 때문에 resetlogs로 open해야 합니다.

⑯ 복구가 완료된 것을 알 수 있습니다.

이상으로 recovery Catalog 서버를 생성하고 client DB를 등록하고 장애를 발생시켜 Recovery Catalog server를 이용하여 복구하는 방법까지 간략하게 살펴보았습니다.

2) Recovery Catalog DB 관리하기

(1) crosscheck

Crosscheck 명령어는 target 서버와 recovery catalog 간의 정보를 동기화시켜주는 역할을 합니다.

- 전체 backupset과 target 서버 비교하기

```
RMAN> crosscheck backupset;

using channel ORA_DISK_1
crosschecked backup piece: found to be 'AVAILABLE'
backup piece
handle=/home/oracle/flash_recovery_area/TESTDB/backupset/2010_04_19/o1_mf_nn
ndf_TAG20100419T125507_5wqo0wvn_.bkp recid=1 stamp=716734508
crosschecked backup piece: found to be 'AVAILABLE'
backup piece
handle=/home/oracle/flash_recovery_area/TESTDB/backupset/2010_04_19/o1_mf_nc
nnf_TAG20100419T125507_5wqo2ymf_.bkp recid=2 stamp=716734574
crosschecked backup piece: found to be 'AVAILABLE'
backup piece
```

```
handle=/home/oracle/flash_recovery_area/TESTDB/backupset/2010_04_19/o1_mf_nn
ndf_TAG20100419T125929_5wqo91w2_.bkp recid=3 stamp=716734769
crosschecked backup piece: found to be 'AVAILABLE'
backup piece
handle=/home/oracle/flash_recovery_area/TESTDB/backupset/2010_04_19/o1_mf_nc
nnf_TAG20100419T125929_5wqobjdm_.bkp recid=4 stamp=716734816
crosschecked backup piece: found to be 'AVAILABLE'
backup piece
handle=/home/oracle/flash_recovery_area/TESTDB/backupset/2010_04_19/o1_mf_nn
ndf_TAG20100419T203235_5wrhtnnf_.bkp recid=5 stamp=716761956
crosschecked backup piece: found to be 'AVAILABLE'
backup piece
handle=/home/oracle/flash_recovery_area/TESTDB/backupset/2010_04_19/o1_mf_nn
ndf_TAG20100419T204454_5wrjkpxz_.bkp recid=6 stamp=716762694
crosschecked backup piece: found to be 'AVAILABLE'
backup piece
handle=/home/oracle/flash_recovery_area/TESTDB/backupset/2010_04_19/o1_mf_nc
nnf_TAG20100419T204454_5wrjmsvz_.bkp recid=7 stamp=716763338
Crosschecked 7 objects
```

위에서 AVAILABLE 라는 것은 정상이라는 의미입니다.

- Backupset을 OS 명령어로 삭제 후 다시 crosscheck 수행

```
RMAN> exit

Recovery Manager complete.
[oracle@rcclient ~]$ rm -f  \
/home/oracle/flash_recovery_area/TESTDB/backupset/2010_04_19/o1_mf_ncnnf_TAG
20100419T204454_5wrjmsvz_.bkp  ⑰

[oracle@rcclient ~]$ rman target / catalog rcuser/rcuser@rcserver
Recovery Manager: Release 10.2.0.4.0 - Production on Mon Apr 19 21:12:10 2010

Copyright (c) 1982, 2007, Oracle.  All rights reserved.
connected to target database: TESTDB (DBID=2499898020)
connected to recovery catalog database
```

⑰ 마지막 backupset을 지웠습니다.

```
RMAN> crosscheck backupset;

allocated channel: ORA_DISK_1
channel ORA_DISK_1: sid=159 devtype=DISK
crosschecked backup piece: found to be 'AVAILABLE'
backup piece
handle=/home/oracle/flash_recovery_area/TESTDB/backupset/2010_04_19/o1_mf_nn
ndf_TAG20100419T125507_5wqo0wvn_.bkp recid=1 stamp=716734508
crosschecked backup piece: found to be 'AVAILABLE'
backup piece
handle=/home/oracle/flash_recovery_area/TESTDB/backupset/2010_04_19/o1_mf_nc
nnf_TAG20100419T125507_5wqo2ymf_.bkp recid=2 stamp=716734574
crosschecked backup piece: found to be 'AVAILABLE'
backup piece
handle=/home/oracle/flash_recovery_area/TESTDB/backupset/2010_04_19/o1_mf_nn
ndf_TAG20100419T125929_5wqo91w2_.bkp recid=3 stamp=716734769
crosschecked backup piece: found to be 'AVAILABLE'
backup piece
handle=/home/oracle/flash_recovery_area/TESTDB/backupset/2010_04_19/o1_mf_nc
nnf_TAG20100419T125929_5wqobjdm_.bkp recid=4 stamp=716734816
crosschecked backup piece: found to be 'AVAILABLE'
backup piece
handle=/home/oracle/flash_recovery_area/TESTDB/backupset/2010_04_19/o1_mf_nn
ndf_TAG20100419T203235_5wrhtnnf_.bkp recid=5 stamp=716761956
crosschecked backup piece: found to be 'AVAILABLE'
backup piece
handle=/home/oracle/flash_recovery_area/TESTDB/backupset/2010_04_19/o1_mf_nn
ndf_TAG20100419T204454_5wrjkpxz_.bkp recid=6 stamp=716762694
crosschecked backup piece: found to be 'EXPIRED'
backup piece
handle=/home/oracle/flash_recovery_area/TESTDB/backupset/2010_04_19/o1_mf_nc
nnf_TAG20100419T204454_5wrjmsvz_.bkp recid=7 stamp=716763338
Crosschecked 7 objects
```

위 내용 중에서 파일이 삭제된 마지막 백업셋을 보면 상태가 EXPIRED로 보입니다. 이것은 backupset 목록에는 있는데 실제 백업파일이 삭제되고 없다는 의미로 문제가 있음을 나타냅니다. 즉 백업 파일을 지울 때도 rman 명령어로 삭제해야 하는데 그렇지 않고 OS 명령어로 삭제할 경우 이런 문제가 발생합니다. 이럴 경우 backupset에서 EXPIRED된 목록을 삭제해 주어야 합니다.

```
RMAN> delete expired backupset;
using channel ORA_DISK_1

List of Backup Pieces
BP Key  BS Key  Pc#  Cp#  Status      Device Type  Piece Name
------- -------- ----- ----- ----------- ------------- -------------
185     144     1    1    EXPIRED     DISK
/home/oracle/flash_recovery_area/TESTDB/backupset/2010_04_19/o1_mf_ncnnf_TAG20100419T204454_5wrjmsvz_.bkp

Do you really want to delete the above objects (enter YES or NO)- YES ⑱
deleted backup piece
backup piece
handle=/home/oracle/flash_recovery_area/TESTDB/backupset/2010_04_19/o1_mf_nc
nnf_TAG20100419T204454_5wrjmsvz_.bkp recid=7 stamp=716763338
Deleted 1 EXPIRED objects ⑲
```

⑱ 입력하세요.

⑲ Recovery catalog에서 삭제된 것을 알 수 있습니다.

(2) Delete

특정 backupset을 삭제하고자 할 때 사용하는 명령어입니다. 앞의 예에서 확인했듯이 백업셋은 OS 명령어로 삭제하면 안 되고 반드시 이 명령어로 삭제하여야 합니다.

● 현재 backupset 목록 확인한 후 특정 backupset 삭제하기

```
RMAN> list backupset;

List of Backup Sets
===========================================================================


BS Key  Type  LV  Size        Device Type  Elapsed Time  Completion Time
------- ------ --- ----------- ------------- -------------- ---------------
95      Full      602.60M     DISK         00:00:59      19-APR-10
        BP Key: 99  Status: AVAILABLE  Compressed: NO  Tag: TAG20100419T125507
        Piece Name:
```

```
/home/oracle/flash_recovery_area/TESTDB/backupset/2010_04_19/o1_mf_nnndf_TAG
20100419T125507_5wqo0wvn_.bkp
List of Datafiles in backup set 95
File LV Type Ckp SCN  Ckp Time  Name
---- -- ----- -------- --------- ------------------------------------------
1       Full  768088   19-APR-10 /home/oracle/oradata/testdb/system01.dbf
2       Full  768088   19-APR-10 /home/oracle/oradata/testdb/undotbs01.dbf
3       Full  768088   19-APR-10 /home/oracle/oradata/testdb/sysaux01.dbf
4       Full  768088   19-APR-10 /home/oracle/oradata/testdb/users01.dbf
5       Full  768088   19-APR-10 /home/oracle/oradata/testdb/example01.dbf
6       Full  768088   19-APR-10 /home/oracle/oradata/testdb/test01.dbf
7       Full  768088   19-APR-10 /home/oracle/oradata/testdb/undo_flashback.dbf

BS Key  Type   LV  Size        Device Type  Elapsed Time  Completion Time
------- ------ --- ----------- ------------ ------------- ---------------
96      Full       6.98M       DISK         00:00:01      19-APR-10
        BP Key: 100   Status: AVAILABLE  Compressed: NO  Tag: TAG20100419T125507
        Piece Name:
/home/oracle/flash_recovery_area/TESTDB/backupset/2010_04_19/o1_mf_ncnnf_TAG20100419T125507_5wqo2ymf_.bkp
Control File Included: Ckp SCN: 768113       Ckp time: 19-APR-10

BS Key  Type   LV  Size        Device Type  Elapsed Time  Completion Time
------- ------ --- ----------- ------------ ------------- ---------------
97      Full       602.63M     DISK         00:00:42      19-APR-10
        BP Key: 101   Status: AVAILABLE  Compressed: NO  Tag: TAG20100419T125929
        Piece Name:
/home/oracle/flash_recovery_area/TESTDB/backupset/2010_04_19/o1_mf_nnndf_TAG20100419T125929_5wqo91w2_.bkp
List of Datafiles in backup set 97
File LV Type Ckp SCN  Ckp Time  Name
---- -- ----- -------- --------- ------------------------------------------
1       Full  768646   19-APR-10 /home/oracle/oradata/testdb/system01.dbf
2       Full  768646   19-APR-10 /home/oracle/oradata/testdb/undotbs01.dbf
3       Full  768646   19-APR-10 /home/oracle/oradata/testdb/sysaux01.dbf
4       Full  768646   19-APR-10 /home/oracle/oradata/testdb/users01.dbf
5       Full  768646   19-APR-10 /home/oracle/oradata/testdb/example01.dbf
6       Full  768646   19-APR-10 /home/oracle/oradata/testdb/test01.dbf
7       Full  768646   19-APR-10 /home/oracle/oradata/testdb/undo_flashback.dbf
```

```
BS Key  Type   LV  Size         Device Type  Elapsed Time  Completion Time
------- ------ --- ------------ ------------- -------------- ----------------
98      Full       6.98M        DISK          00:00:02       19-APR-10
        BP Key: 102   Status: AVAILABLE  Compressed: NO  Tag: TAG20100419T125929
        Piece Name:
/home/oracle/flash_recovery_area/TESTDB/backupset/2010_04_19/o1_mf_ncnnf_TAG20100419T125929_5wqobjdm_.bkp
Control File Included: Ckp SCN: 768665       Ckp time: 19-APR-10

BS Key  Type   LV  Size         Device Type  Elapsed Time  Completion Time
------- ------ --- ------------ ------------- -------------- ----------------
123     Full       7.85M        DISK          00:00:01       19-APR-10
        BP Key: 125   Status: AVAILABLE  Compressed: NO  Tag: TAG20100419T203235
        Piece Name:
/home/oracle/flash_recovery_area/TESTDB/backupset/2010_04_19/o1_mf_nnndf_TAG20100419T203235_5wrhtnnf_.bkp
List of Datafiles in backup set 123
File LV Type Ckp SCN  Ckp Time  Name
---- -- ----- -------- --------- ------------------------------------------
4       Full 799167   19-APR-10 /home/oracle/oradata/testdb/users01.dbf

BS Key  Type   LV  Size         Device Type  Elapsed Time  Completion Time
------- ------ --- ------------ ------------- -------------- ----------------
143     Full       602.99M      DISK          00:01:02       19-APR-10
        BP Key: 146   Status: AVAILABLE  Compressed: NO  Tag: TAG20100419T204454
        Piece Name:
/home/oracle/flash_recovery_area/TESTDB/backupset/2010_04_19/o1_mf_nnndf_TAG20100419T204454_5wrjkpxz_.bkp
List of Datafiles in backup set 143
File LV Type Ckp SCN  Ckp Time  Name
---- -- ----- -------- --------- ------------------------------------------
1       Full 799621   19-APR-10 /home/oracle/oradata/testdb/system01.dbf
2       Full 799621   19-APR-10 /home/oracle/oradata/testdb/undotbs01.dbf
3       Full 799621   19-APR-10 /home/oracle/oradata/testdb/sysaux01.dbf
4       Full 799621   19-APR-10 /home/oracle/oradata/testdb/users01.dbf
5       Full 799621   19-APR-10 /home/oracle/oradata/testdb/example01.dbf
6       Full 799621   19-APR-10 /home/oracle/oradata/testdb/test01.dbf
7       Full 799621   19-APR-10 /home/oracle/oradata/testdb/undo_flashback.dbf
```

위 목록에서 BS Key라고 된 곳이 backupset number입니다. 해당 backupset을 삭제하려면 이 번호를 사용하여야 합니다.

```
RMAN> delete backupset 143;

using channel ORA_DISK_1
List of Backup Pieces
BP Key  BS Key  Pc#  Cp#  Status      Device Type  Piece Name
------- -------- ----- ----- ----------- ------------- -------------
146     143      1    1    AVAILABLE   DISK
/home/oracle/flash_recovery_area/TESTDB/backupset/2010_04_19/o1_mf_nnndf_TAG20100419T204454_5wrjkpxz_.bkp

Do you really want to delete the above objects (enter YES or NO)- YES
deleted backup piece
backup piece
handle=/home/oracle/flash_recovery_area/TESTDB/backupset/2010_04_19/o1_mf_nn
ndf_TAG20100419T204454_5wrjkpxz_.bkp recid=6 stamp=716762694
Deleted 1 objects
```

(3) catalog(관리자가 수동 백업 받은 파일을 RMAN catalog에 추가해서 관리하기)

① example 테이블 스페이스를 RMAN이 아닌 begin backup 명령어로 백업 받겠습니다.

```
[oracle@rcclient ~]$ sqlplus / as sysdba;

SQL*Plus: Release 10.2.0.4.0 - Production on Tue Apr 20 01:16:09 2010

Copyright (c) 1982, 2007, Oracle.  All Rights Reserved.

Connected to:
Oracle Database 10g Enterprise Edition Release 10.2.0.4.0 - Production
With the Partitioning, OLAP, Data Mining and Real Application Testing options
SYS>select name from v$datafile;

NAME
--------------------------------------------------------------------------
/home/oracle/oradata/testdb/system01.dbf
/home/oracle/oradata/testdb/undotbs01.dbf
/home/oracle/oradata/testdb/sysaux01.dbf
/home/oracle/oradata/testdb/users01.dbf
```

```
/home/oracle/oradata/testdb/example01.dbf
/home/oracle/oradata/testdb/test01.dbf
/home/oracle/oradata/testdb/undo_flashback.dbf
7 rows selected.

SYS>alter tablespace example begin backup;
Tablespace altered.

SYS>!cp /home/oracle/oradata/testdb/example01.dbf /data/backup/open/

SYS>alter tablespace example end backup;
Tablespace altered.
```

② RMAN Recovery Catalog에 1번 파일이 있는지 확인합니다.

```
SYS>exit
Disconnected from Oracle Database 10g Enterprise Edition Release 10.2.0.4.0 - Production
With the Partitioning, OLAP, Data Mining and Real Application Testing options
[oracle@rcclient ~]$ rman target / catalog rcuser/rcuser@rcserver

Recovery Manager: Release 10.2.0.4.0 - Production on Tue Apr 20 01:18:47 2010

Copyright (c) 1982, 2007, Oracle.  All rights reserved.

connected to target database: TESTDB (DBID=2499898020)
connected to recovery catalog database

RMAN> list copy;

specification does not match any archive log in the recovery catalog ⑳
```

⑳ 백업내역에 없습니다.

③ Catalog 명령어로 Recovery catalog에 추가합니다.

```
RMAN> catalog datafilecopy '/data/backup/open/example01.dbf';

cataloged datafile copy
```

```
datafile copy filename=/data/backup/open/example01.dbf recid=4 stamp=716779271

RMAN> list copy;
specification does not match any archive log in the recovery catalog

List of Datafile Copies
Key  File S  Completion Time  Ckp SCN  Ckp Time   Name
--- ----- -- ---------------- -------- ---------- --------------------------
289  5     A  20-APR-10        820914   20-APR-10  /data/backup/open/example01.dbf
```

(4) change와 uncatalog 명령(삭제하고 싶을 때)

```
RMAN> change  datafilecopy  '/data/backup/open/example01.dbf'  uncatalog;

uncataloged datafile copy
datafile   copy   filename=/data/backup/open/example01.dbf   recid=4
stamp=716779271
Uncataloged 1 objects

RMAN> list copy;

specification does not match any archive log in the recovery catalog  ㉑
```

㉑ 삭제되었습니다.

20.5 RMAN 관련 주요 용어 정리

1. **서버 세션:** RMAN에 의해 호출된 서버 프로세스(UNIX) 또는 쓰레드(NT)는 대상 데이터베이스에 접속되어 백업, 복구를 수행함

2. **대상 데이터베이스(target database):** RMAN으로 백업, 복구작업이 수행되는 데이터베이스

3. **채널:** 백업, 복구작업을 수행 및 기록하기 위해 필요한 대상 데이터베이스 링크

4. **MML:** 테이프에 쓰거나 테이프에서 읽을 때 필요한 라이브러리로 매체 및 저장 시스템 업체에서 제공함

20.6 Channel 할당하기

Channel이란 쉽게 말하면 백업과 복구를 하는 경로를 의미합니다. 백업을 수행하기 전에 채널을 할당해 줘야 RMAN이 백업/복구를 수행할 수 있습니다. 복구를 할 때는 채널을 할당하지 않아도 되지만 백업을 할 경우는 반드시 채널을 할당해 줘야 합니다. 채널을 할당하는 방법은 자동 채널 설정과 수동 채널 설정이 있습니다.

1) 자동 채널 할당하기

자동 채널이란 백업을 수행할 때 별도의 경로를 주지 않아도 정해진 위치로 백업을 받는 것을 말하며 default channel의 의미가 있습니다. 아래와 같이 설정합니다.

```
[oracle@rcclient ~]$ rman target / catalog rcuser/rcuser@rcserver
Recovery Manager: Release 10.2.0.4.0 - Production on Tue Apr 20 01:58:51 2010
Copyright (c) 1982, 2007, Oracle.  All rights reserved.

connected to target database: TESTDB (DBID=2499898020)
connected to recovery catalog database

RMAN> configure default device type to disk;  ㉒

new RMAN configuration parameters:
CONFIGURE DEFAULT DEVICE TYPE TO DISK;
new RMAN configuration parameters are successfully stored
starting full resync of recovery catalog
full resync complete
```

㉒ 자동채널을 설정하는 명령어입니다.

이렇게 설정하면 default device가 파라미터 파일의 db_recovery_file_dest 파라미터의 경로로 설정이 됩니다. 특정한 경로를 default device로 설정해 보겠습니다.

```
[oracle@rcclient ~]$ mkdir /data/backup/rman
[oracle@rcclient ~]$ rman target / catalog rcuser/rcuser@rcserver

Recovery Manager: Release 10.2.0.4.0 - Production on Tue Apr 20 02:01:44 2010
Copyright (c) 1982, 2007, Oracle.  All rights reserved.

connected to target database: TESTDB (DBID=2499898020)
connected to recovery catalog database

RMAN> configure channel device type disk
2> format '/data/backup/rman/%U';  ㉓

new RMAN configuration parameters:
CONFIGURE CHANNEL DEVICE TYPE DISK FORMAT   '/data/backup/rman';
new RMAN configuration parameters are successfully stored
starting full resync of recovery catalog
full resync complete
```

㉓ 이 경로를 default device로 설정했습니다. 즉 앞으로 특별한 경로 없이 백업을 수행하면 이곳에 백업이 생성될 것입니다. %U(대문자 U)는 파일명이 중복되지 않도록 RMAN이 Unique한 번호로 파일 이름을 생성하면서 백업을 수행하라는 의미입니다.

자동 채널이 잘 설정되었는지 테스트해보겠습니다.

```
[oracle@rcclient ~]$ ls /data/backup/rman
[oracle@rcclient ~]$  ㉔
[oracle@rcclient ~]$ rman target / catalog rcuser/rcuser@rcserver  ㉕
[oracle@rcclient ~]$ rman target /  ㉖

Recovery Manager: Release 10.2.0.4.0 - Production on Tue Apr 20 02:06:32 2010
Copyright (c) 1982, 2007, Oracle.  All rights reserved.

connected to target database: TESTDB (DBID=2499898020)
connected to recovery catalog database

RMAN> backup tablespace users;  ㉗

Starting backup at 20-APR-10
allocated channel: ORA_DISK_1
channel ORA_DISK_1: sid=140 devtype=DISK
channel ORA_DISK_1: starting full datafile backupset
```

㉔ 현재 아무것도 없습니다.

㉕ catalog 서버 사용할 경우

㉖ catalog 서버 사용 안 할 경우

㉗ 경로 지정 없이 백업을 수행시켰습니다.

```
channel ORA_DISK_1: specifying datafile(s) in backupset
input datafile fno=00004 name=/home/oracle/oradata/testdb/users01.dbf
channel ORA_DISK_1: starting piece 1 at 20-APR-10
channel ORA_DISK_1: finished piece 1 at 20-APR-10
piece handle=/data/backup/rman/0albiedf_1_1 tag=TAG20100420T020639
comment=NONE
channel ORA_DISK_1: backup set complete, elapsed time: 00:00:01
Finished backup at 20-APR-10

RMAN> exit
Recovery Manager complete.
[oracle@rcclient ~]$ ls -lSh /data/backup/rman/
합계 7.9M
-rw-r-----  1 oracle dba 7.9M  4월 20 02:06 0albiedf_1_1  ㉘
```

㉘ 백업파일이 생성되었습니다.

2) 수동 채널 할당하기

수동 채널이란 백업을 수행할 때 백업 받을 경로를 지정해 주는 것입니다. 아직 작업형 명령방법을 안 배웠지만 설정해보겠습니다.

```
RMAN> run {
2> allocate channel c1 type disk
3> format '/data/backup/close/%U';
4> backup tablespace example;
5> }

allocated channel: c1
channel c1: sid=137 devtype=DISK
Starting backup at 20-APR-10
channel c1: starting full datafile backupset
channel c1: specifying datafile(s) in backupset
input datafile fno=00005 name=/home/oracle/oradata/testdb/example01.dbf
......
piece handle=/data/backup/close/0blbiemg_1_1 tag=TAG20100420T021128 comment=NONE
channel c1: backup set complete, elapsed time: 00:00:03
Finished backup at 20-APR-10
released channel: c1
```

자동 채널 할당보다 수동 채널 할당이 더 우선적으로 적용됩니다. 이상으로 백업 받는 경로를 지정하는 채널 설정 방법에 대해서 살펴보았습니다. 어떤 방법이든 채널을 설정해야 RMAN이 백업을 수행할 수 있다는 것 꼭 기억하세요.

20.7 RMAN 초기 환경 설정하기

1) CONFIGURE RETENTION POLICY TO RECOVERY WINDOW OF 1 DAYS ;

이 파라미터는 복구에 사용할 백업 파일의 보존기간을 설정하는 것으로 1 days 하면 1일치만 복구하기 위해 보존한다는 의미입니다. 이 정책을 넘어선, 즉 1일이 지난 백업 파일을 모두 지우려면 DELETE OBSOLETE 명령어를 사용하면 됩니다.

```
RMAN> CONFIGURE RETENTION POLICY TO RECOVERY WINDOW OF 1 DAYS;
new RMAN configuration parameters:
CONFIGURE RETENTION POLICY TO RECOVERY WINDOW OF 1 DAYS;
new RMAN configuration parameters are successfully stored
starting full resync of recovery catalog
full resync complete
```

2) CONFIGURE RETENTION POLICY TO REDUNDANCY 1;

이 명령어는 백업본의 개수를 지정합니다. 만일의 경우 백업파일이 손상될 수 있기 때문에 Redundancy 숫자만큼 백업파일을 다중화해서 생성하라는 의미이며 여기서는 1개로 했습니다.

```
RMAN> CONFIGURE RETENTION POLICY TO REDUNDANCY 1;
old RMAN configuration parameters:
CONFIGURE RETENTION POLICY TO RECOVERY WINDOW OF 1 DAYS;
new RMAN configuration parameters:
CONFIGURE RETENTION POLICY TO REDUNDANCY 1;
```

```
new RMAN configuration parameters are successfully stored
starting full resync of recovery catalog
full resync complete
```

3) CONFIGURE DEVICE TYPE DISK PARALLELISM 2;

이 설정은 기본채널에 백업을 받을 때 백업 수행 프로세스의 병렬도를 설정하는 것입니다. 이 예제처럼 설정하면 기본채널로 백업 받을 때 백업 프로세스가 2개가 생성이 되어서 백업을 동시에 진행할 것입니다.

```
RMAN> CONFIGURE DEVICE TYPE disk parallelism 2;
new RMAN configuration parameters:
CONFIGURE DEVICE TYPE DISK PARALLELISM 2 BACKUP TYPE TO BACKUPSET;
new RMAN configuration parameters are successfully stored
starting full resync of recovery catalog
full resync complete
```

4) CONFIGURE CONTROLFILE AUTOBACKUP ON;

이 설정은 다른 파일을 백업 받을 때 컨트롤 파일까지 자동으로 백업을 수행하라는 의미입니다. 이렇게 설정할 경우 기본 채널에 백업이 수행되어서 불편한 점이 있으므로 아래의 방법을 더 많이 사용합니다.

```
RMAN> configure controlfile autobackup on;
RMAN> configure controlfile autobackup
2> format for device type disk to '/data/backup/rman/cf_%F';
new RMAN configuration parameters:
CONFIGURE CONTROLFILE AUTOBACKUP FORMAT FOR DEVICE TYPE DISK TO '/data/backup/
rman/cf_%F';
new RMAN configuration parameters are successfully stored
starting full resync of recovery catalog
full resync complete

RMAN> backup tablespace example;
```

```
Starting backup at 20-APR-10
allocated channel: ORA_DISK_1
channel ORA_DISK_1: sid=137 devtype=DISK
allocated channel: ORA_DISK_2
channel ORA_DISK_2: sid=141 devtype=DISK
channel ORA_DISK_1: starting full datafile backupset
channel ORA_DISK_1: specifying datafile(s) in backupset
input datafile fno=00005 name=/home/oracle/oradata/testdb/example01.dbf
channel ORA_DISK_1: starting piece 1 at 20-APR-10
channel ORA_DISK_1: finished piece 1 at 20-APR-10
piece handle=/data/backup/rman/01lbiikc_1_1 tag=TAG20100420T031836 comment=NONE
channel ORA_DISK_1: backup set complete, elapsed time: 00:00:03
Finished backup at 20-APR-10

Starting Control File Autobackup at 20-APR-10
piece handle=/data/backup/rman/cf_c-2499898020-20100420-01 comment=NONE
Finished Control File Autobackup at 20-APR-10
```

실제로 control file이 /data/backup/rman 디렉토리에 자동백업 받아졌는지 확인해 보겠습니다.

```
RMAN> exit
Recovery Manager complete.
[oracle@rcclient rman]$
[oracle@rcclient rman]$ cd /data/backup/rman
[oracle@rcclient rman]$ ls -lsh
합계 7.9M
7.9M -rw-r-----  1 oracle dba 7.9M  4월 20 02:37 cf_c-2499898020-20100420-0
```

5) CONFIGURE MAXSETSIZE TO UNLIMITED;

해당 채널에서 백업 받아지는 백업셋의 최대 크기를 unlimited로 설정하는 명령어입니다.

```
RMAN> CONFIGURE MAXSETSIZE TO UNLIMITED;
```

```
new RMAN configuration parameters:
CONFIGURE MAXSETSIZE TO UNLIMITED;
new RMAN configuration parameters are successfully stored
starting full resync of recovery catalog
full resync complete
```

6) CONFIGURE SNAPSHOT CONTROLFILE NAME TO '/data/backup/open/%F';

이 설정은 만약 RMAN이 control file을 백업하고 있는 도중에 control file의 내용이 변경된다면 백업 전의 control file과 백업 후의 control file의 내용이 달라서 에러가 발생할 것입니다. 그래서 그런 상황이 되면 백업 받던 control file의 스냅샷을 위 경로에 생성하고 백업 후에 control file을 재동기화시켜서 에러를 막아줍니다.

```
RMAN> CONFIGURE SNAPSHOT CONTROLFILE NAME TO '/data/backup/rman/%F';
snapshot control file name set to: /data/backup/open/%F
new RMAN configuration parameters are successfully stored
```

7) CONFIGURE BACKUP OPTIMIZATION ON;

이 설정은 만약 백업 받는 경로에 같은 백업 파일이 존재하면 그 파일은 백업 받지 말고 넘어가라는 의미입니다. RMAN이 해당 백업파일이 같은 파일인지 어떻게 구별하느냐면 백업되어 있는 파일과 지금 백업하려는 파일의 DBID, Checkpoint SCN, Creation SCN, Resetlogs SCN and time을 서로 비교해서 모든 것이 완벽하게 맞으면 동일 파일로 인정하여 Skip 하게 됩니다. 기본값은 OFF 입니다.

```
RMAN> CONFIGURE BACKUP OPTIMIZATION ON;
new RMAN configuration parameters
CONFIGURE BACKUP OPTIMIZATION ON
new RMAN configuration parameters are successfully store
starting full resync of recovery catalog
```

```
full resync complete
```

8) CONFIGURE CHANNEL DEVICE TYPE DISK MAXPIECESIZE 50M;

이 설정은 해당 채널로 백업 받을 때 백업 파일 하나의 최대 크기를 지정하는 명령입니다. 백업파일 하나가 너무 크면 이동할 때나 관리하기가 힘들기 때문에 최대값을 2G 이하로 설정하는 것이 좋습니다.

```
RMAN> CONFIGURE CHANNEL DEVICE TYPE DISK MAXPIECESIZE 50M;
old RMAN configuration parameters:
CONFIGURE CHANNEL DEVICE TYPE DISK FORMAT   '/data/backup/rman/%U';
new RMAN configuration parameters:
CONFIGURE CHANNEL DEVICE TYPE DISK MAXPIECESIZE 50 M;
......
starting full resync of recovery catalog
full resync complete
```

9) Show all; ㉙

㉙ 현재까지의 모든 설정 내역을 확인하는 명령어입니다.

```
RMAN> show all;
RMAN configuration parameters are
CONFIGURE RETENTION POLICY TO REDUNDANCY 1
CONFIGURE BACKUP OPTIMIZATION ON
CONFIGURE DEFAULT DEVICE TYPE TO DISK
CONFIGURE CONTROLFILE AUTOBACKUP ON; # default
CONFIGURE CONTROLFILE AUTOBACKUP FORMAT FOR DEVICE TYPE DISK TO
 '/data/backup/rman/cf_%F'
CONFIGURE DEVICE TYPE DISK PARALLELISM 2 BACKUP TYPE TO BACKUPSET
CONFIGURE DATAFILE BACKUP COPIES FOR DEVICE TYPE DISK TO 1; # default
CONFIGURE ARCHIVELOG BACKUP COPIES FOR DEVICE TYPE DISK TO 1; # default
CONFIGURE CHANNEL DEVICE TYPE DISK MAXPIECESIZE 50 M
CONFIGURE MAXSETSIZE TO UNLIMITEDCONFIGURE ENCRYPTION FOR DATABASE OFF; # default
CONFIGURE ENCRYPTION ALGORITHM 'AES128'; # default
CONFIGURE ARCHIVELOG DELETION POLICY TO NONE; # default
CONFIGURE SNAPSHOT CONTROLFILE NAME TO '/data/backup/open/%F';
```

20.8 RMAN으로 백업 받기

1) 명령어 종류

(1) 독립형 명령 (stand alone)

이 명령방식은 RMAN> prompt에 1개의 명령어만 들어가는 방식입니다. 아래의 예를 보겠습니다.

㉚ 1개의 명령어가 수행됩니다.

```
RMAN> backup tablespace users;   ㉚

Starting backup at 20-APR-10
using channel ORA_DISK_1
using channel ORA_DISK_2
channel ORA_DISK_1: starting full datafile backupset
channel ORA_DISK_1: specifying datafile(s) in backupset
input datafile fno=00004 name=/home/oracle/oradata/testdb/users01.dbf
channel ORA_DISK_1: starting piece 1 at 20-APR-10
channel ORA_DISK_1: finished piece 1 at 20-APR-10
piece handle=/data/backup/rman/0nlbijlr_1_1 tag=TAG20100420T032547
comment=NONE
channel ORA_DISK_1: backup set complete, elapsed time: 00:00:01
Finished backup at 20-APR-10
Starting Control File Autobackup at 20-APR-10
piece handle=/data/backup/rman/cf_c-2499898020-20100420-02 comment=NONE
Finished Control File Autobackup at 20-APR-10
```

㉛ 이 부분을 여러 줄로 쓴다 해도 ; 이 한 개이므로 1개의 명령입니다. 마치 SQL문장을 여러 줄에 써도 ; 이 한 개이면 한 개의 명령어인 것과 마찬가지 입니다.

```
RMAN> backup   ㉛
2> tablespace
3> example;

Starting backup at 20-APR-10
using channel ORA_DISK_1
using channel ORA_DISK_2
channel ORA_DISK_1: specifying datafile(s) in backupset
input datafile fno=00005 name=/home/oracle/oradata/testdb/example01.dbf
```

```
channel ORA_DISK_1: starting piece 1 at 20-APR-10
channel ORA_DISK_1: finished piece 1 at 20-APR-10
piece handle=/data/backup/rman/0plbij2d_1_1 tag=TAG20100420T032605
 comment=NONE
channel ORA_DISK_1: backup set complete, elapsed time: 00:00:03
Finished backup at 20-APR-10

Starting Control File Autobackup at 20-APR-10
piece handle=/data/backup/rman/cf_c-2499898020-20100420-03 comment=NONE
Finished Control File Autobackup at 20-APR-10
```

2) 작업형 명령으로 백업 받기

작업형 명령어는 마치 프로그램의 스크립트처럼 여러 개의 명령어를 한꺼번에 사용할 수 있는 방법입니다.

```
RMAN> run {
2> allocate channel c1 type disk maxpiecesize 100M;
3> backup tablespace system
4> format '/data/backup/rman/%U' ;
5> }
allocated channel: c1
channel c1: sid=158 devtype=DISK

Starting backup at 20-APR-10
using channel ORA_DISK_1
using channel ORA_DISK_2
channel ORA_DISK_1: starting full datafile backupset
channel ORA_DISK_1: specifying datafile(s) in backupset
input datafile fno=00001 name=/home/oracle/oradata/testdb/system01.dbf
channel ORA_DISK_1: starting piece 1 at 20-APR-10
channel ORA_DISK_1: finished piece 1 at 20-APR-10
piece handle=/data/backup/rman/0rlbijbh_1_1 tag=TAG20100420T033057
comment=NONE
channel ORA_DISK_1: backup set complete, elapsed time: 00:00:15
Finished backup at 20-APR-10
```

```
Starting Control File Autobackup at 20-APR-10
piece handle=/data/backup/rman/cf_c-2499898020-20100420-04 comment=NONE
Finished Control File Autobackup at 20-APR-10
```

위의 예처럼 작업형 명령어는 **run { 수행할 명령들; }** 의 형식으로 구성이 됩니다.

20.9 RMAN 백업 가능 대상 및 백업이 안 되는 사항들

● **백업 가능 대상**

- database(all data file과 현재 control file)
- tablespace
- datafile(current 또는 image copy)
- archived redo log
- control file(current 또는 image copy)

● **백업이 되지 않는 대상**

- online redo log file, init.ora, password file, listener.ora, tnsnames.ora

20.10 RMAN 백업 제한 사항

● open 상태에서 백업을 받으려면 데이터베이스가 archive log mode로 운영되어야 합니다.

● 데이터베이스가 마운트 또는 오픈되어 있어야 합니다.

● 온라인 리두 로그는 백업 불가합니다

● 노아카이브 모드에서는 Clean 백업만 사용 가능합니다. 즉 오프라인 테이블스페이스나 읽기전용 테이블 스페이스 백업 사용 가능합니다.

● 해당 테이블 스페이스는 백업모드이어서는 안됩니다.

RMAN으로 백업을 수행하는 것은 Begin backup하는 것과 동일합니다. 즉 Begin backup을 하기 위한 전제조건들이 모두 맞아야 한다는 것입니다.

20.11 RMAN 백업 방법

– backupset으로 백업 수행 (default)

Backupset이란 RMAN이 백업파일을 만들 때 RMAN만이 알 수 있는 형태로 백업파일을 생성하는데 이것을 backupset이라고 하며 기본값입니다. 이 방법으로 백업을 수행해야 RMAN 백업의 장점들을 모두 사용할 수 있습니다. Backup set과 함께 나오는 용어 중에 backup piece라는 용어도 있습니다. Backup piece란 backupset의 크기가 너무 클 경우 분할해서 여러 개의 파일로 나누어서 백업 받을 수 있는데 분할되는 하나의 백업 파일을 backup piece라고 부릅니다.

- 독립형 명령

```
RMAN> backup tablespace example;
```

위 명령어는 기본 채널로 example 테이블 스페이스를 백업 받는 명령어입니다.

- 작업형 명령

```
RMAN> run {
2> allocate channel c1 type disk maxpiecesize 10M;
3> allocate channel c2 type disk maxpiecesize 50M;
4> backup
5> tablespace users channel c1
6> format '/data/backup/close/%U'
7> tablespace example channel c2
8> format '/data/backup/rman/%U';
9> }
```

위 작업형 명령은 users tablespace와 example tablespace를 다른 채널을 할당해서 다른 경로로 백업 받는 방법을 보여줍니다.

● 백업 연습 문제 (백업경로는 /data/backup/rman/입니다)

1. 전체 데이터베이스를 백업 받으세요.
2. 채널 3개를 할당해서 Example, users, system, control file만 백업 받으세요.
3. 데이터 파일로 백업 받으세요.
4. 현재 컨트롤 파일만 백업 받으세요.
5. 종합문제 – 아래의 조건으로 RMAN 백업 받으세요.

   * RMAN을 사용하여 sysaux, example, system 테이블 스페이스를 백업하세요.
   * 백업 경로는 sysaux → /data/backup/open/
example → /data/backup/rman/
system → /data/backup/close/
   * 작업형 명령어로 작업하세요.
   * 채널은 3개로 병렬작업하세요. (채널 이름은 각자 알아서 정하세요)
   * 각 채널은 백업 파일 하나의 크기가 최대 10M를 넘지 않도록 설정하세요.

아래에 정답이 있습니다. 그러나 정답을 보지 말고 꼭 혼자 힘으로 풀어 보세요.

● 정답

1.
```
RMAN> run {
2> allocate channel c1 device type disk
3> format  '/data/backup/rman/%U';
4> backup database;
5> }
```

2.
```
RMAN> run {
2> allocate channel c1 device type disk;
3> allocate channel c2 device type disk;
4> allocate channel c3 device type disk;
5> backup
6> tablespace example , users, system
7> include current controlfile;
8> }
```

3.
```
RMAN> report schema;
Report of database schema
List of Permanent Datafiles
===========================================================================
File Size(MB) Tablespace RB segs Datafile Name
---- -------- ----------- ------- ----------------------------------------
1    500      SYSTEM          YES /home/oracle/oradata/testdb/system01.dbf
2    40       UNDOTBS1        YES /home/oracle/oradata/testdb/undotbs01.dbf
3    480      SYSAUX          NO  /home/oracle/oradata/testdb/sysaux01.dbf
4    11       USERS           NO  /home/oracle/oradata/testdb/users01.dbf
5    100      EXAMPLE         NO  /home/oracle/oradata/testdb/example01.dbf
6    10       TEST01          NO  /home/oracle/oradata/testdb/test01.dbf
7    0        UNDO_FLASHBACK  YES /home/oracle/oradata/testdb/undo_flashback.dbf

List of Temporary Files
===========================================================================
File Size(MB) Tablespace Maxsize(MB) Tempfile Name
---- -------- ---------- ----------- --------------------------------------
1    20       TEMP       32767       /home/oracle/oradata/testdb/temp01.dbf

RMAN> run {
2> allocate channel c1 type disk;
3> backup datafile 1,2,3,4,5,6,7;
4> }
```

4.
```
RMAN> run {
2> allocate channel c1 type disk;
3> backup current controlfile;
4> }
```

5.
```
RMAN> run {
2> allocate channel c1 type disk maxpiecesize 10M ;
3> allocate channel c2 type disk maxpiecesize 10M ;
4> allocate channel c3 type disk maxpiecesize 10M ;
5> backup
6>  tablespace example channel c1
7>     format '/data/backup/rman/%U'
8>  tablespace system channel c2
9>     format '/data/backup/close/%U'
```

```
10> tablespace sysaux channel c3
11>     format '/data/backup/open/%U' ;
12> }
```

– Image copy로 백업 수행

Image copy란 OS 명령어로 Begin backup하는 것과 가장 유사한 방법입니다. 이 방법을 사용할 경우 RMAN 백업의 장점을 사용할 수 없습니다.

```
RMAN> copy
2> datafile '/home/oracle/oradata/testdb/users01.dbf'
3> to '/data/backup/rman/users01.dbf';

Starting backup at 20-APR-10
using channel ORA_DISK_1
using channel ORA_DISK_2
channel ORA_DISK_1: starting datafile copy
input datafile fno=00004 name=/home/oracle/oradata/testdb/users01.dbf
output filename=/data/backup/rman/users01.dbf tag=TAG20100420T035743 recid=5
stamp=716788664
channel ORA_DISK_1: datafile copy complete, elapsed time: 00:00:01
Finished backup at 20-APR-10

Starting Control File Autobackup at 20-APR-10
piece handle=/data/backup/rman/cf_c-2499898020-20100420-06 comment=NONE
Finished Control File Autobackup at 20-APR-10
```

20.12 증분 백업

증분 백업이란 이전에 백업 받았던 백업 파일과 비교해서 변경된 부분만 골라서 백업을 수행하는 것을 말합니다. 차등 증분 백업과 누적 증분 백업이 있습니다. 참고로 이 기능은 Enterprise Edition에서만 지원됩니다. 그리고 10g 버전부터는 Block change tracking이라는 기능이 지원이 되어 더 빠른 incremental backup이 지원됩니다.

1) 그림으로 보는 차등 증분 백업과 누적 증분 백업

시나리오를 '일요일에 전체 백업수행, 월, 화까지 변경된 사항만 백업, 수요일은 월~수까지 변경된 내용 백업, 목, 금은 수요일 이후 변경된 사항만 백업, 토요일은 목, 금, 토 변경사항만 백업하고 일요일은 지난 주 일요일부터 전체 백업 수행'으로 하겠습니다. 아래 그림으로 설명하겠습니다.

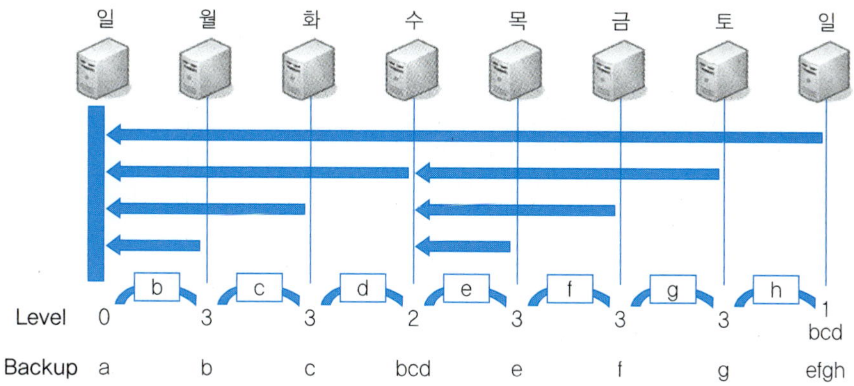

[그림 20-2] 차등 증분 백업

차등 증분 백업은 백업 받을 때 설정했던 숫자가 자기보다 작거나 같으면 그 시점부터 지금까지 모든 데이터를 백업을 받는 것을 말합니다.

예를 들어 일요일에 level 0으로 a라는 데이터를 백업 받았고 월요일까지 b라는 데이터가 추가되었다면 월요일에 level 3으로 백업을 수행하면 월요일보다 level 숫자가 같거나 작은 날을 찾아서 그 날짜 이후로 변경된 것만 백업을 받는 것이니 월요일보다 level 숫자가 작거나 같은 날은 일요일이니까 월요일에는 일요일과 월요일 사이에 변경된 b라는 데이터만 백업 받게 됩니다.

화요일은 level 3으로 받게 되면 화요일 이전에 백업 받았던 날짜의 level을 순서대로 뒤져서 화요일의 level 3과 같거나 작은 날을 찾게 되는데 월요일도 level 3이므로 월요일과 화요일 사이에 변경된 데이터 c만 백업 받게 되는 것입니다.

수요일은 level 2로 백업 받게 되면 이전 날짜들의 백업을 역순으로 조사해 보는데 화요일은 3으로 수요일보다 크니까 통과하고, 월요일도 3이니까 통과하고 일요일이 0이니까 일요일 이후부터 수요일까지 변경된 데이터 b, c, d 모두를 백업 받게 됩니다. 이런 식으로 해서 일요일에는 이전 일요일부터 지금 일요일 사이에 변경된 모든 데이터를 다 받게 되는 것입니다.

만약 목요일 백업 전에 장애가 발생했다고 가정하면 일요일 전체 백업 받은 파일 복원하고 수요일 백업 파일만 복구하면 전체 데이터를 다 복구할 수 있습니다. 만약 수요일 백업 전에 장애가 발생했다고 하면 일요일 전체 백업파일과 월요일 백업 파일과 화요일 백업 파일 모두를 복구해야 데이터가 정상적으로 복구가 됩니다.

차등 증분 백업은 현재 날짜와 이전 날짜의 level 숫자가 작거나 또는 같으면 그 이전 날짜와 지금 날짜 사이의 변경된 모든 데이터를 백업 받았지만 누적 증분 백업은 무조건 작은 날짜가 와야 한다는 점이 차이점입니다.

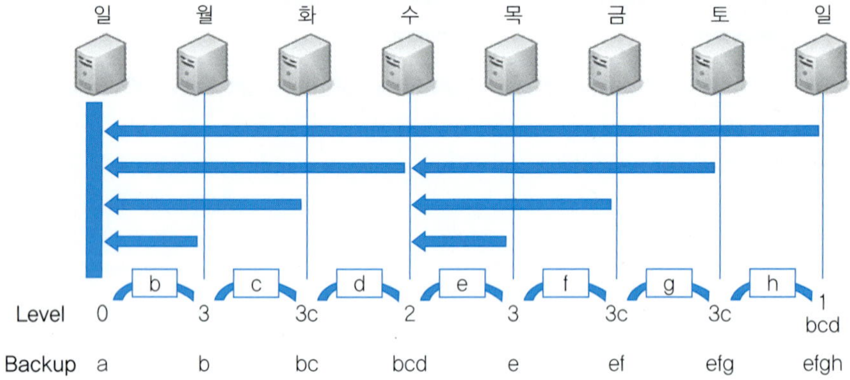

[그림 20-3] 누적 증분 백업

위 그림에서 화요일과 금요일, 토요일에 level C가 붙은 것이 누적 증분 백업입니다. 나머지 내용들은 다 동일하고 화요일에 누적 증분 백업을 받는다면 화요일의 3보다 작은 숫자를 가진 날짜인 일요일 이후에 변경된 모든 내용을 백업 받아야 하기 때문에 화요일은 월, 화요일 사이에 변경된 b, c 데이터를 모두 백업 받게 되는 것입니다. 금요일과 토요일도 동일한 내용입니다. 이 경우에 만약 수요일 백업 전에 장애가 발생했다면 일요일 전체 백업 파일과 화요일 백업 파일 하나만 복구하면 전체 데이터를 다 복구할 수 있습니다.

실무 실습 56 차등 증분 백업 실습

- 일요일에 level 0으로 데이터베이스를 전체 백업 받기

```
RMAN> run {
2> allocate channel c1 type disk;
3> allocate channel c2 type disk;
4> backup
5>   incremental level 0
6> database
7>   format '/data/backup/rman/%U';
8> }
allocated channel: c1
channel c1: sid=131 devtype=DISK

allocated channel: c2
channel c2: sid=128 devtype=DISK

Starting backup at 20-APR-10
using channel ORA_DISK_1
using channel ORA_DISK_2
channel ORA_DISK_1: starting incremental level 0 datafile backupset
channel ORA_DISK_1: specifying datafile(s) in backupset
input datafile fno=00003 name=/home/oracle/oradata/testdb/sysaux01.dbf
input datafile fno=00002 name=/home/oracle/oradata/testdb/undotbs01.dbf
input datafile fno=00007 name=/home/oracle/oradata/testdb/undo_flashback.dbf
input datafile fno=00005 name=/home/oracle/oradata/testdb/example01.dbf
channel ORA_DISK_1: starting piece 1 at 20-APR-10
channel ORA_DISK_2: starting incremental level 0 datafile backupset
channel ORA_DISK_2: specifying datafile(s) in backupset
input datafile fno=00001 name=/home/oracle/oradata/testdb/system01.dbf
input datafile fno=00004 name=/home/oracle/oradata/testdb/users01.dbf
input datafile fno=00006 name=/home/oracle/oradata/testdb/test01.dbf
channel ORA_DISK_2: starting piece 1 at 20-APR-10
channel ORA_DISK_1: finished piece 1 at 20-APR-10
piece handle=/data/backup/rman/15lbios2_1_1 tag=TAG20100420T050505
comment=NONE
channel ORA_DISK_1: backup set complete, elapsed time: 00:00:45
```

```
channel ORA_DISK_2: finished piece 1 at 20-APR-10
piece handle=/data/backup/rman/16lbios2_1_1 tag=TAG20100420T050505
comment=NONE
channel ORA_DISK_2: backup set complete, elapsed time: 00:00:45
Finished backup at 20-APR-10

Starting Control File Autobackup at 20-APR-10
piece handle=/data/backup/rman/cf_c-2499898020-20100420-08 comment=NONE
Finished Control File Autobackup at 20-APR-10
```

- 월요일에 level 3으로 users tablespace만 차등 증분 백업 받기

```
RMAN> run {
2> allocate channel c1 type disk;
3> backup
4>     incremental level 3
5> tablespace users;
6> }

allocated channel: c1
channel c1: sid=127 devtype=DISK

Starting backup at 20-APR-10
using channel ORA_DISK_1
using channel ORA_DISK_2
channel ORA_DISK_1: starting incremental level 3 datafile backupset
channel ORA_DISK_1: specifying datafile(s) in backupset
input datafile fno=00004 name=/home/oracle/oradata/testdb/users01.dbf
channel ORA_DISK_1: starting piece 1 at 20-APR-10
channel ORA_DISK_1: finished piece 1 at 20-APR-10
piece handle=/data/backup/rman/18lbip5f_1_1 tag=TAG20100420T051007
comment=NONE
channel ORA_DISK_1: backup set complete, elapsed time: 00:00:02
Finished backup at 20-APR-10

Starting Control File Autobackup at 20-APR-10
piece handle=/data/backup/rman/cf_c-2499898020-20100420-09 comment=NONE
Finished Control File Autobackup at 20-APR-10
```

실무 실습 57 수요일에 level 3으로 누적 증분 백업 받기

```
RMAN> run {
2> allocate channel c2 type disk;
3> backup
4>   incremental level 3 cumulative
5> tablespace example;
6> }

allocated channel: c2
channel c2: sid=124 devtype=DISK
Starting backup at 20-APR-10
using channel ORA_DISK_1
using channel ORA_DISK_2
channel ORA_DISK_1: starting incremental level 3 datafile backupset
channel ORA_DISK_1: specifying datafile(s) in backupset
input datafile fno=00005 name=/home/oracle/oradata/testdb/example01.dbf
channel ORA_DISK_1: starting piece 1 at 20-APR-10
channel ORA_DISK_1: finished piece 1 at 20-APR-10
piece handle=/data/backup/rman/1albipbn_1_1 tag=TAG20100420T051327
comment=NONE
channel ORA_DISK_1: backup set complete, elapsed time: 00:00:03
Finished backup at 20-APR-10

Starting Control File Autobackup at 20-APR-10
piece handle=/data/backup/rman/cf_c-2499898020-20100420-0a comment=NONE
Finished Control File Autobackup at 20-APR-10
```

2) Block change tracking 기능 활성화 후 증분 백업 수행

Block change tracking 기능이란 데이터 블록들의 변경된 블록만 추적하는 기능을 의미합니다. 블록들의 변경사항은 특정 파일에 저장되어 관리됩니다. 이 기능은 oracle 10g Enterprise Edition에서부터 지원됩니다.

```
[oracle@rcclient rman]$ sqlplus / as sysdba;
```

```
SQL*Plus: Release 10.2.0.4.0 - Production on Tue Apr 20 05:27:18 2010
Copyright (c) 1982, 2007, Oracle.  All Rights Reserved.
Connected to:
Oracle Database 10g Enterprise Edition Release 10.2.0.4.0 - Production
With the Partitioning, OLAP, Data Mining and Real Application Testing options

SQL> alter database enable block change tracking
 2  using file '/data/backup/rman/block_tracking.txt';

Database altered.

SQL> !
 [oracle@rcclient rman]$ pwd
 /data/backup/rman

 [oracle@rcclient rman]$ ls -lSh *.txt
 -rw-r-----  1 oracle dba 12M  4월 20 05:31 block_tracking.txt
 [oracle@rcclient rman]$ vi block_tracking.txt

^@"^@^@^@^@¿˘^@^@^@^@^@^@^@Àÿ^@^@^@^@^B^@^@<80>X^@^@}|{z
<81>^@^@^@^@^@^@^@^@^@^@^@^@^@^@^@^@^@^@^@^@^@^@^@^@^@^@^@^@^@^@^@^@^@^@^@^
@^@^@^@^@^@^@^@^@^@^@^@^@^@^@^@^@^@^@^@^@^@^@^@^@^@^@^@^@^@^@^@^@^@^@^@^@^@
^@^@^@^@^@^@^@^@^@^@^@^@^@^@^@^@^@^@^@^@^@^@^@^@^@^@^@^@^@^@^@^@^@^@^@^@^@^
@^@^@^@^@^@^@^@^@^@^@^@^@^@^@^@^@^@^@^@^@^@^@^@^@^@^@^@^@^@^@^@^@^@^@^@^@^@
^@^@^@^@^@^@^@^@^@^@^@^@^@^@^@^@^@^@^@^@^@^@^@^@^@^@^@^@^@^@^@^@^@^@^@^@^@^
@^@^@^@^@^@^@^@^@^@^@^@^@^@^@^@^@^@^@^@^@^@^@^@^@^@^@^@^@^@^@^@^@^@^@^@^@^@
^@^@^@^@^@^@^@^@^@^@^@^@^@^@^@^@^@^@^@^@^@^@^@^@^@^@^@^@^@^@^@^@^@^@^@^@^@^
@^@^@^@^@^@^@^@^@^@^@^@^@^@^@^@^@^@^@^@^@^@^@^@^@^@^@^@^@^@^@^@^@^@^@^@^@^@
^@^@^@^@^@^@^@^@^@^@^@^@^@^@^@^@^@^@^@^@^@^@^@^@^@^@^@^@^@^@^@^@^@^@^@^@^@.
....
```

이 파일의 내용을 확인해 보니까 바이너리 파일이라는 것을 알 수 있습니다. 이 기능을 비활성화하려면 `SQL> alter database disable block change tracking ;` 하면 됩니다.

Block change tracking 기능을 확인하려면 control file을 조회하면 됩니다.

```
SQL> set line 200
```

```
SQL> col status for a10
SQL> col filename for a50
SQL> col MB for 999999
SQL> select status , filename , bytes/1024/1024 MB
  2  from v$block_change_tracking;

STATUS       FILENAME                                           MB
------------ -------------------------------------------------- -------
ENABLED      /data/backup/rman/block_tracking.txt               11
```

실제 RMAN이 이 기능을 사용했는지 여부를 조회해 보겠습니다.

v$backup_datafile을 보면 used_change_tracking 컬럼이 있는데 그 값을 조회하면 됩니다.

```
SQL> select file#,
  2  avg(datafile_blocks) "blocks",
  3  avg(blocks_read) "reads",
  4  rount(avg(blocks_read/datafile_blocks) * 100,3)|| '%'  as "Read for Backup"
  5  from v$backup_datafile
  6  where incremental_level > 0
  7  and used_change_tracking = 'YES'
  8  group by file#
  9  order by file# ;

 no rows selected  ㉜

SQL> save bt.sql
```

㉜ 아직 사용하지 않았다는 의미입니다.

다시 백업을 하고 조회해 보겠습니다.

```
[oracle@rcclient rman]$ rman target / catalog rcuser/rcuser@rcserver
Recovery Manager: Release 10.2.0.4.0 - Production on Tue Apr 20 05:44:34 2010
Copyright (c) 1982, 2007, Oracle.  All rights reserved.

connected to target database: TESTDB (DBID=2499898020)
```

```
connected to recovery catalog database

RMAN> run {
2> allocate channel c1 type disk;
3> backup
4>   incremental level 3
5> tablespace users;
6> }

allocated channel: c1
channel c1: sid=159 devtype=DISK

Starting backup at 20-APR-10
channel c1: starting incremental level 3 datafile backupset
channel c1: specifying datafile(s) in backupset
input datafile fno=00004 name=/home/oracle/oradata/testdb/users01.dbf
channel c1: starting piece 1 at 20-APR-10
channel c1: finished piece 1 at 20-APR-10
piece
handle=/home/oracle/flash_recovery_area/TESTDB/backupset/2010_04_20/o1_mf_nn
nd3_TAG20100420T054509_5wsj6pbb_.bkp tag=TAG20100420T054509 comment=NONE
channel c1: backup set complete, elapsed time: 00:00:03
Finished backup at 20-APR-10

Starting Control File Autobackup at 20-APR-10
piece handle=/data/backup/rman/cf_c-2499898020-20100420-0b comment=NONE
Finished Control File Autobackup at 20-APR-10
released channel: c1

RMAN> exit
Recovery Manager complete.

[oracle@rcclient rman]$ sqlplus / as sysdba;

SQL*Plus: Release 10.2.0.4.0 - Production on Tue Apr 20 05:46:06 2010

Copyright (c) 1982, 2007, Oracle.  All Rights Reserved.
Connected to:
Oracle Database 10g Enterprise Edition Release 10.2.0.4.0 - Production
```

```
With the Partitioning, OLAP, Data Mining and Real Application Testing options

SQL> @bt.sql

   FILE#     blocks      reads    Read for Backup
---------- ---------- ---------- ------------------------------------------
     4       1440           1     .069%
```

위 내용은 데이터 파일 4번에 총 1440개의 블록이 있는데 그 중에서 1개를 block tracking을 사용했다는 의미입니다. 이 기능을 사용하면 incremental backup이 더 빨리 수행될 수 있습니다.

20.13 RMAN으로 복구하기

RMAN 복구 방법 역시 전통적인 방법과 동일하게 Restore와 Recovery라는 개념으로 나뉘게 됩니다. Restore는 백업 파일로부터의 복원이고 Recovery는 Redo log/archive Log를 적용시켜 복구하는 것입니다. 전통적인 방법과의 차이라면 순서와 원리는 동일하지만 전통적인 방법은 이 과정을 관리자가 수동으로 수행했던 것을 RMAN 유틸리티가 수행한다는 것입니다. 아래에서 자세히 각 CASE 별로 어떻게 복구하는지 살펴보겠습니다.

실무 실습 58 데이터 파일 삭제 후 DB Open 상태에서 복구하기

예제로 offline되는 users 테이블 스페이스의 데이터 파일을 삭제한 후 복구하겠습니다.

```
SYS>select tablespace_name,bytes/1024/1024 MB, file_name
  2  from dba_data_files;
```

```
TABLESPACE          MB     FILE_NAME
------------ --------- -------------------------------------------------
USERS            11.25     /home/oracle/oradata/testdb/users01.dbf
SYSAUX             480     /home/oracle/oradata/testdb/sysaux01.dbf
UNDOTBS1            40     /home/oracle/oradata/testdb/undotbs01.dbf
SYSTEM             500     /home/oracle/oradata/testdb/system01.dbf
EXAMPLE            100     /home/oracle/oradata/testdb/example01.dbf
TEST01              10     /home/oracle/oradata/testdb/test01.dbf

6 rows selected.

SYS>!rm -fr /home/oracle/oradata/testdb/users01.dbf

SYS>!ls /home/oracle/oradata/testdb/users01.dbf
ls: /home/oracle/oradata/testdb/users01.dbf: 그런 파일이나 디렉토리가 없음
```

- 위 상황을 독립형 명령어로 복구해 보겠습니다.

```
RMAN> sql 'alter tablespace users offline immediate' ;

starting full resync of recovery catalog
full resync complete
sql statement: alter tablespace users offline immediate

RMAN> restore tablespace users;

Starting restore at 20-APR-10
allocated channel: ORA_DISK_1
channel ORA_DISK_1: sid=137 devtype=DISK
allocated channel: ORA_DISK_2
channel ORA_DISK_2: sid=135 devtype=DISK

channel ORA_DISK_1: starting datafile backupset restore
channel ORA_DISK_1: specifying datafile(s) to restore from backup set
restoring datafile 00004 to /home/oracle/oradata/testdb/users01.dbf
channel ORA_DISK_1: reading from backup piece /data/backup/rman/16lbios2_1_1
channel ORA_DISK_1: restored backup piece 1
```

```
piece handle=/data/backup/rman/16lbios2_1_1 tag=TAG20100420T050505
channel ORA_DISK_1: restore complete, elapsed time: 00:00:04
Finished restore at 20-APR-10

RMAN> recover tablespace users;

Starting recover at 20-APR-10
using channel ORA_DISK_1
using channel ORA_DISK_2
channel ORA_DISK_1: starting incremental datafile backupset restore
channel ORA_DISK_1: specifying datafile(s) to restore from backup set
destination for restore of datafile 00004: /home/oracle/oradata/testdb/users01.dbf
channel ORA_DISK_1: reading from backup piece /data/backup/rman/18lbip5f_1_1
channel ORA_DISK_1: restored backup piece 1
piece handle=/data/backup/rman/18lbip5f_1_1 tag=TAG20100420T051007
channel ORA_DISK_1: restore complete, elapsed time: 00:00:01
channel ORA_DISK_1: starting incremental datafile backupset restore
channel ORA_DISK_1: specifying datafile(s) to restore from backup set
destination for restore of datafile 00004: /home/oracle/oradata/testdb/users01.dbf
channel ORA_DISK_1: reading from backup piece /home/oracle/flash_recovery_area/
TESTDB/backupset/2010_04_20/o1_mf_nnnd3_TAG20100420T054509_5wsj6pbb_.bkp
channel ORA_DISK_1: restored backup piece 1
piece Handle=/home/oracle/flash_recovery_area/TESTDB/backupset/2010_04_20/o1_mf_
        nnnd3_TAG20100420T054509_5wsj6pbb_.bkp tag=TAG20100420T054509
channel ORA_DISK_1: restore complete, elapsed time: 00:00:01
channel ORA_DISK_1: starting incremental datafile backupset restore
channel ORA_DISK_1: specifying datafile(s) to restore from backup set
destination for restore of datafile 00004: /home/oracle/oradata/testdb/users01.dbf
channel ORA_DISK_1: reading from backup piece /home/oracle/flash_recovery_area/
TESTDB/backupset/2010_04_20/o1_mf_nnnd3_TAG20100420T054551_5wsj7zhh_.bkp
channel ORA_DISK_1: restored backup piece 1
piece handle=/home/oracle/flash_recovery_area/TESTDB/backupset/2010_04_20/o1_mf_
        nnnd3_TAG20100420T054551_5wsj7zhh_.bkp tag=TAG20100420T054551
channel ORA_DISK_1: restore complete, elapsed time: 00:00:01

starting media recovery
media recovery complete, elapsed time: 00:00:03

Finished recover at 20-APR-10
```

```
RMAN> sql 'alter tablespace users online' ;

sql statement: alter tablespace users online
복구가 완료되었습니다.
```

이번엔 같은 장애를 한 번 더 발생시켜서 작업형 명령어로 복구해 보겠습니다.

```
RMAN> exit

Recovery Manager complete.

[oracle@rcclient ~]$ rm -fr /home/oracle/oradata/testdb/users01.dbf
[oracle@rcclient ~]$ ls /home/oracle/oradata/testdb/users01.dbf
ls: /home/oracle/oradata/testdb/users01.dbf: 그런 파일이나 디렉토리가 없음
[oracle@rcclient ~]$ rman target / catalog rcuser/rcuser@rcserver

Recovery Manager: Release 10.2.0.4.0 - Production on Tue Apr 20 07:34:03 2010

Copyright (c) 1982, 2007, Oracle.  All rights reserved.

connected to target database: TESTDB (DBID=2499898020)
connected to recovery catalog database

RMAN> run {
2> sql 'alter tablespace users offline immediate' ;
3>      restore tablespace users;
4>      recover tablespace users;
5> sql 'alter tablespace users online' ;
6> }

sql statement: alter tablespace users offline immediate

Starting restore at 20-APR-10
allocated channel: ORA_DISK_1
channel ORA_DISK_1: sid=139 devtype=DISK
allocated channel: ORA_DISK_2
channel ORA_DISK_2: sid=141 devtype=DISK
```

```
channel ORA_DISK_1: starting datafile backupset restore
channel ORA_DISK_1: specifying datafile(s) to restore from backup set
restoring datafile 00004 to /home/oracle/oradata/testdb/users01.dbf
channel ORA_DISK_1: reading from backup piece /data/backup/rman/16lbios2_1_1
channel ORA_DISK_1: restored backup piece 1
piece handle=/data/backup/rman/16lbios2_1_1 tag=TAG20100420T050505
channel ORA_DISK_1: restore complete, elapsed time: 00:00:02
Finished restore at 20-APR-10

Starting recover at 20-APR-10
using channel ORA_DISK_1
using channel ORA_DISK_2
channel ORA_DISK_1: starting incremental datafile backupset restore
channel ORA_DISK_1: specifying datafile(s) to restore from backup set
destination for restore of datafile 00004: /home/oracle/oradata/testdb/users01.dbf
channel ORA_DISK_1: reading from backup piece /data/backup/rman/18lbip5f_1_1
channel ORA_DISK_1: restored backup piece 1
piece handle=/data/backup/rman/18lbip5f_1_1 tag=TAG20100420T051007
channel ORA_DISK_1: restore complete, elapsed time: 00:00:02
channel ORA_DISK_1: starting incremental datafile backupset restore
channel ORA_DISK_1: specifying datafile(s) to restore from backup set
destination for restore of datafile 00004: /home/oracle/oradata/testdb/users01.dbf
channel ORA_DISK_1: reading from backup piece
/home/oracle/flash_recovery_area/TESTDB/backupset/2010_04_20/o1_mf_nnnd3_
TAG20100420T054509_5wsj6pbb_.bkp
channel ORA_DISK_1: restored backup piece 1
piece
handle=/home/oracle/flash_recovery_area/TESTDB/backupset/2010_04_20/o1_mf_nnnd3_
TAG20100420T054509_5wsj6pbb_.bkp tag=TAG20100420T054509
channel ORA_DISK_1: restore complete, elapsed time: 00:00:01
channel ORA_DISK_1: starting incremental datafile backupset restore
channel ORA_DISK_1: specifying datafile(s) to restore from backup set
destination for restore of datafile 00004: /home/oracle/oradata/testdb/users01.dbf
channel ORA_DISK_1: reading from backup piece
/home/oracle/flash_recovery_area/TESTDB/backupset/2010_04_20/o1_mf_nnnd3_
TAG20100420T054551_5wsj7zhh_.bkp
channel ORA_DISK_1: restored backup piece 1
piece handle=/home/oracle/flash_recovery_area/TESTDB/backupset/2010_04_20/o1_mf_nnnd3_
TAG20100420T054551_5wsj7zhh_.bkp tag=TAG20100420T054551
```

```
channel ORA_DISK_1: restore complete, elapsed time: 00:00:02

starting media recovery
media recovery complete, elapsed time: 00:00:03

Finished recover at 20-APR-10

sql statement: alter tablespace users online
```

복구가 완료되었습니다. 위의 예에서 보듯이 독립형 명령어는 하나의 과정이 끝나면 관리자가 다음 명령어를 계속 입력해야 하지만 작업형 명령어는 명령어 여러 개를 한꺼번에 적어주면 RMAN이 순서대로 알아서 수행합니다. 그래서 작업형 명령어를 더 많이 사용합니다. 여기서도 앞으로의 실습은 작업형 명령어를 사용하도록 하겠습니다.

실무 실습 59 Offline 안 되는 테이블 스페이스 삭제 후 복구하기

System 테이블 스페이스는 offline이 안되므로 삭제 후 복구해 보겠습니다.

```
[oracle@rcclient ~]$ rm -fr /home/oracle/oradata/testdb/system01.dbf
[oracle@rcclient ~]$ ls /home/oracle/oradata/testdb/system01.dbf
ls: /home/oracle/oradata/testdb/system01.dbf: 그런 파일이나 디렉토리가 없음
[oracle@rcclient ~]$rman target / catalog  rcuser/rcuser@rcserver

RMAN> shutdown abort;
Oracle instance shut down

RMAN> run {
2> startup mount;
3> restore database;
4> recover database;
5> alter database open;
6> }
```

```
connected to target database (not started)
Oracle instance started
database mounted

Total System Global Area     285212672 bytes

Fixed Size                     1267044 bytes
Variable Size                 88083100 bytes
Database Buffers             188743680 bytes
Redo Buffers                   7118848 bytes

Starting restore at 20-APR-10
allocated channel: ORA_DISK_1
channel ORA_DISK_1: sid=157 devtype=DISK
allocated channel: ORA_DISK_2
channel ORA_DISK_2: sid=154 devtype=DISK

channel ORA_DISK_1: starting datafile backupset restore
channel ORA_DISK_1: specifying datafile(s) to restore from backup set
restoring datafile 00002 to /home/oracle/oradata/testdb/undotbs01.dbf
restoring datafile 00003 to /home/oracle/oradata/testdb/sysaux01.dbf
restoring datafile 00005 to /home/oracle/oradata/testdb/example01.dbf
channel ORA_DISK_1: reading from backup piece /data/backup/rman/15lbios2_1_1
channel ORA_DISK_2: starting datafile backupset restore
channel ORA_DISK_2: specifying datafile(s) to restore from backup set
restoring datafile 00001 to /home/oracle/oradata/testdb/system01.dbf
restoring datafile 00004 to /home/oracle/oradata/testdb/users01.dbf
restoring datafile 00006 to /home/oracle/oradata/testdb/test01.dbf
channel ORA_DISK_2: reading from backup piece /data/backup/rman/16lbios2_1_1
channel ORA_DISK_1: restored backup piece 1
piece handle=/data/backup/rman/15lbios2_1_1 tag=TAG20100420T050505
channel ORA_DISK_1: restore complete, elapsed time: 00:01:15
channel ORA_DISK_2: restored backup piece 1
piece handle=/data/backup/rman/16lbios2_1_1 tag=TAG20100420T050505
channel ORA_DISK_2: restore complete, elapsed time: 00:01:15
Finished restore at 20-APR-10
Starting recover at 20-APR-10
using channel ORA_DISK_1
using channel ORA_DISK_2
```

```
channel ORA_DISK_2: starting incremental datafile backupset restore
channel ORA_DISK_2: specifying datafile(s) to restore from backup set
destination for restore of datafile 00005: /home/oracle/oradata/testdb/example01.dbf
channel ORA_DISK_2: reading from backup piece /data/backup/rman/1albipbn_1_1
channel ORA_DISK_1: starting incremental datafile backupset restore
channel ORA_DISK_1: specifying datafile(s) to restore from backup set
destination for restore of datafile 00004: /home/oracle/oradata/testdb/users01.dbf
channel ORA_DISK_1: reading from backup piece /data/backup/rman/18lbip5f_1_1
channel ORA_DISK_1: restored backup piece 1
piece handle=/data/backup/rman/18lbip5f_1_1 tag=TAG20100420T051007
channel ORA_DISK_1: restore complete, elapsed time: 00:00:01
channel ORA_DISK_2: restored backup piece 1
piece handle=/data/backup/rman/1albipbn_1_1 tag=TAG20100420T051327
channel ORA_DISK_2: restore complete, elapsed time: 00:00:01
channel ORA_DISK_1: starting incremental datafile backupset restore
channel ORA_DISK_1: specifying datafile(s) to restore from backup set
destination for restore of datafile 00004: /home/oracle/oradata/testdb/users01.dbf
channel ORA_DISK_1: reading from backup piece
 /home/oracle/flash_recovery_area/TESTDB/backupset/2010_04_20/o1_mf_nnnd3_
TAG20100420T054509_5wsj6pbb_.bkp
channel ORA_DISK_1: restored backup piece 1
piece handle=/home/oracle/flash_recovery_area/TESTDB/backupset/2010_04_20/o1_mf_nnnd3_
TAG20100420T054509_5wsj6pbb_.bkp tag=TAG20100420T054509
channel ORA_DISK_1: restore complete, elapsed time: 00:00:02
channel ORA_DISK_1: starting incremental datafile backupset restore
channel ORA_DISK_1: specifying datafile(s) to restore from backup set
destination for restore of datafile 00004: /home/oracle/oradata/testdb/users01.dbf
channel ORA_DISK_1: reading from backup piece
/home/oracle/flash_recovery_area/TESTDB/backupset/2010_04_20/o1_mf_nnnd3_
TAG20100420T054551_5wsj7zhh_.bkp
channel ORA_DISK_1: restored backup piece 1
piece handle=/home/oracle/flash_recovery_area/TESTDB/backupset/2010_04_20/o1_mf_nnnd3_
TAG20100420T054551_5wsj7zhh_.bkp tag=TAG20100420T054551
channel ORA_DISK_1: restore complete, elapsed time: 00:00:02

starting media recovery
media recovery complete, elapsed time: 00:00:09

Finished recover at 20-APR-10
```

```
database opened
```

복구 완료되었습니다.

실무 실습 ⑩ 임시 경로에서 복구하기

Users 테이블 스페이스를 삭제한 후 기존 파일 경로 말고 다른 위치에 restore 하고 recover하는 실습을 해보겠습니다. 복원 경로를 다른 위치로 지정하는 명령어는 set new name for datafile 〈번호 또는 경로〉 to 〈 새 위치 경로 및 파일명〉입니다. 그리고 복원한 후 반드시 컨트롤 파일의 내용을 switch datafile 〈파일번호〉 명령어로 변경해야 합니다. 여기서 임시 복원 장소를 /data/temp 디렉토리로 하겠습니다.

```
[oracle@rcclient ~]$ rm -fr /home/oracle/oradata/testdb/users01.dbf
[oracle@rcclient ~]$ ls /home/oracle/oradata/testdb/users01.dbf
ls: /home/oracle/oradata/testdb/users01.dbf: 그런 파일이나 디렉토리가 없음

RMAN> report schema;  ㉝

Report of database schema
List of Permanent Datafiles
===========================================================================
File  Size(MB) Tablespace  RB segs  Datafile Name
---- -------- ----------- -------- ----------------------------------------
1     500      SYSTEM       YES     /home/oracle/oradata/testdb/system01.dbf
2     40       UNDOTBS1     YES     /home/oracle/oradata/testdb/undotbs01.dbf
3     480      SYSAUX       NO      /home/oracle/oradata/testdb/sysaux01.dbf
4     11       USERS        NO      / home/oracle/oradata/testdb/users01.dbf
5     100      EXAMPLE      NO      /home/oracle/oradata/testdb/example01.dbf
6     10       TEST01       NO      /home/oracle/oradata/testdb/test01.dbf
```

㉝ 현재 상태 확인하기

```
List of Temporary Files
=======================================================================
File Size(MB) Tablespace  Maxsize(MB) Tempfile Name
---- -------- ----------- ----------- ---------------------------------
1    20       TEMP        32767       /home/oracle/oradata/testdb/temp01.dbf
```

복구를 시작합니다.

㉞ 새 복원 경로를 생성합니다.

㉟ 이 파일번호는 report schema에서 확인했습니다.

```
[oracle@rcclient ~]$ mkdir /data/temp ㉞
[oracle@rcclient ~]$ rman target / catalog rcuser/rcuser@rcserver

Recovery Manager: Release 10.2.0.4.0 - Production on Tue Apr 20 08:00:09 2010

Copyright (c) 1982, 2007, Oracle.  All rights reserved.

connected to target database: TESTDB (DBID=2499898020)
connected to recovery catalog database

RMAN> run {
2> sql 'alter tablespace users offline immediate' ;
3> set newname for datafile '/home/oracle/oradata/testdb/users01.dbf'
4> to '/data/temp/users01.dbf';
5> restore tablespace users;
6> switch datafile 4; ㉟
7> recover tablespace users;
8> sql 'alter tablespace users online';
9> }

sql statement: alter tablespace users offline immediate

executing command: SET NEWNAME

Starting restore at 20-APR-10
allocated channel: ORA_DISK_1
channel ORA_DISK_1: sid=158 devtype=DISK
allocated channel: ORA_DISK_2
channel ORA_DISK_2: sid=159 devtype=DISK
```

```
channel ORA_DISK_1: starting datafile backupset restore
channel ORA_DISK_1: specifying datafile(s) to restore from backup set
restoring datafile 00004 to /data/temp/users01.dbf
channel ORA_DISK_1: reading from backup piece /data/backup/rman/16lbios2_1_1
channel ORA_DISK_1: restored backup piece 1
piece handle=/data/backup/rman/16lbios2_1_1 tag=TAG20100420T050505
channel ORA_DISK_1: restore complete, elapsed time: 00:00:02
Finished restore at 20-APR-10

datafile 4 switched to datafile copy
input datafile copy recid=25 stamp=716803306 filename=/data/temp/users01.dbf
starting full resync of recovery catalog
full resync complete

Starting recover at 20-APR-10
using channel ORA_DISK_1
using channel ORA_DISK_2
channel ORA_DISK_1: starting incremental datafile backupset restore
channel ORA_DISK_1: specifying datafile(s) to restore from backup set
destination for restore of datafile 00004: /data/temp/users01.dbf
channel ORA_DISK_1: reading from backup piece /data/backup/rman/18lbip5f_1_1
channel ORA_DISK_1: restored backup piece 1
piece handle=/data/backup/rman/18lbip5f_1_1 tag=TAG20100420T051007
channel ORA_DISK_1: restore complete, elapsed time: 00:00:01
channel ORA_DISK_1: starting incremental datafile backupset restore
channel ORA_DISK_1: specifying datafile(s) to restore from backup set
destination for restore of datafile 00004: /data/temp/users01.dbf
channel ORA_DISK_1: reading from backup piece
/home/oracle/flash_recovery_area/TESTDB/backupset/2010_04_20/o1_mf_nnnd3_
TAG20100420T054509_5wsj6pbb_.bkp
channel ORA_DISK_1: restored backup piece 1
piece handle=/home/oracle/flash_recovery_area/TESTDB/backupset/2010_04_20/o1_mf_nnnd3_
TAG20100420T054509_5wsj6pbb_.bkp tag=TAG20100420T054509
channel ORA_DISK_1: restore complete, elapsed time: 00:00:01
channel ORA_DISK_1: starting incremental datafile backupset restore
channel ORA_DISK_1: specifying datafile(s) to restore from backup set
destination for restore of datafile 00004: /data/temp/users01.dbf
channel ORA_DISK_1: reading from backup piece
/home/oracle/flash_recovery_area/TESTDB/backupset/2010_04_20/o1_mf_nnnd3_
```

```
TAG20100420T054551_5wsj7zhh_.bkp
channel ORA_DISK_1: restored backup piece 1
piece handle=/home/oracle/flash_recovery_area/TESTDB/backupset/2010_04_20/o1_mf_nnnd3_
TAG20100420T054551_5wsj7zhh_.bkp tag=TAG20100420T054551
channel ORA_DISK_1: restore complete, elapsed time: 00:00:01
starting media recovery
media recovery complete, elapsed time: 00:00:02

Finished recover at 20-APR-10

sql statement: alter tablespace users online
```

복구 완료되었습니다.

실무 실습 61 Drop table 후 복구하기

Drop table이나 drop user, update, delete 장애 등이 이 경우에 해당되며 모두 복구하는 원리는 동일합니다. 이 방법에서 가장 중요한 것은 장애 난 시점의 시간인데 그 시간을 확인한 후 복구를 진행하도록 하겠습니다. 예제로 test table을 생성하고 삭제한 뒤 복구를 하겠습니다. 나머지들도 동일한 방법과 원리로 작업하면 되니까 직접 해보기 바랍니다.

● Test table 생성

```
[oracle@rcclient ~]$ sqlplus / as sysdba;
SQL*Plus: Release 10.2.0.4.0 - Production on Tue Apr 20 08:35:25 2010
Copyright (c) 1982, 2007, Oracle.  All Rights Reserved.
Connected to:
Oracle Database 10g Enterprise Edition Release 10.2.0.4.0 - Production
With the Partitioning, OLAP, Data Mining and Real Application Testing options

SYS>set line 200
SYS>col tablespace_name for a10
SYS>col file_name for a50
```

```
SYS>
SYS>select tablespace_name,bytes/1024/1024 MB, file_name
 2  from dba_data_files;

TABLESPACE          MB     FILE_NAME
------------ --------- -------------------------------------------------
USERS            11.25     /data/temp/users01.dbf
SYSAUX             480     /home/oracle/oradata/testdb/sysaux01.dbf
UNDOTBS1            40     /home/oracle/oradata/testdb/undotbs01.dbf
SYSTEM             500     /home/oracle/oradata/testdb/system01.dbf
EXAMPLE            100     /home/oracle/oradata/testdb/example01.dbf
TEST01              10     /home/oracle/oradata/testdb/test01.dbf
6 rows selected.
SYS>create table rtest01 (no number) tablespace example;
Table created.

SYS>insert into rtest01 values (1);
1 row created.

SYS>insert into rtest01 values (2);
1 row created.

SYS>commit;
Commit complete.

SYS>select * from rtest01;
      NO
----------
       1
       2

SYS>select to_char(sysdate,'YYYY-MM-DD:HH24:MI:SS')
 2  from dual;

TO_CHAR(SYSDATE,'YY
--------------------------
2010-04-20:08:38:50  ㊱

SYS>save time.sql
```

㊱ 이 시간까지는 테이블이 존재합니다.

```
Created file time.sql

SYS>drop table rtest01 purge;
Table dropped.

SYS>select * from rtest01;  ㊲
select * from rtest01
              *
ERROR at line 1:
ORA-00942: table or view does not exist
```

㊲ 지워져서 조회가 안됩니다.

위에서 확인한 시간으로 DB 전체를 돌려서 테이블을 복구하도록 하겠습니다.

```
[oracle@rcclient ~]$ rman target / catalog rcuser/rcuser@rcserver
Recovery Manager: Release 10.2.0.4.0 - Production on Tue Apr 20 08:42:08 2010
Copyright (c) 1982, 2007, Oracle.  All rights reserved.
connected to target database: TESTDB (DBID=2499898020)
connected to recovery catalog database

RMAN> shutdown immediate;

database closed
database dismounted
Oracle instance shut down

RMAN> run{
2> startup mount;
3> sql 'alter session set nls_date_format="YYYY-MM-DD:HH24:MI:SS"';  ㊳
4> set until time='2010-04-20:08:38:50';  ㊴
5> restore database;
6> recover database;
7> alter database open resetlogs;
8> }

connected to target database (not started)
Oracle instance started
database mounted
```

㊳ 이 부분 매우 중요
㊴ 시간 설정

```
Total System Global Area     285212672 bytes

Fixed Size                     1267044 bytes
Variable Size                 88083100 bytes
Database Buffers             188743680 bytes
Redo Buffers                   7118848 bytes

sql statement: alter session set nls_date_format="YYYY-MM-DD:HH24:MI:SS"

executing command: SET until clause

Starting restore at 20-APR-10
allocated channel: ORA_DISK_1
channel ORA_DISK_1: sid=157 devtype=DISK
allocated channel: ORA_DISK_2
channel ORA_DISK_2: sid=154 devtype=DISK
channel ORA_DISK_2: starting datafile backupset restore
channel ORA_DISK_2: specifying datafile(s) to restore from backup set
restoring datafile 00001 to /home/oracle/oradata/testdb/system01.dbf
restoring datafile 00004 to /data/temp/users01.dbf
restoring datafile 00006 to /home/oracle/oradata/testdb/test01.dbf
channel ORA_DISK_2: reading from backup piece /data/backup/rman/16lbios2_1_1
channel ORA_DISK_1: starting datafile backupset restore
channel ORA_DISK_1: specifying datafile(s) to restore from backup set
restoring datafile 00002 to /home/oracle/oradata/testdb/undotbs01.dbf
restoring datafile 00003 to /home/oracle/oradata/testdb/sysaux01.dbf
restoring datafile 00005 to /home/oracle/oradata/testdb/example01.dbf
channel ORA_DISK_1: reading from backup piece /data/backup/rman/15lbios2_1_1
channel ORA_DISK_1: restored backup piece 1
piece handle=/data/backup/rman/15lbios2_1_1 tag=TAG20100420T050505
channel ORA_DISK_1: restore complete, elapsed time: 00:00:45
channel ORA_DISK_2: restored backup piece 1
piece handle=/data/backup/rman/16lbios2_1_1 tag=TAG20100420T050505
channel ORA_DISK_2: restore complete, elapsed time: 00:00:49
Finished restore at 20-APR-10

Starting recover at 20-APR-10
using channel ORA_DISK_1
using channel ORA_DISK_2
```

```
channel ORA_DISK_1: starting incremental datafile backupset restore
channel ORA_DISK_1: specifying datafile(s) to restore from backup set
destination for restore of datafile 00004: /data/temp/users01.dbf
channel ORA_DISK_1: reading from backup piece /data/backup/rman/18lbip5f_1_1
channel ORA_DISK_2: starting incremental datafile backupset restore
channel ORA_DISK_2: specifying datafile(s) to restore from backup set
destination for restore of datafile 00005: /home/oracle/oradata/testdb/example01.dbf
channel ORA_DISK_2: reading from backup piece /data/backup/rman/1albipbn_1_1
channel ORA_DISK_1: restored backup piece 1
piece handle=/data/backup/rman/18lbip5f_1_1 tag=TAG20100420T051007
channel ORA_DISK_1: restore complete, elapsed time: 00:00:01
channel ORA_DISK_2: restored backup piece 1
piece handle=/data/backup/rman/1albipbn_1_1 tag=TAG20100420T051327
channel ORA_DISK_2: restore complete, elapsed time: 00:00:01
channel ORA_DISK_1: starting incremental datafile backupset restore
channel ORA_DISK_1: specifying datafile(s) to restore from backup set
destination for restore of datafile 00004: /data/temp/users01.dbf
channel ORA_DISK_1: reading from backup piece
/home/oracle/flash_recovery_area/TESTDB/backupset/2010_04_20/o1_mf_nnnd3_
TAG20100420T054509_5wsj6pbb_.bkp
channel ORA_DISK_1: restored backup piece 1
piece handle=/home/oracle/flash_recovery_area/TESTDB/backupset/2010_04_20/o1_mf_nnnd3_
TAG20100420T054509_5wsj6pbb_.bkp tag=TAG20100420T054509
channel ORA_DISK_1: restore complete, elapsed time: 00:00:01
channel ORA_DISK_1: starting incremental datafile backupset restore
channel ORA_DISK_1: specifying datafile(s) to restore from backup set
destination for restore of datafile 00004: /data/temp/users01.dbf
channel ORA_DISK_1: reading from backup piece
/home/oracle/flash_recovery_area/TESTDB/backupset/2010_04_20/o1_mf_nnnd3_
TAG20100420T054551_5wsj7zhh_.bkp
channel ORA_DISK_1: restored backup piece 1
piece handle=/home/oracle/flash_recovery_area/TESTDB/backupset/2010_04_20/o1_mf_nnnd3_
TAG20100420T054551_5wsj7zhh_.bkp tag=TAG20100420T054551
channel ORA_DISK_1: restore complete, elapsed time: 00:00:01

starting media recovery
media recovery complete, elapsed time: 00:00:07

Finished recover at 20-APR-10
```

```
database opened
new incarnation of database registered in recovery catalog
starting full resync of recovery catalog
full resync complete

exit

[oracle@rcclient ~]$ sqlplus / as sysdba;

SQL*Plus: Release 10.2.0.4.0 - Production on Tue Apr 20 08:51:42 2010
Copyright (c) 1982, 2007, Oracle.  All Rights Reserved.
Connected to:
Oracle Database 10g Enterprise Edition Release 10.2.0.4.0 - Production
With the Partitioning, OLAP, Data Mining and Real Application Testing options

SYS>select * from rtest01;

        NO
----------
         1
         2
```

복구 완료되었습니다. 이 방법에서 가장 핵심은 set until time 부분과 그 윗부분에 NLS_DATE_FORMAT 설정하는 부분입니다. Drop table만 예제로 했지만 drop user나 DML 장애시에도 똑같은 방법으로 복구하면 됩니다.

실무 실습 62 drop tablespace 복구하기

● 현재 상태 확인하기

```
SYS>!vi dd.sql
set line 200
col tablespace_name for a10
col file_name for a50
```

```
select tablespace_name, bytes/1024/1024 MB , file_name
from dba_data_files
/
SYS>@dd

TABLESPACE          MB     FILE_NAME
------------ --------- --------------------------------------------------
USERS            11.25     /home/oracle/oradata/testdb/users01.dbf
SYSAUX             480     /home/oracle/oradata/testdb/sysaux01.dbf
UNDOTBS1            40     /home/oracle/oradata/testdb/undotbs01.dbf
SYSTEM             500     /home/oracle/oradata/testdb/system01.dbf
EXAMPLE            100     /home/oracle/oradata/testdb/example01.dbf
```

● 테스트용 테이블 스페이스 생성하기

```
SYS>create tablespace test
  2  datafile '/home/oracle/oradata/testdb/test01.dbf' size 5M;

Tablespace created.

SYS>@dd

TABLESPACE          MB     FILE_NAME
------------ --------- --------------------------------------------------
USERS            11.25     /home/oracle/oradata/testdb/users01.dbf
SYSAUX             480     /home/oracle/oradata/testdb/sysaux01.dbf
UNDOTBS1            40     /home/oracle/oradata/testdb/undotbs01.dbf
SYSTEM             500     /home/oracle/oradata/testdb/system01.dbf
EXAMPLE            100     /home/oracle/oradata/testdb/example01.dbf
TEST                 5     /home/oracle/oradata/testdb/test01.dbf

6 rows selected.

RMAN> backup database;

Starting backup at 20-APR-10
using channel ORA_DISK_1
using channel ORA_DISK_2
channel ORA_DISK_1: starting full datafile backupset
```

```
channel ORA_DISK_1: specifying datafile(s) in backupset
input datafile fno=00003 name=/home/oracle/oradata/testdb/sysaux01.dbf
input datafile fno=00002 name=/home/oracle/oradata/testdb/undotbs01.dbf
input datafile fno=00005 name=/home/oracle/oradata/testdb/example01.dbf
channel ORA_DISK_1: starting piece 1 at 20-APR-10
channel ORA_DISK_2: starting full datafile backupset
channel ORA_DISK_2: specifying datafile(s) in backupset
input datafile fno=00001 name=/home/oracle/oradata/testdb/system01.dbf
input datafile fno=00004 name=/home/oracle/oradata/testdb/users01.dbf
input datafile fno=00006 name=/home/oracle/oradata/testdb/test01.dbf
channel ORA_DISK_2: starting piece 1 at 20-APR-10
channel ORA_DISK_1: finished piece 1 at 20-APR-10
piece handle=/data/backup/rman/34lbk6ef_1_1 tag=TAG20100420T180255 comment=NONE
channel ORA_DISK_1: backup set complete, elapsed time: 00:00:56
channel ORA_DISK_2: finished piece 1 at 20-APR-10
piece handle=/data/backup/rman/35lbk6ef_1_1 tag=TAG20100420T180255 comment=NONE
channel ORA_DISK_2: backup set complete, elapsed time: 00:00:56
Finished backup at 20-APR-10

Starting Control File Autobackup at 20-APR-10
piece handle=/data/backup/rman/cf_c-2499898020-20100420-2d comment=NONE
Finished Control File Autobackup at 20-APR-10

[oracle@rcclient ~]$ sqlplus / as sysdba;

SQL*Plus: Release 10.2.0.4.0 - Production on Tue Apr 20 18:04:20 2010

Copyright (c) 1982, 2007, Oracle.  All Rights Reserved.

Connected to:
Oracle Database 10g Enterprise Edition Release 10.2.0.4.0 - Production
With the Partitioning, OLAP, Data Mining and Real Application Testing options

SYS>create table rtest2 (no number) tablespace test;

Table created.

SYS>insert into rtest2 values (1);
1 row created.
```

```
SYS>insert into rtest2 values (2);
1 row created.

SYS>commit;
Commit complete.

SYS>@time

TO_CHAR(SYSDATE,'YY
---------------------------
2010-04-20:18:06:53  ㊵

SYS>drop tablespace test including contents and datafiles;  ㊶

Tablespace dropped.

SYS>!
[oracle@rcclient ~]$ vi admin/testdb/bdump/alert_testdb.log  ㊷
Completed: create tablespace test
datafile '/home/oracle/oradata/testdb/test01.dbf' size 5M
Tue Apr 20 18:03:52 2010
Starting control autobackup
Control autobackup written to DISK device
        handle '/data/backup/rman/cf_c-2499898020-20100420-2d'

Tue Apr 20 18:07:34 2010  ㊸
drop tablespace test including contents and datafiles
Tue Apr 20 18:07:37 2010
Deleted file /home/oracle/oradata/testdb/test01.dbf

Starting control autobackup
Control autobackup written to DISK device
        handle '/data/backup/rman/cf_c-2499898020-20100420-2e'
Completed: drop tablespace test including contents and datafiles
```

㊵ 이 시간까지는 테이블 스페이스가 존재합니다.
㊶ 테이블 스페이스 삭제합니다.

㊷ alert log에서 삭제된 시간 확인함

㊸ 이 시간 이전으로 복구하면 됩니다.

● 복구 시작합니다.

```
SYS>exit
Disconnected from Oracle Database 10g Enterprise Edition Release 10.2.0.4.0 - Production
```

```
With the Partitioning, OLAP, Data Mining and Real Application Testing options

[oracle@rcclient ~]$ rman target / catalog rcuser/rcuser@rcserver

Recovery Manager: Release 10.2.0.4.0 - Production on Tue Apr 20 18:09:10 2010

Copyright (c) 1982, 2007, Oracle.  All rights reserved.

connected to target database: TESTDB (DBID=2499898020)
connected to recovery catalog database

RMAN> shutdown immediate;
starting full resync of recovery catalog
full resync complete
database closed
database dismounted
Oracle instance shut down

RMAN> startup nomount;

connected to target database (not started)
Oracle instance started

Total System Global Area     285212672 bytes

Fixed Size                     1267044 bytes
Variable Size                 88083100 bytes
Database Buffers             188743680 bytes
Redo Buffers                   7118848 bytes

RMAN> sql 'alter session set  nls_date_format="YYYY-MM-DD:HH24:MI:SS"';

sql statement: alter session set  nls_date_format="YYYY-MM-DD:HH24:MI:SS"

RMAN> run {
2> restore  controlfile  from '/data/backup/rman/021e9c4m_1_1';  ㊹
3> }

Starting restore at 20-APR-10
```

㊹ 백업 컨트롤 파일을 복원

```
allocated channel: ORA_DISK_1
channel ORA_DISK_1: sid=156 devtype=DISK
allocated channel: ORA_DISK_2
channel ORA_DISK_2: sid=155 devtype=DISK

channel ORA_DISK_1: starting datafile backupset restore
channel ORA_DISK_1: restoring control file
channel ORA_DISK_1: reading from backup piece /data/backup/rman/cf_c-
2499898020-20100420-2d
channel ORA_DISK_1: restored backup piece 1
piece handle=/data/backup/rman/cf_c-2499898020-20100420-2d tag=TAG20100420T180352
channel ORA_DISK_1: restore complete, elapsed time: 00:00:02
output filename=/home/oracle/oradata/testdb/control01.ctl
output filename=/home/oracle/oradata/testdb/control02.ctl
output filename=/home/oracle/oradata/testdb/control03.ctl
Finished restore at 20-APR-10

RMAN> alter database mount;
RMAN> sql 'alter session set nls_date_format="YYYY-MM-DD:HH24:MI:SS"';

sql statement: alter session set nls_date_format="YYYY-MM-DD:HH24:MI:SS"

RMAN> run {
2> set until time '2010-04-20:18:06:53';
3> restore database;
4> recover database;
5> }

executing command: SET until clause

Starting restore at 20-APR-10
Starting implicit crosscheck backup at 20-APR-10
allocated channel: ORA_DISK_1
channel ORA_DISK_1: sid=156 devtype=DISK
allocated channel: ORA_DISK_2
channel ORA_DISK_2: sid=155 devtype=DISK
Crosschecked 2 objects
Finished implicit crosscheck backup at 20-APR-10
```

```
Starting implicit crosscheck copy at 20-APR-10
using channel ORA_DISK_1
using channel ORA_DISK_2
Crosschecked 1 objects
Crosschecked 1 objects
Finished implicit crosscheck copy at 20-APR-10
searching for all files in the recovery area
cataloging files...
no files cataloged

using channel ORA_DISK_1
using channel ORA_DISK_2
channel ORA_DISK_2: starting datafile backupset restore
channel ORA_DISK_2: specifying datafile(s) to restore from backup set
restoring datafile 00001 to /home/oracle/oradata/testdb/system01.dbf
restoring datafile 00004 to /home/oracle/oradata/testdb/users01.dbf
restoring datafile 00006 to /home/oracle/oradata/testdb/test01.dbf
channel ORA_DISK_2: reading from backup piece /data/backup/rman/35lbk6ef_1_1
channel ORA_DISK_1: starting datafile backupset restore
channel ORA_DISK_1: specifying datafile(s) to restore from backup set
restoring datafile 00002 to /home/oracle/oradata/testdb/undotbs01.dbf
restoring datafile 00003 to /home/oracle/oradata/testdb/sysaux01.dbf
restoring datafile 00005 to /home/oracle/oradata/testdb/example01.dbf
channel ORA_DISK_1: reading from backup piece /data/backup/rman/34lbk6ef_1_1
channel ORA_DISK_1: restored backup piece 1
piece handle=/data/backup/rman/34lbk6ef_1_1 tag=TAG20100420T180255
channel ORA_DISK_1: restore complete, elapsed time: 00:00:55
channel ORA_DISK_2: restored backup piece 1
piece handle=/data/backup/rman/35lbk6ef_1_1 tag=TAG20100420T180255
channel ORA_DISK_2: restore complete, elapsed time: 00:00:56
Finished restore at 20-APR-10

Starting recover at 20-APR-10
using channel ORA_DISK_1
using channel ORA_DISK_2

starting media recovery

archive log thread 1 sequence 1 is already on disk as file /home/oracle/oradata/testdb/redo01.log
```

```
archive log filename=/home/oracle/oradata/testdb/redo01.log thread=1 sequence=1
media recovery complete, elapsed time: 00:00:04
Finished recover at 20-APR-10

RMAN> alter database open resetlogs;

database opened
new incarnation of database registered in recovery catalog
starting full resync of recovery catalog
full resync complete
```

복구 완료되었습니다. 데이터를 확인해 보겠습니다.

```
RMAN> exit
Recovery Manager complete.

[oracle@rcclient ~]$ sqlplus / as sysdba;

SQL*Plus: Release 10.2.0.4.0 - Production on Tue Apr 20 18:24:46 2010

Copyright (c) 1982, 2007, Oracle.  All Rights Reserved.

Connected to:
Oracle Database 10g Enterprise Edition Release 10.2.0.4.0 - Production
With the Partitioning, OLAP, Data Mining and Real Application Testing options

SYS>select * from rtest2;

        NO
--------------
         1
         2 ㊺
```

㊺ 복구가 완료되었습니다.

여기까지 RMAN을 이용한 여러가지 CASE들의 복구를 해 보았습니다. 모든 복구가 그렇듯이 RMAN 복구도 원리가 중요하니 꼭 기억하기 바랍니다.

20.14 RMAN으로 Block Recovery 수행하기

```
SQL> select * from emp;
select * from emp
*
ERROR at line 1:
ORA-01578: ORACLE data block corrupted (file # 4, block # 24165)
ORA-01110: data file 4: '/home/oracle/oradata/testdb/example01.dbf'
```

위와 같이 쿼리를 수행했는데 ORA-01578 에러가 발생하면서 Block corruption이 발생한 경우를 가끔씩 접할 수 있습니다. 이럴 경우 RMAN의 Block Recovery 기능을 이용하여 복구를 할 수 있습니다.

먼저 데이터 파일에 논리적이나 물리적인 장애가 없는지부터 우선적으로 확인하겠습니다.

```
[oracle@rcclient ~]$ rman target / catalog rcuser/rcuser@rcserver
Recovery Manager: Release 10.2.0.4.0 - Production on Tue Apr 20 19:25:19 2010
Copyright (c) 1982, 2007, Oracle.  All rights reserved.

connected to target database: TESTDB (DBID=2499898020)
connected to recovery catalog database
RMAN> run{
2> backup validate database;
3> }

Starting backup at 20-APR-10
allocated channel: ORA_DISK_1
channel ORA_DISK_1: sid=141 devtype=DISK
allocated channel: ORA_DISK_2
channel ORA_DISK_2: sid=143 devtype=DISK
channel ORA_DISK_1: starting full datafile backupset
channel ORA_DISK_1: specifying datafile(s) in backupset
input datafile fno=00003 name=/home/oracle/oradata/testdb/sysaux01.dbf
input datafile fno=00002 name=/home/oracle/oradata/testdb/undotbs01.dbf
..........................................
```

```
input datafile fno=00004 name=/home/oracle/oradata/testdb/users01.dbf
input datafile fno=00006 name=/home/oracle/oradata/testdb/test01.dbf
channel ORA_DISK_1: backup set complete, elapsed time: 00:00:55
channel ORA_DISK_2: backup set complete, elapsed time: 00:00:55
Finished backup at 20-APR-10

SQL> select * from V$backup_corruption;
RECID   STAMP   SET_STAMP SET_COUNT PIECE# FILE# BLOCK# BLOCKS CORRUPTION_CHANGE# MAR    CO
---- -------- ------- -------- ----- ---- ----- ------ ------------- ---- -------
  1  550688483 550688389    46       1     4   24165    1            0        YES   CORRUPT

RMAN> run { blockrecover  datafile  4  block  24165 ; }

Starting blockrecover at 19-FEB-05
using channel ORA_DISK_1
channel ORA_DISK_1: restoring block(s)
channel ORA_DISK_1: specifying block(s) to restore from backup set
restoring blocks of datafile 00004
channel ORA_DISK_1: restored block(s) from backup piece 1
piece handle=/DATA/BACKUP/RMAN/2010_04_28/01_MF_NNNDF_TAG20050219T164615_11FN09BQ_.BKP
 tag=TAG20050219T164615
channel ORA_DISK_1: block restore complete
starting media recovery
media recovery complete
```

참고로 RMAN의 Block Recovery 기능을 사용하려면 해당 데이터 파일이 RMAN으로 백업 받아져 있어야 합니다. 그래야 RMAN이 백업 파일과 원본 파일의 block을 서로 비교해서 복구할 수 있게 됩니다.

20.15 RMAN으로 Raw Device 백업 및 복구하기

이 절에서는 Raw device로 운영되는 database 환경에서 RMAN을 활용한 백업과 복구를 수행하는 것을 다음의 3가지 시나리오를 가지고 살펴보겠습니다.

*** 알림 ***

아래 실습은 10g R2(10.2.0.5) 버전의 single instance를 raw device로 구성한 환경입니다. 만약 적용 대상이 RAC일 경우 이 책의 후속 시리즈인 『정석! 오라클 백업과 복구』 2권(생능출판사)의 RAC 백업 복구 부분을 참조하세요.)

● 시나리오 1 : Raw device 상태의 데이터 파일을 RMAN의 backupset으로 백업 받은 후 정상적으로 복구되는지 확인

step 1. 현재 상태 확인

```
[oracle@localhost ~]$ sqlplus / as sysdba

SQL*Plus: Release 10.2.0.5.0 - Production on Wed Feb 1 11:05:19 2012

Copyright (c) 1982, 2010, Oracle.  All Rights Reserved.

Connected to:
Oracle Database 10g Enterprise Edition Release 10.2.0.5.0 - Production
With the Partitioning, OLAP, Data Mining and Real Application Testing options

SQL> !vi dd.sql
set line 200
col tablespace_name for a10
col file_name for a45

select tablespace_name,bytes/1024/1024 MB,file_name from dba_data_files
/
:wq!

SQL> @dd  ㊻

TABLESPACE        MB   FILE_NAME
------------ --------- ----------------------------------------------------
USERS              5   /dev/raw/raw4
SYSAUX           250   /dev/raw/raw2
UNDOTBS1          30   /dev/raw/raw3
SYSTEM           440   /dev/raw/raw1
EXAMPLE          100   /dev/raw/raw5
```

㊻ Data file 상태 확인

47 Redo log file 상태 확인

```
SQL> !vi log.sql  47
set line 200
col group# for 999
col member for a20
col mb for 999
col seq# for 999
col archived for a4
col status for a8

select a.group#,a.member,b.bytes/1024/1024 MB,b.sequence# "SEQ#" ,b.archived,b.status
from v$logfile a, v$log b
where a.group#=b.group#
order by 1,2
/
:wq!

SQL> @log

GROUP#     MEMBER                MB     SEQ#    ARCH       STATUS
---------- -------------------- ------ ------- ---------- -----------
     1     /dev/raw/raw10        50      4       NO       CURRENT
     1     /dev/raw/raw9         50      4       NO       CURRENT
     2     /dev/raw/raw11        50      2      YES       INACTIVE
     2     /dev/raw/raw12        50      2      YES       INACTIVE
     3     /dev/raw/raw13        50      3      YES       INACTIVE
     3     /dev/raw/raw14        50      3      YES       INACTIVE

6 rows selected.

SQL> select name from v$controlfile;

NAME
---------------------------------
/dev/raw/raw6
/dev/raw/raw7
/dev/raw/raw8
SQL> archive log list;
Database log mode              Archive Mode
Automatic archival             Enabled
```

```
Archive destination            /data/arc2
Oldest online log sequence     2
Next log sequence to archive   4
Current log sequence           4
```

step 2. RMAN을 사용하여 전체 백업(백업 경로는 /data/backup/rman/으로 하겠습니다.)

```
[oracle@localhost ~]$ rman target /

Recovery Manager: Release 10.2.0.5.0 - Production on Wed Feb 1 10:47:50 2012

Copyright (c) 1982, 2007, Oracle.  All rights reserved.

connected to target database: TESTDB (DBID=2557423915)

RMAN> backup as compressed backupset
2> format '/data/backup/rman/%U_%T'
3> database;

Starting backup at 01-FEB-12
using target database control file instead of recovery catalog
allocated channel: ORA_DISK_1
channel ORA_DISK_1: sid=144 devtype=DISK
channel ORA_DISK_1: starting compressed full datafile backupset
channel ORA_DISK_1: specifying datafile(s) in backupset
input datafile fno=00001 name=/dev/raw/raw1
input datafile fno=00003 name=/dev/raw/raw2
input datafile fno=00005 name=/dev/raw/raw5
input datafile fno=00002 name=/dev/raw/raw3
input datafile fno=00004 name=/dev/raw/raw4
channel ORA_DISK_1: starting piece 1 at 01-FEB-12
channel ORA_DISK_1: finished piece 1 at 01-FEB-12
piece handle=/data/backup/rman/01n27h14_1_1_20120201 tag=TAG20120201T104907
comment=NONE
channel ORA_DISK_1: backup set complete, elapsed time: 00:00:36
channel ORA_DISK_1: starting compressed full datafile backupset
channel ORA_DISK_1: specifying datafile(s) in backupset
```

```
including current control file in backupset
including current SPFILE in backupset
channel ORA_DISK_1: starting piece 1 at 01-FEB-12
channel ORA_DISK_1: finished piece 1 at 01-FEB-12
piece handle=/data/backup/rman/02n27hm8_1_1_20120201 tag=TAG20120201T104907
comment=NONE
channel ORA_DISK_1: backup set complete, elapsed time: 00:00:03
Finished backup at 01-FEB-12

[oracle@localhost ~]$ ls -lSh /data/backup/rman/
합계 112M
-rw-r-----  1 oracle dba 111M  2월  1 10:49 01n27hl4_1_1_20120201  ㊽
-rw-r-----  1 oracle dba 1.1M  2월  1 10:49 02n27hm8_1_1_20120201  ㊾
```

㊽ 전체 backupset

㊾ controlfile backupset

step 3. 테스트용 테이블 scott.gogak 테이블 생성 후 장애 발생시킴

```
[oracle@localhost ~]$ sqlplus scott/tiger
SQL*Plus: Release 10.2.0.5.0 - Production on Wed Feb 1 11:14:21 2012
Copyright (c) 1982, 2010, Oracle.  All Rights Reserved.
Connected to:
Oracle Database 10g Enterprise Edition Release 10.2.0.5.0 - Production
With the Partitioning, OLAP, Data Mining and Real Application Testing options

SQL> create table gogak (no number, name varchar2(10)) tablespace users;
Table created.

SQL> insert into gogak values (1,'AAA');
1 row created.

SQL> insert into gogak values (2,'BBB');
1 row created.

SQL> commit;
Commit complete.

SQL> select * from gogak;
```

```
   NO      NAME
---------- ----------
    1      AAA
    2      BBB

SQL> conn / as sysdba
Connected.

SQL> @dd

TABLESPACE        MB          FILE_NAME
---------------- ---------- ---------------------------------------------
USERS              5         /dev/raw/raw4  ㊿
SYSAUX           250         /dev/raw/raw2
UNDOTBS1          30         /dev/raw/raw3
SYSTEM           440         /dev/raw/raw1
EXAMPLE          100         /dev/raw/raw5

SQL> !dd if=/dev/zero of=/dev/raw/raw4 bs=8k
dd: writing '/dev/raw/raw4': 장치에 남은 공간이 없음
12801+0개의 레코드를 입력하였습니다
12800+0개의 레코드를 출력하였습니다

SQL> alter tablespace users offline immediate;
Tablespace altered.

SQL> alter tablespace users online;
alter tablespace users online
*
ERROR at line 1:
ORA-01122: database file 4 failed verification check
ORA-01110: data file 4: '/dev/raw/raw4'
ORA-01210: data file header is media corrupt

SQL> select * from scott.gogak;
select * from scott.gogak
                    *
ERROR at line 1:
ORA-00376: file 4 cannot be read at this time
```

㊿ 이 파일에 장애 발생시킴

```
ORA-01110: data file 4: '/dev/raw/raw4'
```

step 4. RMAN으로 해당 장애 복구하기

```
[oracle@localhost ~]$ rman target /
Recovery Manager: Release 10.2.0.5.0 - Production on Wed Feb 1 11:19:20 2012
Copyright (c) 1982, 2007, Oracle.  All rights reserved.
connected to target database: TESTDB (DBID=2557423915)

RMAN> run {
2> sql "alter tablespace users offline immediate";
3> restore tablespace users;
4> recover tablespace users;
5> sql "alter tablespace users online";
6> }

sql statement: alter tablespace users offline immediate

Starting restore at 01-FEB-12
using channel ORA_DISK_1

channel ORA_DISK_1: starting datafile backupset restore
channel ORA_DISK_1: specifying datafile(s) to restore from backup set
restoring datafile 00004 to /dev/raw/raw4
channel ORA_DISK_1: reading from backup piece /data/backup/rman/01n27h14_1_1_20120201
channel ORA_DISK_1: restored backup piece 1
piece handle=/data/backup/rman/01n27h14_1_1_20120201 tag=TAG20120201T104907
channel ORA_DISK_1: restore complete, elapsed time: 00:00:02
Finished restore at 01-FEB-12

Starting recover at 01-FEB-12
using channel ORA_DISK_1
starting media recovery
media recovery complete, elapsed time: 00:00:01
Finished recover at 01-FEB-12
sql statement: alter tablespace users online

RMAN> exit
Recovery Manager complete.
```

```
[oracle@localhost ~]$ sqlplus scott/tiger
SQL*Plus: Release 10.2.0.5.0 - Production on Wed Feb 1 11:21:53 2012
Copyright (c) 1982, 2010, Oracle.  All Rights Reserved.
Connected to:
Oracle Database 10g Enterprise Edition Release 10.2.0.5.0 - Production
With the Partitioning, OLAP, Data Mining and Real Application Testing
options

SQL> select * from gogak;

        NO      NAME
---------- ----------
         1      AAA
         2      BBB
```

위에서 테스트 해 본 바와 같이 Raw device도 RMAN으로 백업 및 복구가 가능합니다.

● 시나리오 2. Raw Device 데이터 파일을 증분 백업한 후 복구하기

step 1. 현재 상태 확인

```
[oracle@localhost ~]$ sqlplus / as sysdba

SQL*Plus: Release 10.2.0.5.0 - Production on Wed Feb 1 11:24:25 2012
Copyright (c) 1982, 2010, Oracle.  All Rights Reserved.
Connected to:
Oracle Database 10g Enterprise Edition Release 10.2.0.5.0 - Production
With the Partitioning, OLAP, Data Mining and Real Application Testing
options

SQL> @dd

TABLESPACE           MB        FILE_NAME
----------------- ---------- ---------------------------------------------
USERS                 5        /dev/raw/raw4
SYSAUX              250        /dev/raw/raw2
UNDOTBS1            30         /dev/raw/raw3
```

```
SYSTEM          440          /dev/raw/raw1
EXAMPLE         100          /dev/raw/raw5

SQL> @log

GROUP#     MEMBER                 MB     SEQ#      ARCH       STATUS
---------- -------------------- ------- --------- ---------- -------------
   1       /dev/raw/raw10        50      4         NO        CURRENT
   1       /dev/raw/raw9         50      4         NO         CURRENT
   2       /dev/raw/raw11        50      2        YES        INACTIVE
   2       /dev/raw/raw12        50      2        YES        INACTIVE
   3       /dev/raw/raw13        50      3        YES        INACTIVE
   3       /dev/raw/raw14        50      3        YES        INACTIVE

SQL> select name from v$controlfile;

NAME
----------------------------------------
/dev/raw/raw6
/dev/raw/raw7
/dev/raw/raw8

6 rows selected.
```

step 2. RMAN을 사용하여 증분 백업을 여러 차례 수행합니다.

```
[oracle@localhost ~]$ rman target /
Recovery Manager: Release 10.2.0.5.0 - Production on Wed Feb 1 11:28:05 2012
Copyright (c) 1982, 2007, Oracle.  All rights reserved.
connected to target database: TESTDB (DBID=2557423915)

RMAN> backup as compressed backupset
2> incremental  level  0
3> format '/data/backup/rman/%U_%T'
4> database;

Starting backup at 01-FEB-12
using target database control file instead of recovery catalog
allocated channel: ORA_DISK_1
```

```
channel ORA_DISK_1: sid=145 devtype=DISK
channel ORA_DISK_1: starting compressed full datafile backupset
channel ORA_DISK_1: specifying datafile(s) in backupset
input datafile fno=00001 name=/dev/raw/raw1
input datafile fno=00003 name=/dev/raw/raw2
input datafile fno=00005 name=/dev/raw/raw5
input datafile fno=00002 name=/dev/raw/raw3
input datafile fno=00004 name=/dev/raw/raw4
channel ORA_DISK_1: starting piece 1 at 01-FEB-12
channel ORA_DISK_1: finished piece 1 at 01-FEB-12
piece handle=/data/backup/rman/03n27jur_1_1_20120201 tag=TAG20120201T112827
comment=NONE
channel ORA_DISK_1: backup set complete, elapsed time: 00:00:35
channel ORA_DISK_1: starting compressed full datafile backupset
channel ORA_DISK_1: specifying datafile(s) in backupset
including current control file in backupset
including current SPFILE in backupset
channel ORA_DISK_1: starting piece 1 at 01-FEB-12
channel ORA_DISK_1: finished piece 1 at 01-FEB-12
piece handle=/data/backup/rman/04n27jvu_1_1_20120201 tag=TAG20120201T112827
comment=NONE
channel ORA_DISK_1: backup set complete, elapsed time: 00:00:03
Finished backup at 01-FEB-12

-- 다른 터미널에서 데이터 변경을 위해 테이블 생성하고 데이터 입력합니다.

SQL> create table scott.gogak2 (no number,name varchar2(10)) tablespace users;
Table created.

SQL> insert into scott.gogak2 values (1,'CCC');
1 row created.

SQL> insert into scott.gogak2 values (2,'DDD');
1 row created.

SQL> commit;
Commit complete.

-- RMAN 터미널에서 증분 백업을 수행합니다.
```

```
RMAN> backup as compressed backupset
2> incremental level 2
3> format '/data/backup/rman/%U_%T'
4> tablespace users;

Starting backup at 01-FEB-12
using channel ORA_DISK_1
channel ORA_DISK_1: starting compressed incremental level 2 datafile backupset
channel ORA_DISK_1: specifying datafile(s) in backupset
input datafile fno=00004 name=/dev/raw/raw4
channel ORA_DISK_1: starting piece 1 at 01-FEB-12
channel ORA_DISK_1: finished piece 1 at 01-FEB-12
piece handle=/data/backup/rman/05n27knu_1_1_20120201 tag=TAG20120201T114150
comment=NONE
channel ORA_DISK_1: backup set complete, elapsed time: 00:00:01
Finished backup at 01-FEB-12
```

step 3. 장애 발생시킵니다.

```
SQL> @dd

TABLESPACE           MB      FILE_NAME
---------------- ------- ---------------------------------------------
USERS                 5      /dev/raw/raw4
SYSAUX              250      /dev/raw/raw2
UNDOTBS1             30      /dev/raw/raw3
SYSTEM              440      /dev/raw/raw1
EXAMPLE             100      /dev/raw/raw5

SQL> !dd if=/dev/zero  of=/dev/raw/raw4  bs=8k  (51)
dd: writing '/dev/raw/raw4': 장치에 남은 공간이 없음
12801+0개의 레코드를 입력하였습니다
12800+0개의 레코드를 출력하였습니다

SQL> alter tablespace users offline immediate;
Tablespace altered.

SQL> alter tablespace users online;
alter tablespace users online
```

(51) 장애 발생시킵니다.

```
*
ERROR at line 1:
ORA-01122: database file 4 failed verification check
ORA-01110: data file 4: '/dev/raw/raw4'
ORA-01210: data file header is media corrupt

SQL> select * from scott.gogak2;
select * from scott.gogak2
                    *
ERROR at line 1:
ORA-00376: file 4 cannot be read at this time
ORA-01110: data file 4: '/dev/raw/raw4'
```

step 4. RMAN으로 복구 후 확인합니다.

```
RMAN> run {
2> restore tablespace users;
3> recover tablespace users;
4> sql "alter tablespace users online" ;
5> }

Starting restore at 01-FEB-12
using channel ORA_DISK_1

channel ORA_DISK_1: starting datafile backupset restore
channel ORA_DISK_1: specifying datafile(s) to restore from backup set
restoring datafile 00004 to /dev/raw/raw4
channel ORA_DISK_1: reading from backup piece /data/backup/rman/05n27knu_1_1_20120201
channel ORA_DISK_1: restored backup piece 1
piece handle=/data/backup/rman/05n27knu_1_1_20120201 tag=TAG20120201T114150
channel ORA_DISK_1: restore complete, elapsed time: 00:00:01
Finished restore at 01-FEB-12

Starting recover at 01-FEB-12
using channel ORA_DISK_1

starting media recovery
media recovery complete, elapsed time: 00:00:01
```

```
Finished recover at 01-FEB-12

sql statement: alter tablespace users online

SQL> select * from scott.gogak2;

        NO     NAME
---------- ----------
         1     CCC
         2     DDD
```

복구 완료되었습니다.

● 시나리오 3. RMAN으로 Raw device 상태의 데이터 파일을 Raw device 형태로 백업 받은 후 복구하기

step 1. 현재 상태 확인

```
RMAN> report schema;

Report of database schema

List of Permanent Datafiles
===========================
File Size(MB) Tablespace           RB segs      Datafile Name
---- -------- -------------------- ------------ ------------------
1    440      SYSTEM               ***          /dev/raw/raw1
2    30       UNDOTBS1             ***          /dev/raw/raw3
3    250      SYSAUX               ***          /dev/raw/raw2
4    5        USERS                ***          /dev/raw/raw4
5    100      EXAMPLE              ***          /dev/raw/raw5

List of Temporary Files
=======================================================
File Size(MB) Tablespace           Maxsize(MB)      Tempfile Name
---- -------- -------------------- ---------------- --------------------
1    20       TEMP                 100              /dev/raw/raw15
```

step 2. RMAN으로 Raw device 파일 백업 수행

```
RMAN> copy
2> datafile  1 to '/data/backup/rman/system' ,
3> datafile  2 to '/data/backup/rman/undotbs1' ,
4> datafile  3 to '/data/backup/rman/sysaux' ,
5> datafile  4 to '/data/backup/rman/users' ,
6> datafile  5 to '/data/backup/rman/example' ;

Starting backup at 01-FEB-12
using channel ORA_DISK_1
channel ORA_DISK_1: starting datafile copy
input datafile fno=00001 name=/dev/raw/raw1
output filename=/data/backup/rman/system tag=TAG20120201T115814 recid=9
stamp=774100724
channel ORA_DISK_1: datafile copy complete, elapsed time: 00:00:35
channel ORA_DISK_1: starting datafile copy
input datafile fno=00003 name=/dev/raw/raw2
output filename=/data/backup/rman/sysaux tag=TAG20120201T115814 recid=10
 stamp=774100744
channel ORA_DISK_1: datafile copy complete, elapsed time: 00:00:16
channel ORA_DISK_1: starting datafile copy
input datafile fno=00005 name=/dev/raw/raw5
output filename=/data/backup/rman/example tag=TAG20120201T115814 recid=11
stamp=774100749
channel ORA_DISK_1: datafile copy complete, elapsed time: 00:00:07
channel ORA_DISK_1: starting datafile copy
input datafile fno=00002 name=/dev/raw/raw3
output filename=/data/backup/rman/undotbs1 tag=TAG20120201T115814 recid=12
stamp=774100754
channel ORA_DISK_1: datafile copy complete, elapsed time: 00:00:03
channel ORA_DISK_1: starting datafile copy
input datafile fno=00004 name=/dev/raw/raw4
output filename=/data/backup/rman/users tag=TAG20120201T115814 recid=13
 stamp=774100756
channel ORA_DISK_1: datafile copy complete, elapsed time: 00:00:01
Finished backup at 01-FEB-12

-- 다른 창에서 백업 파일을 확인합니다.
```

```
[oracle@localhost rman]$ pwd
/data/backup/rman
[oracle@localhost rman]$ ls -lSh

-rw-r-----  1 oracle dba 441M  2?? 1 11:58 system
-rw-r-----  1 oracle dba 251M  2?? 1 11:59 sysaux
-rw-r-----  1 oracle dba 101M  2?? 1 11:59 example
-rw-r-----  1 oracle dba  31M  2?? 1 11:59 undotbs1
-rw-r-----  1 oracle dba 5.1M  2?? 1 11:59 users
```

step 3. 테스트용 테이블 scott.gogak3을 생성 후 장애를 발생시킵니다.

```
SQL> create table scott.gogak3 (no number, name varchar2(10))
  2  tablespace users;

Table created.

SQL> insert into scott.gogak3 values (1,'EEE');
1 row created.

SQL> insert into scott.gogak3 values (2,'FFF');
1 row created.

SQL> commit;
Commit complete.

SQL> select * from scott.gogak3;

        NO    NAME
---------- ----------
         1    EEE
         2    FFF

SQL> @dd

TABLESPACE              MB     FILE_NAME
---------------- -------- ---------------------------------------------
USERS                    5     /dev/raw/raw4
SYSAUX                 250     /dev/raw/raw2
```

```
UNDOTBS1            30     /dev/raw/raw3
SYSTEM             440     /dev/raw/raw1
EXAMPLE            100     /dev/raw/raw5

SQL> !dd  if=/dev/zero  of=/dev/raw/raw4  bs=8k  ㊿
dd: writing '/dev/raw/raw4': 장치에 남은 공간이 없음
12801+0개의 레코드를 입력하였습니다
12800+0개의 레코드를 출력하였습니다

SQL> alter tablespace users offline immediate;
Tablespace altered.

SQL> alter tablespace users online;
alter tablespace users online
*
ERROR at line 1:
ORA-01122: database file 4 failed verification check
ORA-01110: data file 4: '/dev/raw/raw4'
ORA-01210: data file header is media corrupt

SQL> select * from scott.gogak3;
select * from scott.gogak3
                    *
ERROR at line 1:
ORA-00376: file 4 cannot be read at this time
ORA-01110: data file 4: '/dev/raw/raw4'
```

(52) 장애 발생시킵니다.

step 4. RMAN으로 파일을 복원한 후 복구합니다.

```
RMAN> restore tablespace users;

Starting restore at 01-FEB-12
using channel ORA_DISK_1

channel ORA_DISK_1: restoring datafile 00004
input datafile copy recid=13 stamp=774100756 filename=/data/backup/rman/users
destination for restore of datafile 00004: /dev/raw/raw4
channel ORA_DISK_1: copied datafile copy of datafile 00004
output filename=/dev/raw/raw4 recid=14 stamp=774101682
Finished restore at 01-FEB-12
```

앞에서 진하게 표시된 부분을 보면 RMAN에서 자동으로 copy된 raw device를 찾아서 복원하는 것을 알 수 있습니다.

```
RMAN> recover tablespace users;

Starting recover at 01-FEB-12
using channel ORA_DISK_1

starting media recovery
media recovery complete, elapsed time: 00:00:00

Finished recover at 01-FEB-12

-- sqlplus 창에서 데이터가 복구되었는지 확인합니다.

SQL> alter tablespace users online;

Tablespace altered.

SQL> select * from scott.gogak3;

        NO     NAME
---------- ----------
         1     EEE
         2     FFF
```

정상적으로 복구가 된 것을 알 수 있습니다.

앞에서 살펴본 바와 같이 Raw Device로 구성된 database도 RMAN으로 동일하게 관리할 수 있습니다.

이상으로 RMAN을 이용한 백업과 복구를 살펴보았습니다. RMAN만의 장점이 아주 많으니 적극 활용하기 바라며, 여기서 언급하지 못한 추가적인 내용은 이 책의 후속 시리즈인 『정석! 오라클 백업과 복구』(생능출판사)에 자세히 수록되어 있으니 참고하기 바랍니다.

찾아보기

S

T

U

V

W

저 자 약 력

서진수

우진기업 Oracle Database Admin - oracle 8 (약 2년)
대명정공 Oracle Database Admin - oracle 8i / 9i (약 1년 6개월)
인동 컴퍼니 Oracle Database Admin - oracle 9i (약 2년 4개월)
정교 Oracle Database Admin - oracle 8i / 9i (약 3년)
넷칼리지 유닉스 및 오라클 강사 / 프리랜서 (약 1년)
아이티윌 오라클 강사 / 프리랜서 (현재)

원리부터 실무까지

실전! 오라클 백업과 복구

서진수 지음

초 판 발 행 : 2010. 9. 6
제 1 판 2 쇄 : 2012. 2. 28
발 행 인 : 김 승 기
발 행 처 : 생능출판사
신 고 번 호 : 제406-2005-000002호
신 고 일 자 : 2005. 1. 21
I S B N : 978-89-7050-675-3(93000)

413-756
경기도 파주시 문발동 507-12 파주출판도시
대표전화 : (031)955-0761, FAX : (031)955-0768
홈페이지 : http://www.booksr.co.kr

* 파본 및 잘못된 책은 바꾸어 드립니다.

정가 32,000원